医疗投诉管理实务

陈 伟 刘 鑫◎主编

北京
国家行政学院出版社
NATIONAL ACADEMY OF GOVERNANCE PRESS

图书在版编目（CIP）数据

医疗投诉管理实务 / 陈伟，刘鑫主编．—北京：国家行政学院出版社，2022.5

ISBN 978-7-5150-2680-0

Ⅰ．①医… Ⅱ．①陈… ②刘… Ⅲ．①医疗纠纷—处理—研究—中国 Ⅳ．①D922.164

中国版本图书馆 CIP 数据核字（2022）第 055335 号

书　　名 医疗投诉管理实务
YILIAO TOUSU GUANLI SHIWU
主　　编 陈　伟　刘　鑫
统筹策划 刘韫劼
责任编辑 陈　科　宋颖倩
出版发行 国家行政学院出版社
（北京市海淀区长春桥路 6 号　100089）
综 合 办 （010）68928903
发 行 部 （010）68928866
经　　销 新华书店
印　　刷 北京盛通印刷股份有限公司
版　　次 2022 年 5 月北京第 1 版
印　　次 2022 年 5 月北京第 1 次印刷
开　　本 170 毫米×240 毫米　16 开
印　　张 28.5
字　　数 506 千字
定　　价 86.00 元

本书如有印装问题，可联系调换。联系电话：（010）68929022

顾　问：孙东东　张宝珠
主　编：陈　伟　刘　鑫
作者团队（以姓氏笔画为序）：

于　宏　广州市第一人民医院
王　阳　首都医科大学附属北京中医医院
王　勇　北京急救中心
王将军　中日友好医院
刘　方　北京市医疗纠纷人民调解委员会
刘　宇　泰康健投集团医院运营与质量管理部
刘　鑫　中国政法大学
刘诗卉　北京积水潭医院
许学敏　首都医科大学附属北京安贞医院
李作兵　首都医科大学宣武医院
李欣慧　首都医科大学附属北京中医医院
李素娟　济南市中心医院
吴　薇　首都医科大学附属北京世纪坛医院
张宝珠　中国人民解放军总医院
陈　伟　北京积水潭医院
陈　妍　北京回龙观医院
陈德华　广西中医药大学第一附属医院
邵莫童　北京积水潭医院
郑秋实　北京大学肿瘤医院
赵　双　北京积水潭医院
赵　帆　石家庄市妇产医院
苘轶文　首都医科大学附属北京同仁医院
袁江帆　北京积水潭医院
顾　燕　北京市医疗纠纷人民调解委员会

徐　婷　汉中三二〇一医院
徐天龙　石家庄市妇产医院
徐立伟　中国医学科学院肿瘤医院
殷　琦　柳州市工人医院
崔　玫　首都医科大学附属北京友谊医院
崔　茜　北京市医疗纠纷人民调解委员会
穆苏红　北京市医疗纠纷人民调解委员会
魏亮瑜　北京医院

前言

本书是全国具有代表性的大型医疗机构的医患关系办公室工作人员以及相关管理人员、研究人员在医患关系工作中的经验和研究成果荟萃。本书从当前紧张的医患关系、医疗纠纷的预防入手，以现代医院管理制度中“以患者为中心”的管理理念为指导，以患者满意度和投诉理论为基础，依据医疗卫生管理法律、法规以及相关规范性文件，并结合医疗机构投诉管理的实践经验，尤其是对医疗质量安全、医疗风险、医疗纠纷、医疗侵权等相关的投诉案件、行政处理案例、司法诉讼案件的医疗投诉进行剖析、归纳，提炼出具有借鉴意义的医疗投诉管理经验。本书构建了医疗投诉管理的基本理论，规范了医疗投诉的程序、方法和要求，对医疗机构开展医疗投诉管理和有效化解与处理医疗纠纷具有借鉴意义。

关于医疗机构管理者及其医务人员如何正确对待投诉，本书的作者们从投诉的基本概念入手，阐述了投诉的基本理论、医院投诉的相关法律规定、投诉的具体工作制度、投诉管理工作的基本要求、接待投诉人员的经验和技巧等，本书的最后一部分附录了大量的相关法律、法规，以及部分医疗机构制定并经实践检验的投诉管理规章制度、投诉管理工作程序、投诉管理工作指南、相关文书格式等。这些内容既是本书的作者们多年医疗投诉理论研究的结晶，也是作者们多年工作经验的总结。

在医疗纠纷较多且形势严峻的今天，各级各类医疗机构都非常重视医疗纠纷预防和处理工作，医疗机构的医疗投诉机制也日臻完善。近年来，国家出台了《中华人民共和国民法典》《中华人民共和国基本医疗卫生与健康促进法》《医疗纠纷预防和处理条例》等法律法规；国家卫健委于 2019 年 3 月 6 日颁布了修订后的《医疗机构投诉管理办法》，并于 2021 年 9 月公布了《医疗机构投诉接待处理“十应当”》。同时，医疗机构的运营、管理进一步规范，医疗投诉工作得到进一步加强，医疗纠纷形势也出现了一些新变化。有鉴于此，本书作者团队开展医疗投诉管理理论和实务的研究，总结医疗投诉管理中的经验和教训，对近年来发生的有关卫生行政管理、司法诉讼的案例加以剖析，编撰成书。相信本书对于读者们了解和掌握医院投诉的相关知识大有裨益，对于医疗机构开展投诉管理工作、规范投诉工作具有重要的指导作用。

目前，国内尚未出版有关医疗机构医患关系工作的系统研究成果，我们希望本书的出版能够填补国内这一领域的空缺。由于这项工作刚刚起步，我们的研究与整理工作也难免存在一些缺陷与不足，有的方面甚至挂一漏万，因此，我们也欢迎广大读者能够提出宝贵意见，以便再版时修正。

作者

2022 年 4 月

正确认识医疗投诉
（代序）

无论投诉还是不投诉，患者对医疗服务的抱怨都客观存在于头脑中、嘴巴上；无论接待还是不接待，医疗机构都不可能回避这些矛盾。患者对医疗服务的抱怨，虽然产生的原因很多，但都是患者期望达到的结果与现实存在巨大差距使然。从这个角度来看，患者的投诉是一种客观存在，是医疗机构开展诊疗活动时不可完全避免的现象，医疗机构无论是管理者还是医务人员，都必须要正确对待、妥善处理。

在现代管理理论中，投诉是一个非常重要的概念。管理者只有正确认识投诉、正确对待投诉、正确处理投诉、正确利用投诉，才能够发挥管理功能，使被管理的对象良性循环，并由此得以发展和提升。

一、医疗投诉是什么

投诉是一种沟通方式。一般而言，任何一个与他人打交道的单位，都会与对方进行信息交流和沟通，政府机关、企业均如此，医疗机构更是如此，全社会的任何成员，无论地位、职业、身份、财富如何，都可能成为医疗机构的服务对象。医疗机构是医疗保健服务的提供者，患者则是这种服务的接受者。医疗机构面临的患者投诉，就是医疗机构与患者之间的一种特殊的信息交流与沟通方式。

投诉是一种管理手段。现代管理理论强调反馈机制在管理中的作用。反馈分为两种，即正反馈和负反馈。与这两种反馈相对应的反馈信息也分两种，即积极的评价信息和消极的评价信息。负反馈就是投诉，消极评价信息就是客户的批评。医疗服务质量怎么样，医疗机构管理者说了不算，医务人员说了不算，甚至医疗质量评价机构说了也不算，必须要由接受医疗服务的患者来评价。所以，任何一种医疗质量评价体系中，都包含了患者的评价。比如，美国联合委员会(JCAHO)国际部推出的医院评审标准，在有关患者与家属的权利方面规定：PFR. 6 医疗机构要告知患者及其家属，如何受理投诉、纠纷和对医疗的不同意见，以及患者参与这些过程的权利。PFR. 6 的含义中，包含医疗机构要制定相应的程序，努力解决这种难题和抱怨，医疗机构要在制度和程序中确定由谁来负责处理，以及患者及其家属如何参与。[①]国家卫生健康委员会 2020 年颁布的《三级综合医院评审标准》在医疗风险防范方面，确立了“建立健全医患沟通机制和投诉管理制度。实行‘首诉负责制’。投诉相关信息用于医疗质量管理的持续改进”的评价标准，把《医疗机构投诉管理办法》规定的“首诉负责制”写入其中。《三级综合医院评审标准（2020 年版）实施细则》对该标准提出了 4 条评价细则：建立健全医患沟通机制和投诉管理制度，有投诉处置流程；设置投诉管理部门，实施“首诉负责制”，并向社会公开；对投诉处置有明确时限规定，告知患者投诉处置结果；定期分析相关投诉信息，以共性的投诉问题开展警示教育，持续改进医疗质量安全。这些规定，与《医疗机构投诉管理办法》的规定一致，都是从医疗机构等级评审的角度强化了医疗机构在投诉工作上的管理责任和要求。

如果说，客户是企业的上帝，那么在医疗行业中，患者就是医疗机构的上帝。因为患者存在并不意味着某一家医疗机构就必然存在，毕竟水平高、技术好的医疗机构很多，如果服务不好，患者自然会“用脚投票”，到另一家医疗机构就医，那么，这一家医疗机构就会面临倒闭。因此，医疗机构要想生存、发展，必须要不断提高医疗服务质量，重视投诉这一重要信息来源。在收到投诉后，被投诉者有几种态度：第一种是气愤，认为患者挑剔；第二种是委屈，认为患者得理不饶人；第三种是急于辩解，推脱责任；第四种是无视，听之任之；第五种是积极、主动、认真地查找不足，不断完善自我。[②] 面对患者的投诉，医疗机构应当保持一种良好的心态，以第五种心态来处理投诉。

投诉是一种资源、一种财富。患者之所以对医疗机构的医疗服务提出投诉，是因为其对接受的具体医疗服务不满意，想在这家医疗机构获得更好的医疗服务。如果患者对医疗机构彻底失望，不再抱有任何的信心，也不准备再在这家医

① ［美］美国联合委员会国际部：《联合委员会国际部医院评审标准》（第 2 版），陈育德、王羽等译，中国协和医科大学出版社 2003 年版，第 23 页。

② 蔡霞：《投诉是财富　不是猛兽》，《中国民航报》2012 年 5 月 25 日。

疗机构就医，那么患者就会不吭声、不投诉。表面上看，患者对医疗机构提出抱怨或投诉，表示对其工作不满意，实质上患者投诉或抱怨表明他们对机构仍有期待，希望能提高服务水平，是机构改进工作、提高患者满意度的机会。如果投诉能得到圆满的解决，其忠诚度会比从来没有遇到问题的患者更高。患者的投诉与抱怨并不可怕，可怕的是机构不能有效地化解，最终导致患者的流失。从这个角度来看，投诉是患者对医疗机构的一种良好的期盼，是患者促进医疗机构发展的一种积极参与方式，也是患者的社会积极角色的反映。因此，投诉是医疗机构发展的财富，也是医疗机构管理中的宝贵资源。

二、正确认识医疗投诉的重要性

医疗机构在给患者提供医疗服务的过程中，难免会被患者投诉。虽然，我国大多数的医疗机构在今天仍然是非营利性质的，但是医疗机构一般会通过给患者提供医疗服务获得一定的收益。在这种准市场的大环境之下，医疗机构为了更好地发展，获得更多的利益，彼此之间的竞争在所难免。然而，医疗机构做好了应对这种带有市场竞争性质的医疗经营活动的准备了吗？答案是否定的，至少在投诉问题上没有！香港艾力彼医院管理研究中心通过对广州、天津、武汉 3 地具有代表性的 5 家三级医院进行调查证明了这一点：81.3%的患者不知道投诉地点与途径，35.2%的被访员工不知道本院有投诉指引。[①]

为此，原卫生部（现为国家卫健委，下同）和国家中医药管理局于 2009 年 11 月 26 日颁布了《医院投诉管理办法（试行）》，要求医院应当设立医患关系办公室或指定部门统一承担医院投诉管理工作；二级以上医院的投诉管理部门，应当配备专职工作人员，其他医院根据实际情况可配置兼职人员。2012 年 4 月 30 日，原卫生部、公安部发布的《关于维护医疗机构秩序的通告》，要求各级各类医疗机构采取设立统一投诉窗口、公布投诉电话等形式接受患者投诉，并在显著位置公布医疗纠纷的解决途径、程序以及医疗纠纷人民调解组织等相关机构的职责、地址和联系方式。2019 年 4 月 10 日，修订后的《医疗机构投诉管理办法》开始实施。但是，时至今日，仍有很多医疗机构尚未建立专

① 庄一强、钟晨、刘杰、蔡华：《5 家三级医院投诉管理现状调查与分析》，《中华医院管理杂志》2006 年第 1 期。

门的投诉管理机构，也未配备专职或者兼职的投诉管理人员。有的医疗机构即使建立了投诉管理机构，也因缺乏相应的理论指导，没有建立规范投诉管理工作的规章制度，投诉接待和处理工作极不规范。更有甚者，不仅不能解决患者的纠纷，还因为医疗纠纷投诉又产生了新的投诉纠纷，出现了投诉的投诉，给医疗纠纷的处理增添新的障碍。

其实，患者犹如医疗机构的顾客，从某种角度说，甚至就是医疗机构的顾客。虽然从当前医疗机构提供医疗服务的属性上看，医疗机构给患者提供的医疗服务不是经营性质的，在绝大多数情况下甚至不以营利为目的，但是在有服务的地方就有服务的提供者和接受者，也就存在经济上的交易与对价，因此，患者的物有所值想法也就油然而生。当对医疗机构提供的医疗服务感到不满意时，患者就需要通过某一渠道把这种不满予以宣泄。

在商业活动中，抱怨是顾客的专利，即使你的服务非常到位，顾客也可能会抱怨。西方国家比较重视客户不满意度及投诉的调查和研究，得到了一些令人警醒的数据，形成了一些有价值的理论和观点，如：①

（1）超过50%的客户因一年内客户服务体验不佳而更换了服务提供商。(Accenture)

（2）公司收到一个客户投诉，意味着有26个客户没有明确表达他们的不满。(White House Office for Consumer Affairs)

（3）45%的人在社交媒体上分享负面的客户体验，35%的人在体验不佳后可能会在网上发布负面评论。(Dimensional Research)

（4）86%的人不会从有负面在线评论的企业购买商品或服务。(Dimensional Research)

（5）78%的消费者因服务不佳而放弃交易。(American Express)

（6）91%不满意的客户不会与未能满足他们期望的品牌做生意。(Lee Resources)

（7）消费者传播糟糕体验的数量是正面体验的两倍。(White House Office for Consumer Affairs)

（8）85%的人分享客户体验故事——这让品牌面临通过口碑传播负面认知的

① Connie Harrington. 10 Need-to-Know Customer Dissatisfaction Stats. https：//customerthink.com/10-need-to-know-customer-dissatisfaction-stats/，December 28，2014.

风险。(CX Act)

(9) 每周有超过100万人看到客户服务相关推文，其中80%是批评或负面的内容。(Touch Agency)

(10) 81%的消费者表示，公司本可以采取一些不同的措施来留住他们。(Accenture)

这些数据让我们认识到，处理客户的投诉对公司是有好处的。正如伯纳德·施特劳斯（Bernard Strauss）和沃尔夫冈·塞德尔（Wolfgang Seidel）所言，解决客户的投诉可以激励该客户保持忠诚，其甚至可以成为品牌的有力宣传者。[①] 医疗机构又何尝不是这样呢？医疗机构在日益激烈的市场竞争中，必须要培养患者意识、医疗质量意识、医疗服务意识，这是现代医院管理中必须贯彻的基本理念。在这三大理念中，患者意识是核心，医疗质量意识、医疗服务意识都是为患者意识服务的。以患者为中心的现代医疗服务理念，要求医疗机构为患者提供医疗、精神、文化全方位服务，使尊重患者、关爱患者、方便患者、服务患者的人文精神贯穿医疗服务全过程。在这样的背景下，医疗机构的一切活动都要围绕患者来设计和开展。

在当前医患关系紧张、医疗投诉日益增多、医疗市场竞争激烈的大背景下，医疗机构在处理患者的投诉问题上，必须要实现两个目标。一是通过解决患者的投诉来留住患者，使其成为医疗机构忠诚的客户。这既是实现现代医院管理的必要手段，也是医院生存和发展的要求。二是通过积极沟通，妥善解决潜在的医疗纠纷，以适当的方式处理纠纷，以合理的赔偿来终结纠纷。通过妥善处理和化解医疗纠纷，取得患者及其家属的信任，从而构建起和谐互信的医患关系，使医疗机构的经营和发展形成良性循环。

现代医院管理是一门新兴的学科，医疗投诉管理更是最近几年才发展起来的，缺乏系统的医疗投诉管理理论和成熟经验，这也是当前医疗投诉管理工作不理想的主要原因。现代医院管理的基本理念、理论和方法来自现代企业管理，因此医疗投诉管理的基本理念、理论和方法同样可以借鉴现代企业管理中有关投诉的知识和经验。现代企业管理中著名的顾客投诉三大定律，[②] 同样适用于医疗机构的医疗质量管理和医疗投诉管理，是医疗机构投诉管理部门应当遵

---

① Bernard Strauss, Wolfgang Seidel. Complaint Management: The Heart of CRM. South-Western Educational Pub., 2005.

② 刘尧坤、覃伟、张震浩：《顾客投诉管理与处置技巧》，广东经济出版社2005年版，第18—25页。

循的规律。

顾客投诉的三大定律

定律一：顾客投诉杠杆比（24倍）

一个企业只能听到4%的顾客投诉的声音，剩下的96%是不会投诉的。所以，当你听到一声投诉时，实际上背后还有24声投诉。

定律二：顾客投诉扩散比（12倍）

一个不满意的顾客会把自己不满意的感受向周围至少12个人诉说。

定律三：顾客投诉成本比（6倍）

吸引一个新客户的成本是维持老客户成本的6倍。

三、如何处理医疗投诉

（一）建立医疗投诉管理部门，配备医疗投诉专职人员

在一个单位的管理中，处理投诉是最难做的工作。因为处理投诉面对的是形形色色的患者及其家属，患者投诉的目的也五花八门，甚至有的投诉者在投诉时不予明示，闪烁其词，其真实的想法需要我们去猜测、去琢磨。投诉的处理实际上就是如何与人打交道的问题，即如何在与人打交道中获得充分的信息，解决对方抱怨的问题。因此，医疗机构要妥善处理好投诉，要发挥投诉的管理职能，就必须要有自己的投诉处理专家。但是，学校无法培养这种专家，因为这种专家要具有高超的随机应变能力、处事不惊能力、平息安抚能力、及时找到问题根源及解决办法的能力，归根结底就是要具有丰富的实践经验。因此，这种专家需要由医疗机构来培养，设立医疗投诉管理部门，确定专门的医疗纠纷处理人员，在接待患者投诉中成长，在不断总结经验中成长，在花钱买来的教训中成长。

（二）规范医疗投诉接待程序

古希腊自亚里士多德以来，通过一定过程实现了什么样的结果才合乎于正义，一直是正义理论的中心问题。① 在很多事情的处理上，我们更加注重处理的过程而不是处理的结果。因为处理的过程我们能够控制并以一定的形式呈现出来，但是最终的结果是否能够让人满意，决定因素却很多。同样，在投诉的问题上，医疗机构也更应当关注投诉程序的建立，用规范的投诉程序来保障与患者沟通渠道的畅通，体现处理投诉的诚意。

医疗机构规范投诉程序，首先要规范投诉渠道。医疗机构应当设立专门的投诉窗口，每天工作时间都有人值班；要有专门的投诉电话，投诉电话要保障有人接听；要建立多元化的投诉渠道，如设置专供投诉的邮政信箱、电子邮箱、官网留言板块等。

投诉程序的规范中，患者当面投诉程序的规范非常重要。医疗机构要设立专门的投诉场所，接待投诉的人员从接待投诉者的语言、态度上都应当规范，接待投诉的人员应当对来访投诉的人员一视同仁，不因身份、地位、关系的不同而有差别，也不因投诉理由的不同、诉求不同、投诉方的态度不同而区别对待。同时，要有专门的登记表，填写投诉文书，告知当事人投诉的权利以及医疗机构处理投诉的规定等。

（三）规范投诉处理流程

接待患者投诉的目的不仅在于与患者建立一种有效的沟通渠道，以了解医务人员在满足患者医疗需求方面的具体情况，了解医疗机构在诊疗疾病方面的效果，更在于缓和医患矛盾，解决患者在就医过程中出现的问题。因此，建立并实施规范的医疗投诉机制不是目的，只有在接到患方投诉后，对患者的投诉进行实质性的调查和处理，才有可能达到建立医疗投诉机制的目的，才能有效构建和谐的医患关系，缓解当前紧张的医患矛盾。接到投诉后的工作包括调查核实工作和处理结果反馈两个方面。

对患者投诉的处理，就是要对患者投诉的情况及具体医疗争议事件进行调

---

① ［日］谷口平安：《程序的正义与诉讼》，王亚新、刘荣军译，中国政法大学出版社 2002 年版，第 1 页。

查、核实。医疗机构医疗投诉管理部门接到患者投诉后，应当在规定时限内约谈被投诉人员或者被投诉科室负责人，并制作谈话笔录。查阅涉及投诉的相关文件、档案及病历资料，必要时应当对有更改风险的证据予以封存。在调查、核实后，医疗机构医疗投诉管理部门应当将调查的情况及处理建议以书面形式向医疗机构管理人员报告，在经过相应的行政程序后形成处理意见。

医疗机构医疗投诉管理部门应当在规定时间内将医疗机构管理层形成的处理意见反馈给投诉人。反馈处理结果的形式可以多种多样，但是投诉人要求书面反馈的，医疗机构应当以书面形式将处理意见反馈给投诉人。处理意见反馈之后，医疗机构医疗投诉管理部门还应当做好相应的善后工作。

（四）坚持主动、适度原则

投诉是被动的，是医疗机构在实施医疗质量管理工作中的被动的信息收集方式。被动的工作总会带来消极的后果，被动的投诉处理总是令医疗机构处于被动的局面。因此，医疗机构在理顺各种医疗管理关系后，应当采取主动管理的方式开展工作，使医疗机构投诉工作呈现被动投诉与主动化解医患矛盾相结合的局面。

长期以来，患者在接受医疗服务方面处于被动服务地位，也习惯于医疗机构的“粗暴”服务。在这种背景下，即使患者在就医过程中对医疗服务有意见，也未必会主动投诉，反而会在生活中向自己的亲戚、朋友、邻居散播这种负面情绪，对医疗机构的服务形象造成负面影响。如果医疗机构能够主动出击，通过一定的渠道采取适当的手段主动收集投诉信息，主动请患者对医疗服务进行评价，必然会拉近医患双方的心理距离，促进医疗形象的树立，也有利于引导患者对医疗机构予以正面评价，提高对医疗机构改善服务的信心。

但凡事不可矫枉过正，在强调以患者为中心的同时，也要防止走向另一个极端，即过分强调患者的投诉，甚至迁就或放纵无理缠访、违法闹事、侮辱打骂医务人员、干扰医疗秩序的行为。近年来，部分行政管理部门及工作人员、医疗机构管理者担心患者信访和起诉，对于一些无理、无效的投诉一味迁就、无原则忍让，这是对医疗投诉管理理念的误解和误读，只会助长无理投诉风气的蔓延，打击医疗机构及医务人员的积极性，最终破坏医患关系，甚至葬送医疗质量、医疗安全和医疗服务。

目 录

第一章　医疗投诉管理概述

说到医疗投诉及医疗纠纷，我国的广大医疗机构及医务人员肯定不陌生，甚至可以说，哪里有医疗服务，哪里就有医疗纠纷。[①] 2000 年以来，随着人民群众对健康需求的不断增长，医疗服务量持续增长，医疗纠纷时有发生，甚至部分医疗纠纷矛盾激化并引发激烈冲突，损害了医患双方合法权益，扰乱了正常医疗秩序，影响了社会和谐稳定。医疗纠纷是个世界性难题，美国、日本、德国、韩国等国在医疗纠纷处理上也都不同程度地存在解决周期冗长、患者获赔困难、医患对立加剧等问题。2013 年以来，我国在国家层面出台了一系列化解医疗纠纷、维护医疗秩序的文件、措施，部分地区也注重医疗纠纷的预防、人民调解，并出台了地方性法规或相关政策，取得了实效。[②]本章分析探讨当前医疗投诉及管理现状，对医疗投诉管理相关概念进行分析和解释，并对医疗投诉相关的法律法规等进行介绍，从而使读者能够了解医疗投诉的基本情况。

第一节　医疗投诉及管理现状

在医疗纠纷预防和处理工作中存在一些概念，这些概念之间既相互联系又存在区别，阐明这些概念对于了解和认识我国的医疗投诉相关法律制度及实际工作都大有裨益。

---

① 刘鑫、张宝珠、陈特：《侵权责任法“医疗损害责任”条文深度解读与案例剖析》，人民军医出版社 2010 年版，第 1 页。

② 《司法部、卫生健康委就〈医疗纠纷预防和处理条例〉答记者问》，人民网，http：//legal. people. com. cn/n1/2018/0831/c42510-30264912. html。

一、医疗投诉的概念

医疗投诉的概念在原卫生部 2009 年颁布实施的《医院投诉管理办法（试行）》［以下简称《办法（试行）》］中有明确的规定。按照《办法（试行）》的规定，医疗投诉主要是指患者及其家属等有关人员对医院提供的医疗、护理服务及环境设施等不满意，以来信、来电、来访等方式向医院反映问题，提出意见和要求的行为。2019 年国家卫生健康委员会颁布的《医疗机构投诉管理办法》（以下简称《办法》），将投诉管理定义为患者就医疗服务行为、医疗管理、医疗质量安全等方面存在的问题向医疗机构反映情况，提出意见、建议或者投诉请求，医疗机构进行调查、处理和结果反馈的活动，其中“患者”包括患者及其近亲属、委托代理人、法定代理人、陪同患者就医人员等有关人员。

医疗投诉的成立必须有两方主体，即投诉人和被投诉人。在实践中，投诉人一般是患者及其近亲属等有关人员。一般情况下，来医院投诉的是患者本人，但是在患者死亡、丧失意识等特殊情况下，来医院投诉的往往是患者的近亲属等。需要明确的是，来医院提起投诉的人必须符合《办法》第 47 条的规定，可以是患者，也可以是患者的近亲属、委托代理人、法定代理人、陪同患者就医人员等有关人员，而不能是与患者没有任何关系的人员。但须说明的是，第 47 条的规定扩大了患者一方的范围，虽然有利于患者一方提起投诉进而保障患者的合法权益，但也存在范围过于宽泛而被医闹人员等利用的风险。被投诉人一般是医院或医院的医务人员，但医务人员从事的医疗行为是职务行为，按照法律规定，其职务行为的后果由供职的医院承担。

医疗投诉的内容主要包括医疗质量、医德医风、医疗费用、医院管理制度等。其中，医疗质量既包括诊断、检查、治疗等技术性服务的质量，也包括服务态度、就医环境等非技术性服务质量；医德医风包括医务人员的职业道德、工作责任心、接诊态度等；医疗费用主要指医院的收费情况，也包括费用的公开制度等；医院管理制度包括医院挂号、划价、取药、检查等流程的设置，病房的管理及其他医院相关的管理制度。

二、医疗投诉的表现形式

医疗投诉是患者向医疗机构反映情况，提出意见、建议或者投诉请求的行为。随着信息技术手段的发展，投诉的形式除了传统的来信、来电、来访之外，还可以是电子邮件、传真、手机短信息、微博、微信等。只要患者将自身对医院的不满意传达给医院，就被认为是患者提出投诉。

医疗投诉最直接的形式是向当班医生或护士当面表示不满，希望对此类问题引起重视，保证在以后的诊疗过程中不会再遇到类似问题。此类形式常见于对就医秩序不满，或医务人员服务不周到时。

以举报信、投诉信或当面向医院管理层进行投诉，是患者投诉中最主要的形式。这类投诉的目的：一是发泄不满，讨一个说法；二是希望医院改善服务，改进工作；三是获得经济补偿。当然，也有极少数灰色投诉出于不可告人的目的，恶意编造事实，无理取闹。

直接向医疗机构的上级主管部门或新闻媒体求援，通过引起社会和政府对此类问题的重视，给予一定的社会舆论压力，使其改正缺陷，完善和提高医疗服务质量，常常是在前两种投诉形式没有获得满意结果的情况下采用的投诉方式。显然，它对医院的负面影响较大，特别是经媒体炒作后影响更甚。

本章针对前两类投诉形式的接待与处理进行阐述，重点是针对第二类投诉形式。因为第二类投诉由医院专业接待人员直接接待处理，是可量化的，也是医院管理者必须面对的，更是医患关系紧张程度的最直接反映，妥善处理这类投诉是有效缓解医患矛盾最直接的手段。

三、医疗投诉产生的原因

医疗投诉产生的原因错综复杂，有的是因医院管理制度而投诉，有的是对医疗质量进行投诉，有的是因为服务态度、医生职业道德而投诉，也有的是因为患者及其家属无理取闹。归纳而言，医疗投诉的原因主要分为医方、患方、社会三方面。

1. 医方原因

(1) 医务人员责任心不强。作为医务人员，应该时刻牢记自己从事的是神圣的职业，要对每一位患者的生命健康负责。然而，一些医务人员对病人检查不认真，观察不仔细，草率处理，造成漏诊、误诊，甚至违反规章制度和医疗技术操作常规，发错药、打错针、医疗文书书写错误。一些医务人员不尊重病人的人身权利，未及时维护患者的知情同意权、隐私权，如不交代用药注意事项，不说明输血或手术存在的风险，不为患者保密病情等。这些都是引发投诉的重要原因。

(2) 医务人员专业素质低。随着社会经济的发展，医疗技术水平也取得了较大进步，但仍有部分医务人员因专业不熟、经验不足、操作不规范，导致误诊、漏诊或诊断不及时延误治疗，有的甚至给患者造成更大伤害。部分医生不问病史、不查体，过多依赖影像学等其他辅助检查，给患者造成了巨大的经济压力。另外，有医生用药不当，导致患者疾病加重或无缓解，并发药物反应、药物中毒等现象。

(3) 医务人员医德医风差。部分医务人员服务态度差，接诊时语言冷淡、态度生硬、缺乏耐心，对于文化水平低的患者出言训斥，甚至在利益的驱使下开大处方。也有部分医务人员工作态度不认真，在为病人作检查或问诊的过程中心不在焉，造成医患沟通障碍，降低了患者对医务人员的信任度，使得患者对医疗服务不满，进而投诉。还有医务人员不能准时到岗或脱岗，迟到早退或临时停诊。这些都给患者及其家属带来了经济损失和精神损失，成为引发投诉的重要原因。

(4) 医务人员缺乏沟通技巧。医院是个特殊的场所，人们对医务人员的语言比较敏感，部分医务人员在与患者交流的过程中不注意自己的用词、语气、语调等，易导致患者产生误解，或觉得自己没有受到尊重而进行投诉。

(5) 医院管理不善。医院管理制度不完善也是投诉发生的原因之一，如医院未及时向患者公布收费的项目、标准及药品的价格等，容易给患者留下医院滥收费、多收费的印象，使其感到知情权被侵犯。另外，医院科室布局不合理会造成病人就诊不便，预约、挂号、划价、取药等流程烦琐会浪费患者大量时间。

2. 患方原因

(1) 患者维权的法律意识增强。随着社会的快速发展，人们的综合素质有所提升，法律意识也越来越强。在医疗服务的过程中，患者及其家属已经意识到维护自身权益的重要性，一旦发现与自身利益冲突的事件，就会想办法维护自身的权益，这使得医疗投诉事件明显增加。

（2）缺乏医疗常识。由于信息的不对称，病人及其家属对医学专业知识缺乏了解，对疾病可能引发的并发症、后遗症，以及治疗过程中可能发生的副反应、医疗意外缺乏认识。由于个性差异，医生给每个病人的治疗方案、所用药物及使用量有所不同，但有些病人对此不理解，将其归结为医疗过失，从而引发投诉。另外，现行医保政策还没有充分完善，个人还需负担一定比例的医疗费用或者完全自费，有些人对报销政策和相应程序理解不透，把矛盾转嫁给医院或医务人员。[①]

（3）要求过高，脱离现实。受现阶段医疗技术水平的限制，有不少疾病无法完全治愈，对于某些疾病，即使可以预测发展趋势，也无法完全控制，造成一些病人死亡或残疾，[②] 但患者及其家属对此并不能理解，投诉医院。另外，由于患者对治疗的效果期望过高，不接受治疗期间出现的难以预料的并发症或因治疗后的结果与自己主观想象有差距而不满意，进而投诉。[③]

（4）患者心态的影响。众所周知，患者的情绪较正常人更容易波动，内心的压力大，易焦躁不安，他们需要周围人的同情和帮助，内心更希望周围的一切能符合自己的心意，一旦在医疗服务过程中出现了违背自身意愿的事件，就容易引起他们的不满与消极情绪，更容易将不满情绪发泄到医院，[④] 引起医疗投诉。

（5）道德水平的影响。有些病人由于情绪不好而故意向医务人员找碴儿，强词夺理；还有一些病人向医院提出违反有关政策和医院管理规定的要求，当这些要求得不到满足时便对医院产生不满，甚至投诉。

3. 社会原因

首先，随着医疗技术的高速发展，诊疗技术不断进步，诊疗费用、药品价格相应提高，使病人的经济负担加重。加之现行医保政策还没有充分完善，个人还需负担一定比例医疗费用或者完全自费，加重了病人的经济负担，引起不满和投诉。

其次是媒体的误导作用。大多数情况下，新闻媒介视患者为弱势群体，对患者表示同情或更多关注，有时是为了炒作，甚至夸大事实将责任完全归于医院，形成不良风气。这就导致患者对医务人员存在偏见、对医生缺乏信任、对诊疗措

---

① 周武英、刘永强：《加强医院投诉管理　提升医疗服务质量》，《中国医院》2007年第7期。

② 任晓春：《浅谈首次医疗投诉接待的原则与艺术》，《现代医院管理》2007年第16期。

③ 周武英、刘永强：《加强医院投诉管理　提升医疗服务质量》，《中国医院》2007年第7期。

④ 何韵、江东华：《试析医疗投诉管理与经营》，《中国医院管理》2007年第1期。

施持怀疑态度，进一步加剧了医患矛盾，容易诱发投诉。①

【案例 1-01】

签《医患拒收红包协议书》引发冲突的案例②

2016年11月8日，在贵州省遵义市某医院病房，医护人员与一住院治疗患儿家属沟通后按医事程序要求对方签订《医患拒收红包协议书》，因患儿家属与医师沟通存在障碍，误认为医师在索要红包，引发不满，当时便发生口角。11月9日上午9点，儿内科晨查房后，医院管床黄医师与患者家属沟通病情，并要求其缴纳拖欠的治疗费用。10时许，患儿母亲在病房陪护其患儿，因当日住院患儿有70余名，需依次执行诊疗医嘱，其内心焦急，便向护士要求见管床医师。当管床医师赶到后，患儿母亲随即向管床医师泄愤，声称医院不负责任，不对其患儿进行治疗，后又称没给红包才不治疗等。医院管床黄医师反复与其耐心地沟通，并表示该患儿的治疗计划已经安排好，要其耐心等待，但患儿母亲在泄愤后情绪失控并冲撞黄医师、抓伤三名医护人员，患儿母亲手臂和腿也受伤。经医院杨副主任、李护士长及安保人员劝止，患儿母亲被该院安保人员带离。后经协调，医患双方达成和解协议，医院赔偿患者8000元，三名医护每人罚1000元，全院通报批评。

四、医疗机构投诉管理的类型

目前医疗机构投诉管理的类型大概有四类：自然管理、专门管理、标准化管理、专业化管理。

自然管理是指医疗机构对于投诉没有也不需要进行专门化的特别管理，因此一般都是从事其他岗位的工作人员被动兼职完成投诉处理工作的一种管理方式。医院管理部门和当事医务人员一般都是按照处理日常纠纷矛盾的习惯做法和经验就事论事地处理投诉事项，以“打发走”为目的，具体表现为“兼职管理、兵来

① 任晓春：《浅谈首次医疗投诉接待的原则与艺术》，《现代医院管理》2007年第16期。

② 参见《签〈医患拒收红包协议书〉引发冲突，医护竟被罚3000元!》，搜狐网，https：//www.sohu.com/a/120523506_267160。

将挡、水来土掩”。这种管理模式一般存在于社区医院等低级别医院中。

专门管理是指各医院成立专门部门或者安排专门人员专职负责投诉管理，针对医院投诉的预防、接待、处理、总结进行专项工作，重大投诉案件越来越倾向于按照专业化的法律途径解决。采取专门管理的医院成立“医患关系办公室”“客服中心”“社会工作部”等专门机构，引进有医疗、法律或管理背景的专业人员，因而在实践中能够迅速积累投诉管理的经验，医院投诉管理呈现出专业化特色。但这种管理的投诉管理效果严重依赖某个或某些管理人员的个人水平和经验，投诉处理结果往往因人而异，管理无固定流程，投诉材料缺少规范化的记录，更没有高质量地回馈到日常医疗质量管理之中。这种管理类型以“有人管”为特征，具体表现为“专门科室、专职岗位、专门人员”，多见于二级以上医疗机构或业务量有较大增长的医疗机构。

标准化管理的突出特色是强调完善制度和规范流程，将医院投诉管理的诸多环节标准化、规范化。投诉管理逐渐由经验性管理升华为更具流程色彩的标准化管理，通过建立标准工作流程的方式将琐碎工作体系化，建立规范化的制度、程序、表格等使投诉管理更加制度化、流程化、规范化。标准化管理促使医院投诉管理迈上新的台阶，但也并非尽善尽美，投诉管理仍然是医院管理体系中比较孤立的组成部分，与医院整体管理、医院文化都缺乏有机联系，未纳入医院的质量安全、患者安全体系，当投诉处理水平越来越高时投诉发生频率可能也越来越大。这种管理类型以“规范化、标准化”为特征，具体表现为“规范管”，多见于大型医疗机构。

《医疗机构投诉管理办法》对投诉管理提出了新的要求。专业化管理建立在专门化、标准化的投诉管理的基础上，对投诉管理工作提出更专业的要求。管理者应具备一定的医学、管理学、法学、心理学、伦理学、社会工作等学科知识，熟悉医疗和投诉管理相关法律法规，以及医疗机构规章制度，形成共同化的知识基础、趋同化的逻辑思维，以问题为导向、以安全文化为氛围，在力争合法、妥善管理投诉工作的基础上，有计划地强化投诉发生前的预防、深化投诉发生时的分析、加强投诉发生后对凸显问题的督导整改，即采取“事前预防、事中控制、事后整改”的操作模式，将投诉管理纳入患者安全管理体系，定期汇总、分析投诉纠纷相关信息，并专科、专项细化分析内容，关注医疗管理、医疗质量安全的薄弱环节，进一步督导落实整改措施，使患者反馈的信息能够体现其价值，助力持续改进医疗质量、有效促进患者安全。投诉材料的整理和保存也应得到重视，并逐步实现信息化储存，为后续按季度、年度甚至更长时间对比、分析、研究、改进医疗安全质量奠定基础。这种管理类型以“变理念、重改进”为特征，具体表现为纠纷管理参与到“事前预防、事中控制、事后整改”各环节，优化服务流程、提高医疗质量、防范安全隐患、减少投诉纠纷、保障患者安全。近几年这种模式已在管理理念先进的大型医院，如北京积水潭医院、石家庄市妇产医院等进行实践探索。

五、建立医疗投诉管理机制的意义

医院投诉处理的目的是提升自身的服务质量，让患者满意。投诉接待人员在处理投诉时，要掌握一定的原则和技巧，既能解决患者的问题，维护患者的利益，也能让医院不丧失尊严，维护医院的利益。[①]

多年来，我国的医疗纠纷不断，医疗暴力事件时有发生，医患关系恶化，虽然国家多部门不断采取各类措施使涉医违法犯罪案件减少，但医患矛盾已对医疗机构的正常诊疗秩序及医务人员的人身安全、心理安全都造成了极大的影响，甚至出现“软医闹”等新特征；伴随自媒体等新媒体的出现，医患矛盾处理不当有可能会引发媒体事件、社会事件，对医疗机构的社会美誉度甚至整个医疗卫生行业的社会形象都可能会产生影响。在这种背景下，将医患矛盾化解在萌芽状态，妥善处理医疗投诉，对于保证正常诊疗秩序、维护医务人员人身安全和机构形象都具有十分重要的意义。

六、当前医疗机构投诉管理机制存在的问题

目前大多数医疗机构在逐步探索建立医疗投诉管理机制，但在实际运行中也存在着不同程度的问题。

（一）部门之间相互推诿，易激化矛盾

在心理学上有一个著名的“推搡实验”，即一群人围成一圈，中间有一个被蒙上眼睛的实验者，要求这群人不停地推搡蒙眼者。实验中，蒙眼者开始时还会

① 孙文群：《完善患者投诉管理体制　构建和谐医患关系》，《现代医院》2011年第1期。

不时地发笑，因为在他看来这只是一个游戏，但随着推搡次数的不断增加，蒙眼者的表情越来越难看，到最后已经处于愤怒边缘。

在实际工作中，医院处理投诉的传统模式几乎是这个实验的翻版。患者在看病过程中需要咨询时，部分被咨询的部门或科室相互推诿，极力撇清责任，而不是以解决患者难处为出发点，导致患者的怨气越来越大，最终矛盾激化。通过对北京积水潭医院 5 年来受理的千余例投诉的总结分析可知，大约有 45.14%的投诉是因医院的某一部门在患者问询的过程中推诿责任发生的，其中，大约有 19.37%的投诉由于相关部门的推诿升级为要求经济赔偿的纠纷。究其原因，主要在于权责分配不清，很多问题都是“可管可不管”的情况，因而导致医患矛盾不断激化，陷入“越激化越推诿，越推诿越激化”的恶性循环。

（二）对投诉的重视程度不高

目前，投诉管理模式的着眼点是救一时之急，医患矛盾不激烈的投诉被认为影响不大，因而处理比较随意，只有当矛盾扩大、纠纷升级之后才引起重视。这也是“医闹”大行其道、医患纠纷引发社会事件的原因之一。虽然 2019 年实施的《医疗机构投诉管理办法》中进一步明确了“医疗机构主要负责人是医疗机构投诉管理的第一责任人”，从根本上强调了各医疗机构投诉管理工作的重要性，并针对未按该办法执行的情形明确了法律责任，但目前医疗机构中仍存在管理者或医务人员不重视投诉纠纷，甚至在成立“医患关系办公室”等专门处理部门后产生“投诉纠纷是医患办的事儿，与临床没关系”等错误观念。

（三）对于投诉反映的问题归纳总结不够

医疗机构中的管理者和医务人员对患者的投诉不及时进行归纳总结，从根本上消除隐患，而只是想“息事宁人”。以北京积水潭医院为例，在未完善投诉管理机制之前，对于医疗投诉的处理和纠纷的解决大都停留在“事情解决即告结束”的阶段，无法及时总结经验教训，造成大量原始资料丢失。事实上，患者的投诉中有些是对医院管理存在的问题的反馈，但是传统的投诉处理模式并未很好地将这些投诉进行归纳总结，而只是简单地将事情处理结束就告完结，因此导致同类问题多次反复出现，造成了医院资源的浪费，降低了医院的工作效率。石家庄市妇产医院自 2014 年开始对医疗纠纷进行分时段、分类别、分人群、分院区分析总结，在全院综合培训的基础上进一步开展专科、专人、专时、专区的医疗风险防范及医疗安全教育培训，从而切实提高医务人员医疗纠纷防范意识、提升医患沟通技能，完善医疗风险的识别、评估和防控措施，督导责任科室限期整改，有效降低纠纷发生率。2014年至今，医院门诊量、住院量逐年提升，医疗纠纷发生率连年下降、纠纷SID值（激烈度、严重度、滞留度）逐年降低。该院通过将投诉纠纷管理纳入医疗风险防控体系的"以问题为导向"的患者安全管理方式及多种医疗质量管理措施，有效保障患者安全，连续多年医院孕产妇死亡率为零，医疗质量逐步提升。

以上是目前医疗投诉管理机制在实际运行中存在的比较突出的弊端，也是造成医患关系紧张的重要原因。因此，转变医院投诉管理理念、建立和完善一整套新型投诉管理模式对于医院更好地改善医患关系、提高工作效率、专心专业研究具有十分积极的意义。以北京积水潭医院为例，医院在2004年成立了"医患关系协调办公室"，专门负责受理患者投诉，并在实践中不断完善制度，经过10余年的快速发展，形成了一套独特的全新理念和投诉管理模式。医院以患者为中心，全面提高医疗服务质量，医患关系得到了较大改善，没有出现一例重大上访闹访事件，没有一例高额赔偿，并带动影响一批医疗机构转变理念，对投诉进行专业化管理，医疗质量和自身管理水平得到了显著的提升，逐步探索出更加适合自身情况的新型医疗投诉处理模式。

第二节　与医疗投诉管理相关的概念

一、医疗纠纷的概念

关于医疗纠纷的概念，不同的学者从不同的角度出发作出不同的定义。一般来说，医疗纠纷有广义和狭义之分，广义的医疗纠纷泛指患者及其家属在因病就医过程中与医疗机构及其医务人员之间产生的分歧和纠纷。[①] 这一定义既包括患者在就医过程中因为医务人员的治疗、护理等医疗行为而引发的分歧和纠纷，也包括患者在医疗机构就医过程中因为医疗行为以外的问题，如费用问题、服务态

① 林学文：《医疗纠纷解决机制研究》，法律出版社2008年版，第6页。

度问题、在住院期间受到第三者的侵害等问题而引起的分歧和纠纷。狭义的医疗纠纷仅指前者，也就是局限于患者在就医过程中因为医务人员的治疗、护理等医疗行为而引发的分歧和纠纷。

2018年10月1日起实施的《医疗纠纷预防和处理条例》规定，医疗纠纷是指医患双方因诊疗活动引发的争议。这是我国现有法律法规中第一次明确对医疗纠纷进行定义。另外，最近几年许多地方人大或政府颁布的地方性法规或政府规章等中也对医疗纠纷进行明确定义，比较有代表性的如《宁波市医疗纠纷预防与处置条例》第二条规定，"本条例所称医疗纠纷，是指医疗机构和患方之间因诊疗、护理等医疗活动引发的争议"；《舟山市医疗纠纷预防与处理暂行办法》规定："本办法所称的医疗纠纷，是指医疗机构及其医务人员在为患者提供诊疗康复服务过程中，出现了不良结果，由此产生或引发的争议。但不包括非法行医、非辖区内医疗机构和本辖区内医疗机构非医疗行为引发的纠纷。"这些都是从狭义的角度对医疗纠纷进行界定，其中强调了医疗纠纷具有以下几方面的含义。

第一，医疗纠纷必须发生在医疗机构与患方之间，这是由医疗法律关系的主体所决定的。在医疗法律关系中，医疗机构提供医疗服务，患者通过门诊、住院等方式获得医疗服务，从而在双方之间形成医疗服务合同关系，该合同的一方是依法提供医疗服务的医疗机构，包括从事疾病诊断、治疗活动的医院、卫生院、疗养院、门诊部、诊所、卫生所（室）以及急救站等医疗机构，[①] 一方是接受医疗服务的患者。需要注意的是，有些地方的规定中专门提到了医务人员，但除了个体诊所等极个别情况外，医务人员在医疗法律关系中并不会成为单独的一方，因为其从事的医疗、护理等行为都是职务行为，依据《中华人民共和国民事诉讼法》《中华人民共和国民法典》及有关解释的规定，其法律后果由其所在的医疗机构承担。[②] 另外，患方当事人也不仅仅局限于患者本人，如《办法》第四十七条所规定的，还包括患者近亲属、委托代理人、法定代理人、陪同患者就医人员等有关人员。

第二，医疗纠纷必须是因医疗行为引起的纠纷。这一点在上文分析医疗纠纷

---

① 参见《医疗机构管理条例》第2条。

② 参见《最高人民法院关于适用〈中华人民共和国民事诉讼法〉若干问题的意见》第42条规定：法人或者其他组织的工作人员因职务行为或者授权行为发生的诉讼，该法人或其他组织为当事人。《中华人民共和国民法典》第1218条规定，患者在诊疗活动中受到损害，医疗机构或者其医务人员有过错的，由医疗机构承担赔偿责任；第1221条规定，医务人员在诊疗活动中未尽到与当时的医疗水平相应的诊疗义务，造成患者损害的，医疗机构应当承担赔偿责任。

的定义时已经述及，狭义的医疗纠纷只能是因为医疗行为而引起的，不能是因为医疗行为之外的其他原因而引起，比如费用问题、服务态度问题、第三者致患者损害问题等均不属于狭义的医疗纠纷的范畴。

第三，医疗纠纷必须是医患双方对医疗机构实施的检查、诊疗、护理行为和结果及其原因、责任在认识上产生分歧而引发的争议。一方面，医患双方只有因诊疗活动存在分歧并难以及时化解时才能够形成纠纷。另一方面，如果医患双方因诊疗活动之外的其他问题产生争议，也不能称为狭义的医疗纠纷。

二、医疗事故的概念

医疗事故的概念在我国的法律法规中有明确的规定，1987 年颁布的《医疗事故处理办法》第二条规定，“本办法所称的医疗事故，是指在诊疗护理工作中，因医务人员诊疗护理过失，直接造成病员死亡、残废、组织器官损伤导致功能障碍的”，而 2002 年 9 月 1 日起实施的《医疗事故处理条例》第二条则规定，“本条例所称医疗事故，是指医疗机构及其医务人员在医疗活动中，违反医疗卫生管理法律、行政法规、部门规章和诊疗护理规范、常规，过失造成患者人身损害的事故”。

按照《医疗事故处理条例》的规定，医疗事故的构成需要具备以下几个要件。

第一，医疗事故的主体是合法的医疗机构及其医务人员。这是构成医疗事故的主体要件。这就要求医疗事故的主体必须是具有合法的执业许可证的医疗机构、获得职业资格并经过注册在特定的医疗机构依法执业的专业医务人员，这一主体要件将医疗事故与非法行医行为区分开来。实践中在很多情况下，非法行医行为也给患者造成了人身损害的后果，但是因为非法行医者不具有合法的执业资格，因此不能构成医疗事故，只能以非法行医来处理。

第二，医疗机构及其医务人员违反了医疗卫生管理法律、行政法规、部门规章和诊疗护理规范、常规。这是构成医疗事故的违法要件，要求医疗机构及其医务人员的医疗行为违反了医疗卫生管理法律、行政法规、部门规章和诊疗护理规范、常规的违法行为，如果医疗行为根本就不存在以上情形，那么医疗事故就根本无法构成。此外，违法行为中的“法”是广义的概念，包括了目前一切有效的医疗卫生管理法律、行政法规、部门规章和诊疗护理规范、常规（具体内容将在本章第四节进行介绍）。

第三，医疗事故的直接行为人在诊疗护理中存在主观过失。这是构成医疗事故的主观要件，要求医疗事故中的直接行为人主观上存在过失。过失是一个法律术语，简而言之，就是行为人的行为存在过错，因而应当受到责难的一种心理状态。过失分为疏忽大意的过失和过于自信的过失，其中，疏忽大意的过失指行为人应当预见到自己的行为会引起损害后果的发生，因为疏忽大意而没有预见，最终导致损害后果发生的心理状态；过于自信的过失指已经预见到损害后果的发生，但是轻信能够避免，结果导致损害结果发生的心理状态。医疗事故的构成必须有主观要件的存在，如果行为人主观上没有过错，损害后果的发生完全是因为行为人意志之外的因素，那么行为人的行为就不构成医疗事故，行为人也就无须承担医疗事故的责任。

第四，患者存在人身损害后果。这是构成医疗事故的结果要件，也就是说要构成医疗事故，就必须是医疗行为给患者造成了一定的人身损害后果。如果没有损害后果，那么就不会构成医疗事故。按照《医疗事故处理条例》第四条的规定，构成医疗事故必须具备“造成患者明显人身损害的后果”的条件，否则就无法满足医疗事故构成的标准，当然也就不能构成医疗事故了。

第五，医疗行为与损害后果之间存在因果关系。这是医疗事故构成要件中的因果关系要素。所谓因果关系，就是原因与结果之间引起与被引起的关系。具体到医疗事故的构成上，就是说医疗行为与损害后果之间必须存在引起与被引起的关系，如果出现了损害后果，但是与医疗行为之间并无因果关系，那么医疗事故也无从构成。需要注意的是，医疗行为是非常复杂的行为，与医疗相关的损害后果的出现也往往是多因一果的，既有患者本身疾病的因素，又有医疗机构及医务人员的医疗行为的因素，这也就是医疗事故认定中存在主要责任和次要责任之分、司法鉴定结论中也往往有责任比例划分的原因。

是否构成医疗事故是需要由医学会通过鉴定来认定的，而且关于医疗事故技术鉴定的程序和医疗事故的等级划分在原卫生部的部门规章中都有明确的规定，具体的鉴定程序和等级划分可以参考《医疗事故技术鉴定暂行办法》《医疗事故分级标准（试行）》。

三、医疗损害责任的概念

医疗损害责任是指医疗机构或其医务人员因为自身的过错，在诊疗活动中对患者造成了损害，从而需要由医疗机构对患者及其家属承担的损害赔偿责任。[①]医疗损害责任是《中华人民共和国民法典》中规定的概念，这一概念的出现改变了以往将医疗赔偿纠纷案件分为“构成医疗事故的医疗赔偿纠纷案件”和“医疗事故以外的医疗赔偿纠纷案件”的局面，将医疗赔偿纠纷案件的案由统一到“医疗损害责任”上来。这一概念的作用在于，在患者或近亲属对医疗机构提起诉讼要求承担医疗损害责任时，不需要判定医疗机构或医务人员的医疗行为是否构成医疗事故，而统一按照《中华人民共和国民法典》的规定进行认定。

按照民法学的通说，医疗损害责任的构成需要符合以下四方面的要件：违法行为、损害后果、因果关系、主观过错。只有在这四方面要件同时具备的情况下，医疗损害赔偿责任才能成立，才需要由医疗机构承担赔偿责任。

第一，医疗机构及其医务人员在诊疗活动中存在违法行为。这一要件事实上包括三方面的要素，即主体必须是医疗机构及其医务人员，只有在医疗机构工作并经过合法注册执业的医务人员才能构成医疗侵权行为，成为承担医疗损害责任的适格主体；必须发生在诊疗活动过程中，而不能发生在诊疗活动之外；必须存在违法行为，即医疗机构或其医务人员存在违反相关医疗卫生法律、行政法规、行政规章以及其他有关诊疗规范规定的行为。

第二，必须对患者造成了损害后果。“无损害则无责任”，只有在损害后果发生的情况下，才需要考虑医疗机构及其医务人员是否存在过错，是否存在因果关系，是否要由医疗机构承担医疗损害责任。损害后果必须是法律明确规定的后果，必须是侵害了患者的合法权利。医疗损害主要侵犯的患者权利包括生命权、健康权、财产权益，在一定情况下还会侵害患者的隐私权、监护权等权利。医疗机构及其医务人员的行为必须侵害了患者的上述合法权利，产生了一定的损害后果，才可能构成医疗损害责任。

第三，违法行为和损害后果之间存在因果关系。因果关系反映的是违法行为与损害后果之间的引起与被引起的关系，是医疗机构及其医务人员的违法行为和患者的损害后果之间客观存在的联系。其中，医疗机构及其医务人员的违法行为发生在前，患者的损害后果发生在后，前者是后者发生的原因，后者是前者引起的结果。这种因果关系是客观存在的而非虚幻的，是从医学角度分析必然发生的

---

① 刘鑫、张宝珠、陈特：《侵权责任法“医疗损害责任”条文深度解读与案例剖析》，人民军医出版社2010年版，第22页。

而不是可能发生的。对医疗纠纷中因果关系的判定是专业性极强的工作，很多情况下必须借助医学会、司法鉴定机构等专业鉴定机构的鉴定才能确定。

第四，医疗机构及其医务人员主观上存在过错。这是医疗损害责任构成的主观要件，表现为医疗机构及其医务人员的侵害行为在主观上的应受责难性。按照侵权责任法的有关规定，医疗机构及其医务人员存在过错的，需要由患者一方承担举证责任，即由患者一方提供证据证明医疗机构及其医务人员的行为存在主观过错。当然，考虑到患者一方证明医疗机构主观过错的困难性，《中华人民共和国民法典》规定了三种推定医疗机构存在过错的情形，其目的在于降低患者的举证难度，平衡医患双方的力量对比。

【案例 1-02】

依据信访投诉材料改判责任程度的医疗损害赔偿纠纷案件①

2019 年 3 月 24 日，周某因左食指离断伤、指骨骨折等到祁东县某医院急诊室就诊，并进行清创探查修复＋血管、神经、肌腱探查修复术＋骨折内固术，术程顺利。术后 9 天出院。2019 年 7 月 30 日，周某到祁东县某医院要求免费取钢针，祁东县某医院的李某医生遂为其免费取钢针，但未制作病历。当日，李某医生又在周某的要求下出具了手术证明，证明内容为："周某在中医院手术治疗中，二次手术免费取钢针后再缝合。到伤口愈合前，一切医疗费用及换药、用药都由中医院骨科医生李某负责。在这段时间内如伤口发炎、化脓，均由李医生负责。此是事实，双方签字生效，手指恢复功能由李医生指导负责。中医院医生：李某。手术患者：周某。2019 年 7 月 30 日。"尔后，周某认为李某医生治疗不当，造成其受伤的左食指不但没有愈合，反而加重了伤情，多次找祁东县某医院及李某医生协商赔偿，但均未达成协议，周某遂向衡阳市医学会医疗事故技术鉴定委员会申请医疗事故技术鉴定。2020 年 6 月 12 日，衡阳市医学会医疗事故技术鉴定工作办公室以"查阅双方当事人所提交的鉴定材料，医方缺少第二次取内固定手术病历等资料，且未在规定时间内及时补交完整"为由，中止了医疗事故技术鉴定。

① 参见湖南省祁东县人民法院（2020）湘 0426 民初 1087 号一审民事判决书，湖南省衡阳市中级人民法院（2020）湘 04 民终 2458 号二审民事判决书，湖南省衡阳市中级人民法院（2021）湘 04 民再 113 号再审民事判决书。

诉讼过程中，周某以办理残疾证为由申请鉴定，某司法鉴定中心评定为职工工伤九级伤残。一审法院结合周某伤情并根据《人体损伤致残程度分级》的规定核定周某的伤残程度为十级。一审、二审法院均认为，祁东县某医院与周某均存在同等过错，祁东县某医院与周某应各承担50%的责任。

本院再审查明，祁东县某医院于2020年10月22日作出《关于对李某同志的处分决定》，查实李某私自与病人签订手术协议，手术过程中造成严重事故，给医院名誉和经济造成重大恶劣影响和损失，给予开除处分。衡阳市卫生计生综合监督执法局于2021年5月21日出具了《关于对周某投诉信访事项办理情况的报告》：（1）祁东县某医院与南京某医疗科技有限公司签订技术合作协议，合作开办创伤手足显微外科，祁东县某医院向该公司支付一定的技术咨询费，该行为违反了《基本医疗卫生与健康促进法》第三十九条第三款规定，该局拟对该医院作出没收违法所得12657.28元的处罚，并处违法所得2倍的罚款；（2）李某在2019年3月24日至2019年3月27日为周某施行手术及相关诊疗行为的地点与执行医师注册执业地点不符，违反了《中华人民共和国执业医师法》（自2022年3月1日《中华人民共和国医师法》施行起废止，下同。）第十四条第一款的规定，该局拟对李某给予警告的行政处罚。李某为周某施行第二次手术时未填写病历资料，违反了《医疗纠纷预防和处理条例》第十五条的规定，该局拟对祁东县某医院作出警告、罚款10000元的行政处罚，责令其立即改正，并对李某作出责令暂停执业6个月的行政处罚。本院再审认为，根据再审申请人周某提交的证据，李某在2019年3月24日至2019年3月27日为周某施行手术及相关诊疗行为的地点与执行医师注册执业地点不符，为周某施行第二次手术时未填写病历资料，以及李某及被申请人祁东县某医院均自认第一次手术是李某为周某所做，故应认定本案中被申请人祁东县某医院对周某的致损有主要过错。根据《中华人民共和国侵权责任法》第五十四条之规定“患者在诊疗活动中受到损害，医疗机构及其医务人员有过错的，由医疗机构承担赔偿责任”，被申请人祁东县某医院应对再审申请人周某的损失承担80%的赔偿责任。

四、医疗投诉管理相关概念的联系与区别

医疗投诉与医疗纠纷之间既有联系又有区别。在联系方面，两者的含义之间

有很大部分是交叉重叠的，在一定情况下可以通用。但是区别也是显著的，一方面，医疗投诉的概念是由国家卫生行政主管部门的部门规章明确规定的，《办法》中明确投诉的范围是患者在医疗服务行为、医疗管理、医疗质量安全等方面存在的问题。而《医疗纠纷预防和处理条例》中明确规定的医疗纠纷则仅限于医患双方因诊疗活动引发的争议。另一方面，从“投诉”与“纠纷”本身的含义来分析，投诉更多的是反映问题，提出意见建议或要求的行为，主要是作为一个动词来使用；而纠纷则是指医患双方针对一些问题无法达成一致时，需要面对的一种争议和冲突的状态，主要是作为一个名词来使用。

医疗纠纷与医疗事故的联系和区别是一个存在争议的问题。很多情况下两者是混用的，在使用中没有严格区分，尤其是很多患者在提起医疗纠纷时往往会声称医疗机构或医务人员出现了医疗事故。但事实上两者是存在区别的，主要表现在以下几个方面。

第一，定义及范围不同。医疗纠纷的定义在《医疗纠纷预防和处理条例》中有明确规定，是指医患双方因诊疗活动引发的争议；而医疗事故的定义在《医疗事故处理条例》中亦有规定，是指医疗机构及其医务人员在医疗活动中，违反医疗卫生管理法律、行政法规、部门规章和诊疗护理规范、常规，过失造成患者人身损害的事故。也就是说，医疗事故是卫生健康主管部门对医疗机构及其医务人员进行行政管理规定的，要构成医疗事故，必须违反医疗卫生管理法律、行政法规、部门规章和诊疗护理规范、常规，必须存在过失，必须至少造成了“患者明显的人身损害”。[①] 不难看出，医疗纠纷的范围要远大于医疗事故的范围，很多医疗纠纷中涉及的并非人身损害的问题。即便是因人身损害而引起的医疗纠纷，很多情况下对患者的损害后果也并没有达到医疗事故认定的严重程度，或者没有经过医学会进行医疗事故技术鉴定，也就无法明确是否构成医疗事故。

第二，认定方法不同。医疗纠纷没有严格的认定标准，只要是医患双方因诊疗活动产生的争议和分歧，都可以称为医疗纠纷。而医疗事故则不同，构成医疗事故必须经过医学会组织的专家进行医疗事故技术鉴定才能认定，其认定程序和认定标准都要依照相关规定来进行。

第三，法律依据不同。医疗纠纷的预防及处理依据《医疗纠纷预防和处理条

---

① 根据《医疗事故处理条例》第4条规定，造成患者明显人身损害的其他后果的，属于四级医疗事故，那么可以认为医疗事故至少应该“造成患者明显人身损害”。

例》的规定，而医疗事故的认定及解决依据《医疗事故处理条例》及配套文件的规定来执行。

第四，适用场合不同。医疗纠纷的预防和处理主要是解决作为平等民事主体的医患双方之间的纠纷，主要适用于民事纠纷的解决；而医疗事故的相关规定则主要适用于卫生行政主管部门对诊疗活动中出现的医疗事故的行政调查处理。①

医疗事故与医疗损害责任之间同样既有联系又有区别。其联系在于在民事赔偿方面二者是相关的，如果构成医疗事故，对患者造成了人身损害后果，那么就需要按照医疗损害责任的有关规定承担相应的民事赔偿责任。其区别主要有以下几个方面：一是法律依据不同，医疗事故主要依据《医疗事故处理条例》来认定和处理，而医疗损害责任则主要依据《中华人民共和国民法典》来认定和处理；二是关注点不同，医疗事故主要是行政法上的概念，关注点主要在于卫生健康主管部门对医疗机构及其医务人员进行行政管理，而医疗损害责任则主要是民法上的概念，主要关注的是在构成医疗侵权行为时医疗机构需要承担的民事赔偿责任。

医疗投诉、医疗纠纷和医疗损害责任之间的联系在于，涉及人身损害后果的医疗投诉（纠纷）如果不能通过医患协商、调解等途径解决，那么基本都要依赖民事诉讼的方式解决，这时就要靠医疗损害责任的相关规定来进行认定和解决。其区别在于医疗投诉（纠纷）中的很多情况是人身损害之外的，可以是财产损失、服务态度等，这些都不能构成医疗损害责任，当然也就无法用医疗损害责任的规定来解决了。

第三节　医疗投诉相关法律法规简介

目前我国在医疗投诉及纠纷处理方面已经建立了相对完善的法律法规体系，医疗纠纷处理的方方面面都基本实现有法可依，有规可依。

一、医疗投诉相关法律

在我国的法律体系中，法律是指由全国人大或全国人大常委会制定颁布的规

① 参见《医疗纠纷预防和处理条例》第55条：对诊疗活动中医疗事故的行政调查处理，依照《医疗事故处理条例》的相关规定执行。

范社会生活的基本方面的规范性文件。按照我国《中华人民共和国立法法》的规定，法律在我国的法律体系中居于最高的地位。与医疗投诉相关的法律主要有《中华人民共和国医师法》《中华人民共和国母婴保健法》《中华人民共和国献血法》《中华人民共和国药品管理法》《中华人民共和国疫苗管理法》《中华人民共和国人口与计划生育法》《中华人民共和国传染病防治法》《中华人民共和国民法典》《中华人民共和国人民调解法》等。按照规定的内容来划分，可以将之分为四类：医疗主体立法、医疗行为立法、医疗用品管理立法和医疗争议处理立法。[①] 例如《中华人民共和国医师法》是针对执业医师这一医疗主体的立法，其中也涉及医疗行为的内容，《中华人民共和国药品管理法》是针对药品这一医疗用品管理的立法，而《中华人民共和国民法典》则属于针对医疗争议处理的立法，其中侵权责任编对医疗侵权损害赔偿诉讼有专门规定。在此主要针对《中华人民共和国民法典》侵权责任编进行介绍。

《中华人民共和国民法典》的侵权责任编是在原《中华人民共和国侵权责任法》的基础上修订的，其中《中华人民共和国民法典》侵权责任编第六章是对原《中华人民共和国侵权责任法》第七章的继承。原《中华人民共和国侵权责任法》自 2010 年 7 月 1 日开始生效，实施了 10 余年，2020 年《中华人民共和国民法典》编纂时作了局部修改。这是目前为止我国法律中专门针对医疗损害责任所作的规定。对《中华人民共和国民法典》的侵权责任编中的医疗损害责任相关内容进行分析，可以发现其针对医疗损害责任的立法主要有以下几个特点。[②]

(一) 医疗侵权纠纷处理由二元走向一元

在原《中华人民共和国侵权责任法》颁布实施以前，我国的医疗损害赔偿诉讼在法律适用上长期面临二元选择：是按照《医疗事故处理条例》还是按照原《中华人民共和国民法通则》(现为《中华人民共和国民法典》)。并由此衍生了医疗侵权诉讼案由二元化、医疗鉴定二元化和医疗损害赔偿二元化。这种法律适用上的二元化，造成了人们对医疗纠纷认识上的混乱，削弱了我国司法机关裁判的权威，进而对医疗纠纷起到了推波助澜的作用。《中华人民共和国民法典》的侵权责任编采用医疗损害责任的概念，避免使用医疗事故概念，而且其法律效力位

---

① 刘鑫、王岳、李大平：《医事法学》，中国人民大学出版社 2009 年版，第 4 页。

② 刘鑫、张宝珠、陈特：《侵权责任法"医疗损害责任"条文深度解读与案例剖析》，人民军医出版社 2010 年版，第 16—19 页。

阶高于《医疗事故处理条例》。因此，在《中华人民共和国民法典》的侵权责任编实施之后，《医疗事故处理条例》中关于医疗事故损害赔偿的规定即自动失效，无论是否构成医疗事故，医疗侵权赔偿案件都适用《中华人民共和国民法典》的侵权责任编。即便是医疗侵权赔偿的非诉讼处理，现在也是依据《中华人民共和国民法典》《医疗纠纷预防和处理条例》进行处理，而《医疗事故处理条例》仅适用于医疗事故的行政处理。

（二）削弱了举证责任倒置制度

医疗损害赔偿纠纷案件施行严格的举证责任倒置制度的做法一直饱受争议，在2002年4月1日实施的《最高人民法院关于民事诉讼证据的若干规定》规定“因医疗行为引起的侵权诉讼，由医疗机构就医疗行为与损害结果之间不存在因果关系及不存在医疗过错承担举证责任”实施了10多年后，这种严格的“一刀切”式的举证责任倒置规定逐步得到缓解和改变。原《中华人民共和国侵权责任法》第58条作出了缓和规定，《中华人民共和国民法典》第1222条予以继承，在最高人民法院2019年修订的《关于民事诉讼证据的若干规定》①《关于审理医疗损害赔偿责任纠纷适用法律若干问题的解释》② 中进一步弱化。首先，医疗侵权举证责任分配的规定，注重在保护患者的利益与保护医疗机构及其医务人员的利益之间进行平衡，防止出现厚此薄彼的情况。其次，在保护医院和医务人员的合法权益、促进医学科学的发展方面，明确了过错责任原则，医疗机构只有存在过错的情况下才承担赔偿责任。最后，《中华人民共和国民法典》第1222条采取了附条件的过错推定原则（实际的结果表现为举证责任倒置），③ 与最高人民法院2002年实施的《关于民事诉讼证据的若干规定》的规定相比，更为客观、公正和科学。

（三）规定了医疗赔偿免责事由

《中华人民共和国民法典》的侵权责任编在立法中充分考虑到医疗行为的特殊性，沿用《医疗事故处理条例》第33条的规定，将急诊急救等紧急情况、患

---

① 最高人民法院审判委员会第1777次会议2019年10月14日通过，自2020年5月1日起施行《关于修改〈关于民事诉讼证据的若干规定〉的决定》。

② 2017年3月27日最高人民法院审判委员会第1713次会议通过，根据2020年12月23日最高人民法院审判委员会第1823次会议通过的《最高人民法院关于修改〈最高人民法院关于在民事审判工作中适用《中华人民共和国工会法》若干问题的解释〉等二十七件民事类司法解释的决定》修正。

③ 刘鑫、郑谢畅：《医疗侵权赔偿案件举证责任分配的变与不变》，《中华医学信息导报》2020年11期。

方不配合造成不良后果、现有医学技术的局限性等作为免责事由，规定医疗机构不承担民事赔偿责任。

（四）突出了医疗机构的告知义务和病历管理义务

《中华人民共和国民法典》的侵权责任编突出了医疗机构告知、病历制作管理两大义务。《中华人民共和国民法典》的侵权责任编对医疗机构的告知义务和要求作了规定，并且第一次明确规定医方没有尽到告知义务而侵犯患者知情权、同意权的，应当承担赔偿责任。关于病历资料的问题，在《中华人民共和国民法典》的侵权责任编中有三条都有涉及，从医疗机构及其医务人员规范书写、管理病历，到患者与病历相关的隐私权和知情权，再到医疗机构违反相关规定所面临的法律后果，都作了详细规定。

《中华人民共和国民法典》的侵权责任编第六章“医疗损害责任”共计11条，我们对其中的具体内容分布和要点予以归纳（见表1-1、表1-2）。

表1-1　民法典侵权责任编中医疗损害责任的主要内容、条文分布与评价

内容	条文	评价
医疗侵权责任构成	第1218条	患者就医过程中健康权、生命权受到损害时，医方应当承担的责任
医疗侵权过错认定	第1221、1222条	
医疗侵权过错排除	第1224条	
医方诊疗过程中的告知义务	第1219条第1款	患者就医过程中知情权、同意权受到侵犯时，医方应当承担的责任
侵犯患方知情权、同意权责任	第1219条第2款	
特殊情况下医方诊疗义务	第1220条	
患者病历知情权及医方的保障义务	第1225条	患者的病历权益及医方的保障义务，及由此可能引发的侵犯患者隐私权的纠纷
患者病历隐私权及医方的保障义务	第1226条	
医疗用品质量责任	第1223条	医疗用品质量责任
医方不得实施过度医疗的义务	第1227条	一般性规定。有可能涉及医疗机构侵犯患方的财产权益而承担的责任
医方的合法权益受法律保护	第1228条	一般性规定

表1-2　民法典侵权责任编中医疗侵权责任的内容要点

概括	内容	说明
一个核心	医疗损害	结束二元，统归一元
两个重点	医疗告知、病历资料	各有3个法条规定

续表

概括	内容	说明
三种免责	第1224条的3项规定	可以扩展为若干种
四个要件	违法行为、损害后果、因果关系、主观过错	传统侵权责任构成理论
五项告知	病情，医疗措施，手术、特殊检查，特殊治疗	需要实施医疗告知的医疗内容及风险
六种推定	违法、隐匿病历、拒绝提供病历、伪造病历、篡改病历、销毁病历	从第1222条的3项规定提炼
七处责任	第1218、1219、1221、1223、1224条“赔偿责任”，第1226条“侵权责任”，第1228条“法律责任”	五处赔偿责任，一处侵权责任，一处法律责任
八种文书	住院志、医嘱单、检验报告、手术记录、麻醉记录、病理资料、护理记录、知情同意书等	列举八种具体病历文书，包含所有病历资料
九个概念	医疗损害赔偿责任、知情权、同意权、替代医疗方案、当时医疗水平、符合诊疗规范的诊疗、合理诊疗义务、当时的医疗水平难以诊疗、过度医疗	都是新概念，有的概念可能过去在法律法规规章中出现过，但在民事立法中第一次出现
十种情形	技术过失、侵犯知情权、侵犯同意权、泄露隐私、公开病历、过度医疗、药品缺陷、消毒药剂缺陷、医疗器械缺陷、血液不合格	涉及承担民事责任的具体医疗活动，侵犯知情权包含不允许患者查阅、复印病历

二、医疗投诉相关行政法规

在我国的法律体系中，行政法规是国务院为领导和管理国家各项行政工作，根据宪法和法律，并且按照《行政法规制定程序条例》的规定而制定的政治、经济、教育、科技、文化、卫生、外事等各类法规的总称。目前与医疗投诉纠纷处理有关的行政法规主要有《医疗纠纷预防和处理条例》《医疗事故处理条例》《医疗机构管理条例》《医疗器械监督管理条例》《血液制品管理条例》《护士条例》等。《医疗纠纷预防和处理条例》（以下简称《条例》）是目前与医疗投诉及纠纷的处理最为密切相关的行政法规，本文主要对该条例进行介绍。

《条例》是国务院颁布的专门规范医疗纠纷预防和处理的行政法规，2018年7月31日国务院总理李克强签署国务院令并公布，自2018年10月1日起正式实施。这一条例的起草历时3年多，经过了部门起草、公开征求意见、调研、专家论证、部门协调、反复修改、国务院常务会议审议通过等流程，目的是将医疗纠纷预防和处理工作全面纳入法治化轨道，保护医患双方合法权益，维护医疗秩序，保障医疗安全，从制度层面推进医疗纠纷的依法预防和妥善处理，着力构建和谐医患关系，促进我国医疗卫生事业持续健康发展。

在制定《条例》的总体思路方面，主要把握了以下三点：一是平衡医患双方的权利和义务，维护双方的合法权益；二是关口前移，通过加强医疗质量安全管理，畅通医患沟通渠道，从源头预防和减少纠纷；三是充分发挥人民调解在解决医疗纠纷中的主渠道作用，倡导以柔性方式化解医疗纠纷，减少医患对抗，促进医患和谐。①

《条例》共有 5 章 56 条，分为总则、医疗纠纷预防、医疗纠纷处理、法律责任和附则（见表 1－3）。

表 1－3　《医疗纠纷预防和处理条例》主要内容及条款

章节	条款	主要内容及条款
总则	第 1—8 条	立法目的（第 1 条）、定义（第 2 条）、纠纷预防（第 3 条）、处理原则（第 4 条）、政府及部门职责（第 5、6 条）、风险分担（第 7 条）、新闻媒体责任（第 8 条）
医疗纠纷预防	第 9—21 条	医疗质量及医疗安全管理（第 9、10、19 条） 医疗服务关键环节和领域风险防控（第 11、12、14 条） 加强医患沟通（第 13、15、16、17、18 条） 其他：患者义务（第 20 条）、政府健康促进职责（第 21 条）
医疗纠纷处理	第 22—44 条	纠纷处理（第 22、30—44 条）、即时处理（第 23—29 条）
法律责任	第 45—53 条	医疗机构及医务人员（第 45—47 条），其他单位/机关（第 48—52 条） 民事、行政、刑事责任（第 53 条）
附则	第 54—56 条	军队条例（第 54 条）、《医疗事故处理条例》的适用（第 55 条）、施行日期（第 56 条）

该条例框架非常清晰明确、内容翔实，其中主要包括以下几处亮点。

（一）重视从源头上预防医疗纠纷

新条例的理念从侧重医疗纠纷处理改为医疗纠纷预防与处理并重，这一点从

① 参见《司法部、卫生健康委就〈医疗纠纷预防和处理条例〉答记者问》，中华人民共和国司法部官网，http：//www.moj.gov.cn/news/content/2018-08/30/zcjd_39161.html。

新条例的名称及章节设定上均能体现。新条例主要从以下三方面来预防医疗纠纷：一是加强医疗质量安全的日常管理。《条例》规定，开展诊疗活动应当以患者为中心，严格遵循法律、法规以及诊疗相关规范、常规，遵守职业道德；医疗机构应当落实医疗质量安全管理制度，加强对医疗风险的识别、评估和防控；卫生主管部门应当督促医疗机构落实医疗质量安全管理制度，加强监管。二是强化医疗服务关键环节和领域的风险防控。《条例》规定，医疗机构开展医疗技术服务，应当与其技术能力相适应，采用医疗新技术应当开展技术评估和伦理审查，确保安全有效、符合伦理；要严格执行药品、医疗器械等产品的进货查验、保管等制度，保证产品质量安全；开展手术、特殊检查、特殊治疗等诊疗活动，应当提前预备应对方案，主动防范突发风险。三是加强医疗服务中的医患沟通。《条例》规定，患者有权查阅、复制全部病历资料；医疗机构及其医务人员应当对患者所提咨询进行解释说明，对患者所提意见按规定进行处理，对患者所提疑问进行核实、自查并予以沟通；医疗机构应当建立健全投诉接待制度，方便患者投诉或者咨询。

（二）注重医疗纠纷的妥善处理

一方面，《条例》明确了处理医疗纠纷的原则、途径和程序。《条例》规定，处理医疗纠纷，应当遵循公平、公正、及时的原则，实事求是，依法处理；发生医疗纠纷，医患双方可以通过自行协商、人民调解、行政调解、司法诉讼等途径解决。在此基础上，《条例》具体规范了医疗纠纷自行协商、人民调解和行政调解的程序，明确了人民调解、行政调解中的专家咨询、医疗损害鉴定等制度，并与司法诉讼作了衔接。另一方面，《条例》规范了医疗纠纷发生后的即时处置。《条例》规定，发生医疗纠纷，医疗机构应当告知患方病历资料封存复制、实物封存、纠纷处理途径及尸检等规定；同时，明确了病历资料/实物封存和启封以及尸体处理和尸检的要求，以方便双方固定证据、解决纠纷。此外，《条例》还对维护医疗秩序、处置违法犯罪行为作了规定。

（三）其他亮点

一是将人民调解列为解决医疗纠纷的主渠道并以行政法规的形式规定下来，通过具体制度进一步引导医患双方通过人民调解解决医疗纠纷。《条例》规定，对于分歧较大或者索赔数额较高的纠纷，鼓励医患双方通过人民调解的途径解决；一方申请人民调解的，人民调解委员会征得另一方同意后进行调解；人民调解委员会调解医疗纠纷不得收取费用；并具体规定了人民调解的时限、流程、专家咨询、医疗损害鉴定、对医患双方隐私权的保护等内容。

二是统一规范诉讼前的医疗损害鉴定。医疗纠纷往往涉及医疗方面专业问题的争议，基本上都需要通过鉴定来明确过错及责任等，因此医疗纠纷解决中的鉴定就显得尤为重要。考虑到鉴定的重要性和鉴定中存在的问题和目前医学会、司法鉴定机构均开展医疗损害鉴定的现实情况，《条例》从鉴定标准、程序和专家库等方面明确开展鉴定的统一要求：鉴定应由鉴定事项所涉专业的临床医学、法医学等专业人员进行；医学会或司法鉴定机构没有相关专业人员的，应当从卫生、司法行政部门共同设立的专家库中抽取相关专业专家进行鉴定；开展医疗损害鉴定应当执行规定的标准和程序，并授权国家卫生健康委、司法部共同制定医疗损害鉴定的具体管理办法。此外，《条例》针对出具虚假鉴定结论等违法行为规定了严格的法律责任。2018 年 10 月 11 日，国家卫生健康委、司法部发布了关于《医疗损害鉴定管理办法（征求意见稿）》公开征求意见的通知，意见反馈截止时间为 2018 年 11 月 12 日。但到目前为止，该管理办法还未正式出台。

三是充分保障患者权利。新条例中细化了医患沟通的相关规定，保障患方查阅、复制或封存病历的权利，扩大了患方查阅、复制病历的范围，明确了对患方提出咨询、意见、建议或疑问时的处理机制，要求建立健全投诉接待及处理制度、明确医疗纠纷处理时程序告知的问题，明确了现场实物封存及尸检相关的告知，这些规定都是为了能更加充分地保障患方权利，更加有效地做好医疗纠纷的预防和妥善解决工作。

四是强调维护正常医疗秩序。这一点在新条例的很多条文中均有体现，如在立法目的中提到为维护医疗秩序，保障医疗安全等制定《条例》；在政府及相关部门的职责中也明确提到县级以上人民政府应当加强对医疗纠纷预防和处理工作的领导、协调，将其纳入社会治安综合治理体系，建立部门分工协作机制，督促部门依法履行职责。公安机关依法维护医疗机构治安秩序，查处、打击侵害患者和医务人员合法权益以及扰乱医疗秩序等违法犯罪行为。此外，新条例要求政府应当加强健康促进与教育工作，普及健康科学知识，提高公众对疾病治疗等医学科学知识的认知水平。新条例还明确规定医患双方应当依法维护医疗秩序。任何单位和个人不得实施危害患者和医务人员人身安全、扰乱医疗秩序的行为。医疗纠纷中发生涉嫌违反治安管理规定的行为或者犯罪行为的，医疗机构应当立即向所在地公安机关报案。公安机关应当及时采取措施，依法处置，维护医疗秩序。

五是加强对新闻媒体的规范管理。一方面要求新闻媒体应当加强医疗卫生法律、法规和医疗卫生常识的宣传，引导公众理性对待医疗风险；报道医疗纠纷，应当遵守有关法律、法规的规定，恪守职业道德，做到真实、客观、公正。另一方面明确规定，新闻媒体编造、散布虚假医疗纠纷信息的，由有关主管部门依法给予处罚；给公民、法人或者其他组织的合法权益造成损害的，依法承担消除影响、恢复名誉、赔偿损失、赔礼道歉等民事责任。

此外，《医疗事故处理条例》是国务院颁布的专门规范医疗事故处理的行政法规，于2002年9月1日起正式实施，从而取代了已经实施了15年的《医疗事故处理办法》。《医疗事故处理条例》的颁布在当时有其积极的意义，但是其关于民事赔偿的规定超越了其立法权限范围，赔偿项目和赔偿计算方式都没有突破部门立法的局限，因此招致立法界、司法界和广大患者的强烈质疑与反对。加之最高人民法院《关于审理人身损害赔偿案件适用法律若干问题的解释》的出台，《医疗事故处理条例》在实践中就陷入更加尴尬的境地，使患者在诉讼时竭力避免提起医疗事故技术鉴定，以免案件被鉴定为医疗事故，其原因在于出现了“损害越重构成医疗事故赔偿越少，损害较轻不构成医疗事故赔偿越多”的尴尬情形。《中华人民共和国民法典》实施后，其中的相关赔偿规定完全取代了《医疗事故处理条例》中民事赔偿部分的内容，相关内容自动失效。

《医疗纠纷预防和处理条例》第55条规定，对诊疗活动中医疗事故的行政调查处理，依照《医疗事故处理条例》的相关规定执行。由此可见，《医疗事故处理条例》作为国务院正式颁布的行政法规，在没有明示废止的情况下，其中医疗事故相关的行政调查处理等部分内容仍然是有效的，在实践中仍然可以作为卫生行政主管机关对医疗机构和医务人员进行医疗事故行政调查处理的依据。但《医疗事故处理条例》中有关民事赔偿的部分失效，实践中应按照《中华人民共和国民法典》及相关司法解释的规定执行；《医疗事故处理条例》中有关医疗投诉的协商、调解及民事处理等方面内容也失效，实践中应按照《医疗纠纷预防和处理条例》的相关规定执行。

三、医疗投诉相关部门规章

部门规章是国务院各部、各委员会、中国人民银行、审计署等根据法律和行政法规的规定和国务院的决定，在本部门权限范围内制定和发布的调整本部门范围内的行政管理关系的规范性文件。

与医疗投诉相关的部门规章主要是卫生行政主管部门颁布的规章，主要有《医疗事故技术鉴定暂行办法》《医疗事故分级标准（试行）》《医师外出会诊管理暂行规定》《处方管理办法》《医疗机构投诉管理办法》等，并且还制定了《医疗机构投诉接待处理“十应当”》操作实施规定。本章第四节针对国家卫生健康委颁布的《医疗机构投诉管理办法》进行介绍。

四、医疗投诉相关司法解释

我国的司法解释指由最高人民法院和/或最高人民检察院根据法律赋予的职权，对审判和检察工作中具体应用法律所作的具有普遍司法效力的解释。我国的立法体制赋予了最高司法机关对法律适用进行解释的权力，而且这种解释在很大程度上起到了弥补法律规定的笼统性和不全面的作用，因此司法解释在具体司法实践中起到重要的作用。人民法院是医疗纠纷诉讼案件的审理机关，因此最高人民法院针对医疗侵权诉讼案件所作的司法解释应当列入医疗投诉相关的法律制度中。相关的司法解释主要有《关于审理人身损害赔偿案件适用法律若干问题的解释》《关于确定民事侵权精神损害赔偿责任若干问题的解释》《关于审理医疗损害责任纠纷案件适用法律若干问题的解释》，这里对《关于审理人身损害赔偿案件适用法律若干问题的解释》《关于审理医疗损害责任纠纷案件适用法律若干问题的解释》进行重点介绍。

《关于审理人身损害赔偿案件适用法律若干问题的解释》是最高人民法院颁布的司法解释，自 2004 年 5 月 1 日起正式实施，其主要是解决人身损害赔偿案件如何适用法律的问题。在这一司法解释颁布实施前，有关人身损害赔偿案件的法律适用比较混乱，对于赔偿项目和赔偿额的计算方法都存在不一致的情形。而这一司法解释的出台则对共同侵权行为、共同危险行为、安全保障义务、第三人侵权行为、职务侵权行为、雇员侵权行为等民事侵权问题进行了明确规定，这些规定很多都在《中华人民共和国民法典》中予以确认。另外，这一司法解释对人身损害赔偿中的具体赔偿项目和赔偿计算方法都有明确的规定，转变了以往赔偿项目不一、赔偿标准不一的局面，真正体现了法律的公平性和严肃性。

《关于审理医疗损害责任纠纷案件适用法律若干问题的解释》（以下简称《解

释》）由最高人民法院于2017年12月13日颁布，自2017年12月14日起施行，于2020年12月23日修改。该解释制定的目的是正确审理医疗损害责任纠纷案件，依法维护当事人的合法权益，推动构建和谐医患关系，促进卫生健康事业发展。该司法解释共26条，分为适用范围、当事人主体资格的确定、举证责任、鉴定程序、责任承担、附则六部分，重点内容包括以下几点。[①]

一是界定了《解释》的适用范围，即患者以在诊疗活动中受到人身或者财产损害为由请求医疗机构，医疗产品的生产者、销售者或者血液提供机构承担侵权责任的案件，适用本解释。同时明确将医疗美容损害责任纠纷纳入医疗损害责任纠纷范围，为人民法院依法审理医疗美容责任纠纷提供基本遵循。

二是明确了《中华人民共和国民法典》第1218条规定所涉及的举证证明规则。《解释》以构建和维护和谐医患关系为出发点，明确了患者主张医疗机构承担赔偿责任的，应当提交到医疗机构就诊、受到损害的证据。无法提交医疗机构及其医务人员有过错、诊疗活动与损害之间具有因果关系的证据，依法提出医疗损害鉴定申请的，人民法院应予准许。

三是规定了医疗损害责任纠纷中存在数个侵权人时的当事人确定及追加规则，明确了患者仅起诉部分侵权人时，当事人依法申请追加其他主体为共同被告或者第三人的，人民法院应予准许。

四是基于医疗损害鉴定对于医疗损害责任纠纷案件处理的重要性，针对审判实践中存在的鉴定程序不规范、鉴定意见公信力不足、鉴定人出庭难等问题，依据《中华人民共和国民事诉讼法》有关规定，对医疗损害鉴定的程序启动、鉴定意见的采信、鉴定人出庭、专家辅助人等问题作了规定。

五是对医疗损害责任承担规则作了规定，明确了多个医疗机构造成患者同一损害的责任形态、医务人员外出会诊责任、医疗产品责任及输入不合格血液受到损害的责任承担，医疗产品责任中的惩罚性赔偿等审判实践中普遍存在、较为关注问题的法律适用规则。

总体来说，最高人民法院发布《关于审理医疗损害责任纠纷案件适用法律若干问题的解释》，旨在积极回应社会各方关切，统一审理医疗损害责任纠纷案件的裁判标准，切实解决审判实践中各方反映较为突出的医疗损害责任举证难、鉴

---

① 人民法院新闻传媒总社：《维护人民健康权益促进和谐医患关系——最高人民法院发布医疗损害责任司法解释》，中华人民共和国最高人民法院官网，http：//www.court.gov.cn/zixun-xiangqing-73492.html。

定难、认定难等难点、争议点，运用法治思维和法治方式指引医患双方规范各自行为，健全医疗纠纷司法解决机制，促进卫生与健康事业的法治化治理与发展，为增进人民健康提供法治保障。

五、其他规范性文件

其他规范性文件是指上述四项之外的由有关部门颁布的用于规范医疗投诉及纠纷处理的规范性文件。其中包括卫生行政主管部门颁布的部门规章以外的管理规范，也包括一些地方人大或政府颁布的处理医疗纠纷的文件，还包括一些地方的高级人民法院颁布的医疗纠纷诉讼案件审判指导意见等，如《医院投诉管理办法（试行）》《宁波市医疗纠纷预防与处置条例》《天津市医疗纠纷处置办法》等。其中《医院投诉管理办法（试行）》是由原卫生部、国家中医药管理局组织制定的规范医院医疗投诉处理的规范性文件，其内容已被《医疗机构投诉管理办法》的内容所代替，而有关医疗投诉管理的相关内容在后续章节中会有详细介绍，在此不再展开。

近年来有的地方人大或者政府出台了地方规范性文件，规范医疗纠纷的处理工作，比如《天津市医院安全秩序管理条例》《北京市医院安全秩序管理规定》《上海市医疗卫生人员权益保障办法》。这些地方性立法维护医院安全和医务人员合法权益，强调医疗卫生人员人身安全和人格尊严不可侵犯，全面保护医疗卫生人员的合法权益，强调卫健部门、公安机关、医疗机构等各司其职，强调单位主责、协调联动、依法处置，值得推广与借鉴。本文主要对《北京市医院安全秩序管理规定》《上海市医疗卫生人员权益保障办法》作简要介绍。

1.《北京市医院安全秩序管理规定》

北京作为首都，在医院安全秩序管理的地方立法方面起到了引领作用。北京市第十五届人民代表大会常务委员会第二十二次会议通过《北京市医院安全秩序管理规定》，并于2020年7月1日起实施。该规定以维护医院安全秩序、惩治涉医违法犯罪行为，保护医务人员安全和社会公众利益为立法目的，按照医警联动、预防为主、综合治理、共同维护的工作原则，设计制度，制定措施，设定条款，聚焦医疗安全秩序管理的主要矛盾和关键症结。

《北京市医院安全秩序管理规定》的亮点有：（1）强调预防。规定要求对于醉酒、精神或行为异常并有暴力倾向等的就诊人员，医院可以安排治安保卫人员协助医务人员实施约束、隔离等保护性医疗措施。对于有涉医违法犯罪前科、多次来医院无理缠闹和扬言实施暴力等的高风险就诊人员，医院发现后应当通知公安机关，由公安机关先进行法治宣教，告知不得有违法行为，在其承诺遵守医院管理规定后，由医院治安保卫人员陪诊监督，直至离开医院。（2）强调医院应建立安检制度。规定进入医院人员有接受安检义务，严禁携带枪支、弹药、匕首等管制器具和易燃易爆、有毒有害等危险物品，以及菜刀、斧头、棍棒等公安机关规定的其他禁带物品进入医院。不接受安全检查的，医院有权拒绝进入。（3）强调医务人员的避险保护措施。规定指出，医务人员人身安全受到暴力威胁时，可以采取避险保护措施，回避对就诊人员的诊疗；在不危及就诊人员生命安全的情况下，医院可以暂停诊疗；影响医务人员人身安全情形消失后，应当及时恢复诊疗。（4）强调建立高危就医人员信息共享的联防联控机制。共享共用医疗纠纷信息、高风险就诊人员信息、涉医 110 警情和涉医案件违法犯罪行为人数据等信息。[①]同时要求卫生健康部门、公安机关与医院应当定期会商通报信息，分析医院治安形势，开展矛盾纠纷排查调处，进行风险评估预警。医院应当建立医疗纠纷风险评估制度，定期对医疗纠纷进行摸排分析，预防、减少和妥善化解医疗纠纷。

2.《上海市医疗卫生人员权益保障办法》

上海市卫生健康委在会同市公安局制定《上海市医患纠纷突发事件医警联动工作机制》的基础上制定《上海市医疗卫生人员权益保障办法》，进一步明确医患纠纷突发事件的工作原则，规范医警联动机制的组织架构，明确各有关单位职责分工，确保医患纠纷突发事件依法、规范、有序处置。《上海市医疗卫生人员权益保障办法》经 2020 年 11 月 30 日市政府第 106 次常务会议通过，2020 年 12 月 28 日公布，自 2021 年 3 月 1 日起施行。

《上海市医疗卫生人员权益保障办法》的亮点有：（1）逐步提高医疗卫生人员的薪酬待遇。医疗卫生机构及其上级主管部门会同有关部门落实国家和本市关于医疗卫生事业单位工作人员收入分配的各项政策规定，建立正常的调整机制，

---

① 《北京市医院安全秩序管理规定》（2020 年 6 月 5 日北京市第十五届人民代表大会常务委员会第二十二次会议通过，2020 年 6 月 22 日发布，自 2020 年 7 月 1 日起施行）第 10 条规定，市、区卫生健康部门与公安机关，医院与属地公安派出所应当建立联席会议制度，会商通报信息，分析医院治安形势，开展矛盾纠纷排查调处，进行风险评估预警，协同处置涉医安全事件。第 11 条规定，卫生健康部门会同公安机关等单位建立全市医院安全保卫信息平台，共享共用医疗纠纷信息、高风险就诊人员信息、涉医 110 警情和涉医案件违法犯罪行为人数据等信息。

逐步提高医疗卫生人员的薪酬待遇。对于参加突发公共卫生应急处理的医疗卫生人员，根据国家和本市规定及时落实相应的补助补贴等政策。(2) 对参加应急处理或紧急任务、长时间超负荷工作的人员安排休息。医疗卫生机构应当依法保障医疗卫生人员休息休假时间，对于参加突发公共卫生事件应急处理或者执行紧急任务的医疗卫生人员，医疗卫生机构应当合理安排轮休、调休、补休，对长时间超负荷工作的人员安排强制休息。(3) 保障医护人员心理健康。医疗卫生机构应当重视医疗卫生人员心理健康，建立心理疏导制度，定期进行心理健康宣传，为医疗卫生人员提供心理评估等服务。(4) 要预防伤医行为发生，建立行政机关、司法机关、医疗卫生机构以及市场主体共同参与的跨部门、跨领域、跨区域的涉医失信联合惩戒机制。(5) 对医闹人员实施失信惩戒。建立惩戒信息定期通报机制，相关部门定期将联合惩戒措施的实施情况反馈至市公共信用信息服务平台，市卫生健康主管部门应当定期汇总、分析并向各相关部门通报。根据医闹者的违法危害程度，区别一般失信处罚和严重失信惩罚。[①]

---

① 《上海市医疗卫生人员权益保障办法》(沪府令 40 号，2020 年 12 月 28 日公布，2021 年 3 月 1 日起施行) 第 32 条规定，禁止任何人实施下列行为：(1) 殴打或者以其他方式故意伤害医疗卫生人员，非法限制医疗卫生人员人身自由，谩骂、侮辱或者捏造事实诽谤、诬告陷害医疗卫生人员；(2) 恶意拦截、尾随医疗卫生人员，以言语、文字、图像等方式扬言或者暗示暴力伤害医疗卫生人员或其亲属，寄送恐吓物品，或者以其他方式干扰医疗卫生人员正常生活；(3) 故意损毁、占用医疗卫生机构财物，抢夺病历，符合出院或者转诊标准无正当理由滞留医疗卫生机构；(4) 在医疗卫生机构设灵堂、摆花圈、烧纸钱、拉横幅，在医疗卫生机构违规停放尸体，阻挠将尸体移放太平间或者殡仪馆；(5) 冲击或者占据办公或诊疗场所、围堵出入口、驱赶就医人员，携带易燃易爆、有毒、有放射性、有腐蚀性以及其他可能危及人身和财产安全的危险物品进入医疗卫生机构；(6) 教唆他人实施针对医疗卫生机构或者医疗卫生人员的违法犯罪行为，或者以受他人委托处理医疗纠纷为名实施敲诈勒索、寻衅滋事等；(7) 其他侵害医疗卫生人员合法权益的行为。第 38 条规定，除急危重症患者外，实施本办法第三十二条所列禁止行为，被公安机关处以警告或罚款的，医疗保障部门可以取消该失信主体的医保使用便利化服务，要求其在一定期限内先行支付现金后按规定报销；本市所有的医疗卫生机构可以采取以下惩戒措施：(1) 限制或者取消其先看病后付费、使用“互联网＋”服务的便民措施；(2) 限制提供特需门诊、特种病房、高等病房等特需医疗服务；(3) 限制其他就诊便利化服务。除前款规定的惩戒措施外，行政机关还可以在法定权限范围内依法就相关联的事项采取以下惩戒措施：(1) 限制享受行政管理中的便利化措施和优惠性政策；(2) 法律、法规和国家、本市规定的其他措施。第 39 条规定，实施本办法第三十二条所列禁止行为，被公安机关处以行政拘留或者被司法机关追究刑事责任的，除采取本办法第三十八条规定的惩戒措施外，行政机关还可以在法定权限范围内依法就相关联的事项采取以下惩戒措施：(1) 限制补贴性资金支持；(2) 限制招录为公务员或者事业单位工作人员；(3) 限制担任事业单位法定代表人；(4) 限制参加政府采购和政府购买服务等活动；(5) 按程序及时撤销相关荣誉，取消参加评先评优资格；(6) 在一定期限内限制其使用医保就医；(7) 法律、行政法规规定的其他措施。第 40 条规定，本市建立惩戒信息定期通报机制，相关部门定期将联合惩戒措施的实施情况反馈至市公共信用信息服务平台，市卫生健康主管部门应当定期汇总、分析并向各相关部门通报。

【案例 1-03】

患方以医疗机构投诉登记信息证明医疗过错的案件[①]

2020 年 1 月 2 日，患者以反复咳嗽、咳痰、喘息 10 余年，加重伴发热 2 天至被告处呼吸 1 科住院治疗，6 天后转入 ICU 室，2020 年 1 月 21 日死亡。死亡原因：呼吸心跳骤停，心肺复苏术后缺血缺氧性脑病，过敏性休克可能性大。司法鉴定认为，青霉素皮试不是保证患者安全的唯一措施，给药期间密切观察患者不良反应以及备有抢救设备与药物、做好充分抢救准备同等重要，皮试液的配制医方采用的是青霉素钠配置，未使用专用的青霉素皮试液及哌拉西林他唑巴坦注射液原液，这对皮试结果亦存在可能性影响，无法排除医方存在未尽到高度注意义务的过错；患者 2020 年 1 月 8 日出现过敏性休克后，医方所采取的诊疗行为未见明显过错。被告医院存在医疗过错，过错医疗行为与被鉴定人损害后果存在因果关系，原因力大小建议为轻微原因。原告对该鉴定意见有异议，并进行信访投诉，原告李某某在被告处填写医疗纠纷投诉登记表，投诉科室为呼吸科，事件性质为误治，认为医院用药错误。但一审、二审法院没有采纳患方的主张，以司法鉴定意见作为定案意见，被告按 15%的责任比例承担赔偿责任。

第四节　《医疗机构投诉管理办法》概述

一、《医疗机构投诉管理办法》概况

《医疗机构投诉管理办法》是国家卫生健康委员会于 2019 年 3 月 20 日以国家卫生健康委员会令第 3 号的形式发布的部门规章，自 2019 年 4 月 10 日起实施。该办法是在《医疗纠纷预防和处理条例》已于 2018 年 10 月 1 日起施行的背景下，为贯彻落实新条例对医疗机构投诉管理等内容提出的明确要求，在总结 2009 年 11 月

① 参见大连市沙河口区人民法院（2021）辽 0204 民初 4311 号一审民事判决书，辽宁省大连市中级人民法院（2021）辽 02 民终 9753 号二审民事判决书。

原卫生部公布的《医院投诉管理办法（试行）》实施情况的基础上制定的。该办法的起草原则有三点：一是落实新条例关于投诉管理的规定和要求，与医疗纠纷处理做好衔接；二是指导医疗机构建立一套完善的投诉管理体系，规范投诉处理程序，将投诉预防、接待、反馈、医疗质量改进等工作有机结合起来，以患者为中心，形成组织健全、处理规范、便捷畅通的投诉管理模式；三是加强监督管理和处罚，规定了卫生健康主管部门对医疗机构投诉管理工作的奖优罚劣。

《办法》共有 7 章 50 条，分为总则、组织和人员、医患沟通、投诉接待与处理、监督管理、法律责任、附则（见表 1-4）。

表 1-4　《医疗机构投诉管理办法》条款及主要内容

章节	条款	主要内容
总则	第 1—10 条	立法目的及依据（第 1 条）、定义（第 2 条）、适用范围（第 3 条）、政府部门职责（第 4 条）、处理原则（第 5 条）、信息公开（第 6 条）、风险管理减少投诉纠纷（第 7 条）、重大医疗纠纷预案（第 8 条）、纳入安全管理持续改进（第 9 条）、程序衔接（第 10 条）
组织和人员	第 11—16 条	领导责任及机构设置（第 11 条）、分管领导及部门职责（第 12 条）、人员条件（第 13 条）、三级投诉管理机制（第 14 条）、部门联动机制（第 15 条）、第三方参与机制（第 16 条）
医患沟通	第 17—21 条	增强服务意识和沟通能力（第 17 条）、恪守职业道德（第 18 条）、医患沟通机制及处理（第 19 条）、患者权利保障（第 20 条）、风险告知和谈话制度（第 21 条）
投诉接待与处理	第 22—38 条	投诉渠道及舆情监测（第 22 条）、接待场所及保障（第 23 条）、首诉负责制（第 24 条）、投诉接待的要求（第 25 条）、对投诉患者的要求（第 26 条）、违法行为报告（第 27 条）、投诉调查反馈（第 28 条）、相同或相似问题处理（第 29 条）、不同类型投诉的处理（第 30 条）、已结投诉新处理（第 31 条）、医疗纠纷处理（第 32 条）、违法违纪问题处理（第 33 条）、不予处理的情形（第 34 条）、重大医疗纠纷报告（第 35 条）、隐私及舆情应对（第 36 条）、投诉档案管理（第 37 条）、内部投诉及处理（第 38 条）
监督管理	第 39—42 条	主管部门职责、奖优罚劣（第 39、40、41 条）、医疗机构投诉管理（第 42 条）
法律责任	第 43—46 条	医疗机构违规的处理（第 43、44 条）、医务人员违规的处理（第 45 条）、卫生行政部门未履职的处理（第 46 条）
附则	第 47—50 条	患者的定义（第 47 条）、省级可制定细则（第 48 条）、中医投诉管理（第 49 条）、施行日期（第 50 条）

二、《医疗机构投诉管理办法》的变化

《医疗机构投诉管理办法》是在2009年原卫生部颁布的《医院投诉管理办法（试行）》的基础上制定的，《办法》与2009年《办法（试行）》的具体变化情况如表1-5所示。

表1-5 《办法》与2009年《办法（试行）》的具体变化情况

章节	条款	主要内容	2009对应条款	具体变化情况
一、总则	1	立法目的及依据	1	改善医疗服务，保障医疗安全，依据新条例
	2	投诉管理的定义	2	增加：建议
	3	适用范围	3	扩大至各级各类医疗机构
	4	主管部门职责	4	无变化
	5	接待处理原则	6	无变化
	6	信息公开	5	无变化
	7	加强管理减少投诉	7	增加：加强医疗风险管理、优化服务流程、改善就诊环境
	8	重大医疗纠纷事件应急处置预案	8	增加：演练、依法
	9	纳入患者安全管理	30	无变化
	10	相关途径衔接	9	增加：行政调解及诉讼
二、组织和人员	11	领导责任/投诉管理部门及人员	18/16/17	无变化
	12	分管领导职责/投诉管理部门职责	16	增加：分管领导的职责，增加部分职责：建立完善程序、参与安全管理、培训等
	13	管理人员的条件	无	新增
	14	三级投诉管理机制/矛盾纠纷排查化解/鼓励收集报告	18	新增：院—部门—科室三级投诉管理机制，评估摸排做好矛盾纠纷排查化解，鼓励报告服务质量安全相关意见建议
	15	部门联动机制	10	无变化
	16	吸收外部力量参与	19	无变化

续表

章节	条款	主要内容	2009 对应条款	具体变化情况
三、医患沟通	17	加强医患沟通	12	无变化
	18	职业道德及服务	12/14	无变化
	19	医患沟通机制培训	13	新增：依据新条例第 17 条的内容
	20	患者权利保护等	15	无变化
	21	风险告知谈话制度	无	新增
四、投诉接待与处理	22	投诉渠道公示及舆情监测	20	增加：程序
	23	接待场所及保障	17	增加：接待场所提供相关资料备查
	24	首诉负责制	21	增加：不得推诿搪塞
	25	投诉接待的要求	22/23	无变化
	26	对投诉人的要求	29	增加：不得有违法犯罪行为，人数限制（新条例第 30 条）
	27	违法犯罪等报告	29	增加：侮辱、殴打、威胁投诉接待人员，治安刑事案件的报告
	28	投诉的调查处理	24/26	增加：卫生主管部门交办的投诉
	29	相同相似投诉处理	无	新增：汇总报告，合并调查，处理
	30	不同类型投诉处理	25	无变化
	31	已结投诉的处理	无	新增：有新情况证据的，重新处理
	32	医疗纠纷的处理	27	按照新条例处理
	33	违法违纪问题处理	无	新增：及时移交相关部门处理
	34	不予处理的情形	28	基本无变化
	35	重大医疗纠纷报告及处理	33	按照新条例第 28 条处理
	36	隐私及舆情应对	无	新增：保护隐私，妥善应对舆情
	37	投诉档案管理	32	无变化
	38	内部投诉及处理	31	无变化
五、监督管理	39	卫生主管部门管理	35	新增：加强日常管理和考评
	40	行政指导工作	34	无变化
	41	奖励惩罚机制	38/37	奖优罚劣，批评约谈等
	42	规范投诉及应用	35/36	无变化

续表

章节	条款	主要内容	2009 对应条款	具体变化情况
六、法律责任	43	违规行为的处罚	37	依据新条例第 47 条
	44	违规行为的处罚	无	新增：违反本办法的处罚
	45	泄露隐私的处罚	无	新增：依据医师法及护士条例处理
	46	行政部门不当履职	36/37	不当履职造成严重后果，处分，刑责
七、附则	47	患者的定义	2	扩大范围：代理人/陪同就医人员等
	48	省级可制定细则	39	无变化
	49	中医的投诉管理	4	无变化
	50	施行日期	41	自 2019 年 4 月 10 日起施行

三、《医疗机构投诉管理办法》亮点和主要内容

《办法》的内容涵盖了投诉管理的定义、适用范围、监督管理部门、处理原则、医患沟通、管理机制、管理机构与人员、接待和处理、对医院医疗质量的持续改进、投诉档案管理、对投诉管理的监督管理、相关违法违规行为的法律责任等方面。下面就《办法》中的重点内容进行介绍。

第一，投诉管理的定义：按照《办法》第 2 条的规定，投诉管理是患者就医疗服务行为、医疗管理、医疗质量安全等方面存在的问题向医疗机构反映情况，提出意见、建议或者投诉请求，医疗机构进行调查、处理和结果反馈的活动。这一定义与相关概念的联系和区别在前文已经进行了分析，在此不再赘述。

第二，处理医疗投诉的原则：按照《办法》第 5 条的规定，医疗机构投诉的接待、处理工作应当贯彻“以患者为中心”的理念，遵循合法、公正、及时、便民的原则。

第三，医疗机构应加强医患沟通，预防医疗投诉：按照《办法》第 3 章规定，医疗机构应当提高医务人员职业道德水平，增强服务意识和法律意识，注重人文关怀，加强医患沟通，努力构建和谐医患关系。医务人员应当恪守职业道德，以患者为中心，热情、耐心、细致地做好本职工作，把对患者的尊重、理解和关怀体现在医疗服务全过程。医疗机构应当建立健全医患沟通机制，完善医患

沟通内容，加强对医务人员医患沟通技巧的培训，提高医患沟通能力。《办法》第 19 条要求，医务人员对患者在诊疗过程中提出的咨询、意见和建议或就诊疗行为提出的疑问，要及时予以沟通和处理。此外，《办法》还强调要依法尊重患者享有的隐私权、知情权、选择权等合法权利，做好医疗风险告知和术前谈话，切实做好医患沟通。

第四，投诉管理机制、机构与人员：《办法》规定，二级以上医疗机构应当建立医疗机构、投诉管理部门、科室三级投诉管理机制，二级以上医疗机构应当设置医患关系办公室或者指定部门统一承担投诉管理工作。此外《办法》还明确了医疗机构主要负责人和分管负责人的责任，细化并扩大了投诉管理部门的职责，明确了医疗投诉管理人员的条件，并要求建立部门联动机制，吸引社会力量或第三方组织参与医疗投诉的接待处理工作。

第五，投诉接待与处理：医疗机构应当建立畅通、便捷的投诉渠道并加以公示，建立“首诉负责制”，不得推诿患者，对医疗投诉认真登记，视情况及时、有效地加以解决，并加强内部沟通和协作，尽可能方便患者，维护患者的合法权益。与 2009 年《办法（试行）》相比，投诉接待与处理方面新增或有变化的规定有：鼓励加强舆情监测；投诉接待场所要提供有关法律法规及投诉程序等资料，便于患者查询；患者要依法文明投诉，不得扰乱正常医疗秩序，不得有违法犯罪行为；发现患者过激行为或违法犯罪行为，要采取措施并报警和报告；对相同或相似问题的投诉，应汇总报告并合并调查处理；对投诉已处理完毕，患者有争议且有新情况、新证据的，要重新予以处理；涉及医疗纠纷的，要按照新条例的要求做好告知和解释疏导工作；投诉涉及违法违纪问题的，应及时移交相关部门依法依规处理；发生重大医疗纠纷的，要按规定报告，卫生主管部门要予以处理；投诉管理中应保护医患双方的隐私，妥善处理舆情等。

第六，对投诉管理工作的监督管理：卫生行政主管部门要负起责任，加强对辖区内医疗机构投诉管理工作的监督管理，加强日常管理和考评，收集、分析并反馈投诉纠纷信息，指导医疗机构进行改进；要对投诉纠纷管理工作进行奖优罚劣。

第七，明确违法违规行为的法律责任：医疗机构有未建立投诉接待制度、未设置统一投诉管理部门或者未配备专（兼）职人员、未按规定向卫生健康主管部门报告重大医疗纠纷，以及违反办法规定的六种情形的，卫生行政主管部门要根据新条例及办法的规定给予相应的行政处罚。医务人员泄露投诉相关患者隐私并造成严重后果的，根据《中华人民共和国医师法》及《护士条例》等规定处理。对县级以上地方卫生健康主管部门未按规定履行职责并造成严重后果的，予以处分或追究刑事责任。

第八，扩大了患者的范围：《办法》第47条规定，“本办法所称患者，包括患者及其近亲属、委托代理人、法定代理人、陪同患者就医人员等有关人员”。这一规定有利于充分保障患者的合法权利，但也可能造成患者权利的滥用或给一些职业医闹人员等提供可乘之机。

四、《医疗机构投诉管理办法》对投诉接待与处理的要求

《医疗机构投诉管理办法》明确了投诉管理组织和人员职责，强调加强医患沟通，细化了投诉接待与处理要求，其中特别强调以下几个方面的内容。[①]

第一，提高医疗管理水平，加强医患沟通，从源头减少投诉。严格、规范的医疗管理是保障患者安全、预防投诉的关键因素。《办法》要求将投诉管理纳入患者安全管理体系，不断提升风险防控能力，切实保障患者安全，减少医疗纠纷及投诉。一方面要加强风险管理，防范安全隐患；另一方面要以“患者为中心”，改善医疗服务，优化服务流程，提高服务效率，注重人文关怀，加强医患沟通，从源头减少投诉。

第二，完善投诉接待和处理，维护患者合法权益。医疗机构应高度重视患者权益保护工作，为患者提供安全、有效的医疗服务的同时，及时处理投诉。投诉管理涵盖预防、调处、监督与改进、领导与决策、沟通与服务等多方面，《办法》执行“首诉负责制”，明确了投诉渠道、接待要求、调查、核实、及时反馈等事项，规定了不同情况下投诉的反馈时限，强调了对投诉处理意见有争议并能提供新情况和证据材料的，应当重新予以处理。这些规定为优化医疗机构内部管理，提高患者满意度，构建和谐医患关系提供保障。

第三，聚焦投诉管理，强化监管职能。投诉管理还涉及医疗质量持续改进和医疗安全风险防范的相关工作。2009年11月26日原卫生部发布的《医院投诉管理办法（试行）》中有专门的章节和条款要求，因此《医疗质量管理办法》对相

---

① 国家卫生健康委员会法规司：《〈医疗机构投诉管理办法〉解读》，国家卫健委官网，http://www.nhc.gov.cn/fzs/s3578/201903/100f629a63044a219f0a84632de867f0.shtml。

关内容不再过多要求，而是重点规范医疗机构投诉管理工作，并强化了卫生行政部门的监管职能，细化了医疗机构、医务人员违反本办法规定的处理措施。

五、《医疗机构投诉管理办法》实施规定

为进一步规范医疗机构投诉接待与处理工作，提高投诉接待和处理人员的服务能力，提升患者的获得感、安全感和幸福感，保障医患双方合法权益，国家卫健委、国家中医药局细化了《医疗纠纷预防和处理条例》《医疗机构投诉管理办法》中有关投诉接待处理的要求，制定了《医疗机构投诉接待处理“十应当”》。该文件包含了如下10方面的要求，医疗机构在接待、处理患者的投诉工作中应当予以落实。

第一，应当建立“一站式”投诉解决模式。医疗机构应当建立以病人为中心的投诉接待处理模式，实现门诊、病房等投诉解决“一站式”服务，按照《医疗机构投诉管理办法》要求，由医疗机构投诉管理部门［或投诉管理专（兼）职人员］专门负责，达到统一受理、统一调查、统一协调、统一办理、统一反馈要求。

第二，应当建立畅通、便捷的投诉渠道。医疗机构应当设置专门的投诉接待场所，在显著位置公示投诉接待时间、地点、联系方式和投诉处理程序，接受走访、信函、电话、电子邮件投诉等多种投诉方式，建立畅通、便捷、高效的投诉渠道。

第三，应当落实首诉负责制。医疗机构应当严格落实首诉负责制，各科室、部门和医务人员接到患者投诉时，应当对患者进行情绪安抚，沟通了解患者相关诉求，属于职责范围内的事项尽快予以解决，超出职责范围的事项引导患者到投诉管理部门处理。

第四，应当及时避免或者减轻损害。对涉及医疗质量安全、可能危及患者健康的，医疗机构应当立即采取积极措施，避免或者减轻对患者身体健康的损害，防止损害扩大，并妥善安抚患者情绪。

第五，应当及时核查处理投诉。涉及医务人员服务态度、收费等问题；就医过程中存在不满，提出退号、退药、退费等要求；对医疗机构医疗服务内容、流程、场所环境设施等不满，要求核查处理并改进的问题等情形，能当场核查处理的，投诉管理部门应当及时查明情况，当场核查解决，向患者反馈处理意见。

第六，应当按时反馈处理意见。对无法当场核查处理的，投诉管理部门应当将情况反馈至被投诉科室，被投诉科室调查核实后将书面处理情况或处理意见反

馈至投诉管理部门。涉及多个科室的，投诉管理部门应当组织、协调相关部门共同研究，形成统一的处理意见，必要时组织相关科室负责人共同接待。投诉管理部门应当按照《医疗机构投诉管理办法》要求，在规定时限内将处理情况或处理意见反馈患者。

第七，应当引导依法处理。对处理不满意、协商不能达成一致的，投诉管理部门应当向患者告知医疗纠纷处理的相关法律法规的规定、处理途径和处理流程，解决诉求所需的主要证据及获得方式，引导患者通过调解、诉讼等途径解决，并做好解释疏导工作。

第八，应当积极防范高风险案例。医患矛盾激烈、已经或可能发生暴力事件的案例，医疗损害后果严重的案例，已经或可能引发重大舆情的案例等，医疗机构应当立即采取相应风险防范和矛盾化解措施。投诉处理过程中发生或可能引发危害患者和医务人员人身安全、扰乱医疗秩序等治安案件、刑事案件的，医疗机构应当立即向所在地公安机关报警或报告，同时向所在地县级卫生健康行政部门及相关主管部门报告。

第九，应当建立重点投诉处理回访机制。医疗机构应当建立重点投诉处理回访机制。根据投诉问题及办理结果等因素，对重点投诉适时采取电话或调查问卷等形式进行回访，对处理过程和处理结果进行追踪。通过患者回访，对接待和处理中存在的问题进行总结分析，逐步提高医疗机构投诉管理水平。

第十，应当加强投诉闭环管理。医疗机构应当结合工作实际制定投诉分类标准，从投诉内容、科室部门、时间、人群等不同维度进行定期汇总、分析投诉信息，梳理普遍性、焦点性问题，发现医疗服务管理漏洞，并重点进行原因分析，提出改进措施，坚持持续改进，形成“投诉—分析—整改—避免发生”的闭环管理模式。同时，医疗机构应当根据投诉情况，及时梳理和掌握投诉多发科室、环节和人员，加强对重点科室和重点人员的管理和指导。

【案例 1－04】

未做尸检不予鉴定的医疗损害赔偿纠纷案件[①]

宁某某、李某某之子宁某因发热于 2016 年 4 月 22 日至某医大二附院处

① 参见济南市历下区人民法院（2021）鲁 0102 民初 11985 号一审民事判决书，山东省济南市中级人民法院（2021）鲁 01 民终 11990 号二审民事判决书。

就医，某医大二附院诊断为急性扁桃体炎，给予口服药物治疗，未收治入院。因病情未好转，宁某分别于4月24日、4月27日、4月29日又去某医大二附院处就医，医院持续给予口服药物治疗，宁某病情愈发严重。2016年4月30日，宁某因“反复发热一周，抽搐一次”入住某医大二附院，入院诊断为：重症脑炎、脑积水、支气管炎、全身炎症反应综合征。入院后，某医大二附院给予更昔洛韦抗感染、甲强龙抗炎、甘露醇降颅压、果糖营养心肌等治疗。2016年5月2日，宁某出院，出院诊断为：重症脑炎、脑积水、支气管炎、全身炎症反应综合征。2016年5月2日，宁某转入济南某医院，入院诊断为：重症脑炎、肺炎。2016年5月11日，宁某出院后四次入住泰安市某医院，2019年1月9日15时14分宁某临床死亡，泰安市某医院住院病案出院诊断中记载“主要诊断：脑炎后遗症；其他诊断：呼吸衰竭、呼吸心跳骤停、窒息、癫痫、慢性硬膜下血肿、脑发育不全、肺出血”。宁某某、李某某拒绝作尸解并签署知情同意书。

患者近亲属起诉后，一审法院委托某司法鉴定中心对医疗过错进行鉴定，该鉴定机构出具的《中止鉴定函》称：“2021年3月，本单位收到贵单位送来的关于宁某医疗过错鉴定案有关材料。经审查提供资料和委托要求，本例患者死亡后未行尸检，依据《司法鉴定程序通则》第十五条第二款‘发现鉴定材料不真实、不完整、不充分或者取得方式不合法的’规定，依据《司法鉴定程序通则》第十五条第二款之规定，本案终止鉴定。”另一鉴定机构也以同样理由不予受理鉴定。一审法院审理认为，在本案两次过错鉴定过程中，两家鉴定机构均以“宁某死亡后未进行尸检”为由退鉴，按照相关规定，尸检应当经死者近亲属同意，所以，医疗损害鉴定不能的原因中，宁某某、李某某亦存在较大过错。本案庭审过程中，宁某某、李某某放弃对某医院的赔偿主张。综上情况，一审法院、二审法院认为，某医大二附院对宁某的损害后果承担20%的责任为宜。

第二章　医疗机构对医疗纠纷的防范

医疗纠纷目前已经成为社会舆论与生活中的热门词语，基于医学本身特性、医患双方利益及社会传统、观念等多种原因，医疗纠纷始终无法完全避免，在一定的历史时期内，医疗纠纷仍将长期存在。为此，国家已经依法设立了医疗纠纷人民调解、诉讼、鉴定等多种解决途径与程序，具有及时、有效化解医患矛盾的重要作用。但是，医疗纠纷一旦发生，处理起来往往非常困难，医患双方都会付出一定的代价，对医患双方都会造成伤害。因此，防范医疗纠纷尤为重要，即在医疗纠纷出现前做工作、下功夫，防患于未然。也只有这样，我们才能以最低的资源成本将损害降到最低水平，甚至避免损害的发生。本章以医疗纠纷四大管理防范点——人员资质、病历资料、患者期望（医患沟通）、患者知情同意为基础，重点阐述医疗纠纷防范的相关理论与要点，希望能够为广大医护工作者及医院管理者提供一定的帮助。

第一节　医疗纠纷防范概述

一、医疗纠纷的分类

关于医疗纠纷的概念，近年来没有形成较为权威的定义。有的学者认为，医疗纠纷是指患者及其亲属认为医疗单位或者医护人员提供的诊疗护理服务有过错并造成患者人身、财产、精神损害的后果，而与医疗单位或卫生行政部门或医疗事故鉴定机构之间产生的争执。[①] 有的学者认为，医患纠纷泛指发生在医疗机

---

① 李莉：《民法学》，暨南大学出版社 2001 年版，第 214 页。

构、医务人员与患者及其家属之间的所有纠纷，包括医患双方因诊疗护理产生的危害和不良后果引起的分歧和争议，也包括诊疗护理过程之外发生的相关纠纷。[①] 也有学者认为，医疗纠纷是紧紧围绕医疗行为展开的，那种将患者与医疗机构发生的争执都定义为医疗纠纷的观点是不恰当的，此举扩大了医疗纠纷的范围。《医疗纠纷预防和处理条例》第 2 条规定：医疗纠纷是指医患双方因诊疗活动引发的争议。这属于对医疗纠纷的法规定义，是最广义的医疗纠纷定义，也是本书所持基本观点。依据医疗纠纷的发生是否因医疗行为而起，可将医疗纠纷进一步划分为两种类型。一是基于医疗行为而发生的医疗纠纷。这一类型的医疗纠纷与医务人员对患者实施的诊疗护理行为有着密切的关系，是最为重要的一种医疗纠纷，有学者称之为“医源性纠纷”。它起因于患者因医疗行为受到了损害或感到非常不满意。根据医务人员在医疗行为中有无过失，可进一步区分为：医疗行为中存在过失的医疗侵权损害赔偿纠纷；医疗行为中不存在过失，正常医疗风险所引起的纠纷。二是非基于医疗行为而发生的医疗纠纷，即上文所提“诊疗护理过程之外发生的相关纠纷”，比如就诊患者对医院基础设施不完善；患者在就诊时跌倒、碰撞导致受伤；癌症晚期患者在医院跳楼自杀；新生儿被人抱走；等等。这一类型纠纷多涉及公共场所的安全保障义务。有学者称其为非医源性纠纷。

二、医疗纠纷的危害

无论是何种类型的医疗纠纷，都将给医患双方带来许多负面影响甚至危害。就医疗机构而言，部分医疗纠纷严重干扰正常的医疗秩序；加重医护人员的心理负担，降低他们的工作热情并伤害其职业自尊心及自信心；动辄上万的赔偿加重医院的经济负担，造成经济损失。就患方而言，医疗纠纷往往需要投入很大的精力、财力；反复的回忆、复述不幸的事件也会造成精神上的痛苦；情绪激动后采取过激行为，更面临承担相应的法律责任的风险。就社会而言，医疗纠纷的调处往往占用大量的社会资源，成本甚高；医患之间的信任程度不断降低，最终引发医患信任危机，不利于医学的发展及和谐医疗环境的构建，最终损害的还是全体公民的切身利益。

---

① 孙国华：《法理学》，中国人民大学出版社 1999 年版，第 203 页。

医疗纠纷的危害是巨大且深远的，在加强医疗纠纷调处的同时，必须重视医疗纠纷的防范工作，从源头遏制住医疗纠纷，消除医疗纠纷造成的不良影响。

三、投诉管理部门在医疗纠纷防范中的作用

2019 年 4 月 10 日起施行的《医疗机构投诉管理办法》第二章，专门就医疗机构投诉管理组织及其人员配置进行了明确的规定。其中第 11 条规定，二级以上医疗机构应当设置医患关系办公室或者指定部门（统称投诉管理部门）统一承担投诉管理工作。其他医疗机构应当配备专（兼）职人员，有条件的也可以设置投诉管理部门，即各大医院中常见的医患关系办公室、医疗投诉办公室等部门，虽然名称不尽相同，但是职责所在却比较统一。我们以医患关系办公室为投诉管理部门中的一种典型投诉处理部门进行分析。

医患关系办公室是各医疗机构依照相关法律法规以及目前社会形势及工作需要，设立的医疗机构内统一承担医院投诉管理工作的专职投诉处理部门，并配备专（兼）职工作人员及必要的工作场所和条件。医患关系办公室工作人员一般具备医学和法律知识，熟悉医疗纠纷调处理论、途径、程序，具有较为丰富的临床工作经验，熟悉院内各科室、职能部门运作情况。他们在医疗纠纷防范与处理工作中，发挥着无可替代的重要作用。《医疗机构投诉管理办法》第 13 条明确医疗机构投诉管理人员应当具备以下条件：（1）具备良好的职业道德和工作责任心；（2）具备一定的医学、管理学、法学、心理学、伦理学、社会工作等学科知识，熟悉医疗和投诉管理相关法律法规，以及医疗机构规章制度；（3）社会适应能力较强，具有良好的社会人际交往能力，具备良好的沟通能力和应变能力。相比较之下，第三项条件反而更直观地凸显了医疗投诉接待与调处工作的特别之处。

具体到医疗纠纷防范方面，医患关系办公室具备的主要作用包括：

（1）及时受理患者投诉，为遇到麻烦或不便的患者提供帮助并给予安抚，将医疗纠纷扼杀在苗头状态。

（2）担当临床一线与医院管理者间沟通的桥梁、纽带，在院内医疗情况、医疗投诉上报工作中发挥重要作用，使医院管理者及时发现问题并整改。

（3）对已发生案例进行整理、总结与分析，帮助临床医护人员从中吸取经验教训，扬长避短，防范类似医疗纠纷的再度发生。

（4）组织院内法律法规培训，及时宣传、贯彻医疗领域法律法规，提高医护

人员的依法行医意识。

依据《医疗机构投诉管理办法》的规定，投诉管理部门将在医疗机构主要负责人、分管负责人的带领下，与各部门、各科室指定的负责人配合做好投诉管理工作，建立起医疗机构、投诉管理部门、科室三级投诉管理机制。但是投诉管理部门的重要地位以及将发挥的重要作用应不变。

第二节　依法执业管控

医学具有高度的专业性、侵害性、风险性和结果的不确定性，只有将医疗行为给患者造成的医疗风险降到最低，最大限度地保障患者的合法权益，才能让医疗活动服务于民，造福人类，因而国家有必要对医疗执业活动进行管控，将医疗活动纳入法治化轨道。一方面，依法执业就是要求医疗服务从业人员，是接受过长期的医学教育及专业训练，具备扎实的医学基础知识及丰富的实践操作经验，并获得国家认可的专业资质的人员。另一方面，依法执业就是要求医疗服务从业人员在开展医疗活动的过程中，严格遵守医疗卫生管理法律、法规、规章和诊疗技术规范、标准，尤其要遵守医疗质量安全核心制度，按照相关的技术操作规程、指南实施医疗活动。

一、严把医护人员资质关

所谓职业资格，就是为完成特定职业的工作目标和任务，对从事这一职业的人员所提出的必备的学识、技术和能力的基本要求，是有关组织对从事某一行业工作人员的基本条件的客观规定。国家对于职业资格的管理，采取从业资格和执业资格两种不同的管理模式。从业资格是指从事某一专业（工种）学识、技术和能力的起点标准，是对从业人员的一般性要求，不涉及公民权利及利益分配的许可问题。由各协会向公众提供的服务型资格认定，是单纯技能型的资格认定，不具有强制性，如会计员资格。执业资格则是政府对某些责任重大、社会通用性强、关系公众利益的专业（工种）实行准入控制，是依法独立开业或从事某一特定专业（工种）学识、技术和能力的必备标准，有严格的法律规定和完善的管理措施，如统一考试、注册和颁发执照管理等，不允许没有资格的人员从事规定的职业。执业资格具有强制性，属于国家行政许可的范围，系具体行政行为，行政管理相对人对相关行政主管部门的资格管理行为有异议的，可以提请行政复议、行政实施等救济程序。

（一）医务人员职业资格

按照《中华人民共和国医师法》的规定，我国实行医师资格考试制度及医师执业注册制度、护士执业资格考试制度及护士执业注册制度。这种严格的执业资格准入制度也是目前世界各国通行的做法，是保证医疗质量及医疗安全，防范医疗纠纷的基本前提与重要保障。医师资格分为执业医师资格与执业助理医师资格，两种资格均需通过医师资格考试取得。

《中华人民共和国医师法》第 9、10、11 条规定，参加执业医师资格考试需具备以下条件之一：（1）具有高等学校相关医学专业本科以上学历，在执业医师指导下，在医疗卫生机构中参加医学专业工作实践满 1 年；（2）具有高等学校相关医学专业专科学历，取得执业助理医师执业证书后，在医疗卫生机构中执业满 2 年。医师法第 10 条规定，具有高等学校相关医学专业专科以上学历，在执业医师指导下，在医疗卫生机构中参加医学专业工作实践满 1 年的，可以参加执业助理医师资格考试。医师法第 11 条规定，以师承方式学习中医满 3 年，或者经多年实践医术确有专长的，经县级以上人民政府卫生健康主管部门委托的中医药专业组织或者医疗卫生机构考核合格并推荐，可以参加中医医师资格考试。以师承方式学习中医或者经多年实践，医术确有专长的，由至少 2 名中医医师推荐，经省级人民政府中医药主管部门组织实践技能和效果考核合格后，即可取得中医医师资格及相应的资格证书。

护士资格也要通过护士执业资格考试才能取得，《护士职业资格考试办法》规定，在中等职业学校、高等学校完成国务院教育主管部门和国务院卫生主管部门规定的普通全日制 3 年以上的护理、助产专业课程学习，包括在教学、综合医院完成 8 个月以上护理临床实习，并取得相应学历证书的，可以申请参加护士执业资格考试。

除上述一般资格外，医疗机构内一些特殊临床岗位仍需要医疗从业人员考取相应的特别资格，才能从事特殊临床医疗行为。比如，母婴保健服务、器官移植手术、神经外科介入手术、心脏介入手术，均需要医务人员具备国家要求的专门的资格证书。

（二）医务人员执业注册

执业资格实行注册管理，是一种动态的长期的管理。经过考试后取得的执业资格一般长期有效，但是取得执业资格后并不能直接执业，还要进行注册，取得执业注册资格，方可从事该具体工作。考试后，如果不注册，就不能执业。经注册后中止从事相关工作达一定时间，则注册资格也会失效。

我国对医疗服务从业人员的执业资格施行注册管理制度。依据《中华人民共和国医师法》《护士条例》的相关规定，国家实行医师、护士执业注册制度，未经注册取得执业证书者，不得从事医疗执业活动。因此，执业注册就成为已经取得资格的准医师、准护士质变成为真正的医师、护士的关键。

（三）非法行医

医疗活动的实施本质上要求两证齐全，即从业人员应当同时获得医务人员从业资格证和执业证，并且要求医务人员应当在经过国家批准的合法的医疗机构内开展医疗活动，且该医疗机构应当具有医疗机构执业许可证。从这个角度说，医务人员开展医疗活动，应当三证齐全，即同时具备医师（护士）资格证、医师（护士）执业证、医疗机构执业许可证。

未取得医师执业证书而从事医疗活动的单位和个人，涉嫌非法行医。不过，对于非法行医，我们需要考虑两个概念性问题：一是违法行医与非法行医的区别；二是非法行医的本质是无证行医，没有医疗执业资格从事医疗活动的行为，即非医师行医。非医师行医是指没有医师（助理医师）执业证书却以医师的名义从事执业活动的行为，属于非法行医的一种表现形式。对于无证行医的处罚，有个人和机构之分：个人无证行医者，依据《中华人民共和国医师法》第 59 条规定处罚；机构无证行医，则按照《基本医疗卫生与健康促进法》第 99 条处理。医师违法行医是指持有医师（助理医师）执业证书的医师在诊疗活动中，违反医疗卫生管理法律、行政法规、部门规章和诊疗护理规范、常规的行为。《中华人民共和国医师法》第 55、56 条列举的行为就是违法行为。因此，违法行医与非法行医有着本质的区别。另外，机构违法行医，如果是超范围执业，按照《医疗机构管理条例》第 47 条规定处理；如果是出具虚假证明文件，按照《医疗机构管理条例》第 49 条规定处理；如果是使用非卫生技术人员，按照《医疗机构管理条例》第 48 条规定处理。

【案例 2-01】

投诉执业资质的行政复议案件

申请人蒲某于2019年4月在某美容医院进行医疗美容手术，愈后不良，面部皮肤溃烂，蒲某认为美容医院的医生柳某（韩国籍）资质存在问题，不具备为其实施医疗美容手术的资质，也不具备在手术记录中的主诊医师签字处签字的资格，于2021年2月25日向某区卫生健康委进行投诉。某区卫生健康委经现场检查，询问相关医务人员，调取申请人病历材料后，于2021年4月6日向申请人作出书面回复，认为蒲某的医疗美容手术系柳某在具有美容主诊医师资格的余某指导下实施的，符合《医疗美容服务管理办法》第12条“不具备本办法第十一条规定的主诊医师条件的执业医师，可在主诊医师指导下从事医疗美容临床技术服务工作”的规定。美容医院未按规定填写病历资料，另案处理。申请人对区卫生健康委答复不服，向市卫生健康委申请行政复议，请求撤销区卫生健康委的答复，并责令其重新答复。

市卫生健康委调查后认为，根据《医疗美容服务管理办法》第18条规定，“医疗美容服务实行主诊医师负责制。医疗美容项目必须由主诊医师负责或在其指导下实施”。本案中余某虽然具有美容主诊医师资格，但相关手术记录、术前小结、术后查房记录等医疗文书中均没有余某签字，均为柳某签字，无法认定该手术为柳某在余某指导下实施，柳某不具备美容主诊医师资格。区卫生健康委的答复主要事实不清，证据不足，撤销区卫生健康委的答复，责令其依法重新作出答复。

二、对于执业资格真空期的反思

《中华人民共和国医师法》规定，国家实行医师资格考试制度及执业医师注册制度。但这种规定导致具有高等学校医学专业本科以上学历的医学生毕业后，无法直接报名参加医师资格考试，必须在其顺利应聘到某一医疗机构并在该医疗机构中按照相关规定实践满一年后才可以参加医师资格考试。所以“医学生”从毕业到取得医师资格证书需要将近十四个月的时间（每年三月份报名，七月份技能考试，成绩合格后参加九月份的笔试，十二月份才能查询成绩，而正式经国家认可、取得医师资格证书则需等到下一年的三四月份，甚至六月份）。也就是说，一名本科学历的医学生，从其毕业被医院录用到顺利完成执业医师注册，需要两年多的时间。在这段长达两年多的临床工作中，该“医生”实际上处于执业资格真空的危险与尴尬状态，且因为没有医师资格而无法进行医师执业注册，所以，按规定该“医生”不能以医师的身份独立从事临床工作，无法获得接触病人、询问病人、诊治病人的合法权限，不能进行系统而规范的临床技能训练。因此，在目前医患关系紧张的大环境下，此事极易引起纠纷，“北大第一医院熊卓为案”就是典型案例。

卫生行政部门专门就此作出了规定，也可以看作一种改进，如《卫生部关于医师资格考试报名暂行规定》就专门规定，七年制临床医学、口腔医学、中医学的临床硕士生和八年制毕业生在学习期间有相当于大学本科的一年生产实习和一年以上严格的临床实践训练，可在毕业当年参加医师资格考试；临床医学、口腔医学、中医学和公共卫生预防医学硕士或博士研究生在学习期间已具有一年以上的临床实践训练或公共卫生实践的经历，可在毕业当年参加医师资格考试。该规定从一定程度上解决了上述问题，缩短了执业资格真空状态的时间段。然而，该规定未能从法律层面上解决该问题，在效力位阶上远不及《中华人民共和国医师法》等法律；而且对于本科学历的医学生而言，这个问题还是没有得到解决。目前国家医学考试中心开始探索分阶段考试模式，有利于应对医师资格考试面临的困境。

其实这一制度完全有经验和法规可循，2010 年 7 月 1 日起实施的《护士执业资格考试办法》第 12 条规定：在中等职业学校、高等学校完成国务院教育主管部门和国务院卫生主管部门规定的普通全日制 3 年以上的护理、助产专业课程学习，包括在教学、综合医院完成 8 个月以上护理临床实习，并取得相应学历证书的，可以申请参加护士执业资格考试。

其法律依据来源于《护士条例》第 7 条规定，护士执业，应当经执业注册取得护士执业证书。申请护士执业注册，应当具备下列条件：（1）具有完全民事行为能力；（2）在中等职业学校、高等学校完成国务院教育主管部门和国务院卫生主管部门规定的普通全日制 3 年以上的护理、助产专业课程学习，包括在教学、综合医院完成 8 个月以上护理临床实习，并取得相应学历证书；（3）通过国务院卫生主管部门组织的护士执业资格考试；（4）符合国务院卫生主管部门规定的健康标准。

这样的规定所要达到的效果正是使“在校学生能考证，毕业之后能领证，工作之后即注册”。据调查，目前高等学校护理五年制专业一般的做法是：前四个学年为理论学习，第五年为临床护理实习。第五学年时学生可报名参加护士执业资格考试（每年2月份报名，5月份考试，7、8月份查询成绩）。如通过了，待7月份毕业后即可凭学历证书等申请取得护士执业资格证书，9、10月份取得护士执业资格证书，应聘到医疗机构后即可按规定申请护士执业注册。

四年制护理专业、三年制专科护理专业也都采用上述最后一学年考试、毕业后领取执业资格证书的模式。

目前国家司法资格考试采取的也是这样的办法：允许大学四年级学生报名参加每年9月份的考试，但需要本院系出具报名者能够预期顺利毕业的证明。当年11月份查询成绩。如果能够通过，则可于毕业后凭本人毕业证书、学位证书申请领取司法资格证书。

国家对于医疗服务行业从业人员采取严格的资格准入制度，这是正确且必要的，也是世界各国通行的做法。医学生通过医师资格考试的结果是取得从医的资格，但是按照民法学理论，具备资格并不代表具备行为能力，如自然人自出生时起即具备民事权利能力，这是自然人成为民事主体的一种资格，但是该自然人是否具备了民事行为能力，还要从其心智具体判断。医学生取得医师资格，仅代表着他具备了国家所要求的成为一名医生的基本条件，但是如果没有医疗机构（执业地点）接纳，那么仍不能成为一名具备实施医疗行为、开展医疗活动能力的真正意义上的医生。即便是申请个人行医，也需要以在医疗、保健、预防机构执业满五年为前提条件。此外，“非法行医”是当今医疗法律领域内的一个热点词语，“北大第一医院熊卓为案”中的原、被告双方为医院是否存在非法行医问题各执一词又各有所据，引人深思。从该案可以看出，我国的“非法行医”针对的是尚未进行医师执业注册便独立从事医疗行为的情况。尚未能考取医师资格证书的医学生在医疗机构适用期间，自然无法独立从事医疗行为，但即便已经考取了医师资格证书，如果没有经过执业医师注册，依然无权独立行医。每一名医务人员都或长或短地经历过这样一个执业资格真空的危险期，身份尴尬，为纠纷埋下隐患。

总之，依据我国现行的规定，医师执业注册才是“准医生”真正成为“医师”的关键点，相比之下，取得医师资格证书反而并非当务之急。既然如此，为何不把考取医师资格证书的时间提前，采取上文所述的“一揽子”解决方案，最大化缩短执业资格真空的时间。

对于执业助理医师取得医师资格、进行执业注册的问题，《中华人民共和国医师法》也进行了详细规定，虽然也会存在执业资格真空问题，且时间甚至更长[取得执业助理医师执业证书后（具有高等学校医学专科学历或者中等专业学校医学专业学历，在执业医师指导下，在医疗、预防、保健机构中试用期满一年的，可以参加执业助理医师资格考试），具有高等学校医学专科学历，在医疗、预防、保健机构中工作满二年的；具有中等专业学校医学专业学历，在医疗、预防、保健机构中工作满五年的]，但是考虑到执业助理医师的起点比较低，所受到的医学教育远不如本科及以上学历的医学生深入、细致，因此，个人认为此部分的现行规定可继续延续下去，以确保执业助理医师考取医师资格时的质量与水平。

三、建立并严格遵循临床工作制度

医疗行为由医护工作者具体实施，医护工作者在工作过程中采取何种态度、行为，是否遵循各种规章制度，直接决定着医疗质量与医疗安全实现与否及水平高低。在长期的医疗实践过程中，卫生行政部门、医疗机构管理部门、临床科室管理者不断总结经验教训，逐步制定出各种具有普遍意义的临床工作制度，以指导与规范医疗行为，根本目的就是要使医疗质量与安全得到最大限度的保障，这样也就在根本上避免了医疗纠纷的发生。然而，制度需要人去执行与遵守，执业资格的取得并不代表医疗质量与医疗安全的实现，临床工作是延续性的，还需要医护工作者每时每分按规、谨慎行事。

（一）十八项核心制度

医疗质量安全核心制度是指在诊疗活动中对保障医疗质量和患者安全发挥重要的基础性作用，医疗机构及其医务人员应当严格遵守的一系列制度。医疗质量安全核心制度可以说渗透在医疗机构每一位医务人员每一天的工作当中，只有严格遵守医疗质量安全核心制度，才能最大限度地避免医疗事故的发生。

原卫生部在自2005年开展的“以病人为中心，以医疗质量为核心”的医院管理年活动中提出“医院十三项核心制度”，包括首诊负责制度、三级医师查房制度、疑难病例讨论制度、会诊制度、危重患者抢救制度、手术分级管理制度、查对制度、死亡病例讨论制度、医生交接班制度、护理分级制度、病历管理制度、病历书写规范、临床用血审核制度。

2016年，原国家卫计委以部门规章形式颁布施行《医疗质量管理办法》，进一步建立完善医疗质量管理长效工作机制，明确了医疗质量管理各项要求，促进医疗质量管理工作步入制度化、法治化管理轨道。为指导地方和医疗机构进一步理解和贯彻落实核心制度，保障医疗质量和患者安全，卫健委对《医疗质量管理办法》提出的18项核心制度的定义、内容和基本要求进行了细化，组织制定了《医疗质量安全核心制度要点》。因此，在医疗质量安全核心制度方面，我国有了全国统一的标准。

2018年4月18日，国家卫生健康委员会发布《关于印发医疗质量安全核心制度要点的通知》，涉及18项医疗质量安全核心制度要点，要求各省级卫生计生行政部门应当制定本辖区的具体细则和实施工作要求，加强解读和宣贯培训，夯实基础医疗质量，筑牢医疗安全底线。各级各类医疗机构应当根据要点完善本机构核心制度、配套文件和工作流程，加强对医务人员的培训、教育和考核，确保医疗质量安全核心制度得到有效落实。这18项核心制度分别是：首诊负责制度、三级查房制度、会诊制度、分级护理制度、值班和交接班制度、疑难病例讨论制度、急危重患者抢救制度、术前讨论制度、死亡病例讨论制度、查对制度、手术安全核查制度、手术分级管理制度、新技术和新项目准入制度、危急值报告制度、病历管理制度、抗菌药物分级管理制度、临床用血审核制度、信息安全管理制度。

（二）“三基三严”

“三基”：基本理论、基本知识、基本技能。“三严”：严格要求、严谨态度、严肃作风。“三基”培训为全员培训，各级医疗卫生技术人员均应参加，考核必须人人达标；建立医疗技术人员“三基三严”培训档案，考核成绩将与执业医师注册挂钩，未能完成培训或考核成绩不合格者，不给予执业医师注册及复注。

（三）坚持医师定期考核制度

《中华人民共和国医师法》规定，县级以上人民政府卫生健康主管部门或者其委托的医疗卫生机构、行业组织应当按照医师执业标准，对医师的业务水平、工作业绩和职业道德状况进行定期考核。对考核不合格的医师，县级以上人民政府卫生健康主管部门应当责令其暂停执业活动三个月至六个月，并接受相关专业培训。暂停执业活动期满，再次进行考核，对考核合格的，允许其继续执业；对考核不合格的，由县级以上人民政府卫生健康主管部门注销注册，废止其医师执业证书。

【案例 2 - 02】

若无确切证据证明医嘱明显不当，应尊重医生判断①

患者陈某某近亲属陈建某向某市某区卫健委投诉，反映医生周某对待患者不作为、胡作为、乱作为、滥作为；要求北京市某医院退回多收的医疗费用；要求对患者造成的伤害予以赔偿等问题。某区卫健委调查后作出答复。投诉人陈建某不服，向某市卫健委申请行政复议。市卫健委接到此起案件后，邀请相关医疗质量专家对北京市某医院进行现场调查：当事医师周某为内科专业执业医生，执业机构为北京市某医院；患者陈某某的住院病历符合《病历书写基本规范》中的相关规定，未发现医师周某有违反卫生行政规章制度或者技术操作规范的行为。经医疗质量专家对陈建某投诉的北京市某医院有关医生对待患者不作为、胡作为、乱作为、滥作为的问题进行现场调查，针对患者家属提及诉求中有关影像检查、病程记录及会诊记录中均有体现，未发现不规范书写病历现象。患者家属在相关影像检查中存在疑义，根据患者病情应该完善，病程记录中均有体现，存在沟通问题，家属对诊疗程序和医疗知识理解不充分。结合医疗质量专家与监督所的调查结果，现有证据不能证明医生周某对患者不作为、胡作为、乱作为、滥作为。某市卫健委作出《复议决定书》，维持某区卫健委作出的决定。

陈建某诉至法院，请求撤销区卫健委作出的处理意见书及市卫健委作出的《复议决定书》，并对原申请的 3 项请求重新作出答复。一审法院认为，某市某区卫健委的该认定与其调查的情况相符合，且与医疗质量专家出具的意见亦具有一致性，故一审法院对此予以支持。关于陈建某要求退回多收医疗费用的问题，区卫健委经调查认为患者病历中的医嘱与收费项目能够对应，未发现有诊疗项目收费但未开展的情况，对此，经核对相关收费票据，

---

① 参见北京市朝阳区人民法院（2021）京 0105 行初 173 号行政判决书，北京市第三中级人民法院（2021）京 03 行终 1542 号二审行政判决书。

并结合医生开展诊疗活动的特殊性，在无确切证据能够证明医生所下医嘱明显不当的情况下，应当尊重医生所作判断，故一审法院对区卫健委所作不存在多收费行为的认定亦予以支持。陈建某不服一审判决上诉，二审法院对一审法院经审理查明的事实予以确认，作出驳回上诉的判决。

第三节　重视医患沟通

一、医患沟通的概念

沟通也称为交流，是为了一个设定的目标，在个人或群体间传递信息、思想和情感，并且达成共识的过程。根据这一定义来看，医患沟通，则是医患之间对医学理解的一种信息传递过程，是为患者的健康需要而进行的，它使医患双方能充分、有效地表达对医疗活动的理解、意愿和要求。

医患沟通可分成两个层面，即临床医护人员与患者的沟通以及医患关系办公室工作人员与患方的沟通。由于以上两种医患沟通模式所处环境、面临问题、思维模式均有不同，所以具体的思考、处理方式也各不相同，有分别进行探讨的必要。2019 年 4 月 10 日起正式施行的《医疗机构投诉管理办法》专门在第三章规定了医疗机构及其医务人员加强医患沟通的各项要求，也正印证了此点。

临床医护人员与患者的沟通，是传统意义上的医患沟通，也就是通常所理解的医生与患者之间在诊疗过程中进行的沟通交流。患者因治疗疾病的需要，与医疗机构订立医疗服务合同，医务人员作为医疗机构的工作人员，是履行医疗服务合同的主要当事人，与患者接触最多，关系最为密切，当然也最为了解患者病情及相关个人信息人员。自古医护人员与患者天然地存在着共同的目的——治疗疾病，这更是需要医患双方共同的努力，因此，医患之间及时、充分、有效的沟通显得极为重要。医务人员只有通过不断地与患者沟通，全面了解患者的主观感受及病史，才能作出更加明确的诊断，进而采取更加有效、更具针对性的医疗措施，以减轻患者病痛、控制疾病发展趋势或治愈疾病。在医疗活动中，医务人员如果在实施医疗行为以前把即将进行的医疗行为的效果、可能引发的并发症、医疗措施的局限性、疾病转归和可能出现的危险等，告知患者或者家属，让他们在了解正确全面的医疗信息后，才做出关系到治疗成效和回避风险的医疗决定，有助于患者及其家属做好心理准备，能够理解和正确对待。同时还应掌握沟通技巧以增进医患之间的信任感，防范沟通不畅、患者误会所引起的医疗纠纷。

医患关系办公室工作人员与患方的沟通，是指医疗机构投诉管理部门工作人员与患者之间进行的沟通交流，特点在于：

(1)“医”不再单纯指医务人员，还包括医疗机构中统一承担医院投诉管理工作的专职人员。根据《医疗机构投诉管理办法》的规定，医疗投诉管理人员一般具备医学和法律知识，熟悉医疗纠纷调处理论、途径、程序，或具备较为丰富的临床工作经验，熟悉院内各科室、职能部门运作情况。他们在医疗纠纷防范与处理工作中，发挥着无可替代的重要作用。他们可能是从临床岗位调配过来的有医学背景的医护人员，也可能是具有医事法律专业学历背景的专职工作人员，具有一定行政管理色彩，不再单纯是临床专业出身的医务人员。此外，国家支持建立健全相关机制，鼓励吸纳社会工作者、志愿者等熟悉医学、法律专业知识的人员或者第三方组织参与医疗机构投诉接待与处理工作。这就更是直接跳出了医疗领域，扩展了此处“医”的内涵。

(2)“患”也不再是一般意义上的患者，往往是在治疗期间遇到了一定的困难，或者因种种不满而进行投诉，甚至发生纠纷的患者。

(3) 医患沟通的内容多已由单纯的诊疗问题扩大为投诉、纠纷事项的受理与处置，院内外会诊、转诊等众多需要医务管理部门出面协调处理的问题。

二、临床医护人员与患方的沟通方法

糟糕的沟通交流虽不会被列在医疗责任赔偿要求的原因之中，但是几乎每个医疗责任赔偿诉讼案件都是在糟糕的交流沟通下产生的。临床医护人员必须掌握一定的医患沟通方法与技巧，这是维护医患和谐的第一道屏障。目前无论是政府部门，还是医疗机构自身，都已经有意识地聚焦于这一沟通过程，将其视为从源头减少投诉的重要节点与关键举措。

(一) 坚持以病人为中心的工作原则

病人是医生的服务对象，不能仅把病人当作疾病的载体，而应看作医疗活动的中心。医疗活动不仅是医生诊断和治疗疾病，还包括医患之间的交流、沟通、帮助、安慰。正如拉纳湖畔特鲁多医生的墓志铭所说：有时去治愈，常常去帮助，总是去安慰。《医疗机构投诉管理办法》第 3 章第 18 条也明确规定：医务人员应当恪守职业道德，以患者为中心，热情、耐心、细致地做好本职工作，把对患者的尊重、理解和关怀体现在医疗服务全过程。

可见，以病人为中心，是医疗执业道德准则的永恒核心，具体体现为对患者这一“活生生”的“人”的尊重、理解与关怀，而具体的方法无外乎热情、耐心、细致的工作态度与方法。但是，真正要把这一理念落实到每一个医疗工作细节之中，体现在每一个医疗行为之中，则是任重而道远的事情。为此，《医疗机构投诉管理办法》第 3 章第 17 条指出，医疗机构应当提高医务人员职业道德水平，增强服务意识和法律意识，注重人文关怀，加强医患沟通，努力构建和谐医患关系。

（二）合理降低患者期望值

患者期望值是指患者对其接受的医疗行为所能达到的治疗效果的主观想象及心理预期。患者多从治疗效果出发，与预期值相互比较，从而评价医疗行为的质量而在唯结果论的思维模式下极易发生纠纷。

有学者研究后发现，患者对其所接受的医疗行为的满意程度与医疗质量及患者期望值存在密切关系。具体来说，一定历史时期内的医疗行为所应当达到的质量标准是特定的，在医疗机构的医疗质量已经达到甚至远远高于该质量标准时，亦即医疗行为完全符合诊疗护理规范的要求甚至比诊疗护理规范做得还好、精益求精的情况下，患者期望值的高低成为决定患者满意程度的关键因素。当患者期望值与医疗质量水平持平时，患者对于所接受的医疗行为感到满意；当患者期望值高于医疗质量水平时，患者对所接受的医疗行为感到不满意；当患者期望值低于医疗质量水平时，患者对所接受的医疗行为感到相当满意。这种情形甚至出现在医疗机构的医疗质量水平低于医疗质量标准时，值得反思（见图 2 - 1）。

影响患者期望值的主要因素包括：

(1) 患者文化程度、生活环境、身体健康状况等个体因素。文化程度相对较高的患者，能够了解到相对多的医学知识，从而更容易理解疾病的复杂与多变，往往更容易接受医疗行为本身具有的不可规避的高风险性这一事实。这样的患者往往会持有较为合理的期望值。长期受病痛折磨的患者，期望值低于身体健康却突然发病的患者的期望值。身边出现过其他同类疾病患者病情自然转归的患者，期望值低于未曾有过类似经历的患者。

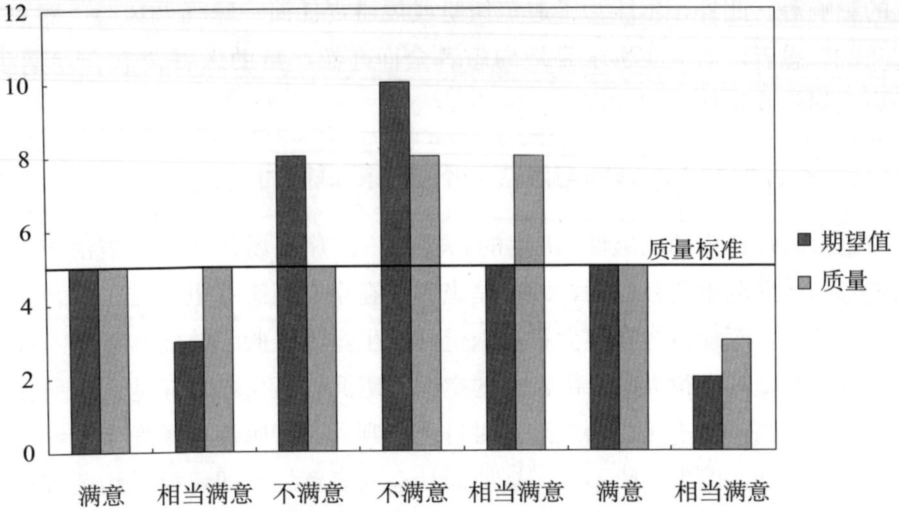

图 2-1　患者期望值、医疗质量与患者满意度的关系

(2) 社会意识与舆论。当前，社会上存在将医疗服务与一般消费活动完全等同的观念，导致患者习惯于将自己作为消费者、医院的顾客，认为作为服务者的医院有义务让消费者获得绝对满意的服务。此外，市场经济条件下医疗机构、药物生产企业、医疗器械商等需要借助广告进行宣传、包装，在这一过程中难免因夸张的手段而给社会大众造成负面的印象：某某病痛轻松解除，某某疾病轻松治愈。长此以往，患者的期望值无形中就被抬到很不合理的高位。

(3) 医务人员的引导。相对普通患者，医护人员是专家，具有医学领域的丰富知识，他们经过持续训练与实践，掌握着大量的、患者不可能全部理解甚至根本无从了解的医疗信息，这种极强的专业性决定了医疗过程中医患双方占有的信息具有高度不对称性。尽管随着时代的发展，医学模式已由传统的主动—被动型模式逐步转变为合作型模式，但医务人员仍然因其医学上的权威性而处于医患关系中的主动地位，就诊患者最为信任的仍是医务人员，具有很强的依从性，他们希望在与医务人员的沟通过程中了解更多的关于自身疾病的信息。因此，医务人员的引导对于患者思维与行为有着巨大的影响，是患者树立合理期望值最重要的影响因素。医务人员在诊疗活动中应“合理降低患者期望值”，比如不说“绝对没问题”“没什么风险”“彻底消除症状”等。毕竟医疗风险是任何人无法完全预见及避免的，一旦出现，将使原本被动的局面更加被动。通过医患沟通，医务人员应该使患者充分了解治疗过程中及愈后可能存在的风险、个人体质对于治疗后恢复的影响等。此外，不能为了避免纠纷或规避责任而一味强调风险、难度，甚至“吓唬”患者，而应实事求是地向患者全面介绍，帮助患者树立合理期望值，使医患之间相互信任、相互理解。

（三）不评价他人的诊断与治疗，不随意贬低同行

这是由医疗行为的闭锁性[①]决定的。首先，医疗现场往往为了清洁卫生或保护患者隐私而采取不公开原则，即使是患者，在全麻状态下也很难了解自身的治疗过程。其次，医疗行为在很大程度上受到医生本人经验、技能和患者个体差异影响，所以医师具有很大的自由裁量的空间。因此，医生不对其他医生所作的医疗行为进行评判，也不接受别人随意对自己评判。对于医疗现场发生了什么、作出过怎样的处理，医生一般不会积极地向社会发表意见，即使提供相关资料，也可以说是谨慎消极的，这就是医疗行为闭锁性的问题。

由于每个医院的条件不同、医生的技术水平不同，对同一疾病的认识可能有所不同，因而对同一疾病的处理方法也有可能不同，更何况疾病的发展和诊断与治疗是一个复杂的动态过程，故医生不应随意评价他人的诊疗，否则很可能会导致病人质疑，甚至引发医疗纠纷。特别是大中型医院，作为本区域内的医疗中心，接待来自本区域甚至全国的疑难杂症患者，不能过分抬高自己，批判前次手术的医院，而应将精力放在充分告知患者医疗风险上，放到详细交代病情、前次手术的结果上，做好详细完整的书面记录。

（四）掌握一定的沟通技巧

首先，锻炼与提高语言交流技能。好的语言交流技能是可以通过学习获得的，而且还能通过系统的训练而不断提高。对于临床医生而言，最常见的过程就是和病人的面谈。一个临床医生在职业生涯中一般会有 10 万多个面谈的机会。对于临床医生来说，改变交流沟通的方式有助于提高病人的满意度，降低纠纷和危险发生率。

其次，重视非语言性沟通的作用。非语言性沟通以人体语言作为载体，即通过人的目光、表情、动作和空间距离等来进行人与人之间的信息交流。微小的非语言行为变化，会对患者产生微妙的心理和情绪影响。进行非语言行为沟通时把

① 龚赛红：《医疗损害赔偿研究》，中国社会科学院法学所学位论文 2000 年，第 4—6 页。

握好分寸，自然而不失庄重、严谨又充满温情、愉悦但不夸张，恰到好处地传达接待人员的交谈信息和丰富的人文精神，同时注意患者的接受心理和审美感受，使交谈更富有生气和感染力，使医患沟通更富有成效。

（1）预防为主的针对性沟通：在医疗活动过程中，主动发现问题苗头，把这类家属作为沟通的重点对象，与家属预约后根据其具体要求有针对性地沟通，例如在晨间交班中，除交接医疗工作外，还要把当天值班中发现的家属不满意的苗头作为常规内容进行交班，使下一班医护人员有的放矢地做好沟通工作。

（2）交换对象沟通：在医生与某位患者家属沟通困难时，另换一位医生或主任与患方沟通；当医生不能与某位患者家属沟通时，换一位患者家属沟通，让这位家属去说服其他家属。

（3）集体沟通：对于患有同种疾病较多的患者，医院可召集家属，以举办培训班的形式进行沟通，讲解疾病的起因、治疗及预防知识。这种沟通，不但节约时间，还可促进患者间的相互理解，使患者成为义务宣传员，减少医务人员的工作压力。

（4）实物对照沟通：某些疾病，口头和书面沟通都困难，可辅以实物或影像资料沟通。比如对先天性心脏病患儿的家属，医生可用心脏模型结合画图进行讲解，家属就会形象地了解疾病到底出现在哪个部位、如何进行手术治疗等；再如骨科患者，患者家属不知道骨病在什么位置，骨科医生可以拿出人体骨架，用通俗的语言给患者家属讲解。《医疗机构投诉管理办法》第 21 条也明确指出，医疗机构可以结合实际情况，制定医疗风险告知和术前谈话制度，规范具体流程，以患者易懂的方式和语言充分告知患者，并取得其书面同意。

（5）书面沟通：为了弥补语言沟通的不足，医院还采取书面沟通方式，把一些常规问题印到书面上，便于患者家属翻阅。例如，新生儿病区因无人陪伴，家属完全不了解病儿的治疗、生活情况，除有限的探视外，医务人员还将宝宝在病区一天的喂养、洗换、护理、治疗等共性情况以及出院随访、喂养护理知识等编成小手册，发给每位入院婴儿的家属，达到沟通的目的。

需要说明的是，技巧的成功运用，离不开扎实的工作基础与符合职业道德要求的工作态度。如果仅仅将医患沟通能力定义为“能说会道”的技巧，而不投入任何感情、耐心，甚至是不具备扎实的工作技术能力，说得好、做得差，只做表面功夫，根本无法取得良好的沟通效果。《医疗机构投诉管理办法》为此明确规定，医疗机构应当建立健全医患沟通机制，完善医患沟通内容，加强对医务人员医患沟通技巧的培训，提高医患沟通能力。医务人员对患者在诊疗过程中提出的咨询、意见和建议，应当耐心解释、说明，并按照规定进行处理；对患者就诊疗行为提出的疑问，应当及时予以核实、自查，并与患者沟通，如实说明情况。可见，技巧只有与上述各项要求相配合，急患者所急、投患者所需，才能最大限度地发挥作用。

（五）沟通过程中尊重患者的合法权利

沟通过程中应结合患者的需求，以适当方式沟通，尊重患者的各项权利。随着国家经济文化水平的不断提升，公民的权利意识逐渐高涨，社会生活中关于公民维权的新闻、话题此起彼伏，同时国家法律、法规也对公民的各项权利一再确认，这是社会主义法制建设的重大进步。具体到医疗领域，公民的人格权利表现得更为突出。为此，《医疗机构投诉管理办法》第 3 章第 20 条规定，医务人员应当尊重患者依法享有的隐私权、知情权、选择权等权利，根据患者病情、预后不同以及患者实际需求，突出重点，采取适当方式进行沟通。医患沟通中有关诊疗情况的重要内容应当及时、完整、准确记入病历，并由患者签字确认。《办法》以《中华人民共和国民法典》为基础，对医疗机构及其医务人员提出了直接的要求，需要引起医疗机构及其医务人员的足够重视。

三、医患关系办公室工作人员与患方的沟通方法

医患关系办公室工作人员长期处于医疗纠纷防控与处置的第一线，日常工作中积累了丰富的工作经验，形成了各具特色的工作方法。

（一）学会换位思考，善于倾听、安慰

陷入纠纷旋涡的患者或家属，往往情绪激动，不能控制自身感情，或暴躁咒骂、出言不逊，或哭泣愤怒、无法交流，医患关系办公室工作人员往往也是备受委屈，颇感工作之艰辛。但是受岗位职责所限，每一名工作人员还是应该尽最大努力调整自己的心态，面对这样的患者及家属，学会换位思考，设身处地地去感受其现实处境，毕竟再低的损害发生概率若发生于一个家庭，就会是百分之百，任何遇到这种事情的人都需要一个接受与缓冲的过程。这样的思维方式也有利于帮助工作人员减轻心理压力，更好地适应工作环境。

投诉初期阶段，医患双方可以暂时不去追究损害结果出现的真正原因，而是倾听患方的诉说，容忍他们的发泄，作为一名怀有同情心的倾听者及时给予安慰。听与说的过程中，建立初步的信任关系，待对方情绪有所稳定后再进行下一步的沟通交流。

工作人员在不违反原则规定的情况下，多给予患者力所能及的帮助。医患沟通过程中，如果发现可以当场解决或可以给予一些帮助、提供一些便利的事项时，应当当场解决或给出一定的承诺。沟通中多说一些贴心话，从患方角度出发想问题，让患方感受到医患关系办公室是能够体谅到他们的难处的，以最低的成本迅速增进医患双方的信任感，促进整个问题的解决。比如，前来投诉的老年患者行动不便，但又须继续在专家门诊随诊的，可以帮助他在专家门诊进行挂号。

（二）明确医患双方的共同目标，寻求合作基础

沟通中向患方明确医患双方的共同目标，寻求合作基础，坚持实事求是、依法办事的原则。

医疗投诉、医疗纠纷的防范与处理也是一种医患合作的过程，具备双方合作的基础，即拥有妥善解决投诉事项或者纠纷，维护双方合法利益的共同目标。任何一方破坏合作的行为，都将导致事件解决时间的拉长、成本的增加，甚至无法解决，最终损害双方合法利益甚至是整个社会的和谐稳定氛围。

医患关系办公室属于院方工作部门，自然是从本院立场出发看待问题，无法达到法院、鉴定机构的中立度。但是这并不代表放弃实事求是、依法办事的原则，在工作中也应从实事求是的角度出发，不回避错误，真正维护医院的利益。

（三）告知和保障患者投诉的合法权益

沟通中明确告知医患关系办公室工作原则、职责、流程，指明医患双方解决问题的方向、步骤。

每一所医疗机构都会有自身的一套医疗纠纷处理流程，医患关系办公室工作人员应当将其烂熟于心，并且简洁明确地向患方介绍，使患方认识到其并非投诉无门，在医患双方积极配合、按照步骤办理的前提下，能够以最高的效率、最低的成本解决，进一步增强双方的信任感。对于超出职责范围而无法解决的问题，也应及时告知解决途径，而不应单纯地推诿。

对此，《医疗机构投诉管理办法》第 22 条规定，医疗机构应当建立畅通、便

捷的投诉渠道，在医疗机构显著位置公布投诉处理程序、地点、接待时间和联系方式。鼓励医疗机构加强舆情监测，及时掌握患者在其他渠道的诉求。第23条规定，医疗机构应当设置专门的投诉接待场所，接待场所应当提供有关法律、法规、投诉程序等资料，便于患者查询。而在“首诉负责制”的总原则下，除了医患关系办公室等投诉管理部门，医疗机构的有关部门、科室都负有一定的投诉接待与处理义务，依据各自的职能、权限，对于能够当场协调处理的，应当尽量当场协调解决；对于无法当场协调处理的，接待的部门或者科室应当热情接待，主动将患者引到投诉管理部门，不得推诿、搪塞。

（四）请当事医务人员适时参与到医患沟通中

当事医务人员最了解事件具体经过与诊疗过程中的问题，如果沟通中发现由于双方沟通不畅造成目前的投诉，医患关系办公室工作人员应及时邀请当事医务人员参与到沟通中并作出解释说明，因为患者看不到甚至不能理解临床工作中很多专业问题。比如医疗组已经对患者病情进行过多次讨论、反复斟酌权衡，最终决定暂缓原已准备好的手术。但这一过程恰恰是患者无法看到的，加之医生未能树立良好的沟通意识，只是简单地告知患者手术取消，使得患者更加无法理解。如果请当事医务人员参与进来，将更多“幕后的故事”讲出来，往往能取得患方谅解。

（五）坚持诚实守信的工作作风

医患沟通过程中，医患关系办公室的工作人员面临的问题是：患方投诉后希望医方在一定的期限内给出书面的或口头的答复。患方的这种要求是合情合理的，但是医患关系办公室工作人员通常是在事发后才了解到患方所述的情况，给患方的答复需要建立在深入调查了解的基础之上。故应在初期的沟通中详细告知办公室的工作流程，详尽记录患方的疑问与要求，并在工作期限内进行调查，于期限届满前与患方再次沟通并给予其医方答复。如果事件复杂、期限过短或存在其他原因导致不能如期答复，则应主动与患方取得联系，进行沟通解释，诚恳地争取患方的谅解。这种诚实守信的工作作风有利于推动医患沟通的顺利进行。

（六）避免针锋相对及使用刺激性语言

《医疗机构投诉管理办法》第25条规定，投诉接待人员应当认真听取患者意见，耐心细致地做好解释工作，避免矛盾激化。比如用“去世、过世”代替“死亡”；不使用“无理取闹”“有完没完”等斥责性词语。调整好沟通的节奏，引导患方注意一方说时一方听，轮流进行，不随意打断对方。针锋相对的辩论往往使局面更加混乱，与沟通的目的背道而驰。

大部分患者在到医患关系办公室进行投诉时提出的都是可以理解的诉求，可以依法依规进行解决，但是也有少部分投诉者提出的诉求很不合理。面对这种违反原则的诉求，医患关系办公室工作人员应该坚决地拒绝。如果因为担心事态扩大或未能顶住压力而一味地满足患方任何要求，很可能使对方坚定不闹不行的想法，采取更恶劣的非常规手段。

（七）院内统一口径，对外权威发声

医患关系办公室是医院处理医患矛盾的“对外发言人”。这就需要医患关系办公室工作人员在接到投诉或了解到相关情况后，第一时间与当事科室行政主任、当事医师及院内其他信访工作部门，如党委办公室，进行沟通，防止投诉人到多个部门投诉却得到不同的答复。

在医患沟通过程中，医患关系办公室工作人员需要在临床科室当事医务人员、患者与主管院领导之间斡旋，充分调动自身医学、法学知识与患者进行沟通、协商，引导患者通过合理、合法的途径解决问题，同时及时总结经验教训，最终实现防范纠纷、处理纠纷、促进医疗质量提升的目的。医患关系办公室可以被形象地称为医疗纠纷处理的前哨，对于防范医疗纠纷具有重要意义。

第四节　强化医疗风险告知意识

随着公民权利意识的强化以及现代医学模式的转变，原本处于被动地位的患者越来越主动地参与到诊疗过程当中，医务人员与患者相互配合、相互合作，从而达到共同的目的——战胜疾病。在这样的过程中，患者的意见得到充分尊重，患者有了更多的话语权，尽管有时从医学的角度来看患者的意见可能并不明智，但一般情况下哪怕完全是为了患者的利益着想，医务人员也很难强行改变。从1914年施伦多夫诉纽约医院协会（The Society of the New York Hospital）案[①]

① Schoendorff v. The Society of the New York Hosp.，105 N. E. 92，93（N. Y. 1914）.

开始，患者知情同意权作为一项法定权利被逐步确立下来。“患者”这一特殊社会角色的人格权得到重新的定位与审视，其本质正是患者对其身体的自主权利。

患者知情同意权是指患者在诊疗过程中知悉、了解与自身疾病及治疗相关的各种信息，如病情、诊疗措施、医疗风险、费用等，并基于这种了解作出是否同意接受诊疗的权利。患者知情同意权包含两个方面，即知情权与同意权。知情是同意的前提，而医务人员的说明告知义务则是知情权实现的重要基础。医务人员的说明告知义务是法定义务，必须认真履行。如果因履行不利而导致严重损害后果，医务人员会承担民事侵权责任、行政责任，甚至是刑事责任。此外，患者对于医疗行为的知情同意，阻却了医疗行为本身的违法性，医务人员的说明告知则成为医疗行为取得合法性的前提。医务人员应当尊重患者知情同意权，必须认真履行说明告知义务。

一、医疗行为的特性决定必须重视患者知情同意权

（一）医疗行为的侵害性

医务人员从事医疗行为，小到皮下注射，大到器官移植，在法律上均构成对患者权利的侵害，尤其是对身体权的侵害最为明显与常见。理论上，行为人即医务人员应当为这样的侵害行为承担民事侵权责任，但医学之所以能够顺利发展，医务人员之所以能够免责，正是基于患者的同意。

被害人允诺（同意）在不违背强制或禁止性规定及公序良俗原则，且允诺人具有相应“允诺能力”[①] 的情况下，能够阻却侵害行为的违法性，从而使侵权行为不成立。患者是医疗行为的“被害人”，医疗行为两害相权取其轻以实现人类健康与幸福，自然不违背公序良俗等原则，患者有效的同意可以阻却医疗行为本身的违法性。患者有效的同意，必须以医务人员的说明告知为前提。医务人员未尽说明告知义务时，医疗行为本身的违法性不被阻却，即使医务人员不具有诊疗过失，仍应对患者的损害负责。

（二）医疗行为的高风险性

医疗行为的高风险性表现在以下几个方面：第一，作为医疗行为基础的医学

---

① 王泽鉴：《侵权行为》，北京大学出版社 2009 年版，第 227 页。

科学本身就是一门高难的学科，是集自然科学与社会科学于一身的综合性科学。人体的结构极为复杂，对人体的修复要远比卫星上天、机器人的制造更为复杂、更为高难，可以说人类对天体有多少未知的领域，就对人体有多少未知的秘密。这也就决定了医疗服务行为具有比其他服务行业更多的不确定因素，每一项不确定因素均可能成为医疗风险的一个成因，每一种药物均有一定的副作用，每个个体均有其特殊的个体特征。因此，世界上没有绝对安全的治疗措施，开刀会对患者身体造成直接的伤害，打针会有疼痛，把药物注入人体就是一种异物的入侵，心包穿刺、腰椎穿刺、肝脏穿刺等许多检查措施也有一定的危险性。第二，人体具有个体间的差异，最明显的例子就是青霉素的使用中，有的人会过敏，有的人不会过敏，甚至有的皮试时不过敏而输液时发生了过敏，进而引起休克死亡。况且人本身是不确定的，“人体的不确定性犹可借医学的进展而渐减，人性之不可预测性恐始终是难题”①。如果患者在诊疗过程中因为种种原因不进行必要的配合，如不向医师全面交代病史、病情，也会造成无法预料的危害后果。第三，医疗行为具有探索性、试验性，不是一成不变的，本身难以确定风险。医务人员要综合各方面的信息进行鉴别、排除、诊断，还需要不断根据病情、病状的变化调整治疗方案。

（三）医疗行为中的风险无法完全规避

医疗行为与航天工程都具有极高的风险性、极强的专业性，但不同的是，运载火箭升空过程中遇到的风险往往都能预知，人类已经对航天工程中的物理规律有了深刻认识，通过工程人员的精确计算、调校、借鉴，风险往往能够避免。而医疗上的风险则是基于人体的复杂与太多的未知，不能完全预知。手术台上病人的身体状况随时可能出现意想不到的变化，接受治疗后也会出现突然、快速恶化的情况等，有时甚至无法搞清原因，即使医师有充分的准备，也无法保证没有风险或者并发症发生。

患者作为非专业人士，往往无法理解及接受医疗风险的发生，因而也就导致了医疗纠纷的不可避免性，同时也决定了医疗风险是医务人员说明告知义务的重要内容。充分、合理的医疗风险告知有助于帮助患者更好地理解自身疾病及治疗措施，树立合理的期望值，对于医疗纠纷的防范有着重要的意义。

---

① 刘永宏：《医疗关系与损害填补制度之研究》，东吴大学学位论文 1996 年，第 21—22 页。

虽然在当前医患关系紧张的情况下，即使医务人员及时、充分地向患者说明告知了医疗风险，也不可能完全避免医疗纠纷的发生，但是这样的做法却着实为医务人员留下了足够的未违反说明告知义务的证据，对于纠纷解决及免责有着很大的帮助。因此，每一名医务人员在日常工作中务必树立起医疗风险告知意识。

二、医疗风险及相关概念

（一）医疗风险的概念

医疗风险是内涵、外延最为广泛的概念，它应是医疗意外、可预见的并发症及不可预见的并发症的上位概念。[①]关于医疗风险，有广义和狭义上的定义。广义上的医疗风险是指在医疗过程中存在的导致人身伤害或者财产损伤的可能性，而狭义上的医疗风险仅指医疗服务过程中导致患者损害或伤残的可能性。医院的各个工作部门、工作环节都存在潜在的医疗风险，如由于院方对自身利益的保护，有意或无意回避患者的正当要求而引发的风险；患者及其家属对院方期望过高，当主观愿望与现实产生差距时，采取过激行为的风险；部分患者及家属缺少道德与诚信，无理取闹的风险；药品出现不良反应而引发的风险等。在医疗实践中正确认知和管理医疗风险，提高医疗护理质量，解除医院和医务工作人员的后顾之忧，已经成为亟待解决的问题。

目前《中华人民共和国民法典》第1219条采用的“医疗风险”一词，仅指可预见的并发症。而对于医疗意外及不可预见的并发症，可以适用同法第1224条第1款第3项的规定，即限于当时的医疗水平难以诊疗的，可以免除医疗机构的责任。本文所提医疗风险如无特别说明则是指包含医疗意外、可预见的并发症及不可预见的并发症在内的大的概念。

（二）相关概念

与医疗风险（medical risk）相关的概念有医疗意外（medical accident）、并发症（medical complication）、医疗不良事件（medical adverse events）。

医疗意外是指在医疗过程中发生的，由于患者病情异常或者体质特殊而发生

---

① 张建祥、王小美：《医疗风险概念的界定》，《中国疗养医学》2011年第10期。

难以预料和防范的不良后果的医疗事件，其重要特征就是不可预见性。这种不可预见性导致医护人员无法采取针对性防范手段，只能尽全力补救。尽管因医疗意外造成了患者损害，但是医护人员也不会因此而承担损害赔偿责任。《医疗事故处理条例》第33条明确规定，在医疗活动中由于患者病情异常或者患者体质特殊而发生医疗意外的，不属于事故；《中华人民共和国民法典》第1224条也规定，限于当时的医疗水平难以诊疗的，可以免除医疗机构的责任。究其原理，则是因为受到医学发展水平的局限，医务人员对于异常的病情与体质无法预见，从而不具有相应的注意义务，也就不构成医疗过失。同时，医务人员对此无说明告知义务。

并发症是指患者原发疾病因自然转归或采取某种诊疗手段而引发的另一种疾病或症状。比如，在甲状腺切除手术中，伤及甲状旁腺会造成甲状旁腺功能不足。并发症与医疗意外之间最大的区别在于：基于目前医学发展水平，大部分并发症都具有可预见性，但难以完全避免。因此并发症引起患者损害时，判断医疗机构及其医务人员是否可以免责的关键是，医务人员是否针对原本可以预见的并发症采取了相应的避免损害结果发生与扩大的防范措施。对于可预见的并发症，无论是否能够防范、避免，医务人员都应向患者进行详细的说明告知并取得患者的书面同意。对于不具有可预见性的并发症，有学者称之为“非定型”并发症，可以参照医疗意外的处理模式。

医疗不良事件是学界惯常采用的说法，医疗不良事件是指由医疗导致的伤害与疾病的自然转归相反，延长了病人的住院时间，导致残疾的一切事件，包括可预防和不可预防的不良事件。国家卫健委发布的《医疗质量安全事件报告暂行规定》使用的是医疗质量安全事件的概念，该规定指出，医疗质量安全事件是指医疗机构及其医务人员在医疗活动中，由于诊疗过错、医药产品缺陷等原因，造成患者死亡、残疾、器官组织损伤导致功能障碍等明显人身损害的事件。医疗不良事件可以分为很多种，包括医疗活动不良事件、护理不良事件、药品不良事件、医疗器械不良事件等。

（三）医疗侵权与医疗过错

根据《中华人民共和国民法典》关于医疗损害责任的相关规定，医疗损害责任构成采用一般过错责任原则，其责任构成要件包含损害结果、违法医疗行为、医疗行为与损害结果间的因果关系及过错。王利明教授提出违法性要件应包含于过错要件之中，从而应采用三要件说，这牵涉行为违法的判断标准及与过错概念的区别、联系问题，在此不赘述。医疗过错作为重要责任构成要件，包括故意与过失两种形态。故意的情形容易判断与认定，且较为少见。医疗过错更多地表现为医疗过失，实质为医疗机构及其医务人员未尽到应尽的注意义务，判断标准为《中华人民共和国民法典》第1221条明确规定的是否“尽到与当时的医疗水平相应的诊疗义务”。因此医疗水平对界定医方需尽到的诊疗义务起决定作用，成为认定医疗过错的关键。

刘宇提出将医疗水平分为四个层次：(1) 最低医疗水平标准，指医疗卫生管理法律、法规、部门规章及诊疗护理规范中存在的非技术性要求，如《中华人民共和国医师法》中规定医师在执业活动中应当树立敬业精神，遵守职业道德，关爱患者，保护患者隐私等。(2) 基本医疗水平标准，指医疗卫生管理法律、法规、部门规章及诊疗护理规范中存在的，以书面形式清晰表达、可以清晰认定的定型化诊疗规范。(3) 通常医疗水平标准，指不能用清晰的方式表达出来的非定型化诊疗规范。医务人员的注意义务与行为的合法合规并非完全等同的概念，一名医务人员应当具有的医疗水平并非完全能够被现有的医疗卫生管理法律、法规、部门规章及诊疗护理规范所涵盖。(4) 信赖医疗水平标准，指基于信赖关系而存在的高于正常值的医疗水平。基于以上四个层次的医疗水平，认定医方诊疗义务时所需要考虑的因素也是不同的：基于第一、第二层次的医疗水平，可以用相应的规范对医方是否尽到诊疗义务直接进行客观的评价，同时考虑时间因素，需以医疗行为发生时的相应规范为标准；基于第三层次的医疗水平，认定时需要综合分析时间、地域、医疗机构与医务人员资质等多方面因素，从同领域、资质的普通医师正常情况下所应达到的水平要求出发；基于第四层次的医疗水平，需考虑患者基于特殊的信任就医时，该医生应被赋予更高的诊疗义务。[①] 也有学者指出四层次的分类方法在实践中不易应用，故又提出了两分法，即将医疗水平和为基本的医疗水平及非基本的医疗水平。基于前者，判断注意义务需要从诊疗护理法律、规范出发，基于后者，则需考虑时间、地域、医疗机构及医务人员资质等因素。[②] 医疗水平是评价医疗过错的基础，在评价医疗行为、判断医疗责任的过程中都需要在确定医疗机构及医务人员的医疗水平的基础上，进一步评价医务

① 杨帆：《“民法典·医疗损害责任”研讨会综述》，《证据科学》2010年第1期。

② 刘鑫、高鹏志：《医疗过错鉴定规则体系研究》，《证据科学》2012年第3期。

人员是否尽到应尽的注意义务，从而确定是否存在医疗过错。

总之，医务人员在采取医疗行为时，如果未尽到应尽的注意义务，那么就应当认定医务人员具有过错。医务人员的注意义务应包含损害结果预见及损害结果避免两个方面，医疗损害多由医疗风险引起，医疗风险的预见与避免是医务人员注意义务的重要内容。如果应当预见而没有预见，或者已经预见但没有采取积极措施以防止损害后果扩大，属于未尽到合理注意义务的过错，换句话说，医疗风险的预见与避免是检验医疗机构及其医务人员有无医疗过错的“试金石”。

三、医疗风险告知说明的主要内容

患者病情、医疗风险、医疗措施、替代医疗方案、医疗费用以及其他需要告知的事项，如告知转诊等，均属于医务人员告知说明的内容。[①] 医疗风险是知情同意权的重要内容，患者需要在全面认识医疗风险的基础上慎重考虑、权衡利弊，才能对是否接受有风险的医疗措施作出有效的决定。《中华人民共和国民法典》第1219条明确规定，医务人员在诊疗活动中应当向患者说明病情和医疗措施。需要实施手术、特殊检查、特殊治疗的，医务人员应当及时向患者具体说明医疗风险、替代医疗方案等情况，并取得其明确同意；不能或者不宜向患者说明的，应当向患者的近亲属说明，并取得其明确同意。如果医务人员未能善尽医疗风险告知义务，即使取得了患者的同意，也是没有效力的，不仅不能阻却医疗行为本身的违法性，如果患者因接受医疗措施而受到了风险带来的损害，医务人员还应承担侵犯患者知情同意权的侵权损害赔偿责任。

《中华人民共和国民法典》根据不同的告知说明内容，将告知说明义务分成两个层次：一般说明义务、具体说明义务。一般说明义务中，医务人员需要说明的信息主要为病情和医疗措施，患者病情包括疾病的性质、严重程度、发展变化趋势，还包括诊断信息，即疾病名称、诊断依据等；医疗措施包括可供患者选择的治疗方案、治疗效果和大致的费用、可能出现的并发症和风险以及不采取医疗措施的危险性等。具体说明义务适用于患者需要实施手术、特殊检查、特殊治疗的情况。具体说明中应注意：（1）“知情同意书”中的风险不能仅停留在概念层面，应当有一定的解释性内容；（2）在与患方谈话时，应当以“知情同意书”为

① 王利明：《中国民法典教程》，人民法院出版社2012年版，第605页。

提纲，对其中的特殊风险应当详细交代、解释、答疑，甚至圈画相关概念；（3）谈话过程应当有一定的时间长度，并在病程记录或者“知情同意书”中记载。[①] 知情同意书在描述有关医疗风险时，不能仅停留在概念层面，还要对相关的医疗风险作必要的解释。在与患者或其亲属谈话时，应当采取通俗易懂的方式，甚至用模型、画图演示的方式向患者说明，使患者理解医疗方案、替代医疗方案、医疗风险及风险出现时采取的应对措施。

四、医疗风险告知的书面形式——知情同意书

《中华人民共和国民法典》第1219条规定，需要实施手术、特殊检查、特殊治疗的，医务人员应当及时向患者具体说明医疗风险、替代医疗方案等情况，并取得其明确同意。

首先，依据《医疗机构管理条例实施细则》第88条的规定，特殊检查、特殊治疗是指具有下列情形之一的诊断、治疗活动：（一）有一定危险性，可能产生不良后果的检查与治疗；（二）由于患者体质特殊或者病性危笃，可能对患者产生不良后果和危险的检查与治疗；（三）临床试验性检查和治疗；（四）收费可能对患者造成较大经济负担的检查和治疗。

其次，“及时”应理解为采取相应的具有风险的医疗措施之前、该措施实施过程中因客观情况临时改变措施之前。

最后，“书面同意”规定了医务人员履行医疗风险说明告知义务的形式——知情同意书。而非手术、特殊检查、特殊治疗中实施医疗措施的，医疗风险告知可以采取书面形式，也可以进行口头告知或“公示告知”，[②] 甚至不进行告知。

（一）知情同意书的性质

1. 病历资料

国家卫健委发布的《病历书写基本规范》明确将各种知情同意书与病程记录、病危（重）通知书、医嘱等列为住院病历内容。制作知情同意书、告知书是医方在开展医疗活动过程中的法定义务。

---

① 刘鑫、陈伟、张宝珠：《民法典时代医疗活动服务指南》，国家行政管理出版社2021年版，第232页。

② 孙东东：《医疗告知手册》，中国法制出版社2007年版，第9页。

2. 书面证据

书面证据即书证，是指以其内容来证明待证事实的有关情况的文字材料。病历资料是书证的一种，知情同意书正是以其内容及相关当事人签字，达到证明医务人员已经善尽说明告知医疗风险的义务，未侵犯患者知情同意权的目的。

患者一方主张医务人员未能善尽医疗风险等说明告知义务而侵害其知情同意权时，相当于主张一种消极事实。而根据《中华人民共和国民事诉讼法》的一般原理，一个基本的证明规则是“主张积极事实的人应承担证明责任，主张消极事实的人则不承担证明责任”。也就是说，当事人在诉讼中主张消极事实而客观上无法证明的，其举证责任转移到他方当事人。因为消极事实为“无”而非“有”，在理论上不能提出“无”之证据，故而主张“无”之当事人无须举证；若他方当事人以“有”为抗辩者，则应视为积极事实之主张，而使之负举证责任，这在某种意义上可以被称为“举证责任之移转”。[①] 知情同意书属于患者的医疗记录文件，反映了医方在患者就医过程中保障患者知情同意权的法律文件。知情同意书载明了相关告知事项，并有患者的亲笔签字，即证明医方实施相关医疗行为已经征得了患者的同意，尽到了告知说明义务，保障了患者的知情同意权。[②] 由此可见，知情同意书作为书证在医疗纠纷的防范与处置中的重要作用。因此，医务人员应当重视与患者的谈话及知情同意书的签署。

（二）临床工作中知情同意书的类型

《病历书写基本规范》详细规定了临床工作中知情同意书的类型、内容、签名方法。

1. 手术同意书

手术同意书是指手术前，经治医师向患者告知拟施手术的相关情况，并由患者签署是否同意手术的医学文书。手术同意书的内容包括术前诊断、手术名称、

---

① 刘鑫、孙东东、陈特：《医疗损害赔偿诉讼实务》，中国法制出版社 2012 年版，第 143 页。

② 《最高人民法院关于审理医疗损害责任纠纷案件适用法律若干问题的解释》第 5 条第 2 款规定，医疗机构提交患者或者患者近亲属书面同意证据的，人民法院可以认定医疗机构尽到说明义务，但患者有相反证据足以反驳的除外。《北京市高级人民法院关于审理医疗损害赔偿纠纷案件若干问题的指导意见（试行）》第 8 条第 2 款规定，医疗机构是否履行了向患者一方说明病情、医疗措施、医疗风险、替代医疗方案等情况的义务，由医疗机构承担举证责任。人民法院应当根据病历记载、知情同意书等证据进行综合认定。

术中或术后可能出现的并发症、手术风险、患者签署意见并签名、经治医师和术者签名等。

2. 麻醉同意书

麻醉同意书是指麻醉前，麻醉医师向患者告知拟施麻醉的相关情况，并由患者签署是否同意麻醉意见的医学文书。麻醉同意书的内容包括患者姓名、性别、年龄、病案号、科别、术前诊断、拟行手术方式、拟行麻醉方式，患者基础疾病及可能对麻醉产生影响的特殊情况，麻醉中拟行的有创操作和监测，麻醉风险、可能发生的并发症及意外情况，患者签署意见并签名、麻醉医师签名并填写日期。

3. 输血治疗知情同意书

输血治疗知情同意书是指输血前，经治医师向患者告知输血的相关情况，并由患者签署是否同意输血的医学文书。输血治疗知情同意书的内容包括患者姓名、性别、年龄、科别、病案号、诊断、输血指征、拟输血成分、输血前有关检查结果、输血风险及可能产生的不良后果，患者签署意见并签名、医师签名并填写日期。

4. 特殊检查、特殊治疗同意书

特殊检查、特殊治疗同意书是指在实施特殊检查、特殊治疗前，经治医师向患者告知特殊检查、特殊治疗的相关情况，并由患者签署是否同意检查、治疗的医学文书。该同意书的内容包括特殊检查、特殊治疗项目名称、目的、可能出现的并发症及风险、患者签名、医师签名等。

无论是何种类型的知情同意书，都在其内容中逐条列出了采取某种诊疗行为时一般可能引发的医疗风险，并逐渐形成格式化的制式书面文件。有的医疗风险是可以提前预见并采取相应防范、补救措施的，但是也有的医疗风险因受到目前医学发展水平的局限或是因患者个人体质的不同、医疗技术手段及医生个人技术水平等众多因素，而不具有可预见性及防范性，格式化的内容也就不可能将其涵盖。

对于可预见的医疗风险，医务人员务必向患者详细说明告知并以书面形式列举清楚，格式化的知情书未能将其涵盖时要手写添加进去，并由患者签字确认医务人员说明告知已经达到效果。对于不可预见的医疗风险，即使未能进行说明告知，事后出现损害结果也可以依据《中华人民共和国民法典》第 1224 条之规定免除医疗机构责任。

但是目前的实践工作中常遇到尴尬情况：患者及家属否认医生曾向其详细解释过各种医疗风险，虽然已在当时的知情同意书上签字，但完全是基于紧张、害怕及无可奈何的心态，或者医生仅仅说了99%会成功，并没有交代1%会失败从而导致自己过于自信、错误决策。更有甚者，曾有患者家属提出，术前签署的手术知情同意书只是表明患者手术过程中会出现的各种风险，但是一旦患者接受手术安全返回病房之后再出现危险，就不是手术知情同意书所能解决的问题了。这种情况很大程度上是因为患者对于医疗风险的普遍误解以及目前风险分散机制的落后。遇到这种情形，医务人员能做的就是恪尽职守，认真做好每一项临床工作，保留好每一份书面文件。同时国家应当着力建立一套医疗风险保障机制或者设立医疗风险基金等，当医疗过程中因医疗风险而发生损害时，不应让患者独自承担损害，更不应让医疗机构及其医务人员来承担后果，宜将损失分散，由保险或基金来给受伤害的患者以尽可能的弥补。随着我国公民素质与整体文化水平的不断提高，相信因医疗风险而生的医疗纠纷与医患矛盾能够更及时地得到化解，最终实现医患和谐。

五、医疗风险告知对象的确定

医疗风险告知的对象即患者知情同意权的主体。对于知情同意权主体的判断与具体适用情形，法律法规规章的相关规定略显繁乱，有很多学者进行分析、归纳时各有不同的表述，但法理、原则是不会变的。本书力求以最简练明了的语言对这一问题进行阐述，以便帮助医务人员快速掌握，做好医疗风险告知工作，更好地防范医疗纠纷。

《中华人民共和国民法典》第1045条对亲属、近亲属和家庭成员作出了明确规定，即在不能告知患者本人的情况下，应当依据《中华人民共和国民法典》第1045条的规定确定告知对象及顺位。根据相关法律法规，一般情形下，知情同意权的行使主体的顺位为：（1）患者本人；（2）患者的授权委托人及其意定代理人；（3）患者的法定代理人（监护人）；（4）患者近亲属；（5）医院负责人或被授权的负责人。（1）、（2）的情形适用于患者本人为心智成熟的完全民事行为能力人。（3）的情形适用于患者为无、限制民事行为能力人，法定代理人也就是监护人，而关于监护人的确定、顺位等有明确的法律规定，直接适用即可。可以理解为：患者为无、限制民事行为能力人时，近亲属优先转化为监护人，按照监护人的规定进行考虑。当排除了（1）、（2）、（3）所定情形时，应适用（4）的规定。所以当患者属于因病暂时失去神志的完全民事行为能力人时，应由其近亲属或关系人行使知情同意权。同时，需要采取保护性医疗措施的，也应当向近亲属说明并取得书面同意。（5）的情形牵涉医疗机构与医务人员的强制医疗权、紧急处置权的问题，《中华人民共和国民法典》第1220条有明确规定。

临床工作中碰到的实际情况多种多样，而且在解决实际问题的过程中往往也需要结合我国的传统观念及国情，因此必须从实际出发灵活处理问题。有学者提出一定情况下的“双签字”方法就是很有参考价值的一种处理手段。比如甲某，20周岁，独生子女，北京朝阳区人，正在海淀区上大学，患有需要择期手术治疗的疾病。这种情况下，甲某为完全民事行为能力人，依其自身心智水平，自己完全可以就该问题作出决定并签署手术知情同意书。但是考虑到我国的传统观念及甲某为家中独子、父母近亲属都在当地的情况，故我们提倡应当将患者病情告知其父母或近亲属，采取更为稳妥的患者本人及其父母或近亲属“双签字”方式。当然，如果甲某所患隐秘或有伤风化的疾病，医务人员应当权衡患者隐私权与生命健康权，如果所患疾病不会对患者生命健康构成重大威胁的话，应当无条件满足患者要求。以上做法是针对我国当前的特殊国情而提出的权宜之计，随着医患关系的逐步改善，相信这种情况会得到改善。

六、特殊情形下的医疗风险告知

（一）依据一般生活经验无须告知

一般医疗过程中惯常实施的不具有严重损伤后果的医疗行为，如常规注射、用药等，不需向患者详尽说明，可以运用口头告知的方式。如果要求医务人员对一切医疗行为均详细、书面告知，那么将增加医务人员的工作量，占用本已紧张的医疗资源，是不经济、不合理的。根据《中华人民共和国民法典》第1219条之规定，只有在实施手术、特殊检查、特殊治疗时，医务人员才需要以书面的形式将医疗风险等向患方进行说明告知，在一般的诊疗活动中并未要求。法院在认定相应的事实过程中，不会要求医疗机构对所有的说明告知行为均提交书面证据。但是考虑到目前医患关系的紧张状况与保全证据的需要，还是应当适当限制口头告知的适用范围或者严格规定口头告知的行为标准，有时也需要医务人员借助自身的经验来相机行事。

(二) 急危重症患者的告知

《中华人民共和国民法典》第1220条规定，因抢救生命垂危的患者等紧急情况，不能取得患者或者其近亲属意见的，经医疗机构负责人或者授权的负责人批准，可以立即实施相应的医疗措施。

这种情况下医疗风险依然存在，患者的知情同意权亦未消失。该法律规定的医务人员免除医疗风险的告知义务，旨在通过医疗机构的负责人或者授权的负责人批准的形式，保护因急危重症而无法表达意思的患者的权利。医师从专业技术上进行判断后，将拟采取的医疗措施等有关情况上报管理层，从决策者的角度来作决定。医疗机构院长、主管医疗工作的院长、医务处（科）负责人、总值班等都是符合条件的“医疗机构负责人或者授权的负责人”。

应注意的是，根据权威解读，本条中的“不能”是指患者不能表达意志，也无近亲属陪伴，又联系不到近亲属的情况，不包括患者或者其近亲属明确表示拒绝采取医疗措施的情况。① 因而像一度引起轩然大波的“李丽云案”，并不能依据本条进行处理。

(三) 保护性医疗措施的告知

《中华人民共和国民法典》第1219条规定，不宜向患者说明的，应当向患者的近亲属说明，并取得其书面同意。

本条适用于患者本人心理承受能力较差，了解自身病情会使其承受巨大心理压力，不利于疾病的治疗与康复，甚至使其采取极端行为的情形。法律之所以规定医务人员应向患者近亲属履行说明告知义务，是因为患者近亲属是在伦理血缘关系上、法律上与患者关系最为亲密的人，能够从患者切身利益出发，最大限度上保证患者权利的实现。同时，该规定也有利于医方、患方密切合作，保证医疗行为的顺利开展。

(四) 门诊工作中的医疗风险告知

门诊常进行一些简单的输液、换药、开药等医疗行为，多依据一般生活经

---

① 王胜明：《中华人民共和国民法典解读》，中国法制出版社2010年版，第278页。

验无须告知医疗风险。但是由于目前医患关系紧张、门诊就诊人员多、医护人员数量有限，医护人员需要在短时间内充分调动自身的知识储备来应对各种类型的患者，医患之间缺乏充分的沟通时间，医护人员履行风险说明告知义务时能省则省，多采取口头形式告知，甚至不告知、忘记告知，导致相关纠纷迅速增多，而且医方往往因缺乏足够的证据而处于不利境地。这就要求医务人员在门诊行医时也要树立医疗风险告知意识，并注意将关键性的告知，如“不适随诊”“已嘱患者……”“×日来院复查”，以书面形式清楚记录在门诊病历本上，这是医疗纠纷预防的重要手段。同时医疗机构的管理部门可以适当制作一些门诊通用的知情同意书，在一定程度上也可以起到减轻医务人员工作压力的作用。

针对门诊工作过程中经常遇到患者不配合诊疗的情况，我们建议采取的应对策略为：对于就医期间病情较重，需要留院观察、住院治疗，但是出于个人原因拒绝的患者，接诊医务人员原则上应当对其进行劝说，患者坚决不遵医嘱的，则应当尊重患者个人的意见，但是必须将不就医的风险交代并记录清楚，同时写明患者已很清楚地了解该风险，自愿作出选择，并由患者签字。接诊医务人员应避免在未保存任何书面证据材料的情况下轻易放走患者，否则很可能在出现问题后被认定为不负责任、严重疏忽误诊。

（五）胎盘处理的告知

对于胎盘所有权，原卫生部 2005 年 3 月 31 日发布的《关于产妇分娩后胎盘处理问题的批复》规定，产妇分娩后胎盘应当归产妇所有。产妇放弃或者捐献胎盘的，可以由医疗机构进行处置。任何单位和个人不得买卖胎盘。如果胎盘可能造成传染病传播的，医疗机构应当及时告知产妇，按照《中华人民共和国传染病防治法》《医疗废物管理条例》的有关规定进行消毒处理，并按照医疗废物进行处置。在产妇分娩前建议医务人员一定向产妇及近亲属说明告知相关政策并要求填写《胎盘处理意见书》等相关书面文件，以免事后引发纠纷。

另外，医务人员在外科手术方案及风险告知时，应当就手术切下的较大组织器官的处理情况向患者进行告知，手术产生的组织碎屑、有感染风险的组织器官统一由医疗机构按照医疗废物予以处理；从没有传染性疾病的患者身上切下的较大组织器官，原则上应当尊重患者的处分权。

【案例 2-03】

侵害患者知情同意权但不承担侵权责任的案件①

患者于 1996 年 10 月 3 日因右上腹不适 3 月余入住被告某医院内科治疗，入院诊断为：胃炎、右上腹不适待查，在被告某医院的安排下，于 10 月 7 日、16 日在被告某大学附院行两次纤维内镜检查并活检，10 月 18 日被告某医院为其行左开胸贲门癌切除食管胃肠吻合术，痊愈出院。患者为了让单位重新安排工作，于 2011 年 2 月 17 日前往被告某医院复印病历材料，方知 1996 年 10 月 7 日、10 月 16 日两次纤维内镜检查结果及术后病理结果不一致，系肠上皮化生，而非贲门癌。意识到自己的权利被侵害后，患者将两被告医院起诉至法院。

司法鉴定认为，根据病历资料记载，被告某医院嘱李某甲到某大学附院行胃镜检查，并在第一次胃镜检查结果显示贲门癌情况下，予以腹部 CT、上消化道造影以及二次行胃镜检查符合诊疗需要。虽然 1996 年 10 月 16 日再次胃镜检查结果为贲门糜烂，但两次检查取材部位不同，不具有同一部位重复检查特点，因此，临床上更倾向于作为胃癌疾病处理，予以行贲门癌切除食管胃吻合术，以达到早期诊断和治疗，减少癌症发展、转移所带来的不可根治性不良后果等的目的，符合患者病情诊断和治疗需要。法院认为，在两次行胃镜检查的病理结果不同且第二次检查结果建议定期复查的情况下，在病历资料中未见被告某医院对上述内容告知的书面记载，但结合本案原告李某甲之妹李某珍（系医生，当时在某大学附院进修，较一般人具有更准确的医学认知和病情判断）于第二次胃镜检查结果出来后次日签署了“同意手术”的意见。由于当时存在保护性告知的情形，根据当时有效的《医疗机构管理条例实施细则》的规定，本院认定被告某医院已将有关情况通知家属，因此，对原告关于侵犯其术前知情同意权的主张不予支持。但是术后病理检查结果属癌前病变的范畴，被告某医院却未将“一点癌及癌前病变的特点及出院后应注意的问题等”情况告知原告，被告某医院存在术后告知方面的不足。该不足对原告李某甲正确了解自身病情特点以及本次医疗纠纷的发生具

① 参见太原市迎泽区人民法院（2011）迎民初字第 1501 号民事判决书，山西省太原市中级人民法院（2014）并民终字第 1501 号二审民事判决书。

有不利影响，但本院认为，该不足与原告所主张的损害后果之间不具有必然的因果关系。因此，对原告主张被告某医院侵犯其知情同意权而担责的诉讼请求，本院不予支持。

第五节　规范病历的书写与管理

《病历书写基本规范》规定，病历是指医务人员在医疗活动过程中形成的文字、符号、图表、影像、切片等资料的总和，包括门（急）诊病历和住院病历。病历书写是指医务人员通过问诊、查体、辅助检查、诊断、治疗、护理等医疗活动获得有关资料，并进行归纳、分析、整理形成医疗活动记录的行为。病历具有双重属性，不仅是对医疗行为的详细记录，具有极高的医学价值，而且是医疗损害赔偿诉讼、医学鉴定的重要证据资料与依据。其具有极强的专业性且由医疗机构单方制作并负责保存，发生医疗争议后，患方常对病历的真实性、有效性提出质疑，因而病历往往成为医患双方争议的焦点。《中华人民共和国民法典》、相关部门颁布的规范性文件以及各地的司法审判指导文件均针对病历作了大量的规定。其中，《医疗纠纷预防和处理条例》直接规定病历的条文多达 14 条，涉及病历书写保管、医疗风险防控、复制封存、医疗质量管理、行政及刑事责任等多方面，病历的重要性可见一斑。

一、病历是医疗纠纷重要的防控点之一

（一）病历资料是重要的医学资料

医学产生之始，医生并不需要书写病历。但随着医疗同行之间的交流逐渐增多，彼此间会就行医过程中遇到的病人、疾病进行记录、对比、讨论。但此时病历资料更多的还是针对患者体征的简单记录，而且是医生一方出于总结归纳自身行医经验、提高技术水平的目的而记录，只对医生一方开放，患者也不会要求查阅。随着人类对疾病认识的逐步提高与深入，以及医疗技术手段的进步，病历资料的内容也逐渐丰富、详细，各种疾病间的鉴别诊断、会诊意见、疑难病历讨论以及 X 光片、血常规检查报告、病理报告等各种辅助检查资料，都被纳入病历资

料的范畴。同时随着医学模式的逐渐转换，患者也不再是完全被动、服从的角色，病历资料也随之成为医患双方共同的需要。患者要考虑医生是不是在采取诊疗措施时出错了，而医生也逐渐认识到了病历资料的证据作用。病历资料由此发展成为医患双方共同认可的医疗信息载体，记载的各个医疗环节与技术细节，帮助医患双方、司法人员及其他医学专家再现医疗过程。病历的医学价值和法律价值决定了病历是医疗质量和医疗安全的载体，也是防范和解决医疗纠纷的关键。

（二）病历资料具有重要的证据功能

医疗是一个动态发展的过程，具有不可复制性。当出现损害结果时，无论当事人还是法官，都只能一步一步进行推演，将医疗行为过程从开始到结束的每个环节进行分析、委托鉴定，而推演、分析及鉴定的最重要依据无疑是对整个医疗行为过程进行记录的病历资料。因此，病历资料被赋予了重要的证据功能，且常常直接决定争诉的成败。但是，由于医疗行为的闭锁性、不透明以及对患者隐私保护的需要，病历资料由医务人员一方制作，且被严格保存在医疗机构的病案管理机构中。从证据角度讲，医疗机构一方对于证据的掌握和控制是强势的，因此为了平衡医患双方在举证责任能力上的悬殊，法律赋予了患者合理限度内查阅和复制病历资料的权利。同时法律亦规定了医疗机构在特定情形下的过错推定责任。在导致医疗机构败诉的几种情况中，病历丢失、病历被证明为伪造及病历内容有缺陷，是患方在医疗纠纷诉讼中获得胜诉最稳妥的办法，其可操作性及胜率远远高于医疗机构因医疗行为本身有问题而承担赔偿责任的情况。

病历单纯为医院医、教、研服务的时代已经结束，而在处理医疗纠纷时的原始证据作用日益凸显。因此对病历质量的要求不仅是满足医院内部监督管理的需要，更需满足广大患者需要，受社会以及法律的约束。医务人员必须要重新审视病历的功能、作用和社会价值，树立法律观念，从法律的高度将其作为证据来对待。

（三）病历资料涉及患者隐私的保护

随着社会经济水平的提高以及公民权利意识的高涨，公民愈加体会到隐私保护对于个人生活安宁的重要性，《中华人民共和国民法典》更是首次将“隐私”明确定义为“隐私权”。作为重要的人格权利之一，隐私权不容许任何侵犯。医疗建立在医患之间相互信任与配合的基础之上，这首先体现在患者基于信任向医生倾诉自身的主观感受，并坦诚地介绍一系列涉及个人、家庭、社会活动关系等内容的丰富信息，希望能够对医生的治疗有所帮助，而医生在采取一定的医疗行为前，也需要患者尽可能多地提供有用信息，并在病历中做好记录。在这一沟通过程中，医生掌握了关于患者的大量个人信息，医患之间也因此形成了一个关于隐私权的敏感区域。有一些信息是患者不愿让外人了解的，对于这些属于隐私范畴的内容，除涉及社会公共利益或严重危及个人、他人权益的情况外，医生有义务为患者保守秘密，即医生应当尊重并保护患者隐私权，医疗机构也应当妥善保管患者的病历资料，对于病历资料的借阅与复印，均应按照相应规定办理。

按照《中华人民共和国民法典》第1226条之规定，医疗机构及其医务人员泄露患者隐私或未经患者同意公开其病历资料，造成患者损害的，应承担侵权责任。泄露或者非法提供患者个人信息还会涉及侵害公民个人信息犯罪。① 隐私和个人信息的界限很难划分，尤其在患者就医过程中涉及的个人信息。《中华人民共和国个人信息保护法》第28条规定，敏感个人信息是一旦泄露或者非法使用，容易导致自然人的人格尊严受到侵害或者人身、财产安全受到危害的个人信息，包括生物识别、宗教信仰、特定身份、医疗健康、金融账户、行踪轨迹等信息，以及不满十四周岁未成年人的个人信息。患者的很多个人信息都属于敏感个人信息，医务人员应当特别注意。

总之，病历单纯为医院医、教、研服务的时代已经结束，医疗机构及医务人员必须重新审视病历的功能、作用和社会价值，树立法律观念，从法律的高度来看待病历的证据属性，并做好接受社会监督的准备。

二、病历资料概述

《中华人民共和国民法典》第1225条规定，医疗机构及其医务人员应当按照规定填写并妥善保管住院志、医嘱单、检验报告、手术及麻醉记录、病理资料、护理记录、医疗费用等病历资料。患者要求查阅、复制前款规定的病历资料的，

① 《刑法修正案（九）》（2015年）第17条规定，将刑法第二百五十三条之一修改为："违反国家有关规定，向他人出售或者提供公民个人信息，情节严重的，处三年以下有期徒刑或者拘役，并处或者单处罚金；情节特别严重的，处三年以上七年以下有期徒刑，并处罚金。违反国家有关规定，将在履行职责或者提供服务过程中获得的公民个人信息，出售或者提供给他人的，依照前款的规定从重处罚。窃取或者以其他方法非法获取公民个人信息的，依照第一款的规定处罚。单位犯前三款罪的，对单位判处罚金，并对其直接负责的主管人员和其他直接责任人员，依照各该款的规定处罚。"

医疗机构应当提供。同时，《医疗事故处理条例》《医疗机构病历管理规定》也都明确规定了患方复制及封存病历资料的权利。

在医患关系办公室的日常工作中，工作人员经常遇到患者复印、封存病历的要求。但在《医疗纠纷预防和处理条例》实施之前，我国历来存在主、客观病历资料之分，即主观病历资料只能在医患双方共同在场的情况下进行封存，而客观病历资料可以提供给患者进行复印，但又没有对此作出强制性规定，使得医患关系办公室工作人员的工作陷入困境。

值得注意的是，由于目前医患关系紧张，患者受到社会舆论等负面影响，对个人所接受的医疗行为普遍持怀疑态度，甚至出现诊疗过程中医患间本无任何争议，但出院当天患者提出封存全部病历资料的要求，使医护人员一头雾水，一定程度上伤害了医护人员的情感。

（一）病历资料的内容

病历分为门（急）诊病历与住院病历。《病历书写基本规范》第 11 条规定，门（急）诊病历内容包括门（急）诊病历首页［门（急）诊手册封面］、病历记录、化验单（检验报告）、医学影像检查资料等。该规范第 16 条规定，住院病历内容包括住院病案首页、入院记录、病程记录、手术同意书、麻醉同意书、输血治疗知情同意书、特殊检查（特殊治疗）同意书、病危（重）通知书、医嘱单、辅助检查报告单、体温单、医学影像检查资料、病理资料等。

《中华人民共和国民法典》第 1225 条并未将病历资料的全部内容一一列出，而是采用不穷尽列举的方式予以规定："医疗机构及其医务人员应当按照规定填写并妥善保管住院志、医嘱单、检验报告、手术及麻醉记录、病理资料、护理记录等病历资料……"最后的"等"涵盖了全部病历资料。

（二）主、客观病历资料之争

《医疗事故处理条例》及《医疗机构病历管理规定》的规定是原《侵权责任法》实施以前主、客观病历资料划分的主要依据。

《医疗事故处理条例》第 10 条规定，患者有权复印或者复制其门诊病历、住院志、体温单、医嘱单、化验单（检验报告）、医学影像检查资料、特殊检查同意书、手术同意书、手术及麻醉记录单、病理资料、护理记录以及国务院卫生行政部门规定的其他病历资料。该条例第 16 条规定，发生医疗事故争议时，死亡病例讨论记录、疑难病例讨论记录、上级医师查房记录、会诊意见、病程记录应当在医患双方在场的情况下封存和启封。封存的病历资料可以是复印件，由医疗机构保管。

《医疗机构病历管理规定》第15条规定，医疗机构可以为申请人复印或者复制的病历资料包括：门（急）诊病历和住院病历中的住院志（即入院记录）、体温单、医嘱单、化验单（检验报告）、医学影像检查资料、特殊检查（治疗）同意书、手术同意书、手术及麻醉记录单、病理报告、护理记录、出院记录。该规定第19条规定，发生医疗事故争议时，医疗机构负责医疗服务质量监控的部门或者专（兼）职人员应当在患者或者其代理人在场的情况下封存死亡病例讨论记录、疑难病例讨论记录、上级医师查房记录、会诊意见、病程记录等。

一般认为客观病历资料是指记录患者症状、生命体征、病史的病历资料；主观病历资料是指医疗机构的医务人员对病情观察，对病史的了解和掌握进行的综合分析所作的记录，[①] 一般包括死亡病例讨论记录、疑难病例讨论记录、手术讨论记录、上级医师查房记录、会诊意见、病程记录等。主观病历资料主要体现了医务人员对患者病情的分析讨论，“仁者见仁，智者见智”，可能存在并不准确的判断，如果公开可能会引起不必要的纠纷。因而对于主观病历资料，应采取封存方法保存，只提供给其他医学专家、司法人员鉴定、诉讼。

（三）《中华人民共和国民法典》引导新趋势，《医疗纠纷预防和处理条例》一锤定音

《中华人民共和国民法典》第1225条规定，医疗机构及其医务人员应当按照规定填写并妥善保管住院志、医嘱单、检验报告、手术及麻醉记录、病理资料、护理记录等。患者要求查阅、复制前款规定的病历资料的，医疗机构应当提供。有学者提出，“前款规定的病历资料”如上文所述，是指全部病历资料，包括传统上所谓的客观部分与主观部分。按照这一思路，依据第1225条的规定，完全可以不再区分主、客观病历资料，患者有权查阅、复印全部病历资料，达到病历全部敞开的效果。但是《中华人民共和国民法典》及相关的司法解释都未能明确地表明该层意思，还需要最高人民法院出台相关的司法解释来进一步印证。面对当时规定尚不明朗的局面，我们还是提倡实践中按照既往的做法，继续区分

① 王胜明：《中华人民共和国民法典解读》，中国法制出版社2010年版，第304页。

病历资料的主观与客观部分，对于病历资料客观部分，可以依据患者要求进行复印并加盖医院复印管理的相关印章；对于病历资料主观部分，则由医患双方共同封存、启封。这种情形直到 2018 年 10 月 1 日《医疗纠纷预防和处理条例》正式施行才发生了质的改变。

《医疗纠纷预防和处理条例》第 16 条对病历的复制、封存范围作出了明确的规定：患者有权查阅、复制其门诊病历、住院志、体温单、医嘱单、化验单（检验报告）、医学影像检查资料、特殊检查同意书、手术同意书、手术及麻醉记录、病理资料、护理记录、医疗费用以及国务院卫生主管部门规定的其他属于病历的全部资料。自此，长久以来的主客观病历资料之争结束，病历区分的科学观点最终得到了法的认可与支持，这与医疗纠纷调处工作长期实践所总结出的经验密切相关。

（四）查阅、复制病历资料的权利主体的确定

如上文所述，病历资料与患者隐私权紧密相关，未经患者同意公开其病历资料，造成患者损害的，应当承担侵权责任。医患关系办公室及病案室工作人员在病历查阅、复制方面更应谨慎审查申请人的相关资格，避免因侵犯隐私权而发生纠纷。根据《医疗机构病历管理规定》的相关要求，医疗机构应当指定部门或者专（兼）职人员负责受理复制病历资料的申请。受理申请时，应当要求申请人提供有关证明材料，并对申请材料的形式进行审核。

（1）申请人为患者本人的，应当提供其有效身份证明。

（2）申请人为患者代理人的，应当提供患者及其代理人的有效身份证明，以及代理人与患者代理关系的法定证明材料和授权委托书。

（3）申请人为死亡患者法定继承人的，应当提供患者死亡证明、死亡患者法定继承人的有效身份证明、死亡患者与法定继承人关系的法定证明材料。

（4）申请人为死亡患者法定代理人的，应当提供患者死亡证明、死亡患者法定代理人及其代理人的有效身份证明，死亡患者与法定代理人关系的法定证明材料，代理人与法定代理人代理关系的法定证明材料及授权委托书。

（5）公安、司法、人力资源和社会保障、保险以及负责医疗事故技术鉴定的部门，因办理案件、依法实施专业技术鉴定、医疗保险审核或仲裁、商业保险审核等需要，提出审核、查阅或者复制病历资料要求的，应提供：该行政机关、司法机关、保险或者负责医疗事故技术鉴定部门出具的调取病历的法定证明；经办

人本人有效身份证明；经办人本人有效工作证明（需与该行政机关、司法机关、保险或者负责医疗事故技术鉴定部门一致）。保险机构因商业保险审核等需要，提出审核、查阅或者复制病历资料要求的，还应当提供保险合同复印件、患者本人或者其代理人同意的法定证明材料；患者死亡的，应当提供保险合同复印件、死亡患者法定继承人或者其代理人同意的法定证明材料。合同或者法律另有规定的除外。

（五）封存病历的目的及相关规定

1. 封存病历的目的

病历是对医务人员临床思辨过程的详细记录，第一属性是医学资料，但其书面证据功能随着医患关系日益紧张而备受重视，特别是在病历目前成为医学鉴定的重要甚至唯一依据的情况下，病历的证据功能被提升到了前所未有的高度。医务人员为规避纠纷，在病历书写过程中慎之又慎，虽避讳作无中生有式的编写，但在措辞、签字等方面确实需下一番心思，这也是当前医患关系紧张的情况下不得已而为之的事情。患者更是将病历视为最重要的证据材料，虽无权干涉医务人员书写，但一旦认为出现问题便第一时间提出封存的要求，争取将医务人员修改病历的概率降到最低。患者提出封存病历，无非是想达到固定证据，防止医务人员对病历进行恶意修改的目的，即诉讼法上的“证据保全”。

医患关系办公室在接到患者投诉后，往往需要结合投诉材料查阅病历；当事医师也需要通过查阅病历来细致回忆整个医疗过程，这都需要院方能够掌握一本清晰、完整的病历，当然病历原件是最佳选择。所以医患关系办公室工作人员在接到患者要求封存病历原件的诉求时，可耐心解释封存目的、引导患者同意封存与原件核对无误的病历复印件，以便院方能够更好地解答患者对诊疗的疑问。当然这种做法是有法规依据的，即《医疗机构病历管理规定》第 19 条规定的“封存的病历可以是复印件”。但是大部分患者处于激动的情绪中，很难接受作为对立面的院方提出的建议，往往因对此抱有很强的戒备心而坚持封存病历原件。

2. 封存病历前的准备、技巧

患者可以在医疗过程中的任何时候提出封存病历资料的要求，医疗机构及医务人员无权拒绝。但很多尚处于形成过程中的病历（运行中的病历），可能在内容、签字等方面尚未完善，病历的内容还会随着医疗行为的进行而不断增加，且上级医务人员有权对下级医务人员书写的病历进行正常的修改。比如，抢救记录按照相关规定应由有关医务人员在抢救结束后 6 小时内据实补记，但患者因抢救无效去世后的30分钟后，患者家属即提出封存病历；再如，病历首页中有若干内容在封存时尚未填写完整。这些情况会导致出现多个版本的病历，从而使得患者对病历真实性等证据效力提出质疑，因此有必要在封存时即向患者解释清楚相关法律法规的规定及问题出现的原因，并在封存登记表格或封存袋等处写清封存时间、详细封存内容，由医患双方在压缝处签字盖章。通过上述封存方式，医患双方可以最大限度地保证封存病历资料的证据效力，同时医疗机构也证明了病历中尚未完善的部分并不违反相关规定，从而避免不必要的争议。

当出现较大医疗争议时，医务人员完全可以主动向患者提出将相关病历、药物、医疗器械等进行封存，以保全证据，同时主动排除作为重要书证的病历上存在的丢失、抢夺、涂改等不稳定因素，更好地维护己方的合法权益。

3. 封存病历的时间期限

病历封存的期限原则上是3年，从病历封存之日起开始计算。《医疗纠纷预防和处理条例》第24条规定，病历资料封存后医疗纠纷已经解决，或者患者在病历资料封存满3年未再提出解决医疗纠纷要求的，医疗机构可以自行启封。这一方面缓解了医患关系办公室等医疗投诉管理部门在保存纠纷病历封存件方面的压力，解决了保存时间方面无法可循的问题；另一方面也起到了督促相关权利人及时行使权利，推动医疗纠纷案件尽早解决或者尽早进入调处程序的积极作用。但如果在病历封存之后，纠纷并没解决，且患方已经启动医疗纠纷解决程序，如要求卫生健康行政部门处理、医疗纠纷调解委员会调解、向法院提起诉讼，则不受该封存期限的限制。

【案例2-04】

医疗机构私自启封病历被判败诉案

患者陈某，男，2001年至2007年间，先后因急性心肌梗死、急性冠脉综合征等病症进行治疗。2007年4月9日，入住北京某医院进一步治疗，4月18日，该院为其行OPCABG术（不行体外循环冠脉搭桥术），术后第三天即4月21日，患者陈某病情恶化经抢救无效死亡。情绪激动的家属当场要求医院封存了病历资料。后死者妻子、父母、子女作为共同原告将北京某医院告上法庭，要求医院承担致患者陈某死亡的责任并赔偿死亡赔偿金等多项费用。本案经法庭质证，双方争论焦点集中于病历封存后医院是否曾擅自开启并进行涂改伪造。经过专业鉴定，法庭确认该病历封存档案袋上三处白色密封胶布系曾被揭起后重新粘贴。基于此，合议庭认为该医院提供的病历已不具真实性，无法据此查明医院医疗行为的过错以及医疗行为与损害结果间的因果关系，依据《中华人民共和国民事诉讼法》第64条第1款、《关于民事诉讼法证据的若干规定》第4条第8款关于举证责任的规定，医院应承担举证不能的后果（当时仍适用过错、因果关系双推定的举证责任倒置规则），故而最终判决医院败诉。

此案无疑给每个医院敲响了警钟。打官司拼的是证据，一切以证据说话。医疗纠纷案件中最重要、最关键的证据就是病历，它是医学鉴定的原始材料，是不可复制的医疗行为的全记录，在认定医院医疗行为是否具有过错及医疗行为与损害结果间是否具有因果关系方面，发挥着无法替代的作用。依据《中华人民共和国民法典》《北京市高级人民法院关于审理医疗损害赔偿纠纷案件若干问题的指导意见（试行）》等最新规定，医疗损害赔偿诉讼适用过错责任原则及特定情形下的过错推定原则。患者作为医疗损害赔偿诉讼中的原告，一般应当举证证明被告医院医疗行为具有过错，且其所受损害与该医疗行为间存在因果关系，目前司法实践中最好的证明方法是通过医学鉴定得出结论。而本案中医院存在私自启封已封存的病历的事实，患方以病历不具有真实性为由抗辩，争议双方对病历真实性存有异议，则鉴定难以进行，无法判断医疗行为与损害后果间的因果关系以及医疗行为是否存在过错，院方对此需承担不利后果。

另一种情形，如果原告此时提出被告医院私自启封病历并对病历进行了伪造、篡改，则法院会因被告医院存在私自启封病历的事实这一很强的表面证据，适用过错推定原则，直接推定被告方存在过错，被告医院无法证明自身不存在过错时仍要承担全部的责任，殊途同归。即使死者死于自身疾病、医疗过程中无过错，医院也百口莫辩。

三、医院病历管理制度

（一）转变病案管理观念

病案管理不是将已经完成的病历资料简单地储存在一个特定的空间，而是一项庞大、繁杂的系统性工作，病历资料的储存仅仅是这一系统工作中的重要环节之一。

病历从书写第一页起到病案归档，都处于病案管理的过程之中。医护工作人员在临床诊疗过程中需要严格按照《病历书写基本规范》等相关规定进行病历的书写与修改；患者治疗过程结束后，需要在规定的时间内完成病历资料书写工作并及时送交病案管理部门。病历资料在入病案库保存之前，病案管理人员需要对其进行排序、整理、装订，并且将病案首页的相关信息输入计算机系统，建立医疗信息数据库，方便医院管理者及时、便捷地掌握病种、工作量等各种信息。病历资料归档保存后，还需要建立起一套高效的病历借阅管理制度，对病历的借阅、复印情况进行详细记录。当病历资料保存到法定年限后，按照有关规定进行销毁等相应处理。目前正在推行的电子病历制度，对医疗机构病案管理工作提出了更新、更高的要求，医院管理者必须在病案管理上转变观念，重视病案管理工作。

首先，应加强对病历质量的把控监督，如成立专门的病历审查小组进行抽、检查和把关，同时辅以相应的奖惩、展示、专家点评制度与机制，并不断完善。其次，在病历保存管理方面，应当严格执行《医疗机构病历管理规定》等法律法规并建立、完善本院各项病案管理制度，重视病案室负责人的任命，积极引进病案管理人才，对病案管理人员及时进行培训。此外，医务人员是病历资料的第一制作人，认真、规范的书写是保证病历资料质量的关键与根本所在，因而加强病案管理，首要的是加强对医务人员规范化书写病历的培训，特别是注重对《病历书写基本规范》的学习与理解，同时提高医务人员的法律证据意识。

（二）病历规范化书写

病历资料是医疗机构为患者提供医疗服务的过程中，记载医务人员对患者所问、所悉、所为的专业性文件。书写病历、保管病历、保障患者病历知情权及保护患者个人信息和隐私，是医疗服务合同中医方在病历上的附随义务。“没有记录意味着无作为”，是美国医疗保险和医疗补助服务中心（CMS）与美国医学协会（AMA）共同制定的病历文件指南（Documentation Guidelines for Evaluation and Management Services 1997）中的第一句话，[①] 也是病历书写的黄金法则。[②]

① CMS，AMA. Documentation Guidelines for Evaluation and Management Services 1997. https：//www. cms. gov/Outreach-and-Education/Medicare-Learning-Network-MLN/MLNEdWebGuide/Downloads/97Docguidelines. pdf.

② Murphy B J. Principles of good medical record documentation. J Med Pract Manage，2001（3）：258—260.

2010年3月1日起《病历书写基本规范》开始施行，2002年颁布的《病历书写基本规范（试行）》随之废止。《病历书写基本规范》是指导病历规范化书写的最新、最权威的标尺，是医务人员书写病历的基本要求，也是医务人员书写病历必须遵循的准则。病历书写的规则和要求很多，除了国家卫健委制定的《病历书写基本规范》，各省、自治区、直辖市依据该规范还制定了当地的病历书写规定和病历质量控制标准，很多医疗机构也在此基础上制定了本医疗机构的病历书写要求。

这些病历书写的规范和要求非常庞杂，但是其中也存在一些共性的、基本的要求，即病历书写基本原则。《病历书写基本规范》第3条规定，病历书写应当客观、准确、及时、完整、规范。这是从内容、时间、格式上对病历书写提出的基本要求。其中，客观、准确、完整是病历内容方面的要求；规范是病历格式上的要求；及时是病历完成时间上的要求。医疗机构制作病历、医务人员书写病历的过程中都必须遵守此原则。

（三）计算机打印病历的规范要求

目前，很多医疗机构都为医生配备了计算机、打印机等设备，计算机打印病历应运而生。《病历书写基本规范》将其定义为应用字处理软件编辑生成并打印的病历（如Word文档、WPS文档等）。采取打印病历方式的医疗机构及其医务人员应当严格遵守的规定有：打印病历应当按照本规定的内容录入并及时打印，由相应医务人员手写签名。医疗机构打印病历应当统一纸张、字体、字号及排版格式。打印字迹应清楚易认，符合病历保存期限和复印的要求。打印病历编辑过程中应当按照权限要求进行修改，已完成录入打印并签名的病历不得修改。

实践中，医生通过文字编辑软件的复制、粘贴功能及各种文字输入软件的简拼、常用词组、智能纠错等功能，大大提高了病历书写效率，但也产生了一种新型的医疗纠纷隐患。

首先，应认清一个误区，即计算机打印病历绝不等于电子病历。电子病历的推行是一项庞大的系统工程，需要同时具备电子签名、时间戳多种技术手段，并严格依据《电子病历基本规范》的要求来实施。但是计算机打印病历仅仅是将手写病历的方式改为计算机打字录入，与传统的病历书写相比较而言，并没有实质性改变，反而增加了医疗纠纷发生隐患。如医生在使用文字输入软件输入拼音时，可能会为了一时方便快捷，直接采用简拼的方式，比如将xinneike（心内科）仅输入为xnk。再如，由于医生可以通过剪切、复制模板的方法对类似内容进行快速编辑，因而经常出现这样的情况：某男性患者出院复印病历时发现，其阑尾切除手术记录中竟然提到了卵巢子宫。上述类似错误可能会影响到病历的真实性，进而使医方承担不利的诉讼后果。我们并不反对有助于提高工作效率的技术手段的运用，但是严谨、认真的工作作风是医务人员不应忽略的。

其次，还存在病历签字与修改的问题。计算机打印病历并非真正的电子病历，仍然需要医生打印病历后手写签字。那么应该实时打印签字，还是等治疗结束、病历完成后统一打印出来再补签字呢？前者的签字在经济、技术上是否可行，后者的签字是否具有效力，都是有待进一步研究与探讨的问题。此外，进行修改时，是直接在计算机的文字编辑系统中进行修改，还是应当按照《病历书写基本规范》要求进行修改？前者存在如何保留修改痕迹的问题，后者则牵涉《病历书写基本规范》能否完全适用于这种计算机打印病历的问题。

不少医疗机构建立起的“伪电子病历系统”，正是将计算机打印病历当作了电子病历，“一厢情愿”地认为只要能够使用计算机编辑、保存，等到患者治疗结束后将完成的病历打印出来手签即可。之所以说是“一厢情愿”，是因为采取这种做法的医疗机构并未考虑过患者及其律师、司法机关、立法机关、鉴定机构是否也同样认可这种做法。依照现有的法律、法规，通过上述做法制作出的病历是不符合《病历书写基本规范》要求的，其因欠缺相应资质的医务人员亲笔签字而欠缺相应的法律效力；同时因修改痕迹无法保留，病历的真实性更受质疑；当前电子保存手段的安全性及数据可恢复性也都难以保障，病历随时可能丢失。

电子病历是病历书写与管理的高水平状态，即使计算机打印病历等病历模式与电子病历已经有99.9%的相似度，但只要与《电子病历基本规范》的要求存在0.01%的差别，就不是真正的电子病历，该种病历的效力就不能得到法律法规的认可，使用这种病历模式必然为医疗纠纷的发生与处置埋下巨大隐患。因此，如果医疗机构目前仍未满足推行电子病历的条件，那么就应当保持传统的病历书写与管理模式；如果要进入电子病历的高水平状态，则应当加大投入、加快建设。总之，绝不应停留在中间状态。

（四）防止病历丢失

一方面，目前医患关系紧张的局面加剧了患者对医务人员的不信任感；另一方面，病历具有极高的证据价值，但由医疗机构一方制作并保管、内容专业性极高，缺乏医学背景的人员很难理解，因而患者不惜采取悄悄复印、抢夺或偷取的方式达到所谓保存证据的目的。此外，医疗机构病案管理制度混乱，未能严格依照《医疗机构病历管理规定》的要求建立相应的制度措施；病区护士站、医生办公室等管理松懈；医务人员欠缺证据意识、随意存放导致遗失等情况都会造成病历丢失。

《中华人民共和国民法典》第1222条第3项规定，医疗机构及其医务人员销毁病历资料也将导致病历丢失的客观结果。由于这种行为的主观恶性较大，也是医疗机构及其医务人员有过失的一种很强的表面证据，因而举证责任倒置，直接推定医疗机构有过错，如古罗马法谚有云“举证责任之所在，败诉之所在”，这种情况下医疗机构很难为自己开脱。

病历记载了大量的医疗信息，病历丢失可能会引起侵犯患者隐私权的纠纷，更会导致医疗行为的过错、医疗行为与患者损害间的因果关系无法判明。除非医疗机构及其医务人员有足够的证据证明是患者的偷取等行为导致病历丢失，否则可能因此陷入原本不应该发生的纠纷之中，并在诉讼中承担不利诉讼后果。

为防止病历丢失，护士站的病历应该加强防盗措施，病房里的老病历应有专门的存放地点，病历借阅人应该受到限制，特殊病历应该专门保管，病历传送应该有专人负责等。

（五）病历的修改、篡改与伪造

1. 允许对病历进行正规修改

病历是医务人员在临床工作过程中，对患者的病情及所采取的医疗行为进行记录、总结与分析及对各种检查结果进行汇总所形成的医疗文献。医疗是一项延续性的活动，从患者入院到治疗结束的过程中，难免会发生医疗纠纷或其他争议，而医务人员制作病历的目的是出于医疗需要而非诉讼或规避责任，加之个人性格习惯、工作繁忙程度等因素的影响，病历制作过程中难免存在疏漏、错误之处。如果一本病历不存在任何修改之处，则很可能是医疗纠纷发生后人为完善、加工甚至重新书写的。所以《病历书写基本规范》确立医务人员修改病历权利，医务人员如果认为自己书写的病历内容有误，可以进行修改，此外，上级医务人员有审查修改下级医务人员书写的病历的责任，但是病历修改需要遵循一定的规则、方式与时机。

依据《病历书写基本规范》的规定，病历修改的规范做法是：病历书写过程中出现错字时，应当用双线画在错字上，保证原记录清楚、可辨，并注明修改时间、修改人签名。不得采用刮、粘、涂等方法掩盖或去除原来的字迹，否则涉嫌构成篡改、伪造病历，直接推定医疗机构存在过错。错别字或笔误是较为常见的需要修改的错误，但是必须采取正规的方式方法，如果修改的方式方法不对，很可能招致纠纷。

2. 把握病历修改时机

把握病历修改时机对于医疗纠纷的防范也很重要。这里所说的时机，一方面指修改的时间应为发现错误时立即进行修改；另一方面指修改的地点应为医生办公室、示教室等没有患者及家属，特别是没有已存在纠纷的患者及家属的地方。无论何时何地，都必须明确标明修改时间并保证被修改内容清晰可见。

3. 禁止对病历进行篡改与伪造

篡改：用作伪的手段对经典、理论、政策等进行改动或曲解。伪造：假造以欺瞒别人，也指无权限人假冒他人或虚构他人名义签章的行为。病历记录应是对患者所接受医疗行为的真实记载与反映，对于病历应包含的记录内容、完成时间、修改规则，《病历书写基本规范》均有严格规定。如果医务人员对已经形成的病历以违反修改规则的方式进行改动，掩盖原有记录，编造脱离客观事实的内容，或者以他人名义越权签字，即构成对病历的篡改与伪造。常见的篡改、伪造病历的情形包括对病历中关键内容的伪造、篡改，随意杜撰等。

篡改与伪造是十分严重的违规行为，其后果非常严重。《中华人民共和国民法典》第1222条规定：在伪造、篡改或者销毁病历资料的情形下，将对医疗机构实行过错推定。推定过错使医方面临巨大风险，本条中有关病历的内容所占比例达2/3，因而病历必将成为医疗纠纷中患方发起“攻击”的主要目标，成为医患矛盾的焦点。

【案例2-05】

医师在患者复印病历后擅自修改病历致败诉的案例

普外科甲医生为患者乙作胃癌切除手术，手术过程不顺利，术中出血800毫升。术后效果不佳，乙认为手术存在问题而产生纠纷，并申请进行医疗事故技术鉴定。经鉴定认为不属于医疗事故，但鉴定后乙发现医院提交的手术记录与其出院之时从医院复印出来的病历在手术过程和出血量等关键环节有重大差别。经调查证实是甲在鉴定前擅自更改了手术记录。因此，原鉴定因使用伪造的手术记录而无效，直接导致病历丧失法律证据的真实性，且原始手术记录已经销毁，无法重新鉴定，最终医院承担了完全责任，责任程度被数倍扩大。

4. 医疗机构篡改、伪造、隐匿、毁灭病历资料的法律责任

《医疗纠纷预防和处理条例》第45条规定：医疗机构篡改、伪造、隐匿、毁灭病历资料的，对直接负责的主管人员和其他直接责任人员，由县级以上人民政府卫生主管部门给予或者责令给予降低岗位等级或者撤职的处分，对有关医务人员责令暂停6个月以上1年以下执业活动；造成严重后果的，对直接负责的主管人员和其他直接责任人员给予或者责令给予开除的处分，对有关医务人员由原发证部门吊销执业证书；构成犯罪的，依法追究刑事责任。

第三章 “以患者为中心”的投诉管理机制

当前医患关系紧张，医患矛盾频发，医疗纠纷演变成暴力事件、社会事件的情形时有发生，给本就脆弱的医患关系增添阴霾，对医疗机构形成了严峻的挑战。作为医疗机构，在发生医疗投诉、医疗纠纷甚至是暴力事件时应当如何处理？建立什么样的投诉管理机制、什么样的医疗投诉处理队伍、怎样的投诉管理体系？如何将医疗投诉与医疗质量改进有机结合，形成组织健全、处理规范、便捷顺畅的投诉管理模式，从根本上提高医疗投诉管理水平和医疗质量？本章将针对这些问题分别进行论述。

第一节 “以患者为中心”的医院管理理念

一、“以患者为中心”理念的产生

医学的进步给人类健康带来了福音，但同时又把关注点从患者问题转移到疾病处理上，忽视了人类生活和工作环境的变化，对人的关注也明显减少。[①] 20世纪后半叶，医学科学技术高速发展，诊疗措施、诊疗方法得到了前所未有的发展，与医学实践有关的社会科学，尤其是伦理学、法学和管理科学的发展，使医学模式发生了重大的转变——生物医学模式向“社会—心理—医学”模式转

① Haslam D A. Who cares? The James Mackenzie Lecture 2006. Br J Gen Pract，2007，57（545）：987—993.

变。[①] 这就必然使医疗服务从“以疾病为中心”转为“以患者为中心”模式。“以患者为中心”（patient-centeredness）是“以人为本”“人文关怀”在医疗工作中的具体体现。[②]患者是医疗服务的对象及客户，其满意度是医疗服务的最高要求。“以患者为中心”是一条标准、一个期望，是所有医院中医疗服务的最高标准。所以构建协同医疗系统应以此为焦点，其中医疗服务应始终围绕患者治疗的全过程展开。

二、“以患者为中心”的理念的发展

“以患者为中心”的重要性越来越明显，其含义一直在讨论和发展中。建立“以患者为中心”医疗管理模式，核心目的是服务患者。这主要体现在两个方面：一方面是患者的主观因素，患者根据个人意愿，选择是否在首诊医院就诊，并最大化降低就诊的风险损失。另一方面是患者的客观因素，首诊医院为患者提供医疗服务的医务人员，围绕患者就医的需求，最大限度地解决患者的诉求，满足患者的就医需要，使患者获得良好的就医体验，就医期待与实际结果基本吻合。医务人员还要根据患者的病情作出诊断决策，判断患者是在此医院就诊，还是进一步观察或者转诊。[③]格蒂斯等确立的“以患者为中心”的护理包括：（1）尊重患者的价值观、偏好和表达的需求；（2）协调和整合护理；（3）信息、沟通和教育；（4）身体舒适；（5）情绪支持缓解恐惧和焦虑；（6）家人和朋友的参与。[④]

“以患者为中心”的服务模式强调，诊断与治疗时应该了解患者的生活条件与社会环境，以及疾病产生过程中患者的心理状态，并形成“以患者为中心”的治疗思维模式。其主要内涵与特点在于强调医患之间的相互沟通，然而沟通和理解只是手段，最终目的还在于保障人民健康，促进医学发展。

“疾病”是一种客观的、理论性的理念，是由医生根据身体组织结构或器官功

---

① Peter Warren. A brief history of medicine. CMAJ，2000，162（2）：257—258.

② 陈德凤：《论“以患者为中心”》，《中国卫生事业管理》2005年第12期。

③ Scholl I，Zill J M，Hrter M，Dirmaier J. An Integrative Model of Patient-Centeredness-A Systematic Review and Concept Analysis. PLoS ONE，2014，9（9）：e0107828. Published 2014 Sep 17. doi：10.1371/journal. pone. 0107828.

④ Gerteis，Margaret，Susan Edgman-Levitan，and Jennifer Daley. Through the Patient's Eye Understanding and Promoting Patient-centered Care. San Francisco，CA：Jossey-Bass，1993.

能的异常来解释生理或心理上的问题。患病则是人们主观地反映患者自身对身体不适的感觉与经验。因此，不同的患者可能患有与他人相同的疾病，但是每个人对疾病的感觉却不尽相同。一种有效的医疗服务模式需要重视疾病的诊断、治疗，还必须关注患者的发病与患病经历。“以患者为中心”的医疗服务模式同时关注疾病的诊断、生病或患病的过程与感受，进一步了解患者的思想与态度，如患者对自身所患疾病的看法及内心感受，尤其是对疾病的担心与恐惧感、疾病对机体与身心功能的影响、患者对医生治疗方案、措施与态度的期望等。如果医生能够注意到疾病所产生的这些问题，那么大部分患者对医疗服务过程与结果都会感到比较满意并且能遵从医嘱。此外，医生还需要进一步了解患者个人的生活习惯与社会环境等，包括了解个人的生命周期、生活背景及所处的社会环境及文化背景。对患者的全面了解，有助于促进医生与患者间相互沟通并达成共识，包括对疾病的认识、治疗手段和目标及医患双方在诊治过程中所扮演的角色和所起的作用等。①

三、“以患者为中心”的理念成为医疗服务的核心价值

“以患者为中心”是当今医学界的一个新流行语，但不能仅仅停留在口头上、宣传上、文件中，而是应当把它落到实处。它是一种以病人的体验和需求为中心的一般护理方法的隐喻，而不是医生或系统的需求。虽然这是一个有效的营销术语，也是一个有用的原则，但作为医疗实践的指导，它过于简单、抽象，需要在整体医疗基础设施和具体做法对医疗保健成本和效益产生影响的背景下考虑。②患者参与决策的医疗模式，是在“以患者为中心”的医学理念（Patient-Centered Medicine）、“以患者为中心”的医疗理念（Patient-Centered Care）之下诞生的新型医疗模式。长期以来一直存在有关父权主义医学模式的争论，“以患者为中心”的医学理念的提出则是对这种争议最有力的回击。作为一种实践形式，它寻求将医疗关注点集中在个别患者的需求上，而不是医生的需求上。作为一种修辞口号，它所处的位置与包括以医生为中心和在伦理、经济、组织与隐喻基础上受到怀疑的其他一切位置形成了鲜明对比。

---

① 王玉虎、田广利：《正确全面理解“以患者为中心”的理念》，《华北煤炭医学院学报》2008年第3期。

② Steven Novella. Patient Participation in Decision-Making. Pubilshed on May 29，2013，https：//sciencebasedmedicine. org/patient-participation-in-decision-making.，The latest visited date is May 4，2021.

"以病人为中心"的医学理念是一种隐喻。"以病人为中心"与"以医生为中心"是相对的，将"以医生为中心"的托勒密宇宙（Ptolemaic universe）替换为"以病人为中心"的哥白尼星系（Copernicus galaxy）的比喻，缺陷在于病人和医生必须在一种相互的、高度交织的治疗、社会和经济关系中共存。患者的健康依赖于患者和医生之间的合作，而其他人则充当感兴趣的第三方。因此，患者和医生必须平等相待，相互之间带来不同的知识、需求、关注和吸引力，但不能声称自己处于中心地位。这更像是一对双星轨道中的一个共同的重心，或是双螺旋结构的两条链包围对方，或是墨丘利的节杖上永远交织在一起的两条毒蛇。[①] 这也许是对医患关系最好的诠释，即医患双方呈现合作、信任、交融的关系。双方的对立、怀疑、私心，都会破坏这种关系，并且将彼此置于危险之中。

美国医疗质量委员会医学研究所（IOM）在 2001 年的报告《跨越质量鸿沟》中指出，"以病人为中心"被定义为高质量护理的六个关键特征之一，[②] 这一观点在医学研究所的系列出版物中被进一步强化。"以病人为中心"的维度包括尊重病人的价值、偏好和表达的需求，以及对病人的信息、沟通和教育的关注。[③] 在多项研究中，患者和临床医生之间持续而有效的沟通不仅与提高患者满意度和安全性有关，而且最终还会带来更好的健康结果和更低的成本。沟通的中断，或忽视病人的理解、背景和偏好，被认为是造成医疗保健差距和其他医疗保健利用率适得其反的因素。此外，医疗卫生保健的职业道德强调尊重和有效沟通的内在重要性，这是知情同意和信任关系的核心内容。[④]

---

① Charles L. Bardes. Defining "Patient-Centered Medicine". N Engl J Med，2012：782-783，doi：10. 1056/NEJMp1200070.

② 美国医疗质量委员会医学研究所在 2001 年发布的《跨越质量鸿沟》中概括高质量护理的六个关键特征，即安全、有效、以患者为中心、及时、高效和公平的护理。参见 Institute of Medicine（US）Committee on Quality of Health Care in America. Crossing the Quality Chasm：A New Health System for the 21st Century. Washington，DC：National Academies Press，2001：49—50.

③ Zill J M，Scholl I，Härter M，Dirmaier J. Which Dimensions of Patient-Centeredness Matter? -Results of a Web-Based Expert Delphi Survey. PLoS ONE，2015，10（11）：e0141978. doi：10. 1371/journal. pone. 0141978.

④ Lyn Paget，Paul Han，Susan Nedza，et al. Patient-Clinician Communication：Basic Principles and Expectations. The Published Date is June 15，2011，The latest visited date is Aug. 1，2021，https：//doi. org/10. 31478/201106a，https：//nam. edu/perspectives-2011-patient-clinician-communication-basic-principles-and-expectations/.

四、“以患者为中心”的医院管理模式

过去，医学模式是“以疾病为中心”的，而现代医疗服务模式强调“以患者为中心”，这是现代医学发展的必然要求，也是“生物心理社会医学”现代医学模式的要求，“以患者为中心”是“以人为本”在医疗工作中的具体体现，并且在此基础上提出并实行了许多新的管理方法。

在“以疾病为中心”的医疗服务模式中，医生完全从生理学的观点来解释疾病的变化，着重于疾病的诊断与治疗，而没有将患者视为完整的个体。恩格尔博士曾指出：“对于疾病，传统医疗服务模式只注意生物学方面的变化，而忽略其他方面，如社会、行为、精神与心理等的影响。”因此，传统的医疗服务模式只有通过变革，才能适应社会发展与人类医疗保健需求的变化趋势。① 巴林特博士等将“以患者为中心”的医疗服务模式与“以疾病为中心”的传统医疗服务模式相比较，提出“以患者为中心”的模式，强调诊断与治疗时应该了解患者的生活条件与社会环境，以及疾病产生过程中病人的心理状态，并形成“以患者为中心”的治疗思维方式。② 因此“以患者为中心”的医疗服务模式是对“以疾病为中心”的传统医疗服务模式的创新与变革，该模式的主要内涵与特点在于强调医患之间的相互沟通，然而沟通和理解只是手段而不是最终目的，最终目的还在于提高人民健康水平，促进医学发展。③

疾病是一种客观的、理论性的概念，是由医生根据身体组织结构的异常或器官功能的不正常，来解释生理或心理上的问题。患病则是人们主观的、反映患者自身对身体不适的感觉与经验。因此，不同的患者可能患有与他人相同的疾病，但是每个人对疾病过程的感觉不尽相同。一种有效的医疗服务模式，需要重视疾病的诊断、治疗，同时还必须关注患者的发病与患病经历。“以患者为中心”的医疗服务模式同时关注疾病的诊断与生病或患病的过程和感受，进一步了解患者的思想与态度，如对自身所患疾病的看法，患者的内心感受，尤其是对疾病的

---

① Engel G L. The Need for a New Medical Model：A Challenge for Biomedicine. Science，1977，196（4286）：129—136.

② Balint，Enid. The Doctor，the Patient，and the Group：Balint Revisited. New York：Routledge，1993.

③ 何权瀛：《全面正确理解和实行以病人为中心的思想》，《医学与哲学》2002 年第 23 期。

担心与恐惧感，疾病对机体与身心功能的影响，患者对医生治疗方案、措施与态度的期望等。如果医生能够注意到疾病所产生的这些问题，大部分患者对医疗服务过程与结果都会感到比较满意，并且能遵从医嘱。此外，医生还需要进一步了解患者个人的生活习惯与社会环境等，包括了解个人的生命周期及生活背景及他们所处的社会环境及文化背景。对患者的全面了解可促进医生与患者间相互沟通，达成共识，包括对疾病的认识、治疗手段和目标及医患双方在诊治过程中所扮演的角色和所起的作用等。①

"以患者为中心"的医疗服务模式同时关注疾病的诊断与患者生病或患病的过程及感受，进一步了解患者的思想与态度，如对自身患有疾病的看法；患者的内心感受，尤其是对疾病的担心与恐惧感；疾病对身心的影响；对医生治疗方案、措施与态度的期望等。此外，医务人员还需要进一步了解患者个人的生活习惯与社会环境等，包括了解个人的生命周期及生活背景，以及他们所处的社会环境及文化背景。对患者的全面了解可增进医生与患者之间的相互关系。

五、"以患者为中心"的实践要求

"以患者为中心"有很多同义语，包括患者是上帝、以人为本、以消费者为中心、人性化服务、个性化医疗等。其核心应该包括4层含义：（1）患者是医疗服务的焦点，以患者定义医疗服务的内容和过程；（2）患者的需求和权利得到充分的尊重和保障；（3）患者主导医学的发展，为患者提供满意的医疗服务是医学的目标；（4）为患者提供医疗服务过程中的价值。"以患者为中心"的医疗服务理念，应当贯穿患者就医的始终，医疗机构及医务人员应当在各医疗环节中予以体现。从医疗环节来看，门诊导医、挂号、候诊、缴费、检查、取药，到患者办理住院手续、入住病房、生活起居、查房会诊、手术、出院等，都要体现"以患者为中心"的服务理念。从医疗对象来看，对患者实施的诊疗过程要体现"以患者为中心"的理念，对患者的陪诊人员、陪护人员、探视人员也要体现"以患者为中心"的理念。医疗服务的核心环节要体现"以患者为中心"的理念，在其他次要的、辅助的环节同样要体现"以患者为中心"的理念，甚至医疗机构的扩展

① 王玉虎、田广利：《正确全面理解"以患者为中心"的理念》，《华北煤炭医学院学报》2008年第3期。

服务，如电话咨询、互联网服务、随访服务等，也要体现“以患者为中心”的理念。

“以患者为中心”的护理的定义一般有几个共同的因素，这些因素影响着卫生系统和设施的设计与管理方式，以及提供医疗护理的方式：(1) 医疗保健系统的使命、愿景、价值观、领导力和质量改进驱动因素，与“以患者为中心”的目标是一致的；(2) 关怀是协作的、协调的和可获得的，正确的护理是在正确的时间和地点提供的；(3) 护理的重点是身体舒适和情绪健康；(4) 病人和家庭的喜好、价值观、文化传统与社会经济条件得到尊重；(5) 患者及其家属是护理团队的重要组成部分，并在患者和系统级别的决策中发挥作用；(6) 鼓励和促进家庭成员在护理环境中生活；(7) 充分、及时地共享信息，使患者及其家属能够作出知情下的决定。① 在“以患者为中心”的医疗模式中，个人的特定健康需求与期望的健康结果是所有卫生保健决策和质量测量背后的驱动力。患者是医疗保健提供者的合作伙伴，而提供者不仅从临床角度治疗患者，而且从情感、心理、精神、社会和经济角度治疗患者。以患者和家庭为中心的护理鼓励患者、家庭和提供者之间积极协作和共同决策，以定制和管理一个全面的护理计划。

医疗决策是医疗服务的核心，患者在接受医疗机构提供的医疗服务的过程中涉及患者需要作什么检查，在医师作出诊断之后涉及医师对患者作什么治疗。当前医疗技术、诊治方法多种多样，相关的技术、方法、措施各有所长。没有最好的诊治方法，只有更适合患者的诊治方法。医疗服务最终要落实到决策上来。“以患者为中心”的医疗服务模式，体现在医疗服务过程中就是要遵循个性化、以患者为中心的方法来处理患者的情况，并在日常临床实践中促进医患共同决策。这就需满足以下关键要素：(1) 明确有哪些需要作出临床决策的情况；(2) 确认所有适用于该临床情况的不同决策选择；(3) 告知患者每种选择的获益与风险；(4) 接受患者表达的期望与顾虑；(5) 医患双方共同商讨每一种选择的利弊，沟通每一种选择下医患双方的具体冲突，并解决冲突，达成一致意见；(6) 双方共同作出决定并实施决策方案。在临床实践中，只有包含上述各个要素，才能定义为医患共同决策。②医务人员对患者病症所作的决策，要回归到

---

① NEJM Catalyst. What Is Patient-Centered Care? https://catalyst.nejm.org/doi/full/10.1056/CAT.17.0559, Published date is January 1, 2017, The Latest visited date is May 4, 2021.

② Kunneman M, Montori V M, Castaneda-Guarderas A, et al. What is shared decision making? (and what it is not). Acad Emerg Med, 2016, 23 (12): 1320-1324. DOI: 10.1111/acem.13065.

“以患者为中心”的理念上来。

总之，“以患者为中心”的模式强调医生和患者加强沟通，达成共识，包括对疾病的认识，治疗手段和目标，医患双方在诊治疾病过程中所扮演的角色和所起的作用等。

第二节 建立“以患者为中心”的投诉管理机制

“以患者为中心”的医疗服务模式要体现在医疗机构的全过程、全流程以及患者的全生命周期之中，特别是医疗机构设立的患者投诉环节，同样要体现“以患者为中心”的理念。然而，在医院的管理中，患者投诉常常是令管理者感到头疼的事情，想方设法躲避和消极敷衍是其常用的应对办法。其实，作为医疗机构的管理者应当换个角度来思考患者投诉问题。投诉反映了患者需求，反映了医院工作的缺陷，表面来看它给管理者带来麻烦，实际上它也为管理者提供了机会。[①] 这也是建立“以患者为中心”的投诉管理机制的意义所在。

一、建立“以患者为中心”的投诉管理机制的原则

医疗机构投诉的接待、处理工作应当贯彻“以患者为中心”的理念，遵循合法、公正、及时、便民等原则，以解决问题、化解矛盾为目标，并在处理过程中注意证据的采集与固定。

（一）合法、公正原则

随着我国依法治国的进程不断深化，公民法律意识越来越强，对法律也越来越信任。因此医疗投诉也应当依照合理合法的原则进行公正处理，不能因为患方情绪激动而丧失原则，也不能因此与患者冲动应对。在处理投诉的过程中，将合理合法原则作为处理投诉的底线，将公正作为处理投诉的原则，是投诉管理机制建立的基础。

① 张涛：《医院管理者应注重从投诉中获得机会》，《中国医学伦理学》2003 年第 6 期。

（二）及时、便民原则

医疗投诉发生后，如果不及时处理，就容易造成矛盾的升级；如果投诉管理体系不清晰、流程不顺畅、工作人员责任心差，多部门推诿扯皮，就会导致患者产生“投诉无门”的感觉，将进一步激化矛盾，产生更多负面影响。因此医疗机构投诉应当实行“首诉负责制”，对于能够当场协调处理的，应当尽量当场协调解决；对于事情复杂无法当场协调处理的，应当主动将患者引导到专门部门，不得推诿、搪塞，避免“小事拖大、大事拖炸”；涉及患者安全的，应当立即采取积极措施，避免或者减轻对患者身体健康的损害，防止损害扩大。

（三）解决问题、化解矛盾原则

医疗投诉的发生通常都是因为患者对于医疗机构提供的服务感到不满意，认为自身权益受到侵害而引发，因而情绪易激动，如果医疗机构一味强调责任问题，常常会适得其反。投诉应当以解决患者问题为目的，注意倾听患者投诉，客观进行调查、核实，弱化对错、责任问题，在不违背原则的情况下，及时协调解决患者就医遇到的问题，化解医患矛盾；如果患方坚决强调必须分清责任或纠纷情况确需分清责任的，则需告知患方相关鉴定规定，以促进纠纷解决。

（四）证据固定原则

医疗投诉不可能全部化解在萌芽状态，也会有胡搅蛮缠的患者医闹，因此应及时将有关证据进行保存，以免通过法律途径解决问题时处于被动局面。各医疗机构要配备专门的接待投诉场所及专门的录音录像设施设备，对于患者的过激行为和自身所做的相关工作进行记录尤为重要。

二、潜在投诉的预防机制

潜在投诉的预防就是通过处理投诉过程中总结的经验，对于患者可能投诉的问题有针对性地建立起预警机制，比如及时上报制度，即临床医务人员发现患者在就诊过程中情绪激动或者存在抱怨，及时转变工作方式，采取相应手段消除患者不满情绪，避免转化为投诉或纠纷。如果不能通过此种方式消解矛盾，则通知相关管理部门及当事人员，加强对患者的关注，以保证正常诊疗秩序和医务人员人身安全为首要目标。通过建立对潜在投诉的预防机制，可以有效地防止或减少新的投诉的发生。比如，患者报销医药费，需要医院出具相关证明，但是由于患者不了解医院管理流程，几个部门跑下来仍无法拿到证明，自然产生不满情绪，如果相关工作人员通过积极协调，快速高效地为患者解决了问题，自然就不会升级成纠纷。在面对这些可能成为投诉的情况时，积极想办法解决患者的实际困难，消除投诉的可能性，不仅处理难度低，还会赢得赞誉。

近几年诸多医疗机构落实了不良事件上报制度，通过鼓励医疗机构和医务人员主动上报临床诊疗过程中的不良事件，管理层面及时了解可能存在潜在投诉因素的不良事件，及时干预，完善患者就诊过程中的相关工作制度、应急预案和工作流程，加强重点部门和关键环节的安全与风险管理，落实患者安全目标，为患者就医增强安全性、便捷性，提升医疗质量，从而降低患者投诉率。

同时，医疗机构应当除了进行常规的医疗技术培训外，还需要进一步加强职业道德、医患沟通、法律知识培训，提高医务人员职业道德水平，增强服务意识和法律意识，注重人文关怀，促进医患沟通，努力构建和谐医患关系，预防投诉发生。

【案例 3 - 01】

某医院儿童 CT 检查投诉案例[①]

2012 年江西省某医院在进行一次儿童头部 CT 检查后，患者家属质问放射科医师，为什么没有为小孩做好防护，放射科医师不耐烦地说："没有什么好做的。"患者将此次未对受检者做防护的检查作为事故，投诉到省政府以及省级卫生行政部门。随后卫生行政部门成立了处理该事件的专家小组，对该医疗单位进行调查取证，专家组给出的结论是医院承担未告知患者穿戴及未提供防护用品的责任。由于患者家属拒不接受该结果，最后医院不得不出具了保证患者成年后能够生育的证明，该事件才得以平息。

① 龚婕、陈以水、陈清风：《某医院儿童 CT 检查投诉案例分析与对策研究》，《中国辐射卫生》2013 年第 4 期。

三、投诉处理中的协调机制

（一）受理、调查、处理权限的授权机制

所谓授权机制，就是明确投诉处理工作人员的权限，明确投诉处理工作人员在处理投诉过程中的执行力。各部门应当在能够妥善解决问题的限度内配合投诉处理工作人员的工作，适度满足投诉处理工作人员的需求，以更好地回应患者，提高投诉的解决效率，进而提升患者对于医院的满意度，稳定医疗秩序。很多情况下医疗投诉的发生都具有突发性和紧迫性，如果不能及时解决，容易造成事件升级，产生不良影响，因而授予投诉处理工作人员紧急状态下的较大权限有利于快速处理问题。比如，患者不满医生服务态度而投诉，在诊室大吵大闹，严重影响正常诊疗秩序和医院形象。在处理此例投诉过程中，投诉处理工作人员就应当有协调另一名医生为患者再次诊治的权限，避免事态升级。当然拥有一定权限并不意味着一定要去行使，如果投诉是患者的原因造成的，那投诉处理工作人员可以不去行使这一权限。授权的大小程度取决于医院对外服务承诺的水平，同时也要考虑因授权引起的管理成本。例如，某患者，女，72 岁。主因“左膝关节疼痛 12 年，加重伴活动受限 1 月”入院治疗。术后患者出现脑梗，致偏瘫。患者不满，进行投诉。在此案例中，处理投诉工作人员应当有组织临床专家进行病例讨论的权力，请相关科室递交书面治疗经过的权力，在必要情况下请其他科室配合处理问题的权力等。如果纠纷涉及医疗质量安全或危及患者健康的，医院可根据实际情况合理授权纠纷处理人员协调相关科室立即采取积极措施，避免或者减轻对患者身体健康的损害，防止损害扩大。总的原则是缓和矛盾，解决问题，同时防止患者损害扩大化。在这一框架内授予投诉处理工作人员相关权限为宜。

（二）相关各方的联动机制

如前例所述，投诉处理工作人员在处理患者投诉的过程中，不可避免地涉及多个科室或多个临床部门，因此需要与临床科室建立起高效的联动机制，以配合解决问题。当然，由于投诉处理的应急性和复杂性，相关部门很难配合解决问题，导致投诉升级的情况时有发生。因此，建立联动机制让各部门通力配合，妥善解决问题成为这一机制存在的意义。可考虑通过绩效驱动的压力传递，将各项

投诉管理指标合理分解到各部门，比如可将医疗投诉管理部门的评价，包括临床科室对问题回复的及时率、满意度等，和患者满意度同时作为临床科室的主要考核指标，以此加强投诉管理部门对于临床科室的利益联动机制，使得投诉管理部门在处理投诉的过程中获得临床科室的高效支撑，确保投诉得到及时处理。比如，某患者因手部神经损伤和烫伤到急诊就诊。但医生未告知其用药中有自费药品，产生投诉。投诉处理人员请相关科室会诊，并与医生共同向病人及家属交代病情。积极完善术前准备，联系手术室，待有空台后随时进行急诊手术。入院后，基本术前准备完善，手术室有空台后，立即与烧伤科大夫配合急诊行清创、复位固定骨折，神经探察，取皮植皮术。手术顺利，术后患肢加压包扎后患者返回烧伤病房，继续治疗、观察。患者康复出院，对医院的态度满意，不再追究自费药未告知问题。在此例案件中，投诉处理部门让手术室等相关科室配合解决问题的方式取得很好的效果，只不过在正常的治疗过程中给予患者更多关注，便可消除投诉，有效降低管理成本，而对于相关科室的配合也会在绩效考核中有所体现。通过建立健全投诉管理部门与临床、护理、医技和后勤、保卫等部门联动机制的方式加强各部门配合，提高医疗质量，保障医疗安全，维护正常医疗秩序。

当然，联动机制的作用不止于此，比如发生医疗过失行为及时上报机制、及时采取补救措施机制、配合接待患者及家属机制、责任人全力配合机制等，都需要以联动机制为基础。

（三）分级分类的纠纷处理机制

投诉的升级机制主要是根据患者投诉性质及投诉问题的不同，建立医疗机构、投诉管理部门、科室三级投诉管理机制，对不同程度的投诉实行分级管理，简单问题当即解决，复杂问题及时引导，建立起紧急升级流程，确保重要紧急投诉、批量投诉、疑难投诉等问题得到快速响应。比如，建立医疗投诉应急预案，若发生医疗过错，限定时限逐级上报，并积极采取多种措施尽可能降低差错带来的不良影响和对患者的损害。医疗机构的各部门、各科室应当指定至少1名负责人配合做好投诉管理工作，投诉管理部门接到投诉后应当及时进行调查，并要求相关科室派上述专人配合解决问题。对于患者及家属，应当在限定时间内给予接待沟通，告知患者及家属相关权利，包括封存病历、死亡患者告知尸解等，树立负责任的形象。还可以尝试建立针对重要紧急投诉的投诉快速处理通道。所谓投诉快速处理通道是指投诉的发生原因是医务人员过失造成重大紧急事件时，投诉处理部门可以立即采取措施对问题进行处理，譬如协助患者完成诊疗或免费进行相关治疗，此时相关临床科室要给予相应配合。对于患者死亡或患者采取极端行为，严重威胁医务人员人身安全的，投诉处理工作人员也可以直接调动医院安保部门控制局势，并有权第一时间与患者或家属进行沟通，承诺医院授权内的相关事项。

若发生批量投诉，投诉管理部门及时汇总并报告医疗机构负责人，医疗机构负责人对有关投诉可视情况予以合并调查，对多次引发投诉的环节或者多次引发投诉的医务人员，应当根据调查结果，及时予以处理，启动医院内部的预警通报处理机制，以防范类似投诉再次发生。比如院内某科室一年内发生四次术后并发症问题引起的投诉，则投诉管理部门会将该四例投诉总结上报，并反馈给相关科室，作为科室考核的重要组成部分，以此引起相关科室的重视，降低再次发生的可能性；对于一年内反复发生投诉纠纷的医务人员，医疗投诉管理部门可分析情况进行汇总上报，建立领导约谈警示制度，避免个别人员反复引发投诉。若发生难以定因的疑难投诉，可考虑建立跨科室的联合会诊机制。

四、投诉处理后的整改机制

现实中，人们总是认为投诉的主要原因是主观上对服务不满意，然而研究发现对服务的主观不满意并不是投诉产生的主要原因，客观服务失误在很大程度上是造成投诉的重要原因。① 所以重视投诉处理后的改善（整改）是推动投诉问题彻底解决并做好潜在投诉预防机制的重要环节，投诉处理后改善总结出的经验及方法可作为潜在投诉预防机制的重要参考。如果没有总结方法，没有发现存在的问题，那么潜在投诉预防机制的作用也就无法实现。这三个方面作为管理机制形成一个密闭的环形管理模式，前后呼应，互相联系，互相影响。比如通过总结一段时期内的案例，可以为科室管理及医院管理作参考。其中，建立严谨的投诉分析机制是前提，建立完善的投诉问责制度是关键。

（一）投诉分析机制

建立投诉分析机制的理论基础是要让医疗机构认识到，医疗投诉是每个医院

① 冯青：《国外顾客投诉研究及启示》，《外国经济与管理》2005 年第 10 期。

都会遇到的问题，即使是最优秀的医院也不可能永远不发生失误或不引起医疗投诉。因此，医疗机构和医务人员不要把患者的投诉看成负面的、敌对的，见到有人来投诉就认为会对医院的信誉造成不利影响。投诉并不能完全等同于医院有问题，医疗投诉并不可怕，只要正确认识投诉的价值，就可以将医疗投诉转变为医院的收益。①

所谓投诉分析机制是指面临患者需求和医院内部的不断变化，医院需要建立起投诉处理后的分析机制，以寻找患者投诉的热点难点问题，发现管理中的薄弱环节，并进行有针对性的改善过程。如建立如下投诉分析机制：定期汇总有针对性的案例，分析案例中医疗机构方面存在的各种问题，为医疗机构管理及规避风险提供帮助。

通过定期总结案例，发现问题，及时改进管理，为投诉预防做好铺垫。可定期召开医院最高层及各科室领导共同参加的投诉分析会议，分析投诉问题产生的深层原因，提高医院的快速反应能力和持续改善能力。以石家庄市妇产医院为例，该院多年来坚持投诉纠纷案例分析机制，将投诉纠纷纳入医院医疗安全系统重点管理，以问题为导向，每季度、每年度对医院发生的投诉纠纷案例及产生原因进行分析，对投诉纠纷涉及的重点事项进行专项质控，制定相应的整改措施，使医疗质量、患者安全明显提升。

（二）投诉问责机制

所谓投诉问责机制主要是相关科室因工作过错或疏忽造成大批患者投诉或投诉升级，或者在出现患者投诉问题后因处理不当造成问题扩大化，从而为医院形象带来重大负面影响或者为医院带来直接和间接的重大经济损失的情况，在查证清楚原因后，对于相关科室直接责任人和主管领导给予过问或追究相应责任的处罚，以提升医院各相关科室对患者投诉问题重视度的过程。此机制是前文所述联动机制建立的基础，只有通过问责机制将压力进行传递，将其与相关科室利益挂钩，才能提高联动机制的效率和效果。《医疗纠纷预防和处理条例》实施后，问责机制的作用更加明显；自媒体时代，投诉事件影响扩大化不可避免地使医疗机构面临危机，医疗机构也应当在遵循国家规定的基础上建立符合医院情况的问责制度，使医务人员重视投诉问题，起到警示效果。《医疗机构投诉管理办法》第

① 何韵、江东华：《试析医疗投诉管理与经营》，《中国医院管理》2007 年第 1 期。

42条规定，医疗机构应当规范投诉管理工作，定期统计投诉情况，统计结果应当与年终考核、医师定期考核、医德考评、评优评先等相结合。

【案例3-02】

85岁老人被误诊艾滋病的投诉案例①

2021年11月16日，85岁龚女士因为不小心摔伤，被送往江津区中心医院治疗，医生诊断为胸椎骨折。此外，龚女士一家还被医生告知，住院病人常规检查中的HIV抗体反应为阳性，即“艾滋病感染者”。患者和家人听到这个消息觉得天都塌了。患者女儿杨女士称，医生告诉她“艾滋病的传播途径之一是通过性传播来感染患者”。对于这个说法，她感到很不舒服、很生气。而龚女士退休前是一位社区干部，一辈子没干过出格的事情，老伴走了10多年，也因为此事心理压力巨大，实在难以接受，感觉这件事很丢脸，担心此事被亲朋好友知道了难以做人，甚至因此有了轻生的念头。心存疑虑的杨女士一方面要求医院复检，另一方面则是接受现实，开始着手准备护理母亲的工作。为了防止传染，杨女士将母亲穿过的衣物都作了清理，还用火把大部分衣物都烧了。此外，她还专门托熟人给母亲买了治疗艾滋病的阻断药物，花了6000多元。为了更好地照顾龚女士，她还专门给老人租了一套电梯房。可当所有一切都安顿好之后，房东得知龚女士得了艾滋病，把老人赶出去，坚决不许她居住。

就在龚女士一家濒临崩溃时，江津区疾控中心的复诊结果出来了，HIV抗体反应为阴性，也就是说老人体内没有艾滋病病毒！复诊结果虽然是让悬在龚女士一家心头上的大石头放下了，但对江津区中心医院的误诊行为非常不满。杨女士认为，花费了冤枉钱，老人遭了不少罪，受了很多屈辱，还吃了那么多药……因此想要向医院讨个说法，遂向医院投诉，要求医院赔偿。

龚女士的主治医生唐医生则表示，自己在出院报告的注意事项专门标注“一周之后查看HIV确诊实验结果”，这不算误诊，不同意赔偿。由此引发医疗纠纷。

---

① 《八旬老人被查出“艾滋病”？复诊却发现……》，北青网，https://t.ynet.cn/baijia/31911555.html。

五、建立有“患者中心”意识的投诉处理队伍

（一）建立有“患者中心”意识的投诉处理队伍的重要性

医院实质上是一种服务性的组织，它的生存和发展有赖于患者及其家属的认可和支持。而这种认可和支持都是在医患双方的接触和交流中消长的。[①] 所以医院的宗旨是“以患者为中心”，特别是在处理投诉方面更应该着重强调这一点。因为患者进行投诉是给医院的最后一次改正错误的机会，如果此时不能“以患者为中心”，妥善解决好投诉问题，那么医院损失的就不仅是一个患者，还包括辛苦建立起来的口碑。所以“以患者为中心”的投诉服务管理机制需要培养一批处理投诉的队伍，确保各项机制能够高效、长效运营。

北京积水潭医院 2004 年成立了北京市第一家处理医疗纠纷的专业团队——医患关系协调办公室，通过 10 余年的摸索，逐步积累经验，完善医疗风险管理制度。运用规范的标准化管理制度与医患双方进行有效沟通，使医疗纠纷快速化解，防止了矛盾的升级和激化；同时运用合适的社会工作方法，建立多元纠纷解决机制，为医患双方提供多元化、人性化的服务，维护了医患双方的合法权益。通过实践可知，建立完善的医疗风险标准化管理制度及多元化医疗纠纷处理机制是建立和谐医患关系的必由之路。

医患关系协调办公室作为医院的医疗风险专业管理机构，具有明确的管理职能。宏观职能：调研医疗风险存在的原因，探索化解医疗风险的措施，协调科室之间的工作，收集反馈意见，给医院决策提供依据。微观职能：培训临床医务人员，调查、分析发生医疗风险的个案，接受临床科室和医师的求助，给临床科室和医师提供指导，处理医疗纠纷善后工作。

医患关系协调办公室明确职能的同时，还制定了标准化纠纷处理流程，站在患者的角度换位思考，本着快速高效的原则接待每一位患者，处理每一例医疗纠纷，使医疗纠纷能够在源头上化解，收效显著。

综上所述，拥有一个专业医疗风险管理团队，对于医疗风险管理标准化的顺利实施起到了不可或缺的作用。没有专业团队的运作，各项机制就很难发挥作

---

① 马永清、衷兴华：《客户关系管理在医院中的应用》，《中华医院管理杂志》2005 年第 4 期。

用；没有专业的团队处理，医疗风险就没有顺畅的出口；没有专业的团队协调，相关人员就无法积极参与到风险化解的过程中，也就无法顺利化解纠纷。因此，一个具有多方面专业知识的管理团队，能够应付各种复杂的局面，能够很好地贯彻实施医疗风险标准化中的各种机制，能够做到又精又专，达到事半功倍的效果。这也是专业性医疗风险管理团队存在的必要性。

（二）建立有“患者中心”意识的投诉处理队伍的要求

建立有“患者中心”意识的投诉处理队伍，应注重培养投诉处理人员积极服务意识、丰富的业务知识、专业的纠纷处理技巧三方面能力。

1. 积极的服务意识

医院应首先树立“以患者为中心”的投诉服务管理理念，在医院的组织体系中，服务意识应扎根于每一位成员心中，尤其对于医院各层级领导，服务意识更是不可或缺，具体到投诉处理人员，专业的服务意识最为重要，如果一个投诉处理人员没有乐于助人、设身处地为患者排忧解难的意愿，投诉处理的结果就难以让患者满意。香港处理医疗纠纷的模式值得我们借鉴，在香港，多数医院的医疗纠纷都是通过社会工作者的介入得以解决的，他们积极主动地介入纠纷，通过自身的专业知识和实践经验为患者提供解决纠纷的途径，将医疗纠纷以和平方式解决。通过这种方式，可以降低医患双方的对抗强度，重新构建起双方的信任关系。医患关系作为一种人身财产关系，既有民事法律关系的特点，亦有行政法律关系的性质，是一种复杂法律关系。其性质的复杂性决定了解决方式的多样性，“一刀切”的方式是行不通的，反而会在某种情况下激化医患矛盾。所以在医疗纠纷此起彼伏的大背景下，拥有具有积极的服务意识的投诉处理工作人员至关重要。

2. 丰富的业务知识

投诉处理人员需要向患者展示出专业的形象，因此必须具备相对于普通医院职工更加广泛的业务知识，才能有效地解决患者的问题，同时还应及时总结各类投诉问题的解决方案，适时向临床服务人员进行有针对性的培训，不断提升临床一线人员服务意识。投诉管理工作是非常需要广泛知识的工作，它需要有医学、管理学、法学、心理学、伦理学、社会工作等学科知识，熟悉医疗和投诉管理相关法律法规、医疗机构规章制度，拥有系统的理论体系，更要通过实践的磨炼和总结形成多样化的实务处理方法，包括规范性工作流程、标准化操作步骤、统计分析工具、可持续性制度改建措施等。而所有这一切非常需要有一个广泛的知识平台作为支撑。投诉处理工作历经多年，不能总停留在就事论事的救火队层面，而要全面提升技术含量，最终形成自己的多样化管理，为改进医患关系服务。

3. 专业的纠纷处理技巧

患者投诉处理过程中的核心思想是运用各种技巧争取患者满意，因此投诉处理人员除了具备专业的服务意识和广泛的业务知识外，还需要掌握专业的投诉处理技巧。投诉处理技巧是指运用多方面的知识和能力处理纠纷的技能，包括社会适应能力、社会人际交往能力、沟通能力和应变能力。

掌握专业的投诉处理技巧，需要具备良好的沟通能力，善于运用语言的技巧，快速把握患者的心理；需要具备一定的情绪管理能力，有效避免个人情绪的失控，能够对情绪激动的患者做好安抚；需要具备基本的医学知识，并善于用患者听得懂的语言解答就诊中的医疗专业知识；需要具备一定的法律法规知识，保护患者和医院的共同利益，不仅为患者提供满意的服务，还对提出超过法律底线的要求的患者进行培养教育；需要具备稳控、引导能力，善于对处于不良情绪中的患者或家属进行良性引导；需要具备适度的情商和反应能力，为患者和医院架起友好的沟通桥梁。这就需要医院对投诉处理人员进行有针对性的培训和培养。

总之，投诉是每一个医疗机构都会遇到的问题，它是患者对医院管理和服务不满的一种表达方式，但同时也是医院改进技术、服务、流程的有价值的信息来源，为医院及时解决自身问题提供了重要的帮助。同时，如果利用处理患者投诉的机会赢得患者的信任，把患者不满转化为患者满意，维护医院的声誉和形象，则对医院的发展大有裨益。因此，完善医院投诉管理机制，不单单是改善医患关系的关键，同时也是持续改进医院医疗服务、完善医院管理流程、综合提升患者就医满意度、树立医院美誉形象、使医院在竞争中处于不败之地的关键。

【案例 3-03】

患者投诉医院不作为被驳回起诉的案件[①]

2018 年 5 月 24 日，刘某因伤至某市某区医院就诊，医生刘永某对刘某

① 参见上海市静安区人民法院（2019）沪 0106 行初 329 号一审判决书，上海市第二中级人民法院（2019）沪 02 行终 341 号二审裁判文书。

进行诊疗。在就医过程中，刘某认为医生刘永某存在不告知病情、重复检查、不给开药、拒客的行为，遂向某市某区卫健委投诉，要求对某区医院进行行政处罚。某区卫健委于次日以信访事项受理了刘某的投诉，并展开了调查，责成某区医院进行查核。某区卫健委调取刘某当天诊疗记录，该记录上载明了刘某主诉病情、病史情况，也记载了医生对刘某身体检查情况、X光片的辅助检查、病情诊断结果、处理方法。在刘某拒绝进行手术治疗、询问骨折多久会好的情况下，医生为进一步确诊，遂建议刘某进行CT检查，但刘某又因自身原因退了CT检查项目。对于之前开具的药单，医生刘永某陈述，其所开出的服用药系止痛药，因刘某未做CT检查，为了防止服用药后影响刘某进一步的检查，故最后未给刘某药单。综上，某区卫健委认为被投诉的某区医院、医生并不存在“拒客、重复检查、不告知病情、不给开药”的行为，不符合行政处罚的情形，遂将处理结果以《信访事项答复意见书》形式告知刘某。

刘某对信访答复不服，向某市卫健委申请复查。某市卫健委在复查过程中认为刘某不属于信访事项，要求某区卫健委依法重新办理。某区卫健委进行立案查处，并重新进行了调查取证工作，未查实某区医院有违反《医疗质量管理办法》的情形，某区医院在平时工作中亦不定期开展了医疗法律法规的培训工作，决定对某区医院不予行政处罚。刘某不服，向某市卫健委提出行政复议申请。某市卫健委作出维持了某区卫健委决定的行政复议决定。

刘某仍不服，遂提起诉讼，请求撤销某区卫健委2018年11月7日作出的答复，并责令重新答复；撤销某市卫健委作出的行政复议决定。一审法院审理认为，刘某无充分证据证明就诊医生存在“拒客、重复检查、不告知病情、不给开药”及违反《医疗质量管理办法》的行为，且刘某以医生存在“拒客、重复检查、不告知病情、不给开药”的行为进而认为某医院存在前述行为，并无事实、法律依据，刘某的诉称理由不能成立，不予支持，驳回起诉。刘某不服提出上诉后，二审法院驳回上诉，维持原判。

第四章　医疗机构投诉管理部门

医疗纠纷是医疗服务中不可回避的问题，随着人们医疗保健要求的提高和法律观念、维权意识的增强，医疗纠纷也有增长的趋势。医院设立投诉管理部门接待医疗投诉，既是创建人民满意医院的必然要求，也是相关法律法规的规定。对于医疗投诉，投诉管理部门要认真接待和处理，及时调查处理，把矛盾解决在纠纷早期，防止矛盾激化。对已发生的医疗差错事件，要严格依照相关法律法规和程序，及时、客观、公正地进行调查和处理。投诉管理部门工作人员需要具备良好的语言表达能力、丰富的临床知识和法律法规知识，并且配合临床做好医患沟通工作，既要维护医院的利益，同时又要尽心尽力为患者解决问题，化解医疗投诉，保证医疗工作正常有序进行。本章在概述我国医疗机构投诉管理部门的基本情况的基础上，分析探讨目前我国医疗机构投诉管理部门的设置情况和要求、医疗投诉管理部门的工作及流程，使读者能够对医疗投诉管理部门有大概的认识和了解。

第一节　医疗机构内部医疗投诉管理概述

一、现阶段我国医疗机构内部医疗纠纷处理的现状

（一）医疗机构缺乏统一的医疗纠纷投诉受理部门

现阶段，我国各家医院处理医疗投诉和纠纷上缺乏统一的受理部门。目前，我国很多医疗机构结合本单位特点设置了投诉管理部门，其机构设置和职责可以概括为三种模式：第一种是医疗机构内多个部门分别负责投诉的接待和处理。如

党办负责服务态度的投诉、门诊部负责门诊的投诉、纪检部门负责医德医风的投诉、医务处负责医疗纠纷的投诉。此种分类处理投诉的模式能够发挥各部门的工作优势，但是容易出现互相推诿的情况。第二种是将投诉管理纳入社会工作服务部。社会工作服务部的职能不仅包括投诉管理，同时也为患者提供其他社会服务。这种模式将社会服务，例如志愿者服务、咨询引导等，与投诉管理融合起来，但专业性、针对性不强，导致投诉管理工作和社会工作“结而不合”。[①] 第三种是设置专门投诉管理部门，负责管理医疗机构所有的投诉及医疗纠纷，真正做到“一站式”解决问题，便于患者在整个投诉处理过程中减少周折。因此，虽然各医疗机构基本上设置了投诉管理部门，但是尚缺乏统一性。

（二）医疗机构缺乏统一、标准化医疗纠纷处理流程

目前，北京地区的医疗机构处理医疗纠纷时缺乏统一、标准化处理流程。这主要表现在以下三个方面：一是有的医疗机构在患者就诊的公共区域无明确的投诉路径，或者投诉路径复杂，导致患者投诉无门，容易产生烦躁心理，使医疗矛盾进一步升级。二是在涉及多个部门的投诉环节中，患者往往需要往返多个部门解决问题。例如，有患者在某次住院过程中，对就医过程中出现的医疗质量、服务态度、物价收费等多项环节不满意，那么他需要到医务处、党办、财务处多个部门反映问题，如果出现了交叉问题，还会出现部门间互相推诿、置之不理的情况。三是医疗机构无明确的投诉受理、处理流程和工作制度，导致工作人员说话随意，调查、处理问题不认真、不细致，回复患者不及时，在某种程度上导致纠纷升级。

（三）医疗投诉受理、处理部门缺乏明确的职能和定位

目前我国医疗投诉受理、处理部门缺乏明确的职能定位。一方面，有的医疗机构投诉处理部门“以患者为中心”的观念淡薄，个别医疗机构投诉处理部门将自己放在较高位置，凌驾于患者之上，认为为患者解决问题是对患者的“施舍”。还有的医疗机构投诉处理部门认为自己所处的行政职能部门是打不破的铁饭碗，还做着“只要医院开，不愁无人来”的美梦，在投诉处理过程中缺乏工作热情，对投诉患者缺乏耐心，与患者交流时缺乏爱心和诚心，这种工作态度和作风不利于纠纷的顺利解决。另一方面，医疗机构对医疗投诉管理重视不够。目前，有些

---

① 刘丽：《加强医疗安全管理　提高医疗服务质量》，《社区医学杂志》2008 年第 14 期。

医疗机构忽视医疗投诉管理工作，认为医疗投诉管理只需处理医疗投诉、为临床转移医疗矛盾、顺利解决医疗纠纷即可，而忽视了医疗投诉管理部门是医院重要的医疗风险防范部门这一事实。因此，出现医疗纠纷投诉处理档案完成不及时，内容不真实、不完整，统计数据没有发挥应有的反馈和决策参考作用。

（四）医疗投诉处理人员素质参差不齐，专业素质有待提高

目前我国的医疗机构对法律普遍不重视，医疗机构内部缺少法律人才。现阶段从事医疗纠纷投诉处理人员大多数是从其他岗位转岗来的，也有从临床专业转来的护士和医生，这些工作人员往往临床经验丰富，但是法律意识和医患沟通意识仍显不足。缺乏专门人才来保驾护航，使医院在处理医疗纠纷中难免处于被动地位。医疗机构应当汇集懂医学、懂法律、医患沟通意识好的高素质人员，组成专门团队来负责处理医疗纠纷。

（五）医疗机构对医疗投诉的处理缺乏理性认识

目前很多医疗机构在处理医疗纠纷方面缺乏正确的、理性的认识。例如，有的医疗机构面对医疗纠纷，不是积极应对，而是采取消极对待、被动应付的态度；[①] 有的医疗机构在处理医疗纠纷时，即便不属于医院责任或患方提出无理要求时，也不坚持原则，据理力争，而是委曲求全，总觉得一旦把事态闹大了，会影响医院的声誉和收入，所以不管医院有理无理，都倾向于采取能私了就私了、花钱买平安的办法；还有的医疗机构出现医疗纠纷，医院不是本着实事求是的态度及时查明事情的真相，分清责任，而是百般推诿、敷衍、包庇、纵容，更谈不上勇于承认错误，承担责任。

二、医疗机构内部医疗投诉管理的宗旨和理念

（一）医疗机构内部医疗投诉管理的宗旨

医疗机构内部医疗投诉管理是医疗质量安全管理的重要环节，及时发现医疗活动过程中存在的问题，及时了解患者对医疗服务的态度，及时掌握医疗纠纷的

---

① 吴疆、蔡飞跃：《差错管理在全科医疗质量管理中的应用》，《社区医学杂志》2011年第15期。

情况，及时妥善处理和化解纠纷，为医疗机构的医疗质量安全管理决策提供证据，让医疗质量安全进入良性循环。

二级以上医疗机构应当设置医患关系办公室或者指定部门（统称投诉管理部门）统一承担投诉管理工作。其他医疗机构应当配备专（兼）职人员，有条件的也可以设置投诉管理部门。医疗投诉管理部门负责统一受理投诉，调查、核实投诉事项，提出处理意见，及时答复投诉人等投诉处理工作。

医院主要领导是医院投诉管理的第一责任人。二级以上医疗机构应当指定一名医疗机构负责人分管投诉工作，指导、管理医疗机构投诉管理部门的有关工作；其他工作医院根据实际情况可配置兼职人员。二级以上医疗机构应当建立医疗机构投诉管理部门、科室三级投诉管理机制，医疗机构各部门、各科室应当指定至少1名负责人配合做好投诉管理工作。医疗机构各部门、各科室应当定期对投诉涉及的风险进行评估，对投诉隐患进行摸排，对高发隐患提出有针对性的防范措施，加强与患者沟通，及时做好矛盾纠纷排查化解工作。医疗机构应当鼓励工作人员主动收集患者对医疗服务、医疗质量安全等方面的意见和建议，通过规定途径向投诉管理部门或者有关职能部门反映。医院应当逐步建立健全相关机制，鼓励和吸纳社会工作者、志愿者等熟悉医学、法律专业知识的人员或第三方组织参与医院投诉接待与处理工作。

（二）医疗机构内部医疗投诉管理的理念

在投诉接待处理中，医疗机构及医务人员应始终坚持“以患者为中心”的理念。

近年来，在医疗服务中“以患者为中心”的理念逐渐深入人心。它要求医疗机构和医务人员在为患者提供诊断、治疗、护理、康复等各项医疗服务的过程中，要以患者的感受为主导，尊重和维护患者的尊严，使患者了解信息，让患者参与治疗过程，最终由患者、医务人员和医疗机构管理者合作完成疾病的诊治和医疗服务的改进，构建和谐医患关系。因此，投诉发生时，更需要尽快修补和重建和谐医患关系，更需要坚定地贯彻“以患者为中心”的理念，切实感受投诉中的患者的焦虑心情，想其所想、急其所急，帮助他们解决实际问题，用有温度的投诉接待和处理方式让患者重拾对医疗机构、医务人员、医疗服务的信心。

三、医疗机构内部医疗投诉管理工作的原则

（一）医疗机构内部医疗投诉接待工作的原则

医疗机构的医疗投诉接待工作，虽然没有第三方参与，由医疗机构自主完成，但因涉及医患双方的合法权益，如果处理不好，可能会升级甚至进入行政处理或者司法处理程序。良好的投诉接待是纠纷化解的开始，医疗投诉接待要遵循合法、公正、及时、便民的原则。

1. 合法原则

医疗机构在接待、处理投诉的过程中坚持以法律为准绳，严格依照《中华人民共和国医师法》《护士条例》《医疗机构管理条例》《医疗纠纷预防和处理条例》《医疗事故处理条例》《医疗机构投诉管理办法》等法律、法规、规章执行。一方面，不能违背法律的相关要求，在投诉处理中侵害患者的合法权利；另一方面，也不能一味息事宁人，满足患者不合法诉求。

2. 公正原则

医疗机构在投诉处理中应当始终将公正作为基本原则，包括程序公正和实体公正。这要求投诉处理部门和人员要将自身“中立化”，倾听不同方面的意见，以“一碗水端平”的公平态度对待医患双方，寻求最公正的解决方案。

3. 及时原则

投诉和纠纷的处理时间越长，处理难度和成本越大，所以及时原则尤显重要。这要求投诉处理部门和人员及时安抚投诉人，迅速而明确地告知其解决步骤，为每一个处理环节设定相对的时限，确保在每一个时限内取得阶段性的结果，让投诉人感受到医疗机构高度重视其投诉的诚意和及时处理的效率。总之，医疗投诉管理部门应积极协调关系，尽快解决问题，将纠纷隐患消灭在萌芽状态。接待和处理工作要明确工作定位和担当的工作角色，工作人员要像消防员一样通过良好的工作态度和沟通方法及时熄灭患者对医院的不满之火；还要充当好协调员的角色，及时做好协调工作，为患者尽快解决实际问题。

4. 便民原则

现实中，患者由于投诉无门等原因导致小矛盾转化成大冲突，甚至引发恶性事件的情况确有发生。推行便民措施，有效解决患者的合理诉求，是处理投诉应

当遵循的重要原则之一。便民原则，要求医疗机构在投诉方式、接待、调查和答复等各环节中都要体现出对投诉的患者的人文关怀，方便患者投诉，重视患者投诉。在投诉渠道的设计上，不仅要设立可供患者选择的多种投诉方式，还要方便患者表达自己的诉求，对于那些行动不便、表达困难、文化水平低的患者，更是要体现便民原则。

（二）医疗机构内部处理医疗纠纷的原则

1. 客观、公正原则

在医疗纠纷处理过程中，作为医疗纠纷处理人员，要同时面对临床科室、责任医护人员、患者及其家属，利益攸关方很多，稍有不慎，可能招致某一方的不满，使纠纷处理结果不理想。因此，医疗机构在内部处理医疗纠纷时，要保持客观、公正。在医疗纠纷处理中要以事实为依据，以法律为准绳，本着维护医患双方合法权益的原则，客观、公正地解决问题。

2. 依法办事的原则

医疗投诉管理部门首先要做到学法、知法和守法。在调查处理投诉时应该以事实为依据，以法律为准绳，对监督过程中发现的问题及时告知临床和相关部门及有关工作人员，妥善处理，保证责任落实到具体部门，落实到具体人，消除医疗纠纷隐患、减轻损害后果，确保医疗工作正常进行和医疗安全。

医疗投诉管理部门还应坚持法制宣传教育和岗位实际工作相结合，提高全院医务人员的法律意识，使其能够做到严格依法执业，认真贯彻执行有关法律、法规和部门规章，认真落实各项核心医疗规章制度，要求全院医务人员明确各自的岗位职责，严格遵守规章制度和操作规程。特别是对各个薄弱环节，包括首诊医师负责制、会诊制度、交接班制度等，要提出严格要求，做好各部门、各系统的衔接，做到会诊到位、交接班清楚、夜班值班不脱岗，要有效防止医疗纠纷的发生。

3. 原则性与灵活性相结合的原则

所谓原则性，是指在接待医疗投诉案件时必须遵循法律、法规、部门规章制度，保证医疗投诉处理具有合法性、严肃性和权威性。所谓灵活性，是指在不违背法律、法规的前提下，坚持从实际出发，采取灵活多样的方式，因时因地制宜，积极化解医疗矛盾，解决医疗投诉。二者本质上没有矛盾。处理医疗纠纷难免涉及原则性和灵活性的问题，关键是要把握好其中的度，才能使医疗纠纷得到圆满解决。其一，把握原则性，最重要的是要按照有关法律、法规、政策规定处理医疗投诉。医疗投诉管理部门在信访工作中，要想尽一切办法，调查、核对、搜集各种证据，辨别真伪，剔除虚假部分，然后根据核查后的事实，按照法律、法规、政策的有关规定正确处理医疗投诉。其二，要坚持政策的原则性与灵活性相统一的原则。医疗投诉反映的问题量大面广，情况千差万别，异常复杂，既有普遍性问题，也有特殊性问题。普遍性问题一般都有政策依据，而特殊性问题往往没有可供遵循的依据。这就要求投诉接待人员在解决特殊性的医疗投诉问题时，要坚持一切从实际出发，具体问题具体分析。有的要把话讲“死”，要让那些法律不允许的或无理纠缠的闹访者不再闹心；有的要把话讲“圆”，要设身处地地为当事人双方着想，理解患者的苦衷，热情接待，耐心细心地倾听他们的陈述，通过细致的调查和劝解解决问题。同时坚持宣传国务院颁布的《信访条例》，引导患者以法信访，反对违法、违规上访和越级上访。

四、医疗投诉管理部门的基本工作制度

（一）投诉接待制度

第一，投诉管理部门全面负责接待、处理所有医疗投诉案件。投诉管理部门统一受理、处理、协调全院所有医疗投诉，确保所有投诉桩桩有人管、件件有回音。

第二，投诉管理部门接待投诉实行首诉负责制，投诉人向其他部门、科室投诉的，接待人应主动引导投诉人向医院指定的投诉管理部门进行投诉。投诉人不愿到医院指定的投诉管理部门进行投诉的，接待人应先做好解释疏导工作和投诉记录，并及时将投诉意见转至医院指定的投诉管理部门，同时积极配合投诉管理部门做好投诉处理工作。

第三，投诉管理部门应注重投诉接待工作的方式方法。接待人员要热情接待投诉患者，耐心细致地做好解释工作，稳定投诉人情绪，避免矛盾激化，不能推诿病人或者对患者置之不理、言语冷淡。对于能够当场协调处理的，接待人员要尽量当场协调解决；对于无法当场协调处理的，接待人员经调查、核实后于五个工作日内接待、回复患者。

第四，投诉管理部门的投诉接待工作做到投诉有登记，处理有记录，办结有反馈，查询有档案。

（二）投诉调查及处理制度

第一，投诉管理部门在接待投诉后应立即联系当事科室及当事人了解情况，并封存与投诉内容有关的证据。

第二，投诉管理部门告知相关临床科室和当事人尽快出具有关事情经过的书面报告。

第三，发生医疗纠纷的，投诉管理部门应告知患方解决医疗纠纷的合法途径；有关病历资料、现场实物封存和启封的规定；有关病历资料查阅、复制的规定。患者死亡的，还应当告知其近亲属有关尸检的规定。

第四，发生医疗纠纷需要封存、启封病历材料或实物的，以及需要进行尸检的，应当按照《医疗纠纷预防和处理条例》等规定进行。

第五，医疗投诉接待处理部门应根据调查情况及时答复投诉人。

第六，发生医疗纠纷的，投诉管理部门应做好与医调委、诉讼、鉴定等方面的衔接，严格按照法定程序办理。

（三）医患纠纷调解制度

第一，投诉管理部门应妥善处理医疗纠纷，防止医患双方矛盾激化，医疗矛盾尽量在院内解决，如果院内不能解决，应妥善引导患者通过第三方调解、诉讼等途径解决。逐步建立以医疗纠纷院内和解、医疗纠纷人民调解委员会调解、行政调解、司法诉讼相互衔接配合的医患纠纷调解制度。

第二，投诉管理部门应根据具体情况和需求，采取说服、沟通、疏导等方式依规进行调解，并通过沟通力主在院内消除医患隔阂，在自愿、平等、互谅互让的基础上达成调解协议。

第三，医疗投诉接待处理部门应设置一套从接待、受理、初次调解到核查、落实的完整的工作流程。如果确定医院无责任，直接告知患方调查结果，并告知其有继续通过医疗纠纷人民调解委员会调处、行政调解、司法诉讼、医疗事故技术鉴定等途径解决纠纷的权利。如果认定医方有责任且责任较小、赔偿额度不超过一万元的，则进入医患双方协商赔偿程序，达成协议后，签署医患双方和解协议书。

（四）代表医疗机构参加鉴定工作制度

第一，投诉管理部门负责配合各级医学会组织和法院委托的各类鉴定机构鉴定医院医疗事故争议和医疗差错。

第二，投诉管理部门接到鉴定通知当日，调取与案件相关的病历、影像学及封存实物等相关资料。

第三，投诉管理部门接到鉴定通知后两个工作日内，与相关临床科室当事人、上级医生、科主任取得联系，了解情况，交代鉴定程序，确定抽取专家科室代表，参加鉴定答辩工作，并请科主任及当事人在五个工作日内配合完成病例摘要、治疗经过和科室意见相关工作。

第四，投诉管理部门根据科室提交的病例摘要、治疗经过和科室意见，在两个工作日内完成答辩材料撰写工作，并就答辩材料征求科主任和当事人的意见。

第五，投诉管理部门在接到鉴定通知十个工作日内，向医学会及各级司法鉴定部门提交原始病历、答辩材料、病历复印件、影像学及封存实物等相关资料。

第六，投诉管理部门接到医学会抽取专家的通知后，即刻与相关科主任联系，再次确定协助抽取专家的科室代表，并与科室代表一同在医学会规定时间内抽取专家。

第七，投诉管理部门接到医学会和鉴定部门答辩通知后，即刻与科室参加鉴定答辩的工作人员联系，并再次强调鉴定程序和答辩原则。

第八，投诉管理部门陪同科室选派的答辩工作人员参加医疗事故技术鉴定、司法过错鉴定工作。

第九，投诉管理部门鉴定工作完毕后，在医学会规定日期内提取医疗事故技术鉴定结果，向相关临床科室主任、当事人通报情况，并将结果备份存档。

第十，投诉管理部门根据鉴定结果，分析责任，确定责任人。

第十一，投诉管理部门综合掌握全院鉴定工作情况，全面分析，为医院提供决策依据。

第十二，投诉管理部门与各级鉴定机构保持良好的工作往来关系。

（五）代表医院参加医疗诉讼工作制度

第一，投诉管理部门负责医院的医疗诉讼代理工作。投诉管理部门接到法院通知后，到法院领取起诉状，将该情况反馈给相关科室，组织相关人员准备诉讼材料；代表医院参加诉讼，代表医院承认、放弃、变更诉讼请求；代表医院和解、调解；将诉讼结果汇报相关科室和领导，决定是否上诉、反诉；终审判决后的执行等工作。

第二，投诉管理部门负责诉讼中的调查取证，组织专家就诉讼案例进行讨论并拟定诉讼策略。就诉讼情况进行调查，责成相关人员草拟书面材料，对上述材料进行修改、补充，与科室和领导交换意见，制定诉讼策略。

第三，投诉管理部门针对诉讼进行答辩，书写答辩状、代理词、起诉状；在法定期限内书写上述法律文书，并及时送交法院。

第四，投诉管理部门制定与诉讼有关的管理规定，使医院诉讼程序规范化。

（六）参与医院医疗安全管理制度

医疗投诉可以获得医疗服务中患者不良体验的信息，可以获得反映医疗质量、医疗安全、医疗不良事件的信息，还可以获得医疗纠纷、医疗事故的信息。一方面，这些负面信息是医疗机构开展医疗质量安全管理的信息源，是医疗机构管理层作出重大管理决策的依据。另一方面，这些负面信息往往蕴含在具体的诊疗活动中，是患者不良就医体验的依据，如果不处理好，会影响患者、患者近亲属乃至社会对医疗机构的评价，从而影响医疗机构的社会声誉。因此，对这样的负面事件必须要及时处理，并且要举一反三，根除类似的事件，还要从制度层面找原因，对已有的规章制度进行修改，制定新的防范应对制度。因此，医疗投诉管理部门应当积极参与到医院管理活动中，在医疗质量安全管理方面发挥重要作用。具体内容包括：

第一，对违反医院各项规章制度，遭患者投诉，经调查属实的相关人员给予相应处罚。

第二，对发生的医疗争议中存在医疗缺陷的科室及个人，依据院内专家鉴定意见、医疗纠纷人民调解委员会专家鉴定意见、各级医学会鉴定意见、法医鉴定、法院判决认为医疗行为确实存在责任的，按照责任比例进行处罚。

第三，因服务态度原因被患者投诉，配合医疗投诉管理部门妥善处理投诉的，医疗投诉管理部门应酌情给予处罚，处以50元以上100元以下奖金扣罚。因服务态度原因受患者投诉，拒不配合医疗投诉管理部门处理的，报请院办公会处以500元以上1000元以下奖金扣罚。

第四，在医疗争议赔偿案例中，由保险公司承担赔偿的案例，免赔额由责任人或责任科室按照责任度承担50%～100%的比例，轻微责任、次要责任承担免赔额的50%，主要责任、完全责任承担免赔额的100%。超出保险公司赔偿范围的，除承担相应免赔额外，同时扣罚责任人1～3个月奖金。责任科室及责任人拒绝承担免赔额的，报请院办公会处理。

第五，经院内专家鉴定委员会认定存在医疗缺陷，但保险公司不承担赔偿的，医疗投诉处理部门协调解决后，相关科室向医疗投诉管理部门报奖惩意见，由医疗投诉管理部门上报办公会，扣除责任人1～2个月奖金。

第六，由于医务人员个人疏忽、技术不良、护理缺陷、医患沟通不足、医疗告知不到位、病人或治疗部位识别错误引发的医源性医疗纠纷，经鉴定为医疗事故的，除给予经济处罚外，按照《医疗事故处理条例》给予相应行政处分。

第七，按照医疗投诉管理部门绩效考核指标考核优秀的科室，由医疗投诉管理部门报请院办公会给予相应奖励。

（七）分析总结及档案管理制度

第一，针对每一例投诉分析原因，总结出整改办法。

第二，对医疗纠纷及时分析、研究、总结，每周与主管院长定时沟通，及时反馈医疗服务、医疗质量的不足，及时上报医院领导为医院决策提供依据。

第三，建立医患关系档案库，将处理完毕的投诉编号存档。

第二节　医疗机构投诉管理部门的设置

一、医疗机构内设的医疗投诉管理部门的设置

（一）设立医疗投诉管理部门的重要性

医学是一门探索性的科学，虽然科学发展迅速，但仍有许多疾病无法治愈；医学具有局限性，任何治疗方案都不会尽善尽美，总是有利有弊。而患者不能正确认识医学的风险性、探索性和局限性，对疾病的治疗期望值过高，认为进了医院，医生就必须把疾病治愈。由于患者的健康需求与现代医学的发展水平之间存在一定的差异，加上患者的维权意识增长，医护人员法律意识、自我保护意识相

对滞后，医疗服务水平有待提高等因素的影响，许多医院的医疗纠纷连年递增，有的医疗纠纷已严重影响正常的医疗秩序。有专家指出，在医院的医疗管理工作中，相当多的精力用来解决医疗纠纷和医疗事故。面对日益严峻的医疗环境，为建设和谐社会，更好地协调医患关系，缓解不断紧张的医患关系，及时处理医疗纠纷，保障正常的医疗秩序，维护医、护、患三方的合法权益，医院应当设立医疗投诉管理部门或相关部门，专门从事医院投诉管理工作，防范和处理医疗纠纷。医疗投诉管理部门的设置，标志着医院管理进一步规范化、人性化，使患者免遭投诉无门的困境，对构建和谐的医患关系、有效预防医疗纠纷具有重要的现实意义。

（二）设立医疗投诉管理部门的依据

2002 年 9 月 1 日实施的《医疗事故处理条例》第 7 条规定，医疗机构应当设置医疗服务质量监控部门或者配备专（兼）职人员，具体负责监督本医疗机构的医务人员的医疗服务工作，检查医务人员执业情况，接受患者对医疗服务的投诉，向其提供咨询服务。2018 年 10 月 1 日起实施的《医疗纠纷预防和处理条例》第 18 条规定，医疗机构应当建立健全投诉接待制度，设置统一的投诉管理部门或者配备专（兼）职人员，在医疗机构显著位置公布医疗纠纷解决途径、程序和联系方式等，方便患者投诉或者咨询。

在国家卫健委制定的部门规章中，更是明确了投诉机制的建设规范。早在 2009 年 12 月 1 日，原卫生部发布的《医院投诉管理办法（试行）》明确规定了该办法适用于“各级各类医院的投诉管理”。其中第 16 条明确规定，医院应当设立医疗投诉管理部门或指定部门统一承担医院投诉管理工作。自此，全国医院的投诉管理工作正式步入了有国家级行政管理依据的时代。《医疗质量管理办法》第 36 条也规定，完善投诉管理，及时化解和妥善处理医疗纠纷。2019 年 4 月 10 日起实行的《医疗机构投诉管理办法》第 11 条规定，二级以上医疗机构应当设置医患关系办公室或者指定部门（统称投诉管理部门）统一承担投诉管理工作。其他医疗机构应当配备专（兼）职人员，有条件的也可以设置投诉管理部门。由此可见，我国已对投诉管理部门的统一设立进行立法，医疗投诉的规范处理与解决正在稳步进行中。

（三）关于医疗投诉管理部门的名称

医疗机构内设的投诉管理部门，应当有专门的名称、固定的编职、明确的职责和工作程序，这样才能有条不紊地开展工作，提高工作效率，第一时间化解医疗纠纷。医疗机构内设的投诉管理部门的名称可以视医疗机构的组织架构情况、医疗机构运行情况，以及医疗机构服务对象等情况来确定，可以称为医患关系协调办公室、医疗安全办公室、医疗风险管理中心（办公室）、医疗服务投诉部等。目前我国各地的医疗机构多称为医患关系协调办公室。

《医疗机构投诉管理办法》第 11 条规定，医疗机构主要负责人是医疗机构投诉管理的第一责任人。因此，医疗投诉管理部门是在院长和分管医疗副院长的直接领导下，主要承担医院投诉管理工作的职能部门。其主要任务是拓宽与患者的沟通渠道，构建和谐的医患关系，及时处理医疗纠纷投诉，保障医院正常的医疗秩序。

（四）医疗投诉管理部门的基本工作模式

目前医院受理投诉的模式有两种，即分散模式和统一模式。分散模式是医疗机构将各种性质、各个部门的投诉分散给不同的部门承担，包括院办、党办、医务科、护理部和门诊办等职能科室，各职能部门主要负责职责范围内的投诉接待、受理、调查和处理工作，整个医院的投诉管理职能分散，缺乏统一管理。统一模式恰恰相反，是医疗机构将不同性质、不同部门的投诉统一由一个专门受理、调查、处理投诉的部门来承担。目前采取分散模式的比较普遍，采取统一模式的比较少。

医院根据《医疗机构投诉管理办法》的要求，成立投诉管理部门，接待、记录患者的投诉意见后，由投诉管理部门反馈至相应科室，并进行调查、处理和回复。投诉管理部门应定期组织会议，汇总、分析投诉信息，提出加强与改进工作的意见或建议，并将整改建议反馈至投诉涉及的科室，由科室根据自身情况进行整改，由此形成完整的联动反馈机制。

二、设立医疗投诉管理部门的基本要求

（一）医疗投诉管理部门人员工作职责

为做好医患协调工作，及时、有效化解矛盾纠纷，保障医患双方的合法权益，构建和谐的医患关系，医院应设置专职医疗投诉管理部门，并配备专职工作人员负责医患协调工作，建立了畅通、便捷的投诉渠道，从专业角度为医务人员

与患者之间架起了一座沟通桥梁。

《医疗机构投诉管理办法》第12条概括规定了投诉管理部门的6种工作职责，[①] 具体来说主要包括：（1）组织、协调、指导本医疗机构的投诉处理工作。投诉常常涉及医疗机构内部的诸多方面，与临床、医技、后勤等诸多科室和部门相关，真正要解决投诉并非易事。因此，投诉管理部门要勇于承担责任，掌握工作技巧，组织、协调医疗机构各方面，汇集多方力量，妥善化解投诉。（2）统一处理投诉。这既包括执行接待、受理、调查、反馈等投诉处理的基本步骤，也包括协调相关科室和部门共同完成投诉处理的组织步骤。（3）建立和完善投诉的接待和处置程序。投诉管理部门应当结合本单位实际情况，对投诉接待和处置相关要求进行细化、完善。（4）参与医疗机构医疗质量安全管理。投诉管理部门还要遵循患者安全理念，主动参与到医疗质量安全管理中，特别是需要与医疗机构负责质控管理、医务管理、护理管理等部门协调一致，发挥各自优势，在医疗机构内部形成持续改进的合力，共同提升整体管理水平。（5）开展相关培训和教育。培训和教育是提升医务人员风险意识和安全管理水平的重要手段，具体内容包括医疗质量、风险管理、医患沟通、法律、法规等。投诉管理部门掌握医疗安全方面的素材最多，也最了解医务人员在医疗工作中的薄弱点，适合通过开展培训和教育提升医务人员应对医疗风险的水平和医患沟通的技巧。（6）定期汇总、分析投诉信息，提出加强与改进工作的意见或者建议，并加强督促落实。投诉管理部门要充分挖掘和利用投诉信息，利用好各种质量管理工具，寻找医疗机构制度流程和环境中的薄弱环节，提出改进工作的意见和建议，并加强督促落实。

（二）医疗投诉管理部门工作人员的能力要求

根《据医疗机构投诉管理办法》第13条的要求，医疗机构投诉管理人员应当具备以下条件：（1）具备良好的职业道德和工作责任心；（2）具备一定的医学、管理学、法学、心理学、伦理学、社会工作等学科知识，熟悉医疗和投诉管

---

① 《医疗机构投诉管理办法》第12条规定，二级以上医疗机构应当指定一名医疗机构负责人分管投诉工作，指导、管理医疗机构投诉管理部门的有关工作。投诉管理部门履行以下职责：（一）组织、协调、指导本医疗机构的投诉处理工作；（二）统一受理投诉，调查、核实投诉事项，提出处理意见，及时答复患者；（三）建立和完善投诉的接待和处置程序；（四）参与医疗机构医疗质量安全管理；（五）开展医患沟通及投诉处理培训，开展医疗风险防范教育；（六）定期汇总、分析投诉信息，提出加强与改进工作的意见或者建议，并加强督促落实。仅配备投诉专（兼）职人员的医疗机构，投诉专（兼）职人员应当至少承担前款第二项职责。

理相关法律法规，以及医疗机构规章制度；（3）社会适应能力较强，具有良好的社会人际交往能力，具备良好的沟通能力和应变能力。由此看来，投诉管理部门工作人员需是具备多项能力的复合型人才，其中最重要的是要具备随机应变的能力。灵活的策略是医疗投诉管理部门解决医患矛盾的生命线。虽然，我国与医疗有关的法律法规很多，但真正能解决医患矛盾的政策法规却是不健全的。在没有良好社会导向的情况下，患方对一些政策不理解，就会采用一些过激的方法来解决问题，给社会造成很大的影响。而医患双方都有各自的难处，无论问题出在哪一方，医疗投诉管理部门的工作人员在处理相关问题时都需要保持良好的心态。

第一，医疗投诉管理部门工作人员要有同理心。医疗投诉管理部门工作人员在处理医患矛盾时，一定要对患者抱有同情心，和患者共同解决问题。要摸清患者的想法，搞清楚患者投诉的原因。有时虽然医院的出发点是好的，但在沟通不畅的情况下，好心也会办坏事。所以在处理问题时，要采取灵活措施，适时改变应对方案。考虑到患者可能有不同的诉求和难处，医院不能因为患者投诉，就认为是“医闹”而采取特殊“对策”来对付患者，因为如果这个“对策”和患者诉求之间有冲突，会进一步激化原矛盾。

第二，医疗投诉管理部门工作人员需要具备较强的沟通能力。这种沟通，首先是指医患之间的沟通，其次是指医院内部环境和外界大环境的沟通。做好这两个沟通，问题就迎刃而解了。虽然“医闹”的方式是错误的，但是如果医院确实存在问题，医疗投诉管理部门工作人员一定不能回避，应该主动向患者致歉，通过沟通赢得患者的理解。

第三，医疗投诉管理部门工作人员需要具备极强的责任心。医疗投诉管理部门工作人员需要用真心把“小事”管起来。很多时候患者并不是想和医院对着干，而是有委屈或确有解决不了的问题，希望能够找到医院的领导予以解决。如果主管领导不出面，会让患者觉得自己不被重视。因此，医疗投诉管理部门应该把这些“小事”管起来，把医德、服务态度这些细节和“小事”做好。从“小事”做起，把平凡的事情做好了就是不平凡，就能搭建好医患沟通的桥梁，构建和谐的医患关系。

第四，医疗投诉管理部门工作人员要有耐心。有的医患矛盾是社会矛盾转化而来的，有的患者有很大的生活和工作压力，就医时身体处在病态，如果心理压力无法释放，医疗投诉管理部门工作人员就可能成为患者的倾诉对象。如果医疗投诉管理部门工作人员没有给予患者满意的心理疏导，就可能使矛盾升级。因此，医疗投诉管理部门工作人员需要承担两方面的责任，一方面是用心理疏导的方法安慰、引导、化解患者的心理压力，把压力释放出来，有助于减少因沟通不到位及压力无法释放导致的医患矛盾；另一方面是用真心的服务帮助患者解决问题，以心换心，得到患者的理解。

（三）医疗投诉接待工作的原则性要求

1. 耐心接待，仔细倾听

畅通患者沟通渠道，保障投诉接待质量；耐心倾听，取得患者的信任和信赖。在接待处理医疗投诉时，接待工作人员采用“换位思考”的方法，特别注意措辞、语气、语调，尽量与患者或家属进行充分的沟通；体恤患者的难处，用法律、法规知识引导患者，避免用非理性方式解决问题。接待工作人员通过耐心的倾听，了解对方的疑惑；通过细致的讲解，回答对方关心的问题，将心比心、以心换心，严谨细致地做好沟通工作。当患者不理解、不配合时，接待工作人员还要凭着一股韧劲和钻劲、凭着一腔热情，通过一次次的解释、一遍遍的告知，赢得患者的信赖，化解纠纷。

2. 积极协调，尽快解决

医疗投诉管理部门应积极协调关系，尽快解决问题，将纠纷隐患消灭在萌芽状态。接待和处理工作要明确工作定位和担当的工作角色。作为“消防员”“协调员”，针对患者提出的疑问，投诉受理科室工作人员要组织相关职能部门及临床科室进行认真的分析和讨论，围绕既定目标展开接待工作，对患者的利益负责、对医疗活动的科学性负责。诊疗活动中存在不规范或不足行为时，应尽快帮助病人解决问题，维护病人权益。

3. 首诉负责，不得推诿

坚持“首诉负责制”，不推诿拖拉，及时、高效地为患者排忧解难。在接待工作中，投诉管理部门应坚持“首诉负责制”，不拖拉，不推诿，不向上级领导部门转交矛盾，坚持接待部门一个环节协调解决问题的原则。在接待、处理工作中，既不能盲目听从患者的投诉意见，使医院蒙受不必要的损失；也不偏信医务人员的辩解，使患者蒙冤。对每一件来访都进行细致的调查，坚持“一访一查一落实”，能立即解决的，当场给病人答复，并责任到人；不能当场解决的，给病人承诺答复的期限；病人或者家属不理解、不明白的，一定要耐心做工作，通过进一步的沟通和协调，在医患双方互相理解基础上，解决问题。

三、建立医疗投诉管理体系

为了保证投诉处理程序高效运行，各医院根据其经济、文化背景以及自身规模、功能定位等具体情况，建立相应的医疗投诉管理组织体系，明确相关部门在投诉管理、投诉受理、投诉处理和投诉回复工作中的职能和职责。（见图 4－1）

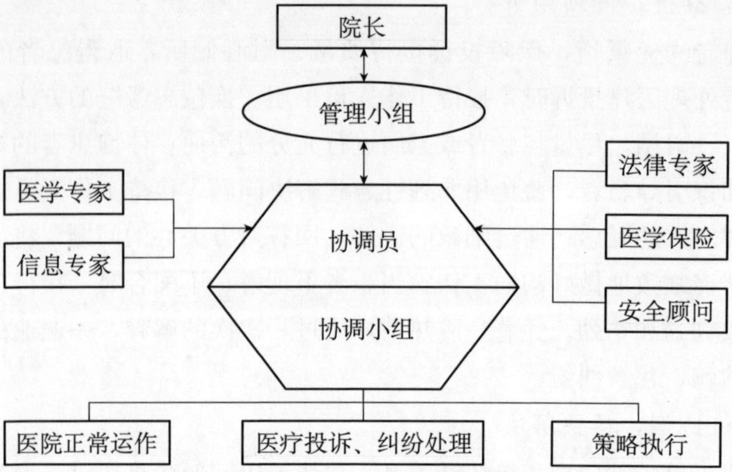

图 4－1　医疗投诉管理组织体系

第三节　医疗投诉管理部门接待与处理工作的流程

一、建立医院内医疗纠纷投诉接待与处理流程的意义

长期以来，医疗机构内部接待、处理医疗纠纷投诉的程序并不规范，这其中有医疗机构管理不规范的原因，也有医疗机构管理者不能正确对待医疗投诉的原因。无论是什么原因，医疗机构在接待、处理医疗纠纷投诉方面的不规范，必然导致医疗机构投诉随意化，降低医疗纠纷投诉的效率，甚至导致医疗纠纷恶化，患者的不满行为升级，造成严重的社会影响。相反，规范投诉处理流程，有利于缓解医患矛盾，化解医患纠纷，使矛盾和纠纷在最短时间内得到圆满解决。毫无疑问，以积极态度处理医疗纠纷投诉，对化解医疗纠纷、医疗机构开展医疗质量

安全管理都具有重要意义。规范医疗纠纷投诉处理，重点是规范投诉的接待、处理流程。规范医疗机构投诉、处理程序，具有如下意义和作用。

第一，积极处理医疗纠纷投诉，有助于维护患者利益，塑造良好的医院形象。良好的医院形象不仅来自良好的医院硬件环境建设，更来自医疗服务态度、和谐医患关系等。因此，医院及时、妥善处理医疗投诉，不仅维护了患者利益，还可以让群众体会到医院良好的服务质量，由此提升医院的良好形象。

第二，积极处理医疗纠纷投诉，有助于避免医疗投诉发展成为医疗纠纷，增加医疗纠纷的难度与成本。患者及家属到医院提出医疗投诉说明对医院信任，如果医疗投诉管理部门对其置之不理或处理不当，投诉者可能就会产生消极的心理体验甚至过激行为，引发纠纷，增加问题处理难度，医院正常工作也会受到影响。而医疗投诉管理部门如果积极受理患者投诉，可以将医疗投诉大事化小、小事化了，在医院内部解决投诉，避免投诉发展为纠纷，增加处理难度与成本。

第三，积极处理医疗纠纷投诉，有助于把握提高医疗服务质量的契机。医院仅及时处理投诉是不够的，还应充分利用投诉反映的问题，提高医院服务质量。投诉包含了医院服务质量和医护人员服务态度等信息，管理者可根据投诉了解临床科室工作情况，及时发现并处理问题，利用医疗投诉的现实案例加强医院质量建设。

二、构建医院内医疗纠纷投诉接待与处理流程的要求

（一）依法依规接待和处理的根本要求

医院内医疗纠纷的接待和处理必须依据有关法律法规的规定，不得违反国家有关政策和公序良俗。在面对医患纠纷或冲突的时候，医患双方都应该本着冷静和理性的态度处理。一切不理性、不尊重对方合法权益的行为，对问题的解决都没有丝毫利处。在建设民主法治和谐社会的今天，医疗纠纷投诉管理部门要尊重患者意愿，同时还要劝导患者依法维权，重视法律在解决纠纷中的突出作用，避免患者面对医患纠纷和冲突时采用极端或暴力的方式维权，盲目地采取自力救济而非公立救济的维权方式。

（二）加强沟通，建立医患互助是接待和处理的基础

医院内医疗纠纷的接待和处理以沟通为前提，不得激化矛盾。在沟通处理过

程中，需要注意以下沟通技巧。其一，需要保持热情的态度。态度是心灵的表白，极易受个人感情、思想和行为倾向的影响，服务态度充分体现了接待人员的人文素质和道德情操。体现良好沟通态度的关键之一是接待人员情感的适时恰当“输出”。因此，医疗投诉接待人员的沟通愿望和沟通态度往往是决定医患沟通成败或效果的关键，如一个诚恳而温柔的眼神就会向病人传递同情、温馨和关爱。其二，需要掌握语言的运用技巧。医学之父希波克拉底认为，医生的法宝有三样：语言、药物和手术刀。医生的语言如同他的手术刀，可以救人，也可能伤人。医生高超的语言水平能给病人增加信心、希望和力量，而如果运用不当，就会产生相反的作用。因此，作为医疗投诉接待人员在接待医疗投诉时，需掌握语言的运用技巧。其三，需要用心倾听。人际关系学大师卡耐基认为，在沟通中，最重要的是倾听的能力。任何有效的沟通都始于真正的倾听，而成功沟通的高手都是那些真正领悟倾听价值的人。事实上，倾听并不是件容易做到的事。要做一个有效的倾听者需要满足以下要求：一是要全神贯注和适时回应，适时轻声地说“嗯”“是”或点头以表示在认真听。二是在沟通的过程中，对患者的陈述进行核实。三是当患者陈述完有关情况后，将患者的部分或全部沟通内容反述给对方，使其通过反述核对讲话内容和表现，重新评估并作必要的澄清。四是在进行医疗投诉接待时，需要重视非语言沟通。非语言沟通以人体语言作为载体，即通过人的目光、表情、动作和空间距离等进行人与人之间的信息交流。非语言行为的微小变化，会对患者产生微妙的心理和情绪影响，把握好沟通时的非语言行为分寸，自然而不失庄重、严谨又充满温情、愉悦但不夸张，恰到好处地传达接待人员的交谈信息和丰富的人文精神，同时注意患者的接受心理和审美感受，使交谈更富有生气和感染力，使医患沟通更富有成效。

（三）规范化和程序化是接待和处理纠纷效果的保证

针对问题制定并完善相关规范，建立医疗纠纷处理流程。近年来由医疗行为引发的医疗争议及医患矛盾层出不穷并逐年递增，而在医疗纠纷处理中，个别医院或医疗投诉管理部门处理程序或不到位，没有将事件的具体经过调查清楚，或向患方表明院方的立场及处理意见，将矛盾或事件直接上移，存在着严重推诿病员或其家属现象。为此，投诉管理部门应该设置统一的医疗投诉处理流程，规范化和程序化处理医疗投诉，争取将医疗投诉事件处理在萌芽状态。

首先，投诉管理部门应该向投诉患者详细解释医疗纠纷处置流程，投诉接待人员应立即向当事人员了解事件经过，及时与病员或其家属进行沟通，针对争议焦点进行解答，同时详细告知医疗纠纷处置的有关程序与途径，以及患方在该起事件中应有的权利与义务，及时向分管领导或主管领导汇报事件经过并动态汇报事件进展。其次，投诉管理部门还应对该事件进行讨论，分析存在的缺陷与问题，对该事件进行医疗不良事件预评估，提出处理意见。当事态进一步扩大至失控苗头时，应及时与当地卫生行政部门业务主管科室及当地公安机关取得联系，并立即启动医疗纠纷院外联动处理程序。

三、医疗投诉管理部门接待与处理工作流程——以北京积水潭医院医患办为例①

北京积水潭医院总结目前北京市各级医疗机构的医疗纠纷解决经验，试图探索建立北京市标准化医疗纠纷解决程序，该标准化医疗纠纷处理流程主要分为三个环节。

（一）院内主动反应环节

在此环节中，医疗投诉管理部门应首先及时掌握纠纷信息。信息的来源主要为病人的反映意见，因此工作人员在倾听病人意见时，需要更加注意医患沟通的方式和方法，并将病人的主要信息、每次接待来访的接待情况详细记录并存入电子档案中。以晓之以理、动之以情的态度与病人进行沟通，是成功解决医疗纠纷的基础，通过倾听和沟通了解纠纷根源所在，对关键问题不回避、不绕弯子，向病人详细介绍纠纷的解决程序和各种途径，请病人及家属自行参考选择，以提高纠纷的解决概率；同时主动承诺纠纷的解决时限，一般不超过五个工作日。

纠纷信息的另一来源为各临床科室，各临床科室都应选派临床经验丰富、工作认真负责、沟通能力佳的同志负责医疗纠纷的协调工作，监控本科室医疗纠纷苗头和协助医政部门处理纠纷。科室内一旦出现了纠纷端倪，应及时与相关部门进行沟通，若确为医院工作失误，则立即追查原因，采取补救措施，争取早发现、早处理，力争避免矛盾扩大化。对于情况较为复杂的纠纷，除了争取在第一

① 田晓青：《化解医患矛盾，医者先行是良策——医疗投诉管理“积水潭模式”介绍》，《中国医学论坛报》2014年5月15日。

时间调查处理、掌握第一手资料以外，还应请临床专家和法律顾问对案情进行讨论分析，作出专业评估。各医院可以筹建自己的医疗管理委员会，此鉴定小组类似于医学会的专家库，由医院各临床科室副主任医师以上职称的专家组成。院内一旦发生医疗争议，就会启动专家鉴定库，选出相关专家对此医疗争议进行鉴定，分析责任，并且填写书面意见。

对院内暂时不能解决的医疗争议，经医患双方共同委托移交至医疗纠纷解决第三方——北京市医疗纠纷人民调解委员会，请公正的第三方对此纠纷进行调查和协调。[①] 第三方接到委托后应该第一时间向患者及家属联系自身的工作程序和流程，并向患方承诺在规定的工作日内给其出具口头或者书面的答复意见。人民调解委员会在接到案例时，应该依照医疗事故技术鉴定各环节规范执行，实事求是地分析案情，不偏不倚。

由于调查和评估过程需要时间，医院应拿出诚恳的态度，尽量安抚病人及家属的情绪，争取病人及家属的理解。经过分析和评估，如果医院存在过错，有关部门应代表医院主动向家属道歉，并和协调中心协商包括经济补偿在内的解决方案供病人和家属选择，达成协议；如果医院没有过错，应稳定病人和家属情绪，耐心解释，或者建议其走医疗鉴定和法律渠道解决纠纷。

（二）诉讼和鉴定环节

这一环节的参与主体由原来医院和患者转变为医院、患者、医学会、法院。和第一个环节快速、灵敏反应的特点相比，第二个环节程序更多、需要时间更长、精力和资金耗费更大，但这是一条公平、公正、客观地解决纠纷之路。一旦进入了这个环节，医院的工作重心由上一环节的解释、说服转变为理性地举证，纠纷的解决就逐渐走上了一条日趋平和之路。对于大多数患者而言，经过第一个环节就能有效地解决纠纷，但是有少数纠纷经过院内协商环节和第三方协调解决环节仍然不能得到有效解决纠纷，必须通过诉讼渠道解决。这时法院发挥着处理纠纷的权威性作用，站在政府和法律的高度，以事实为依据、以法律为准绳积极解决医疗纠纷。

（三）辅助环节

院内主动反应环节、诉讼和鉴定环节在医疗纠纷处理的不同时期发挥着不同

---

① 李庆功：《临床风险管理》，人民卫生出版社 2009 年版，第 186 页。

的作用，保障着医疗纠纷的有效解决。为了保障这两个环节有效运转，还应做大量的辅助工作，犹如给汽车加油和维修一样。其一，加大医疗机构内部人员培训力度，开展不同层次、不同专题的培训，通过大量的法律、法规、医患沟通知识的培训工作，改变以前医疗纠纷处理多而防范少的状况，从而从源头上避免了医疗纠纷的发生。其二，应及时总结医疗纠纷高发因素，制定相应的整改措施和规章制度。其三，规范医疗风险管理，提高医务人员的医疗风险意识，保障医疗安全。其四，其他有利于保障医疗质量、提升医疗安全、增加患者满意度的工作。

第四节　医疗机构投诉管理部门的其他工作

一、定期深入科室，预防医疗纠纷

医疗投诉接待和处理部门应定期深入科室，尽早发现隐患，工作前移，与临床科室深入沟通与交流，尽量化解医患之间的矛盾苗头。医疗投诉接待和处理部门对医疗纠纷的解决与防范起着举足轻重的作用。因此，投诉管理部门应针对本院各科医疗纠纷新特点，坚持“早发现、早参与、早解决”的“三早”工作方针，采取有效措施积极应对医疗纠纷。主要做法与体会如下：坚持“早发现、早参与、早解决”的“三早”工作方针；医疗纠纷具有放大效应，最初发生时要进行及时干预和处理，否则医疗纠纷会逐步升级，由小差错变成大隐患、由小纠纷变成大冲突。

医疗投诉接待和处理部门应该狠抓核心制度落实、“三基三严”培训与考核、病历书写管理等，提高临床医师的业务水平和防范医疗纠纷的能力。针对医疗纠纷出现的新特点，相关部门应深入临床科室，召开科主任座谈会等，查找医疗隐患，对易发生医疗纠纷的疾病种类、人群和易发环节进行重点督查，对有纠纷倾向的病例给予特别关注，做到心中有数。各科室发现纠纷苗头后应及时向医疗投诉接待和处理部门汇报。对有纠纷隐患的患者，应及早组织全院多科室会诊，集全院力量，多学科参与，全力救治患者，让患者体会到来自院方的关怀与重视，医疗投诉接待和处理部门还应该派专人参加会诊并全程跟踪了解患者的病情变化及后续治疗情况，将隐患消灭于萌芽状态。

二、做好医疗投诉的总结、分析和反馈工作

医疗投诉管理部门所负责的投诉受理及处理工作，不仅要化解医疗纠纷、处理患者投诉，更要将其界定为医疗机构开展医疗质量管理的一个重要环节。医疗机构是一个大型的复杂的系统，内部构成元素众多，各元素之间纵横交错，关系复杂，稍有不慎或者疏漏，即可出现危及患者生命安全的事件。目前医疗机构的决策强调要有证据——循证决策，医疗投诉管理部门所接待、受理的包括医疗纠纷在内的各种投诉，都是医疗机构开展医疗质量管理的调控、反馈信息，医疗机构管理者应当充分重视、利用这些信息。因此，作为医疗投诉管理部门，对投诉信息应当加以汇总、梳理、分析、总结，并形成向上、向下两方面的后续工作。

第一，医疗投诉管理部门应做好对医疗投诉的总结、分析和反馈，并对医疗投诉进行自我剖析。分析投诉发生的原因，查找医院在提供诊疗和服务过程中的缺陷，总结投诉发生的经验教训，及时制定措施，并举一反三地将存在的问题扩展到全体医务人员层面进行剖析与教育。医疗投诉处理部门应定期对多起医疗投诉发生的主要原因进行分析，制定医疗安全管理工作改进目标和工作重点。

第二，医疗投诉管理部门应通过医疗投诉的总结、分析、反馈，加强对全院医务人员的法律法规、业务技术的培训和学习，提高全院医务人员医疗安全意识。加强临床科室医疗安全管理，严格执行医疗规章制度和诊疗、护理技术操作规范；及时完成医疗文书书写，提高病历质量；加强医患间的有效沟通、科室间的沟通、医护间的沟通、上下级医师间的沟通；加强重点部门、重要环节的检查、督查和指导等措施，使其不断改进和完善，确保医疗安全目标的实现。

第三，医疗投诉管理部门应通过每月、每季度、每年对全院医疗投诉的总结、分析、反馈，提高对医疗质量与安全的认识，强化医德修养，强化培训，不断提高业务技术水平，切实落实医疗核心制度，加强环节管理，把病人利益放在首位，认真履行职责，加强医疗质量安全管理，做好医疗行政管理各项工作。

三、做好医疗质量安全不良事件上报工作

（一）医疗质量安全不良事件上报是医疗投诉管理的重要内容

关于医疗质量安全不良事件的定义，国家卫健委的规范文件中的表述有所

变化。2011 年的《医疗质量安全事件报告暂行规定》第 2 条规定，医疗质量安全事件是指医疗机构及其医务人员在医疗活动中，由于诊疗过错、医药产品缺陷等原因，造成患者死亡、残疾、器官组织损伤导致功能障碍等明显人身损害的事件。2021 年的《2021 年国家医疗质量安全改进目标》指出，医疗质量安全不良事件指在医疗机构内被工作人员主动发现的，或患者在接受诊疗服务过程中出现的，除了患者自身疾病自然过程之外的各种因素所致的安全隐患、状态或造成后果的负性事件。

为了防范重大医疗过失行为和医疗事故的发生，保障医疗安全，提高医疗质量，建立健全医院医疗事故报告制度，根据国务院颁布的《医疗事故处理条例》《医疗纠纷预防和处理条例》和原卫生部发布的《医疗质量管理办法》《医疗质量安全事件报告暂行规定》，医疗机构应当建立医疗质量安全不良事件报告制度，建立医疗质量安全不良事件报告管理部门，① 遵循“逢疑必报”的原则，对于可疑医疗质量安全不良事件都应当报告。②《中华人民共和国医师法》第 33 条建立了医师强制报告制度，③ 医疗机构应当制定强制报告实施细则，建立或者确定接受医务人员报告的部门。医院医疗投诉管理部门可以接受医务人员上报医疗不良事件。

（二）医疗质量安全事件与疑似安全事件上报要求

医疗质量安全不良事件上报不仅包括已经确定为医疗质量安全事件的事件，还包括疑似医疗质量安全事件的事件，坚持“逢疑必报”的原则。《医疗质量安全事件报告暂行规定》第 6 条规定，根据对患者人身造成的损害程度及损害人

---

① 《医疗质量安全事件报告暂行规定》第 7 条规定，医疗机构应当设立或指定部门负责医疗质量安全事件信息报告工作，为医疗质量安全事件信息报告工作提供必要的物质条件支持，并配备专职或兼职工作人员。

② 《医疗质量安全事件报告暂行规定》第 9 条规定，医疗质量安全事件实行逢疑必报的原则，医疗机构通过以下途径获知可能为医疗质量安全事件时，应当按照本规定报告：（一）日常管理中发现医疗质量安全事件的；（二）患者以医疗损害为由直接向法院起诉的；（三）患者申请医疗事故技术鉴定或者其他法定鉴定的；（四）患者以医疗损害为由申请人民调解或其他第三方调解的；（五）患者投诉医疗损害或其他提示存在医疗质量安全事件的情况。

③ 《中华人民共和国医师法》第 33 条规定，在执业活动中有下列情形之一的，医师应当按照有关规定及时向所在医疗卫生机构或者有关部门、机构报告：（一）发现传染病、突发不明原因疾病或者异常健康事件；（二）发生或者发现医疗事故；（三）发现可能与药品、医疗器械有关的不良反应或者不良事件；（四）发现假药或者劣药；（五）发现患者涉嫌伤害事件或者非正常死亡；（六）法律、法规规定的其他情形。

数，医疗质量安全事件分为三级：（1）一般医疗质量安全事件，造成 2 人以下轻度残疾、器官组织损伤导致一般功能障碍或其他人身损害后果。（2）重大医疗质量安全事件，造成 2 人以下死亡或中度以上残疾、器官组织损伤导致严重功能障碍；造成 3 人以上中度以下残疾、器官组织损伤或其他人身损害后果。（3）特大医疗质量安全事件，造成 3 人以上死亡或重度残疾。

医疗质量安全不良事件上报内容还应包括下级卫生行政部门的调查处理结果。有关卫生行政部门应当对医疗机构的医疗质量安全事件或者疑似医疗质量安全事件调查处理工作进行指导，必要时可组织专家开展事件的调查处理，并按照规定及时向上级卫生行政部门报告调查处理结果。

医疗质量安全不良事件不包括药品不良反应及预防接种异常反应事件。有关药品不良反应及预防接种异常反应事件报告，按照相关规定执行。

（三）医疗质量安全不良事件上报程序

医务人员在医疗活动中发生或者发现医疗事故、可能引起医疗事故的医疗过失行为或者发生医疗事故争议的，应当立即以口头方式向所在科室负责人报告。

科室负责人应当及时以口头方式向医务处报告，并立即组织和参与对患者的救治，督促医务人员及时完成相关病历资料的书写以及在 6 小时内向医疗投诉受理部门书面报告患者姓名、性别、年龄、国籍、就诊或入院时间、简要诊疗经过、目前状况、重大医疗过失行为发生的时间和经过、需要采取的医疗救治措施等。

医疗投诉受理部门接到报告后，应当在科室负责人协助下立即展开调查，核实情况，并将调查核实的有关情况如实向院领导报告。经院领导批准，在 12 小时内向区卫生局提出书面报告。

发生或者发现重大医疗过失行为导致 3 名以上患者死亡、10 名以上患者出现人身损害时，院内要立即逐级上报，由医务处调查、核实有关情况，包括患者姓名、性别、年龄、国籍、就诊或入院时间、简要诊疗经过、目前状况、重大医疗过失行为发生的时间和经过、采取的医疗救治措施、患方的要求等。经院领导批准，立即以书面形式报区卫生局。

在双休日和节假日发生重大医疗过失行为和医疗事故的，应立即报至院内总值班，由总值班人员组织调查处理工作。

【案例 4-01】

患者投诉卫生行政部门不履行投诉职责的案件①

原告系患者冯某之子，2013 年 8 月原告向被告卫生行政主管部门纠风办递交举报信，反映河南省某医院消化内科存在违规违纪行为，举报内容主要有：故意夸大患者病情，对患者漏诊误断、过度医疗；违反管理制度和操作规程，擅离职守，延误患者救治；开具虚假医学证明，伪造病危通知书，篡改抢救时间；医生袁某、谢某违反执业管理规定，超范围开展生物治疗等诊疗活动；违反物价管理规定，超标准收费；涉嫌收受现金、有价证券等财物及接受讲课费和免费旅游；消化内科擅自开展肿瘤生物治疗。要求被告组织人员调查，调查后若发现情况属实，则依据有关规定，责成医院对涉及的科室主任和医务人员给予相应处理，并给予举报人书面答复。被告于 2013 年 8 月 12 日收到举报信，经领导签批后转河南省某医院调查处理。2014 年 3 月，河南省某医院向被告出具调查报告，被告将该调查报告复印并转交给原告。原告以卫生行政主管部门拒绝履行法定职责为由向法院提起行政诉讼。

一审法院认为：《医疗机构管理条例》规定，医疗机构执业，必须遵守有关法律、法规和医疗技术规范。县级以上人民政府卫生行政主管部门对医疗机构的执业活动行使监督管理职权。医师在执业活动中应遵守法律、法规，遵守技术操作规范。被告作为卫生行政主管部门，对原告举报河南省某医院相关问题，应当进行调查，根据调查认定的事实作出相应处理并答复举报人。但被告仅将收到的河南省某医院的调查报告复印转交给原告，并没有将卫生行政主管部门调查认定的事实和处理意见明确告知举报人，没有完全履行自己的行政监管职责。原告请求被告对原告的举报进行调查、作出处理并给予书面答复的诉讼请求，本院予以支持。因被告没有对原告举报作出调查结论，被告辩称原告属于对来信来访处理结果不服提出行政诉讼，不属于行政诉讼条件的意见，本院不予采纳。根据《中华人民共和国行政诉讼法》的相关规定，判决被告在判决生效后 60 日内对原告的举报作出处理并书面答复原告。被告不服提出上诉，二审法院驳回上诉，维持原判。

---

① 参见郑州市金水区人民法院（2014）金行初字第 245 号一审行政判决书，河南省郑州市中级人民法院（2014）郑行终字第 340 号二审行政判决书。

第五章　患者投诉的接待与处理

医疗投诉的接待与处理工作作为医疗服务流程管理中的重要一环，在妥善化解医患矛盾、构建和谐医患关系中起到至关重要的作用。医疗投诉管理不仅被动解决患者诉求，更应该把医疗投诉和医疗纠纷的预防作为重点工作。医疗投诉管理包括接待和受理患者投诉、收集和处理患者投诉信息、将处理的方案和结果反馈给患者、定期向医院质量管理部门反映情况等。如果医疗投诉通道不畅、投诉接待与处理方式不当、投诉信息传递失真、医患沟通机制不健全，很容易导致投诉不能快速有效地解决，从而使医疗投诉上升为医疗纠纷，进一步扩大医患矛盾。因此，加强医疗投诉的管理，重视对患者投诉的接待与处理，重视对投诉内容的分析研究，并作为改善医院管理的重要依据，是促进医疗服务质量提高、维护正常的医疗服务秩序的重要途径，也有利于缓解医患矛盾，促进医患关系和谐。

第一节　患者投诉接待与处理概述

医疗投诉是每一个医疗机构都会遇到的问题。随着社会经济的发展，人们法律意识不断增强，加上医疗体系转制过程中医患矛盾日益突出等问题，各医疗机构的医疗投诉量也在不断增长。医疗投诉已成为影响医疗机构形象与口碑的不可忽视的因素，并在一定程度上成为反映医患关系情况的“晴雨表”。医疗投诉既是患者对医疗机构管理和服务不满的表达方式，也是医疗机构有价值且低成本的信息资源，它为医疗机构探求患者需求，持续改进自身的服务提供了重要依据和工作思路。由此可见，投诉是医院不可避免的问题，也是应该充分利用的重要资源。因此，各医疗机构越来越重视患者的投诉，并逐步建立起一整套完整的医疗投诉管理体系，将医疗投诉接待与处理标准化、系统化；同时加强接待人员的素质培养，使投诉接待人员行为程序化、规范化，提高处理技巧，将医患矛盾化解在萌芽状态。这些对于构建和谐的医患关系，保证医疗机构正常的诊疗秩序，维护医务人员人身安全，促进医疗机构又好又快地发展都具有十分重要的意义。

一、树立正确的医疗投诉观念

一直以来在医疗机构及医务人员中存在一种错误的认识，认为投诉是坏事，影响了医院服务质量的评比和声誉，因此管理的目标在于尽量减少和消除投诉，而当投诉发生时也往往采取隐瞒、息事宁人的态度，而且管理的重点往往集中在对被投诉的人和科室的处罚上。这些都是行政管理部门管理不当所造成的视野缺陷。

投诉是一种感情的表示方法，是患者对医院的信任、爱戴和留恋。① 有调查资料统计表明：投诉方有 54%—70%的人在问题获得解决的情况下，就会再次上门；如果觉得问题解决得迅速且令人满意，那么比例会攀升至 95%，这个数字在激烈竞争的医疗市场上是非常可观的。所以，对医院投诉过的患者再回头的比率比不投诉的高，投诉事实上能够使患者对医院更加忠诚，投诉得到高效处理的患者更是如此。也有资料表明：一位患者对某医院或某项服务产生不满时，平均会告诉 9—10 个人，有 13%的人会把这件事再告诉 20 人以上；而每位向医院提出投诉并获得圆满解决的人，会把其受到的待遇告诉 5—8 人；问题没有得到解决的患者，会把他们的负面经验再告诉 8—16 人，经常发生这样的结果是非常可怕的。还有资料显示：（1）从不投诉的客户回头率为 9%，其中 91%不会再回来；（2）投诉没有得到解决的客户的回头率为 19%，其中 81%不会再回来；（3）投诉得到解决的客户的回头率为 54%，其中 46%不会再回来；（4）投诉得到迅速解决的客户的回头率为 82%，其中 18%不会再回来。② 该统计资料再次表明了投诉与回头率的关系，从中可以发现投诉对医疗机构是非常重要的，是改进工作的一个很好途径，只有发现不足并加以改进，才能赢得患者的信任。假如患

① 丁书琴：《如何正确看待与处理医疗投诉》，《中华现代医院管理杂志》2007 年第 7 期。
② 丁书琴：《如何正确看待与处理医疗投诉》，《中华现代医院管理杂志》2007 年第 7 期。

者不投诉，或者投诉得不到答复及改善，他们就会选择去其他医院就诊，而且还会劝朋友也不要去这家医院就诊。

医疗投诉是医院不可避免的一个问题，但只要以正确的态度对待投诉，并认真处理投诉，从中吸取经验教训，就能更好地促进医院发展。首先，患者的投诉可以使医院发现工作中的不足之处。投诉产生的主要原因来自服务上的缺陷，这些缺陷可能是主观的原因、服务流程上的不足或是管理不到位造成的，而患者投诉则有助于医院从投诉信息中发现问题并修正自己的失误，以提升服务质量。其次，患者的投诉可以使我们认识到患者的隐性需求。在对患者投诉原因进行分析后，可以发现相当多的投诉源自医院及医务人员忽视了患者的需求。因此，通过投诉医院能够找到患者的潜在需求点，从而为医院改善服务提供思路。可见，投诉是医院可以充分利用且具有重要价值的资源。所以，患者投诉是患者送给医院的“礼物”，当患者把不满告诉医院的时候，其实是给了医院一次把不满意患者重新转化为满意患者的机会、一次重新赢得患者的机会。

因此，医院要重视和正确对待医疗投诉，树立一种正确的观念，即患者的投诉是改进服务的动力和契机。① 医疗投诉在一定程度上反映了患者对医疗质量和服务水平的满意程度。② 但是，投诉少并不代表医疗服务质量高，相反，投诉多也不代表医疗服务质量差。医院方面应该客观看待患者投诉的动机，如有的患者之所以来投诉，是因为患者在很多方面对这家医院是持肯定态度的，只是希望院方对不足的方面加以改善，以便更好地满足患者的需求。投诉是医院管理非常有价值的资源。投诉不仅反映了医院医疗服务过程中存在的问题，也反映了患者潜在的服务需求。③ 医院应该树立正确的医疗投诉观念，鼓励患者通过投诉向医院表达自己的看法和意见，在接受、处理医疗投诉事件的过程中提高服务质量，使医院的医疗服务在竞争日益激烈的医疗领域中享有盛誉。

二、做好投诉接待与处理工作的意义

医院是服务机构，医院的服务宗旨就是让患者满意、让社会满意。对患者而

---

① 唐维新、易利华：《医院服务战略概论》，人民卫生出版社 2003 年版，第 168—169 页。

② 何韵、郭荣平、林桐榆：《浅析医疗投诉管理与经营》，《现代医院》2006 年第 12 期。

③ 唐叶枫、章洁、肖翔等：《加强病人投诉管理　构建和谐医患关系》，《现代医院管理》2008 年第 4 期。

言，患病是痛苦的，疾病的治疗过程是一段不愿意又不得不经历的过程。因此，医者不仅要治疗患者身体上的病痛，更要医治患者心灵上的痛苦。但是，即使医务人员尽最大的努力去救治患者，给予患者精心的护理，医疗纠纷也无法避免。因此，每个医院都不可避免地面临患者投诉的问题。医院对待投诉接待和处理工作的不同态度可以产生不同的结果，它可以促使纠纷向好的方面发展，也可能会把矛盾推向复杂化。医院只要以正确的态度对待投诉，并认真处理投诉，从中吸取经验教训，就有可能更好地促进医院发展。因此，积极做好投诉接待和处理工作对医院具有非常重要的意义。

（一）做好投诉接待和处理工作可以有效化解医疗纠纷

程序化、规范化的投诉接待和处理可以减少医疗纠纷导致的不良后果。医疗投诉往往是医疗纠纷的引发因素，如果处理不好极有可能会转化为纠纷，使问题复杂化。医疗纠纷一旦产生，就患者而言，其心情之不愉快是可想而知的。如果患者在与医务人员沟通无果的情况下，能够第一时间找到相关部门倾诉，其不良情绪可能会得到一定程度的释放；但是如果纠纷发生后患者无法找到相关部门倾诉，则心中的愤怒可能会进一步增强，甚至出现辱骂、打闹等过激行为，最终引发医疗纠纷，增加问题的处理难度。相反，如果医院妥善处理投诉，可以大事化小、小事化了，有效避免纠纷的发生。有些纠纷的产生可能是由于患者对医疗保险及相关的医疗政策不理解，如果投诉接待部门的工作人员能够在第一时间接待患者，并向其宣讲医疗保险及相关政策，医疗纠纷所产生的矛盾就会被顷刻化解。

（二）做好投诉接待和处理工作有助于医疗质量安全管理

前来投诉的患者多数是因为医疗机构的医疗技术、医疗服务不能满足他们的需要，或者有失误之处，给他们造成了某种物质或精神上的损失。从医院发展的角度看，患者提供的信息反映了医院发展运行中存在的问题，通常具有很强的针对性。如果仔细研究这些问题，可以帮助医院完善服务细节，提高技术能力，改进医疗质量，降低使更多患者遭受损失的潜在危险，拓展服务项目，最大限度地开拓医疗市场等。

（三）做好投诉接待和处理工作有利于维护患者利益，塑造良好的医院形象

发生投诉，说明患者及家属已经对医院的工作产生了不满，如果此种不满得

不到及时有效解决，投诉者便会带着怨言离开。为了发泄心中的不满，他们极有可能向周围的人倾诉，损害医院的形象。而患者向医院提出投诉时，从另一个方面说明仍对医院心存信任，因为他们相信医院会给他们一个合理的答复，并解决问题，这也是医院主动调整医患关系、维护医院信誉、塑造医院形象的机会。如果医院积极接待和处理患者投诉，不仅使患者感到自己的权利得到了尊重和维护，也使医院有机会降低消极因素的影响，化危机为契机，借不利的局面凸显良好的服务态度，从而在患者心目中重新塑造良好的形象。

（四）做好投诉接待和处理工作有利于构建和谐医患关系

医院为患者解决就医过程中存在的问题，并把结果及时反馈给患者，将使患者心中的不满得到化解，从而化解存在的矛盾。而且，医院热情的接待、高效的处理方式极有可能使患者改变之前对医院不满的态度，转而对医院形成良好的印象。这些将都有助于缓解目前紧张的医患关系，促进和谐医患关系的建立。

综上，做好投诉接待和处理工作有利于及时发现医院医疗服务的不足并及时整改，有利于医院质量管理的完善，有利于将医疗纠纷消除在萌芽状态，有利于向患者与社会宣传医院良好的医疗服务品质，对构建和谐的医患关系、促进医院又好又快的发展具有积极的、建设性的意义。

三、医疗投诉接待与处理的依据

国家卫生健康委颁布的《医疗机构投诉管理办法》和《医疗机构投诉接待处理“十应当”》是医疗机构接待和处理医疗投诉的法律依据。在处理具体投诉事项时，还要依据其他有关的医疗卫生管理法律、法规、规章和技术规范、指南等规范性文件。

《医疗机构投诉管理办法》第 11 条第 2 款规定，二级以上医疗机构应当设置医患关系办公室或者指定部门（统称投诉管理部门）统一承担投诉管理工作。其他医疗机构应当配备专（兼）职人员，有条件的也可以设置投诉管理部门。

《医疗机构投诉管理办法》第 22 条规定，医疗机构应当建立畅通、便捷的投诉渠道，在医疗机构显著位置公布投诉处理程序、地点、接待时间和联系方式。

鼓励医疗机构加强舆情监测，及时掌握患者在其他渠道的诉求。

《医疗机构投诉管理办法》第24条规定，医疗机构投诉实行“首诉负责制”，患者向有关部门、科室投诉的，其工作人员应当热情接待，对于能够当场协调处理的，应当尽量当场协调解决；对于无法当场协调处理的，接待的部门或者科室应当主动将患者引导到投诉管理部门［含投诉管理专（兼）职人员］，不得推诿、搪塞。

《医疗机构投诉管理办法》第25条规定，投诉接待人员应当认真听取患者意见，耐心细致地做好解释工作，避免矛盾激化；应当核实相关信息，如实记录患者反映的情况，及时留存书面投诉材料。

《医疗机构投诉管理办法》第28条规定，医疗机构投诉管理部门接到投诉或者卫生健康主管部门交办的投诉后，应当及时向当事部门、科室和相关人员了解、核实情况，在查清事实、分清责任的基础上提出处理意见，并反馈给患者。投诉涉及的部门、科室和相关人员应当积极配合投诉管理部门开展投诉事项调查、核实、处理工作。

《医疗机构投诉管理办法》第30条规定，医疗机构投诉管理部门应当及时处理投诉，能够当场核查处理的，应当及时查明情况；确有差错的，立即纠正，并当场向患者告知（或出具）处理意见。涉及医疗质量安全、可能危及患者健康的，应当立即采取积极措施，避免或者减轻对患者身体健康的损害，防止损害扩大。情况较复杂，需调查、核实的，一般应当于接到投诉之日起5个工作日内向患者反馈相关处理情况或者处理意见。涉及多个科室，需组织、协调相关部门共同研究的，应当于接到投诉之日起10个工作日内向患者反馈处理情况或者处理意见。

四、医疗投诉接待与处理的流程

规范的处置流程是完善投诉管理的关键，不仅有利于提高投诉处理的效率，也有利于及时化解医患矛盾，防止医疗纠纷的发生。因此，每个医院都应按照管理模式制定相应的投诉接待与处理流程。虽然各医院之间会有所不同，但是，其运作流程基本都包括了两个不可或缺的程序，即投诉受理过程和投诉处理过程。同时，通过对投诉进行追踪并实时反馈也是非常重要的一部分（见图5－1）。

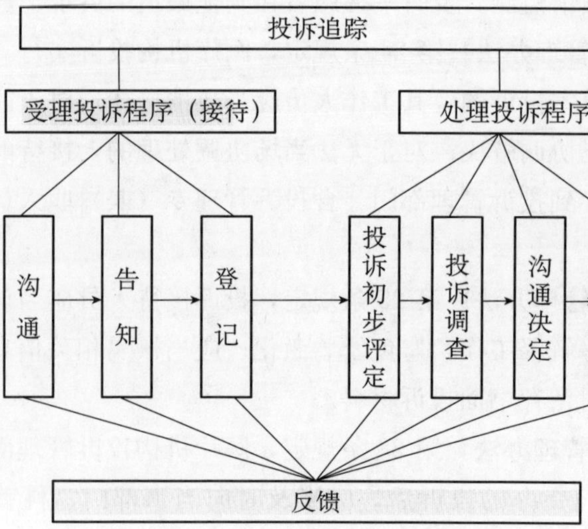

图 5-1　医疗投诉接待与处理流程

第二节　医疗投诉受理

一、医疗投诉受理的定义及要求

（一）医疗投诉受理的定义

医疗投诉的受理是指医疗机构投诉管理部门对投诉案件接受处理的行为。具体而言，医疗投诉受理是指医疗机构接到患者通过来信、来电、来访等方式对医院提出的意见和要求后，相关管理部门工作人员接待患者投诉并接受处理的行为。

（二）医疗投诉受理的要求

医疗投诉受理的要求主要有：

（1）医疗机构受理的投诉应当符合医疗投诉的受理条件，并属于医疗机构的管辖范围；

（2）医疗机构需设立专门的职能部门受理医疗投诉；

（3）受理医疗投诉的工作人员需具备相应的专业知识及行政职能；

（4）投诉者必须是医疗过程中自己的合法权益受到直接侵害的患者或合法代理人；

（5）有明确的被投诉者（对象）、事实根据和具体要求；

（6）投诉者应有投诉人签字盖章的文字材料，或本人口诉由受理部门笔录的文字材料作为投诉材料。电话方式投诉的，投诉人应报出真实姓名、联系地址、通信方式，受理科室应做好记录。匿名信件和匿名电话投诉的受理工作，按国务院《信访工作条例》和中纪委对匿名信处理规定等有关文件精神办理。

总之，在了解患者投诉的内容后，要确定患者投诉的理由是否充分，投诉要求是否合理。如果投诉并不成立，就以委婉的方式答复客户，以取得客户的谅解，消除误会。

二、医疗投诉受理的基本原则

投诉受理应在“以患者为中心”的服务理念下，遵循公开透明、简便快捷、权责对等、现实可行、权力集中、主动化解矛盾等原则和要求。《医疗机构投诉管理办法》第5条规定，医疗机构投诉的接待、处理工作应当贯彻“以患者为中心”的理念，遵循合法、公正、及时、便民的原则。具体来说，医疗投诉受理应当遵循以下基本原则。

（一）公开透明

医院应确保让所有的患者都能了解如何投诉的相关信息，即医院对患者的承诺、投诉管理方针和目标、投诉的流程、投诉的渠道等等。医院应遵循公开透明这一基本原则，主动对外公布医院投诉处理方针政策、投诉处理规章制度、处理程序及时限、患者投诉方式及部门等相关信息。公开信息的方式应多种多样，包括在医院醒目地方设置指示牌或宣传栏、官方网站、医务人员主动告知等。医院还应定期安排院长或分管领导接待日，并对外公布接待时间、地点，以便患者有机会直接面向医院领导反映问题，也有利于塑造医院为病人着想的良好形象，从而缓和医患矛盾。

（二）简便快捷

医疗投诉受理不仅要方便患者，也应该方便投诉管理工作人员接待及处理投诉问题。另外，投诉受理的流程应该趋于简化，如果处理过程过于复杂，将会增加工作人员的工作难度，并导致患者不满。

（三）权责对等

医疗机构在维护患者权利的同时，应该在一定程度上保障自身的权益。由于现实工作中存在一些患者故意找医院麻烦的情况，因此，应该明确哪些情况是医院应该受理的，符合投诉的条件。对于患者不合理的要求，医院可以不受理，以免打击医务人员的工作积极性。

（四）现实可行

根据不同医院等级和规模的差异，设置专职或兼职部门负责医院投诉受理工作。由于不同医院所处的环境不一样，各医院可根据自己的实际情况，采取不同的措施规范投诉管理工作。

（五）权力集中

投诉受理是医院质量管理重要的组成部分，应该设立专门的部门负责投诉管理工作。另外，各医院都应该重视投诉管理工作，并适当赋予管理部门和人员一定的权力。

（六）主动化解矛盾

无论何种原因引起的患者投诉，患者总是希望得到些精神上或是物质上的补偿，例如，对受理医务人员不良服务态度的投诉。事实上只要医院能主动向对方认错道歉，就可能化解一场大的医患纠纷，在合情合理范围内给予患者适当补偿，甚至能让患者转怒为喜，成为医院的忠诚患者。主动解决问题的态度和行为，能较大程度降低对方心理的挫折感，有利于紧张状态的缓解，能避免发生公开冲突，能使患者冷静理智的分析事情的原委，对投诉产生原因及双方责任的认定进行协商，并就最后的解决方案达成一致观点。应该注意的是，和解应在社会道德规范和双方平等、自愿、公平的民事原则指导下进行。

【案例 5-01】

投诉复制病历的行政复议案件

申请人崔某于2020年10月26日入住某三甲医院耳鼻喉科。10月27日在进行双侧鼻窦炎手术时发生医疗纠纷。崔某找到诊疗医师，要求复制病历。该医师表示在院治疗中的运行病历不能复制。崔某于2021年3月30日向某区卫生健康委投诉医院拒绝复印病历。某区卫生健康委经现场检查，询问相关医务人员，调取申请人病历材料后，于2021年5月21日向申请人作出书面回复，认为诊疗医师称运行病历不能复制的答复，未向医院病历管理科室咨询，拒绝复制病历的行为是医师的个人行为，医院对患方提出的复制病历的请求并不知情，不存在拒绝复制病历的行为。申请人对某区卫生健康委的答复不服，向某市卫生健康委申请行政复议。请求撤销区卫生健康委的答复，并要求其重新答复。

某市卫生健康委审理后认为，《医疗纠纷预防和处理条例》第47条对医疗机构及其医务人员违反病历复制、封存的相关规定有明确的处理要求。为崔某进行诊疗的医师系在医院注册并且亲自为患者进行诊治的执业医师，某区卫生健康委在未明确医院及其医务人员在病历复制、封存问题上的责任的情况下，将医师拒绝为患方复制住院病历的行为认定为个人行为，且未就医师个人、医院是否违反关于病历复制、封存的相关规定以及应否给予其相应处理，向申请人作出告知和认定，属于主要事实不清、证据不足。某市卫生健康委遂依据《中华人民共和国行政复议法》相关规定撤销了某区卫生健康委的答复，责令其依法重新作出答复。

三、医疗投诉受理的程序和模式

（一）医疗投诉受理的程序

医疗投诉受理的程序，是指医疗机构相关管理部门接受投诉者的投诉，依照相关工作制度进行接待的程式和顺序。设置科学合理的投诉受理程序是完善投诉管理的关键。规范的投诉受理管理流程不仅有利于提高投诉处理的效率，也有利于及时化解医患矛盾，防止医疗纠纷的发生。每个医院都应按照管理模式制定相应的投诉受理管理流程，虽然各医院之间会有所不同，但是，其运作流程基本都包含以下主要部分（见图 5-2）。

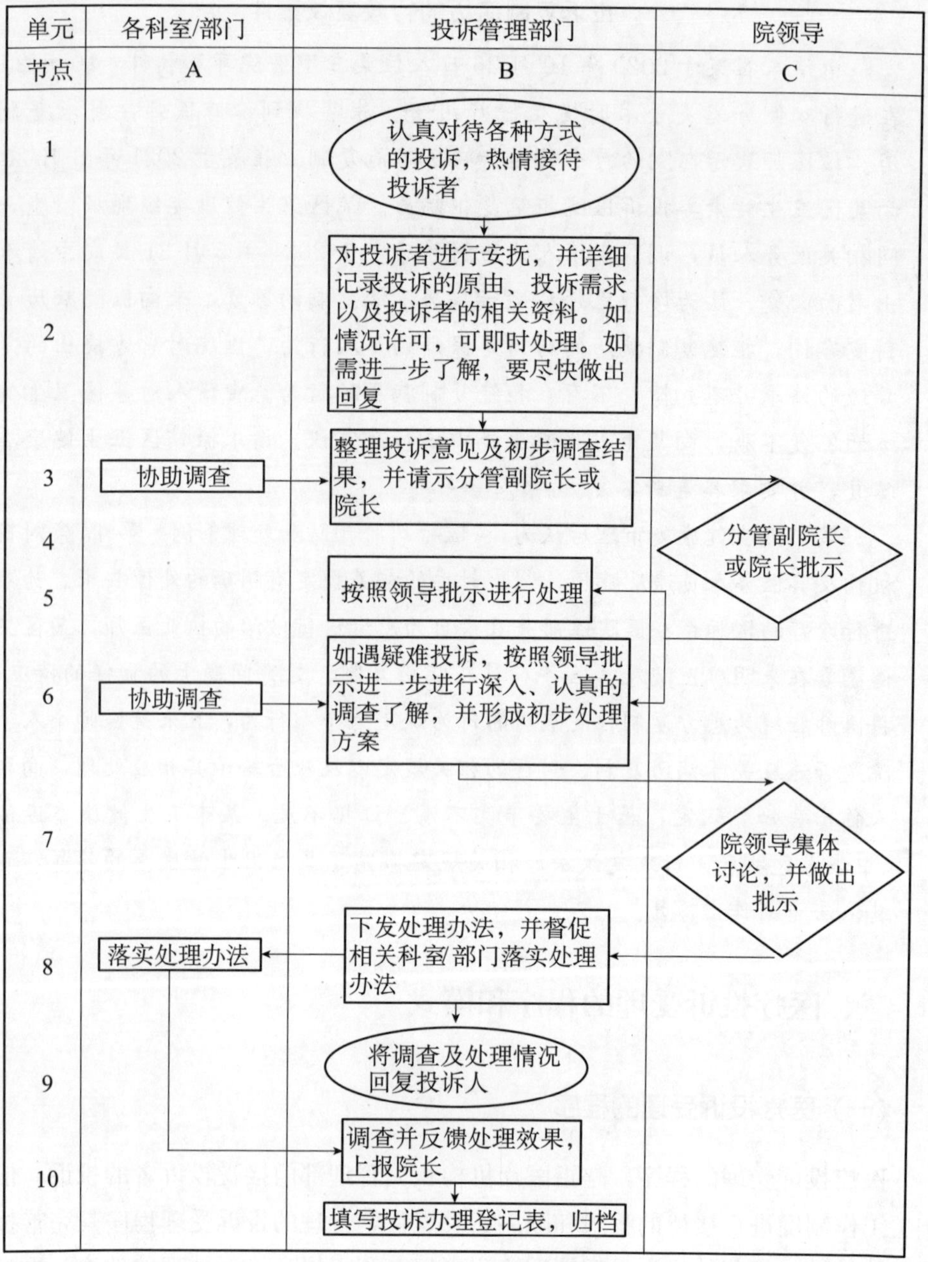

图 5-2　患者投诉受理管理流程

（二）医疗投诉受理的模式

1. 单个窗口统一受理投诉模式

这种模式的主要形式是由一个窗口对外接受患者的所有投诉，包括医疗质量、服务态度、医德医风和医院管理制度等方面的投诉，受理窗口登记后按照投诉内容分流给相应的管理部门，如涉及门诊急诊的投诉转入门诊部负责处理，涉及医德医风的投诉转入党办处理，涉及收费及价格问题的投诉转入财务部等，并建立投诉处理信息的反馈机制，各职能部门将投诉处理结果反馈给受理窗口，再由受理窗口将结果及时反馈给患者及家属（见图 5－3）。另外，门诊投诉窗口安排有专职人员，负责投诉接待和信息管理，定期将投诉信息以报表形式上报给医院主管领导，作为医疗服务工作改进和绩效考核的依据。如北京积水潭医院和北京协和医院等采取的就是这种投诉管理模式。

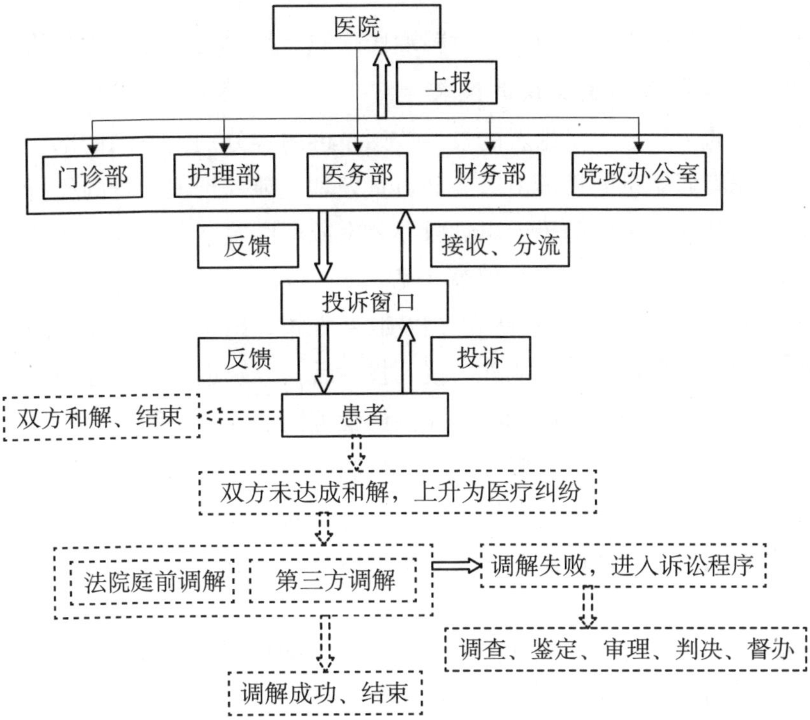

图 5－3　单个窗口统一受理投诉模式

注：图中实线部分代表投诉受理及处置流程，虚线部分代表投诉上升为纠纷后的调解过程。（图 5－4—图 5－6 同）

这种模式的优点：从患者及家属方面看，统一的公示电话和投诉接收方式为患者提供了明确的投诉渠道，方便患者投诉，可以为患者节省时间，同时也改变了患者投诉无门和各部门相互推诿的局面。从医院方面来讲，由单个窗口统一受理、统一登记，有助于信息汇总分析，以便全面了解医院管理存在的问题；同时，临床科室医务人员脱离了投诉事件的繁杂处理过程，从而可以全身心地投入日常的诊疗服务，有利于提高医疗服务水平。

缺点：医疗服务投诉窗口的工作量较大，工作人员压力过大，容易造成投诉案件堆积，若处理不及时，极有可能引发新的投诉，甚至上升为医疗纠纷，给医院带来更严重的后果；不适用某些细节问题引发的投诉，如因服务设施存在故障的投诉，由于患者与有关责任部门或人员不能当面沟通，使问题解决过程更为复杂。此外，这种管理模式需要该窗口在医院内部有较大的行政处理权力，也需要精通医疗服务投诉管理的专业人员，目前很多医院尚不具备此种条件。

适用条件：二甲以上规模，且有精通医疗服务投诉处理专业团队的医院。

2. “X 窗口”共同受理投诉模式

这种模式的主要形式是患者的投诉按照投诉内容分别由不同的部门受理，如涉及医生诊疗服务质量的投诉由医务部负责处理，涉及护理质量的投诉由护理部负责处理，涉及医德医风的投诉由党政办公室或者医院办公室处理，涉及门诊急诊方面的投诉则由门诊部负责处理等（见图 5－4）。一般医院会在就诊大厅或者其他醒目地方公布受理各种投诉的部门及联系方式，患者可按照公布的相关信息找相应的管理部门投诉。各职能部门接到投诉后，分别进行调查处理，并将结果反馈给患者及家属。同时，医院将医疗投诉管理同绩效考核和医疗质量管理结合起来，形成对科室和个人医疗服务的激励机制，从而促进医院医疗服务质量的不断提高。目前，国内很多医院采用“×窗口”共同受理投诉的模式，如华中科技大学同济医学院附属同济医院、四川大学华西医学院附属华西医院、福建省立医院等。

这种模式的优点：各职能部门分工明确，一般能较快处理患者反映的问题，避免投诉升级为纠纷；医疗投诉处理更加专业化，各部门负责与自己日常业务相关的投诉，熟悉相关问题，处理起来得心应手，能够缩短处理周期，从而及时将结果反馈给患者及家属；无须专门设立投诉受理部门，由各职能部门兼职处理投诉，降低了投诉管理成本。

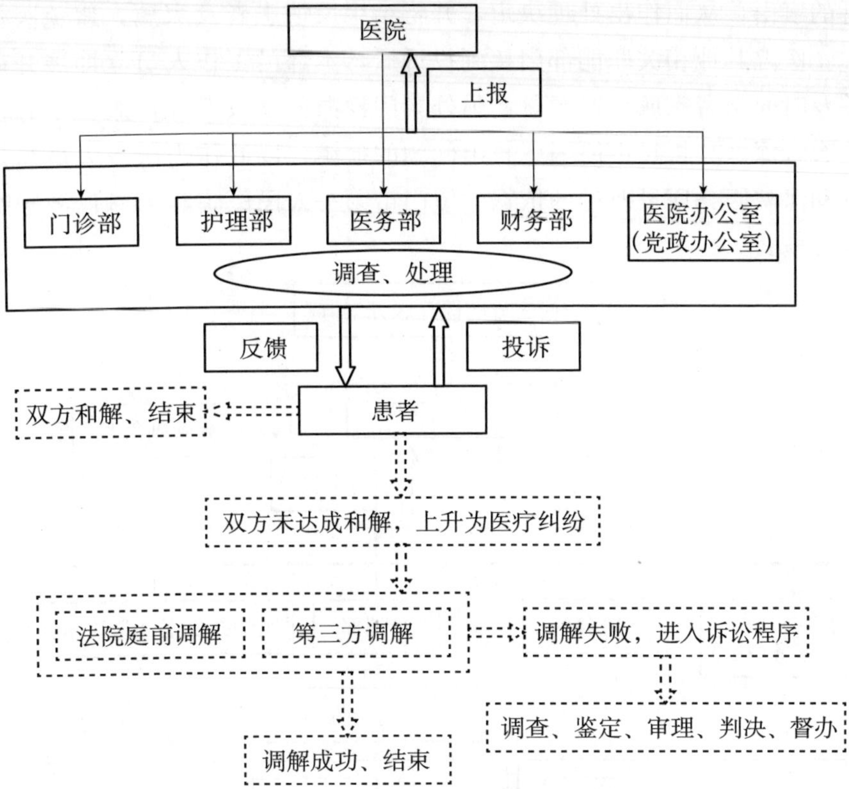

图 5-4　“X窗口”共同受理投诉模式

缺点：涉及多部门的投诉，容易出现部门间互相推诿的现象，致使问题不能被及时解决，导致医患矛盾进一步加剧；各职能部门除负责日常办公外，还要受理投诉案件，工作量较大，使得工作人员负担过重；由于各部门分别负责自己职权范围内的投诉，不利于医院定期汇总分析投诉信息，从而影响医院宏观管理。

适用条件：二甲及以上规模较大的医院，门诊部、护理部、医务部、财务部、党办等部门安排有负责投诉工作的专职或兼职人员，且相关工作人员具备医学、法学、管理学知识和一定的沟通能力。

3. “1＋X 窗口”受理投诉模式

这种模式的主要形式是设立专门的医疗投诉管理窗口集中受理患者投诉，同时，医院各相关职能部门也共同参与，负责部分投诉管理工作（见图 5-5）。专职的投诉接待窗口一般设在门诊部，成立门诊办公室或者客户服务中心，第一时间受理患者投诉，缓和患者激动的情绪，并及时处理患者的投诉，调查分析投诉的事由，从而作出处理决定，并将结果反馈患者及家属，避免医疗纠纷的发生。医院其他相关职能部门接到投诉后，本部门工作人员立即展开调查处理，并及时向患者家属反馈意见。另外，门诊办公室或者客户服务中心将依据投诉内容，深入分析投诉原因，找出问题的症结，以此作为医务人员绩效考核的依据和医院服务质量改进的依据。厦门市第一人民医院和上海仁济医院均是采取这种模式。

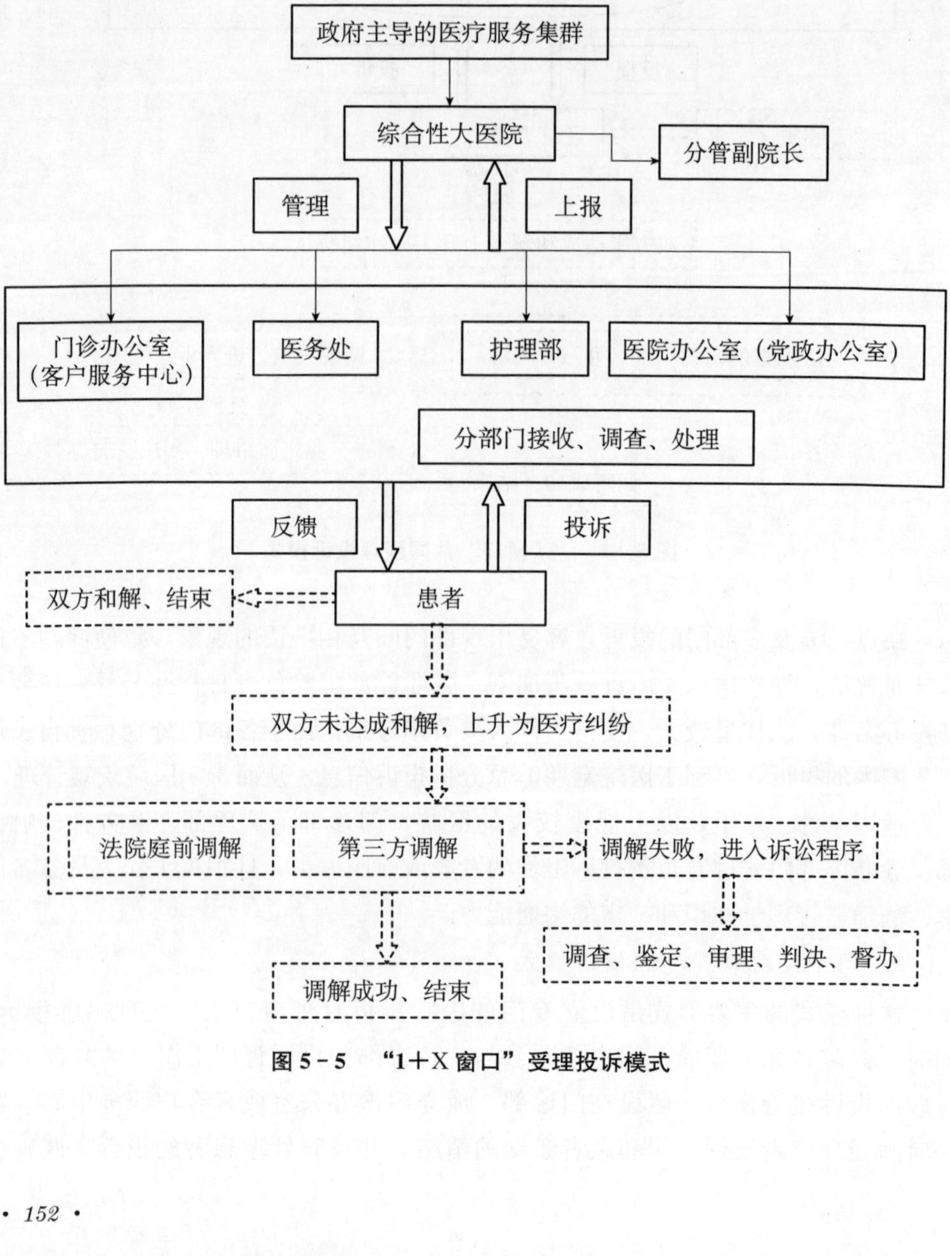

图 5－5　“1＋X 窗口”受理投诉模式

这种模式的优点：专职部门第一时间受理投诉，能够及时控制患者的情绪，防止“医闹”等极端事件的发生；除门诊办公室或者客户服务中心受理投诉外，其他相关部门也负责受理部分投诉，方便患者的同时，缓解了各部门工作人员的工作压力；专职部门对投诉信息进行汇总分析，为员工考核和医院工作改进提供依据，便于优化诊疗环节和内部管理制度，完善医院管理制度。

缺点：门诊办公室或客户服务中心为患者投诉的主要窗口，由于投诉原因错综复杂，在调查处理的过程中可能会遇到一些麻烦；其他相关职能部门受理部分投诉，需要安排专职或兼职人员负责相关工作，从而增加了管理成本；受理投诉将在一定程度上分散相关职能部门工作人员的精力，影响其日常医疗工作，也不利于投诉快速处理；由于客户服务中心和各职能科室都负责投诉受理，这种多部门参与的形式不利于医院统一规范投诉处理流程。

适用条件：适用于规模较大的医院，尤其对门诊办公室和客户服务中心的要求较高，需要有一定专业素质的投诉管理人员。

4.“第三方管理”受理投诉模式

这种模式的主要形式是引入第三方单位管理理念，将医院投诉管理工作全部委托给第三方单位进行管理。第三方单位与医院之间签订相关服务协议，提供医疗投诉及医患纠纷的处理服务、医疗责任保险的投保与索赔服务、非医疗责任纠纷的理赔服务等。第三方单位在第一时间介入投诉的处理，尽最大可能快速处理投诉，以维护医院的正常工作秩序和医务人员的尊严及安全。另外，第三方单位在及时处理患者投诉的同时，定期以报表的形式将患者的投诉内容和处理结果等信息反馈给医院管理层（见图5-6）。目前，山东省泰安医院和华中科技大学同济医学院附属协和医院均引入了这种医疗投诉管理模式。

这种模式的优点：在投诉处理过程中，第三方单位处于中立的调解立场，消除了医患双方直接对抗的状态，能稳定当事人情绪，使当事人理性思考，有利于引导整个调解过程向和谐对话的方向发展。此外，第三方单位管理人员具有良好的服务态度，并以快捷的处理方式解决问题，能提升患者对投诉处理结果的公信力，有利于及时化解矛盾，减少医疗纠纷的发生率。对医院来说，由第三方单位负责投诉接待、调查及处理，缓解了医院职能部门的工作压力，也使各科室医务人员能全身心投入到日常医疗服务中，有利于提高医疗质量。

缺点：在对投诉问题进行调查处理的过程中，第三方单位与医院相关部门的配合存在问题，如与保卫处、医务处等部门的配合和衔接仍是一个严重的问题。

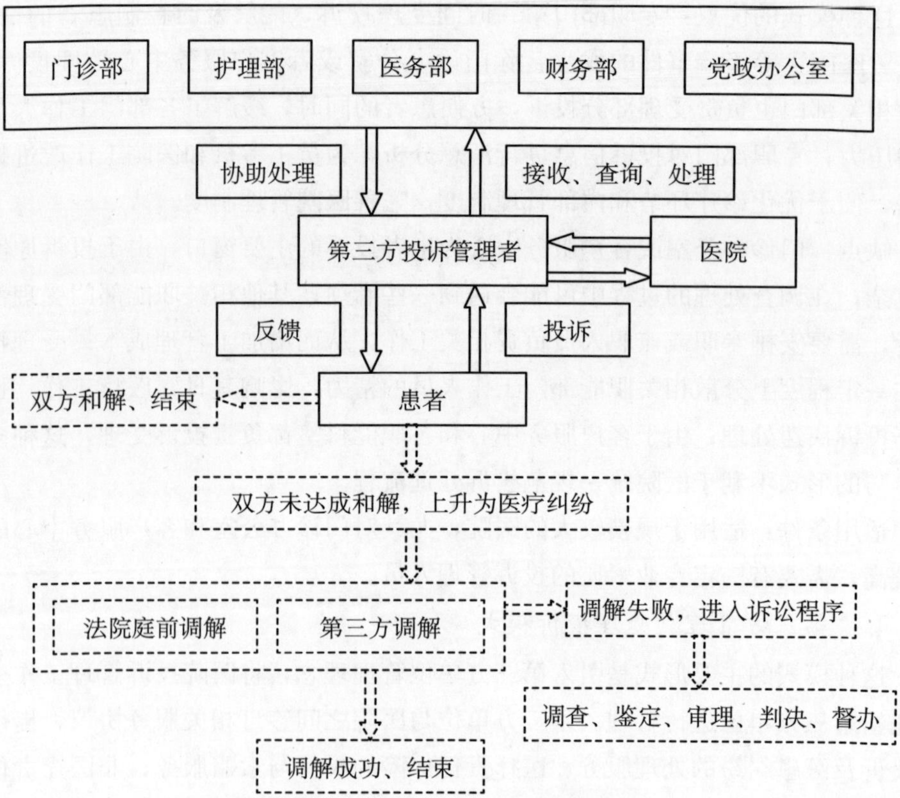

图 5-6 “第三方管理”受理投诉模式

对于涉及赔偿的案件，由于目前制度的不完善，尚缺乏统一的风险分担标准。另外，第三方单位属于民间组织，社会认同度不高，一些患者及家属仍对第三方单位持怀疑态度。同时，第三方单位自身的管理也存在问题，如工作人员的资质不能很好地满足工作需要等。

适用条件：规模较大，且有第三方单位对医院投诉进行全面管理的医院。

5. 院长负责制受理投诉模式

这种模式的主要形式是由医院院长直接出面受理和解决患者投诉。按照投诉的内容和情节的严重程度，分别由不同的管理层进行接待和处理，若患者对处理结果不满意，可直接找院长解决。目前，国内大多数的基层医院采用这种模式，如社区卫生服务中心和乡镇卫生院等。

这种模式的优点：院长直接出面受理和处理投诉，调查处理过程中有很高的权威性，能够及时解决问题，给患者答复；患者及家属能直接找到院长解决问题，心理上容易接受，且比较放心。

缺点：院长在管理医院日常工作的同时，还要负责投诉接待及调查处理工作，工作量过大，且容易分散精力，影响院长对医院的管理，不利于医院的长期发展。同时，由于院长负责投诉接待及处理，其他职能部门可能会推脱责任，无法发挥应有的作用，形同虚设。

适用条件：规模较小的医院，如乡镇卫生院、社区卫生服务中心、社区卫生服务站等。

以上五种投诉管理模式各有优、缺点和适用条件，且各医疗机构都具有自己的特点，没有哪一种模式适合所有的医疗机构，重要的是具体问题具体分析，各医疗机构应根据自身的规模、部门及人员配备情况、建设和发展状况，以及所在地的卫生政策、经济条件、社会环境等，选择合适的模式进行医院的投诉管理。对于一些小型医院、乡镇卫生院、社区卫生服务站、社区卫生服务中心等，不具备前四种模式的条件，适合选择第五种模式；对于大型综合医院，可根据自身情况从前四种模式中选择最合适的模式。总之，运用合适的投诉管理模式，是完善医院投诉管理最重要的一环，各医疗机构应该权衡利弊，慎重选择。

四、医疗投诉受理的要求、方法与技巧

（一）投诉人的心理

人的行为背后总是伴随着一系列复杂的心理活动，患者投诉也不例外。表面上看，患者投诉是一种维护自身权利的维权行为。但如果从心理学的角度观察，产生这种维权行为的心理动因主要是患者的需求没有得到满足，而不同的患者有不同的心理需求。因此，在接待和处理患者投诉过程中，要特别关注患者的投诉指向即投诉内容，以准确地把握投诉人的心理动向，了解投诉人的基本需求。

1. 渴望得到尊重的心理

在长期医患不对等的关系中，医务人员在接待患者实施医疗服务时往往忽略患者或其家属的心理需求，言谈举止对患者不够尊重，没有主动满足患者的自尊心，因而常常引发一些有关服务态度方面的投诉。而在这一类投诉中，患者往往

希望院方能认同自己的投诉是正确和有道理的，渴望得到同情、理解、尊重和重视。因此，对于这一类投诉，医务人员更需要着重把握患者渴望得到尊重的心理，认真听取患者的意见和建议并作出积极的反应。例如，对患者投诉有道理的部分给予认同，及时真诚地向患者表示歉意，承诺进一步追查，以化解患者因为自尊心理受损而导致的不满。

2. 期待问题尽快解决的心理

患者投诉行为的发生与投诉人的心理品质、个性特征等有很大关系。因此，投诉行为发生的本身就说明，投诉人对待挫折的耐受性已经超出其本身的忍耐程度，所以，期待问题尽快解决的心理需求十分突出。尤其是针对一些医患沟通、医疗质量、医疗技术等方面的投诉，只要医院相关部门密切配合，在患者可以容忍的时限内解决问题，那么患者的满意度和忠诚度不会受影响。所以，把握患者期待问题尽快解决的心理后，应立即采取措施。

3. 希望得到适当补偿的心理

随着人们维权意识的不断增强，索赔的意识也普遍增强。这通常反映了患者一个需求没有得到满足而向另一需求转移的补偿心理。对此，既要理解患者的这种心理需求，同时也要区别对待患者提出的赔偿要求，要认真分析患者投诉的事项是否合理。因为在许多情况下，患者的心理需求已超出院方能力所及。对于这类投诉，医院相关部门只能给予明确、耐心、细致的解释。而对于患者有理由的投诉，不仅要作出合理而规范的解释，满足其知情权，而且还应该按规定给予适当的补偿。一般来说，患者希望得到适当补偿的心理越急切，无法得到补偿时投诉升级的可能性就越高。

4. 发泄不满情绪的心理

患者在就医过程中遇到一些不满，可能只是一个受到被动刺激的心理过程。处于这一时期的患者只是心存不满，但还不会投诉。而受到不良刺激后，人们在情绪上都有寻求释放的需求，在这种寻求心理释放的过程中，最重要的是确保释放过程的顺畅。因此，当患者带着怒气和抱怨进行投诉时，有可能只是为了发泄不满情绪，使郁闷或不满的心情得到释放和缓解，以此来维持心理上的平衡。所以，在处理这类患者时，接待人员的耐心尤为重要，不仅要以恰当的语词、和善的态度安抚患者，更要认真倾听患者的倾诉，不要轻易打断其思路，确保其心理释放过程的顺畅。同时，及时与相关部门联系确认问题所在，分清责任，给予合理解释，并积极帮助患者重建诊疗程序。

5. 和他人交流投诉经历的心理

一般而言，每天发生在临床或医院内部医患之间的不愉快很多，但真正产生投诉行为的却不多。有消费行为学研究表明，只有4%的不满意患者会投诉，96%的不满意患者不会投诉。但这并不能表明不会对医院造成影响。因为，当每个人遭遇不快时，都会产生希望和他人交流的心理，这同样是心理宣泄的需要。而且这种信息的传递至少达到10人以上，如果不能及时终止这一传播，对医院的服务形象绝对不利。反之，患者的投诉得以及时、妥善的处理，并最终使患者满意，则会大大增加医院美誉度的传播。

总之，投诉人到医疗机构相关管理部门进行投诉时，往往已经带有不良情绪，如焦虑、敌对、多疑等。投诉受理人员需加强心理学知识学习，准确把握患者投诉的心理，在接待投诉过程中，正确使用“首因效应理论”，并有针对性地采取心理学对策，舒缓投诉人心理症状，缓解投诉人激动紧张的情绪，给患者留下一个可以信赖的良好形象，便为处理投诉和最终化解矛盾奠定了良好的基础。同时，投诉受理人员需加强对临床医学知识及相关法律知识的学习，有助于发现医疗投诉的真正原因并合理引导投诉人员依法维权。

（二）医疗投诉受理的要求

医疗投诉受理是投诉处理的关键，在医疗投诉受理阶段让投诉人得到满意的接待可以直接影响到投诉的处理结果。积极受理患者投诉可以降低医疗纠纷处理的难度和成本，避免投诉升级为医疗纠纷，同时还可促进医疗机构及时发现问题，提高医疗服务质量，从而塑造医疗机构良好形象，避免消极影响。

医疗投诉大多是由于医患沟通不畅，患者对医疗机构及医务人员存在一定的误解。投诉人第一时间到医疗机构投诉，既表明其对医疗机构存在质疑和不满，又表明其对医疗机构投诉管理部门的信任，换言之，大多数患者希望问题能够在医疗机构内部解决，因此医疗投诉受理人员应掌握投诉受理技巧，积极受理医疗投诉。

保持投诉渠道畅通是医疗投诉受理的最基本的要求。医疗机构应设立统一的部门，受理投诉人的投诉，避免出现投诉无门或者各部门之间互相推诿的情况。医疗机构应在医疗机构门急诊大厅公示医疗投诉管理部门的位置、电话、联系人等，让投诉人明确投诉渠道及投诉程序，做到投诉畅通。

（三）受理医疗投诉的方法与技巧

1. 用心聆听

听、说是人们最主要的沟通方式，能言者不如善听者。因此投诉接待人员在受理投诉人的投诉意见时，首先应耐心地倾听其抱怨，与投诉人保持眼光的接触，不要作出漠不关心的表情，避免与其发生争辩，应用心聆听投诉人的基本需求并适当地重复确认患者提出的问题，以示对其提出问题的重视，从而获得处理投诉的重要信息。

2. 表示道歉

医疗机构投诉接待人员应具有基本的职业素质，在面对投诉人提出的意见时应首先代表医疗机构表示道歉，以示处理问题的诚意。表示道歉并不代表承认错误，而是表现出医疗机构工作人员的执业水准，适时的歉意会对医疗投诉的处理起到积极的作用。

3. 仔细询问

投诉接待人员听取投诉人的投诉意见后，应针对重点问题仔细询问投诉人，引导投诉人说出问题重点，做到有的放矢，快速高效解决问题。

4. 表示关心与理解

投诉产生的最根本的原因是投诉人认为患者在就医期间没有得到预期的服务，即实际情况与患者期望值之间存在差距。即使我们提供的服务已达到良好水平，但只要与患者的期望有距离，投诉就有可能产生。因此在受理投诉过程中要做到换位思考，对投诉人表示关心，让患者觉得受到肯定，受到关怀，患者的怒气便会消减，同时表明对投诉人的理解，从而找出双方都认可的观点，以便解决问题。

对于患者期望值过高类的投诉，在充分了解情况的前提下向投诉者表达同情、关心，并尽量提供帮助，再用通俗的语言向他们介绍医学科学发展的现状，使他们了解医疗技术的局限性与高风险性等特点，树立科学的就医观念，理智对待医疗结果，正确评估医疗效果。对于个别无理取闹、行为过激的投诉者，在劝说无效的情况下，运用法律手段维护医院及医务工作人员的合法权利。

5. 积极关注、立即反馈

患者投诉的处理必须付诸行动，不能单纯地同情和理解，要尽快解决问题。

接诉者要具有严格的职业道德和操守，熟悉相关制度、政策，为患者提供一个以上的解决方案，向投诉者强调可以为他做什么，而非做不到什么；如果问题不能立即得到解决，要告诉投诉者解决问题的步骤、解决的时间，向投诉者表示处理的诚意。

6. 记录问题

投诉记录是记载投诉过程状态的文件，是医疗投诉受理文件的一个重要组成部分。记录在投诉受理过程中发挥着重要作用，无论投诉大小，都应该将投诉记录在案，以便检查和总结经验。

总之，接待和受理医疗投诉，要以构建和谐医患关系为目标，努力使患者满意，在医患双赢中寻找一种平衡，选择一种既使医院自身的利益不会受到太大的伤害，又能最大限度地让患者享受到公平待遇的方式，再通过适合的方式进行有效处理，从而赢得患者的信赖。

五、医疗投诉受理的告知事项

工作人员在接待投诉的过程中，除了进行有效的沟通，还应履行告知义务，即投诉告知。投诉告知也被称为投诉确认，是医院对患者投诉作出回应的一种形式。投诉受理部门在收到患者投诉后，应及时告知患者及家属，不仅可以告诉患者投诉已被受理，并表示感谢，体现出处理投诉的诚意，还可以由工作人员进一步核实投诉信息。尤其对于通过信件、邮件、意见箱等方式进行的投诉，投诉告知更为重要。

首先，应当将相关法律、法规中关于医疗投诉的规定告知患者。根据《医疗纠纷预防和处理条例》第 23 条规定，发生医疗纠纷，医疗机构应当告知患者或者其近亲属下列事项：（1）解决医疗纠纷的合法途径；（2）有关病历资料、现场实物封存和启封的规定；（3）有关病历资料查阅、复制的规定。患者死亡的，还应当告知其近亲属有关尸检的规定。关于医疗纠纷解决的合法途径，《医疗纠纷预防和处理条例》第 22 条规定，发生医疗纠纷，医患双方可以通过下列途径解决：（1）双方自愿协商；（2）申请人民调解；（3）申请行政调解；（4）向人民法院提起诉讼；（5）法律、法规规定的其他途径。

其次，结合患者投诉事项，将医疗投诉有关事项告知患者，主要内容应包括：（1）告知患者投诉已收到及下一步的处理程序及投诉答复期限；（2）如果投诉受理部门在了解投诉人的意见和要求后，经过分析和判断，认为投诉人的投诉事由（如在医疗机构内部失窃、遭遇医托、号贩子等）不属于医疗机构管理部门处理的职权范围，应以委婉的方式告知其不予受理的理由，取得投诉人的谅解，同时建议其到其他相关部门进行处理；(3) 对患者的投诉表示谢意，因为投诉信息是医院的重要资源，医院应该对患者愿意表达出自己的不满而表示谢意；(4) 核实情况，进一步了解问题所在；(5) 向患者介绍投诉处理常识，比如医院投诉处理流程、结果反馈的方式等。

六、医疗投诉登记表及投诉书

在接待过程中工作人员应做好登记工作，详细记录患者投诉相关信息，主要包括：投诉者基本信息，如姓名、单位、联系方式；投诉事由，如事件发生地点、时间、涉及的投诉对象等；补偿要求，如道歉、赔偿等。患者及家属也应按照医院规定，提供相关信息，如基本信息和病历材料。做好投诉信息登记，便于管理部门定期汇总分析投诉情况，从而了解医院工作中存在的问题。因此，在沟通过程中，工作人员耐心倾听的同时，详细记录相关情况，并保管好登记表及患者提供的其他证明材料，以备后续调查所需。

(一) 医院投诉登记表

医院投诉登记表是各医疗机构投诉接待人员用来填写投诉人及投诉信息的登记表格，登记表包含患者及投诉人员自然信息、联系电话、投诉原因、调查经过、处理结果、整改方案等内容（见表 5-1）。

医疗投诉登记表应当由医疗机构投诉接待人员依据投诉人所述事实认真填写，填写内容要做到重点突出、文字简练、条理清楚。医疗投诉登记表由医疗机构保存。

(二) 患者投诉书

患者投诉书是指患者及其家属等有关人员对医院提供的医疗、护理服务及环境设施等不满意，向医疗机构相关管理部门投诉，陈述事实和理由，要求医疗机构依法解决医疗投诉，维护其合法权益的一种书状（见表 5-2）。

表 5-1　医疗投诉登记表

<table>
<tr><td colspan="6">医院投诉登记表</td></tr>
<tr><td colspan="6">投诉方式：□来电　□来访　□来信　□其他</td></tr>
<tr><td>投诉人姓名</td><td></td><td colspan="2">与患者关系</td><td colspan="2"></td></tr>
<tr><td>患者姓名</td><td></td><td>患者性别</td><td></td><td>患者年龄</td><td></td></tr>
<tr><td>住院/门诊号</td><td></td><td colspan="2">患者住所地</td><td colspan="2"></td></tr>
<tr><td>投诉时间</td><td></td><td colspan="2">联系电话</td><td colspan="2"></td></tr>
<tr><td>被投诉科室/人员</td><td colspan="5"></td></tr>
<tr><td>投诉原因</td><td colspan="5">□医疗　□服务　□管理　□其他</td></tr>
<tr><td colspan="6">投诉内容

记 录 人：
记录时间：</td></tr>
<tr><td colspan="6">调查核实情况：

年　月　日</td></tr>
<tr><td colspan="6">医院领导阅示：</td></tr>
<tr><td colspan="6">处理结果：

年　月　日</td></tr>
<tr><td colspan="6">反馈记录：

年　月　日</td></tr>
<tr><td colspan="6">备注：

年　月　日</td></tr>
</table>

表 5-2　患者投诉书

患者投诉书					
投诉人姓名		与患者关系			
患者姓名		患者性别		患者年龄	
投诉时间		联系电话			
被投诉科室/人员					
投诉内容：					
具体要求： 签字： 年　　月　　日					

患者投诉书应当采用书面形式，医疗机构投诉接待人员在受理患者投诉时应要求投诉人填写患者投诉书。如确有困难的，可以由投诉人口诉，由医疗机构管理部门的工作人员进行记录，填写完毕后必须由投诉人签名、盖章或按手印确认。

患者投诉书是投诉者陈述事实并维护其合法权益的工具，是医疗机构投诉管理部门受理投诉并调查核实情况的依据，也是被投诉人答辩的依据，在医疗投诉处理工作中有着重要的地位和作用。患者投诉书填写需符合以下要求：第一，填写人必须是患者或患者的授权委托人；第二，患者或患者家属确实存在对医疗机构提供的医疗、护理服务及环境设施等存在不满意情况；第三，有明确的被投诉对象和被投诉事由、具体的投诉请求及相关证据；第四，属于医疗机构投诉管理机关受理范围和管辖范围并且在时效期内。

第三节　医疗投诉的调查

一、医疗投诉调查的概念

所谓调查，就是指使用明确的概念、科学的方法和系统的程序，采取有组织、有条理的方式，根据需要对总体内的有关个体采集相关信息，并对这些信息进行整理、分析、推断，以供应用的全过程。

医疗投诉调查是指医疗机构投诉管理部门受理投诉案件后，调查核实案情促进纠纷解决或作出处理决定所必须经过的程式和顺序。医疗投诉调查是处理医疗投诉的关键环节，只有核查清楚投诉事项的真实情况，分清责任，才能公正地解决患者投诉，并对调查中发现的问题进行改进。

二、医疗投诉的初步分析与评估

在完成医疗投诉接待与受理工作之后，投诉管理部门工作人员需要对所受理的投诉进行初步分析评定，即确定投诉事项的投诉原因、激烈程度、复杂程度、严重程度、责任程度、影响程度、安全隐患和投诉类型等，并决定是否需要立即采取措施等。

（一）投诉原因分析

医疗机构受理的投诉原因一般分为以下几类：服务态度问题，主要指工作人员服务意识欠缺，对待患者态度生硬、缺乏耐心、出言不逊等引起的投诉。医疗质量问题，比如部分医务人员责任心不强，粗心大意造成漏诊；护理操作有误；手术效果不理想；医生问诊不仔细导致用药不符；临床大夫病历及医疗文书书写不规范等。管理流程问题，即需要医院管理部门协调和改进的一些问题。

（二）投诉类型分析

在分析和评定投诉时，还应根据患者投诉的内容进行分类，可大致分为医疗质量投诉、医德医风投诉、医疗费用投诉、医院管理投诉等。医疗质量方面的投诉，根据涉及就诊环节，分为门诊医疗质量投诉和住院医疗质量投诉，可按照所涉及的科室进一步分类。医德医风方面的投诉可具体分为医务人员服务态度、工作责任心等。医疗费用方面的投诉主要是指医院的收费情况、费用的公开制度等。医院管理方面投诉主要是指医院在管理方面存在缺陷所导致的投诉，如就诊流程不合理导致排队等候时间长等。对投诉进行分类，是为了调查处理时与相应的科室联系，或按照不同投诉内容转入相应的管理部门。

（三）复杂性分析

根据投诉人到医疗机构投诉管理部门投诉的事件的复杂程度，一般可将投诉分为以下几类：（1）投诉意见涉及相关法律法规及诊疗规范，专业性强，需详细调查的；（2）投诉意见涉及多个部门或临床科室及工作人员的；（3）投诉意见较为单一，处理起来比较简单的。

（四）责任分析

根据投诉人到医疗机构投诉管理部门投诉的事件的责任程度，一般可将投诉分为以下几类：（1）被投诉人在工作中存在明显错误，负有严重责任的；（2）被投诉人不存在明显错误，但存在过错和不足，应承担一定责任的；（3）被投诉人无任何过错和不足，需与投诉人进一步沟通和解释的。

（五）情绪激烈程度评估

根据投诉人到医疗机构投诉管理部门投诉时情绪的激烈程度，一般可将投诉分为以下几类：（1）投诉人情绪异常激动，言辞激烈，不容解释及道歉，可能会引发更大纠纷的；（2）投诉人情绪较激动，言辞强硬，但能与接待人员进行有效沟通的；（3）投诉人情绪平稳，言辞和善，真诚地反映问题，提出意见和建议的。

（六）严重程度评估

按照投诉人所受伤害的严重程度、要求的赔偿程度以及对医院的影响程度，可将投诉分为一般投诉、严重投诉和重大投诉。一般投诉是指投诉事项仅对患者及家属造成轻微损失，患者要求简单，处理起来较为容易的投诉，一般是一些常见的投诉；严重投诉是指对患者及家属造成了较大的损害，补偿要求较高，希望得到经济赔偿的投诉；重大投诉是指投诉事项给患者及家属造成重大损失，包括人身和财产损失，患者要求补偿程度非常高，产生一定的社会影响，并给医院造成严重的负面影响的投诉。不同程度的投诉，在处理方法方面会有所区别，如严重投诉发生时，可能已经导致医疗纠纷，应按照纠纷调处方法进行；重大投诉发生时，可能已经发生医疗事故，应按照《医疗事故处理条例》相关规定执行。

（七）影响程度评估

按照投诉人到医疗机构投诉管理部门投诉的事件的影响程度，一般可将投诉分为以下几类：（1）投诉人的投诉意见具有一定的代表性和社会影响力，会对医疗机构的声誉等产生严重不良影响的；（2）投诉人的投诉意见不具有社会代表性，但会对医疗机构产生影响的；（3）投诉人的投诉意见仅为个人问题，仅对投诉者个人产生影响的。

（八）安全隐患评估

按照投诉人到医疗机构投诉管理部门投诉的事件的安全隐患，一般可将投诉分为以下几类：（1）已经造成患者死亡或可能造成患者死亡的重大医疗不良事件的投诉；（2）可能会造成患者死亡或伤害的不良事件的投诉；（3）不存在安全隐患的投诉。

三、医疗投诉调查的主要内容

在医疗投诉调查中，参与调查的人员主要为医院投诉管理部门相关工作人员和管理人员，调查的方式主要为面谈，在调查对象无法到达现场的情况下，也可以通过电话方式调查或者通过电子邮件、传真、信函等方式进行。调查对象不仅包括被投诉的人员或部门，也包括投诉的患者及家属。对被投诉的人员或科室进行调查时，首先应了解个人或科室的基本情况，如姓名、年龄、职称、职务、科室负责人、科室职责和权限等。其次应重点了解导致投诉的原因、投诉事项发生的时间、地点、主要经过，以及被投诉人员或科室采取过哪些补救措施。对投诉的患者及家属的调查，应进一步核实投诉事由、存在的主要问题、造成的损失以及补偿要求。

医院各科室人员都应积极配合投诉调查人员工作，反映真实情况。对于不配合者，调查人员可向有关领导汇报，如有需要，可按情节严重程度，适当给予惩罚措施。同时，对于积极配合的人员，应给予鼓励，并在确定责任时，从轻处置。

在医疗投诉调查过程中必须注意投诉调查与诉讼的衔接，要注意调查程序是否符合法律规定，调取证据是否符合法律要求，必要时可以请专业律师协助调查。

四、医疗投诉调查方法

(一) 现场调查

现场调查就是指投诉管理部门运用科学的现场调查方法，有计划、有目的地深入投诉现场，采集、记录、整理有关投诉信息，进而对这些信息进行分析研究，从中找出投诉原因、处理方法，为快速、高效处理医疗投诉提供服务的全过程。现场调查是处理医疗投诉最直接的调查方法，医疗投诉管理人员第一时间赶到现场有利于迅速、有效、和平地解决医疗投诉。现场调查具有以下特点：

1. 调查的直接性

医疗投诉管理人员直接深入调查现场，针对投诉调查的内容，以询问、观察、查找资料等具体调查形式与被投诉者直接面谈，将调查结果直接记录下来，获得第一手的调查资料。

2. 质量的可靠性

现场调查有利于确保调查信息的原始性与真实性、排除调查干扰、满足信息校正的需要。

3. 调查的深入性

现场调查不仅仅是采集所需要的具体定量和定性判断等基础信息，还可以进一步采集原因、建议等本质方面的深层次信息，以及投诉以外的相关信息。

(二) 电话调查

电话调查就是指投诉管理部门为及时了解投诉者的投诉情况，通过电话向被投诉的部门或个人及相关人员采集、记录、整理有关投诉信息，进而对这些信息进行分析研究，从中找出投诉原因、处理方法的过程。

电话调查的特点是保证了调查信息的速报性。信息的速报性是指无论被投诉人及相关人员身在何处，均可以直接通过电话进行联系，节省了调查信息逐级传递的时间，能够保证调查信息及时、快速地报送到投诉管理人员手中，使调查信息尽早、尽快地发挥作用，从而保证医疗投诉及时、有效解决。

（三）书面调查

1. 书面调查的定义

书面调查是指投诉管理部门将投诉人的投诉意见及投诉管理部门的调查情况以书面的形式移交给被医疗投诉管理部门及被投诉人，并责成被投诉人出具书面回复的调查过程。

2. 书面调查的特点

（1）较强的针对性。对于医疗质量方面的投诉多采用书面调查形式，被投诉人根据投诉人的书面意见认真核实具体情况并予以书面回复。这种调查方式更加慎重细致，也更具有针对性。

（2）材料丰富翔实。书面调查是在详细调查投诉人的投诉意见并参阅病历及相关资料后，被投诉人用叙述性的语言实事求是地反映客观事实及答辩意见的过程，时间比较充裕，因此调查的材料更加充分翔实。

（3）证据性突出。书面调查材料可以作为书证使用。书证是指以文字、符号、图形等形式记载内容或表达思想，证明案件事实的证据。书证具有以下特征：①书证以表达的思想内容证明案件的真实性，而不是以外形、质量等来证明案件的真实性；②书证往往能够直接证明案件的主要事实；③书证的真实性较强，不易伪造。因此书证的证据力最强。

3. 被投诉人书面答复的要求

书面答复是被投诉人针对投诉人提出的事实、理由、根据和请求事项对投诉事项进行事实陈述、辩解、反驳的一种书状。进行书面答复是被投诉者的义务，同时对医疗投诉管理部门而言，被投诉者针对投诉者的指责所作的回答、辩解有助于投诉管理部门处理投诉案件时兼听双方的理由、根据和请求，从而全面了解案情，辨明是非，对于正确解决医疗投诉有着重要作用。

投诉调查至关重要，为保证调查真实有效，被投诉人员的书面答复是不可缺少的。书面答复有如下要求：（1）内容要有针对性，即根据投诉者投诉的事实、理由、根据和请求事项，进行陈述和辩解。（2）内容要实事求是，即要如实反映争议事实，不能强词夺理；投诉方的指责是事实的，应当予以承认。（3）如涉及医疗问题，应按照病历如实书写病历摘要，并重点针对投诉人的投诉意见描述治疗经过。（4）科室负责人应根据科内讨论结果书写科室意见，即科室认为被投诉人有无过错。如涉及医疗问题，科室意见应包括诊疗过程是否符合法律法规、诊疗常规的规定，治疗过程有无过错和不足，患者出现的不良后果与医疗行为之间是否存在因果关系。（5）书面答复需按规定时间上交投诉管理部门。

在美国、英国等发达国家，书面调查是不可缺少的一环，然而在我国目前还没有引起广泛重视，这将不利于投诉后期档案管理。另外，对于复杂的投诉，可能需要多次调查，若没有被投诉人员的书面答复材料，可能导致多次调查结果之间截然不同，无法作出合理判断，给后期处理带来麻烦。因此，在调查的过程中，调查人员应该要求被投诉的科室或人员针对患者反映的问题给出书面答复，以此作为最终决定的重要依据，并作为投诉案例资料存档。

第四节　医疗投诉的处理

一、医疗投诉处理的概念

医疗投诉处理是医疗机构医疗投诉管理部门在接待患者提出的医疗投诉后，对相关投诉事项及患者诉求予以调查、核实，在查清事实、分清责任的基础上，依据相关法律、法规、规章以及医疗机构的制度对事件作出事实澄清、责任划分以及对相关科室和医务人员作出处理决定，并将相关处理结果告知投诉患者的过程。

医疗投诉处理，从处理的时机来划分，可以分为现场即时处理和投诉后处理两种；从面对的对象来划分，可以分为对投诉人员的处理和医疗机构内部的处理两种；从法律层面来划分，包括内部处理和外部处理，外部处理又包括第三方调解处理、行政处理和司法处理等。

二、医疗投诉即时处理

（一）医疗投诉即时处理的基本要求

医疗投诉即时处理是投诉人员在接待患者投诉时所作的处理。其实，很多投诉源于信息不对称，或者患者得不到重视、对医疗过程心存不满等。面对这些投诉，投诉处理人员要实施解释、道歉、补救等必要的、有效的处置措施。医疗投诉即时处理针对的是简单投诉，事实清楚，无须详细调查、核实，一般不涉及责任划分、责任承担，因此，在患者投诉时即可以作出结论。

接待是投诉处理的首要环节，是至关重要的一环，其合理与否直接关系到最后的处理效果，因此具有非常重要的作用。医院工作人员在接到患者投诉后，实行“首诉负责制”，不得相互推诿，能当场解决的尽量当场解决，需要转入其他部门的，应该告知患者相应的程序。投诉接待人员的职责是，在与病人沟通协调的基础上，尽量把与患者之间的矛盾“以大化小，以小化无”，避免影响医院正常诊疗秩序，防止问题严重化，给医院的公众形象带来不良影响。因此，为了切实履行职责，工作人员需要掌握一定的沟通技巧。

第一，工作人员应该耐心倾听，热情接待，合理引导。无论责任在谁，都要以温和、谦逊的态度对待投诉者，认真记录，一方面有助于了解情况，另一方面也可让投诉者感觉到自己的投诉被充分重视，降低投诉者的抵触情绪，理智地与医务人员协商解决问题。面对医疗服务投诉，无论大小、无论是否由医院或医务工作员工引起，首先，在投诉的第一时间礼貌接待，耐心倾听，认真做好记录，令投诉者感受到充分的尊重、理解与重视，给投诉者充分的空间，把对医务工作的不满情绪宣泄出来，在最短的时间内缓解他们因医患冲突而导致的焦急与怨恨情绪；其次，在倾听患者或家属投诉过程中，对不善于表达或表达不清的对象进行合理引导，例如以询问方式清晰地整理出医患冲突发生的时间、地点、人物、原因、经过等，以确保事件的准确性，便于调查处理。

第二，工作人员应及时应答，迅速处理。在倾听过程中，对于一些已明朗化的问题，管理者应迅速作出反应，代表当事人向患方道歉，并对因此造成的损失进行补偿。对于一些不能确定的问题，也不要偏听患者一方，应明确告知对方会尽快了解，并留下联系方式，迅速核实之后，答复对方。

第三，工作人员应及时稳定患者情绪。当患者出现情绪过激的情况时，无论患者说得对不对，接待人员首先要稳定患者情绪，以平和的心态耐心倾听患者陈述，面对患者时必须保持轻松的语调、缓和气氛，不要急于辩解，不要轻易打断患者的叙述，更不要批评患者的不足，而是鼓励患者倾诉下去，否则会引起患者更大的情绪反弹。患者宣泄完心中的不满后，就能够接受医务人员解释和道歉了。

第四，工作人员应做到换位思考。接诉者应该站在患者的立场上将心比心，换位思考，诚心诚意地表示理解和同情。不要吝啬致歉性的言语，根据投诉者的心理状态，灵活采取的“避重就轻”谈话方式。同时，在解释问题过程中，措辞也要十分注意，做到合情合理、得体大方，尽量用婉转的语言与患者沟通，要善于使用安慰、劝说等美好语言让患者感到工作人员的关心，从而理解和信任医院。

（二）对不同情绪的患者的投诉应采用不同的处理策略

1. 对敌对暴躁的患者的投诉处理策略

首先不要直接回答、回应患者的提问或牢骚抱怨。患者在情绪激动的时候往往不够理智，这时工作人员任何礼貌的回应都可能造成火上浇油的后果。在沉默一段时间，患者情绪平静下来后，再进行后续的工作。另外，如果暴躁的是患者家属，而患者本人因为疾病或者其他打击而心情抑郁，呈沉默、呆坐等状态，这时工作人员可以避开吵闹的家属，转而关注患者。例如，给予患者关怀、询问患者感受、给患者倒杯热水等，当家属看到工作人员热情关心患者时，极有可能被打动，从而对工作人员产生好感或感激，暴躁激动的情绪就得到控制，矛盾也到了缓和，工作就可以顺利进行。

2. 对喋喋不休的患者的投诉处理策略

首先，不宜轻易与之搭话，而是避开其话题，直接询问其来访目的。然后默默为之办理相关事宜，处理后即请其离开。不少患者只顾自己说话，往往对工作人员的询问充耳不闻，这时不妨大声提醒几句。还有一种患者，可能因为疾患、年老等原因，呈现一种病态的“多语”。这时可以试用近乎怒斥的语调给予患者强烈的提醒，如：“你要我们给你做什么?”较强的声响刺激会使患者停止思维，将注意力转移到现实事件上来。

3. 对抑郁自卑的患者的投诉处理策略

首先给予患者热情的服务，如微笑、给其倒杯热水、请其坐在位置较高的椅子上，通过心理暗示，让患者感到自己受尊重。工作人员应以随和的态度，热情地和患者交谈，以此消除患者对工作人员的敌对情绪，获取患者的信任，以便得知其真实的心里想法，化解一些不必要的矛盾和纠纷。

4. 对多疑戒备的患者的投诉处理策略

首先要弄清楚患者投诉的原因，如通过询问了解所患疾病及病情，初步判断患者投诉是否合理。当患者的投诉明显是因对医学知识不了解或误解而产生时，可以采取认识领悟疗法，向患者讲解其所患病的医学常识。工作人员在实施认识领悟措施时，必须拥有足够的医学常识，如果对该疾病不够了解时，可电话咨询相关医生或专家，请专家代为讲解，并向患者说明情况。如果投诉者的投诉确有调查的必要，则要给予患者更多的支持和鼓励，同时严肃处理相关问题，并及时向上级领导汇报情况，向患者展示公平公正的工作作风，以此消除患者多疑、戒备的心理，避免患者产生更多的埋怨及其他消极的行为，如报复医护人员等。

三、医疗投诉调查后处理

（一）医疗投诉调查后处理的原则

投诉处理的目的包括三个方面：（1）维护投诉者的权益；（2）缓解投诉者和被投诉者之间的矛盾；（3）更加充分地了解目前存在的问题，以便于提高医疗水平。所以，投诉处理程序应在“以病人为中心”的服务理念下，遵循公开透明、公平公正、积极响应、方便快捷等投诉管理的基本原则。

1. 公开透明的原则

公开透明原则是指医院处理投诉应该公开进行，以便使患者及家属全面了解投诉处理过程。具体包括：（1）医院应确保所有患者都能了解如何投诉的相关信息，主要指医院对患者的承诺、投诉管理方针和目标、投诉的流程、投诉的渠道等等；（2）医院应让相关部门和工作人员了解投诉信息。投诉的信息应在医院内部通过适当的方式得到沟通，以便投诉处理过程能够得到充分理解和有效执行。

2. 公平公正的原则

公平公正原则要求医院投诉管理对每一位患者都是公平的，不管他是何种身份、以何种方式投诉、向谁投诉的，都应得到同样的对待。这一原则要求医院制定统一的投诉管理规章制度，对于一些常见、可以预见的投诉问题，应形成规范、统一、明确的处理方案、流程、补救措施等文件。同时，医院应对工作人员进行宣传和培训，让全体人员都清楚地了解投诉处理规范。另外，医院应为患者创造一种和谐的氛围，让每一位前来投诉的患者都处于一个相对安静的环境，可以毫无顾忌地进行投诉。如有必要，医院在处理投诉时，应为患者保密身份。

另外，医院也应公平地对待每一位被投诉的工作人员，不管被投诉的对象是何身份，管理部门都应一视同仁。首先，被投诉工作人员有知道投诉的真相和申诉的权力。接到投诉后，管理部门应该马上通知被投诉者，并告知投诉有关的全部内容，给被投诉者解释的机会，这样不仅便于掌握事实真相，也有利于被投诉的工作人员吸取经验教训，在以后的工作中得以改进。

3. 积极响应的原则

积极响应原则是指医院接到患者投诉后，应迅速作出反应，并随时将处理进展情况、最终结果等相关信息告知患者。同时，医院相关部门还应将投诉相关信息及时反馈给被投诉的人员或科室。及时快捷的响应，不仅体现了医院以“病人为中心”的服务理念，尊重患者，重视投诉事件，还可以体现出医院拥有完善的投诉管理体系，对于医院迅速变被动为主动、最终化解医患矛盾、提高患者满意度起着非常重要的作用。

积极响应要求医院投诉管理各部门在接到投诉的第一时间向患者确认相关信息，了接投诉中涉及的详细问题，实施“首诉负责制”，即第一时间受理，第一时间处理，尽可能在第一时间消除患者不满情绪。

4. 方便快捷的原则

方便快捷原则是指医院制定投诉处理流程时，应尽量让所有患者易于把握，处理过程应尽量简单明了、便于理解、具有可操作性。一方面，为患者提供方便，是每一个医院应该追求的目标，特别是投诉处理工作，若不能提供便利的服务，必定给医院带来严重的影响。另一方面，坚持方便快捷原则会给投诉的患者节省时间、金钱及其他成本，提高患者投诉的可能性，尽可能表达出心中的不满，医院才有可能借此提供良好的服务态度，扭转其在患者心中的形象。

（二）医疗投诉调查后处理的基本要求

（1）患者满意——通过投诉处理，尽量让患者完全满意。患者投诉，说明医院工作尚有漏洞，说明患者的某些要求尚未被重视，每个人都应理解患者及家属的心情，努力识别及满足他们的真正需求，满怀诚意地帮助他们解决问题。只有这样，才能赢得他们的信任与好感，促进问题的解决。

（2）损失最小——在取得患者充分谅解的前提下，尽量减少医院的经济损失，维护医院的正当利益。出现特殊情况时，为了让患者满意，不得采用“一刀切”的办法使医院在经济和形象上蒙受不必要的损失。同时，谦和礼让、诚意聆听、充分解释、不盲目作出判断，也有助于在不损害医院正当利益的同时让投诉的患者满意。

(3) 第一时间作出响应——处理投诉必须迅速高效，至少先安抚患者，告之其问题正在处理中。

(4) 有始有终有结果——如果问题不能当场处理或已经交由具体部门处理，接待人员仍需密切关注进度，并随时通知患者。

(5) 随时记录——及时登记投诉个案和处理结果。

(6) 吸取教训——每次投诉处理都必须对相关责任人提出处理意见，对管理体制提出改善建议，使同类过失不再发生；有关当事人也应从中受到教育。

(三) 医疗投诉调查后处理的程序

1. 调查求证，分析责任

任何矛盾的产生都不可能是单方面的，医患关系更是如此。因此，面对患者一面之词的投诉，不能妄下结论，必须向当事医务人员调查求证，使投诉处理得公平、公正。对于矛盾较轻、医院责任较明显的投诉，可立即以电话形式向当事医务人员求证和处理；对于矛盾较重，情况复杂或者因当事医务人员工作繁忙而无法及时求证的投诉，可先留下投诉者联系方式，承诺在一定时间内给予答复，事后进行调查求证，根据实际情况给予投诉者处理意见。

2. 确定结论，沟通决定

负责调查处理的职能部门进行后续调查、分析，并上报分管领导，最后确定处理结果，并将处理结果反馈给投诉人和被投诉人。如果投诉者反映的问题一时不能解决，要经过一段时间才能整改或只是医患之间存在的误会，负责处理的职能部门要与患者加强沟通，说明原因及改进进度，向投诉者表达对投诉问题的重视及解决问题的诚意，力求使投诉者满意或基本满意。

3. 回访调查，结果反馈

患者满意是医院管理的目标，也是医院发展的重要动力。因此，医院应对投诉患者的满意度进行调查，可通过电话、邮件、信件、登门拜访等形式进行回访，了解他们对投诉过程及投诉处理结果是否满意，以及对投诉管理的建议。

4. 分析总结，改进完善

对于每一个投诉，管理者都应该认真梳理、分析总结缘由，判断医院是否存在管理流程不合理、人力配备不足、医护人员责任心不强、工作人员技术水平不能满足患方需求等问题。根据分析的情况，有的放矢，采取改进流程、教育培训员工、合理安排人力资源等措施，避免类似问题再次发生。

总之，一个成熟的管理者在处理投诉的过程中，既不可偏袒医院员工，又不能一味迁就患方，而应该采取一种沉着、科学、理智的方法，在通过调查求证、认真分析的基础上明确投诉的责任归属，针对不同的责任归属采用不同的方式方法。无论是对患者还是对医务工作者，都力求人性化处理，[①] 达到患方满意、员工信服的目的。

第五节　医疗投诉的回复

一、医疗投诉回复的定义

回复是指回答、答复别人提出的问题或要求。医疗投诉回复是指医疗机构受理投诉人的投诉意见后，经过调查及处理，回复投诉人所提出的问题和要求，并将处理意见告知投诉人的行为。

二、医疗投诉回复的程序

医疗投诉回复主要包括投诉处理过程的阶段回复、处理完毕后的最终回复及事后的回访。

1. 医疗投诉阶段回复

医疗投诉阶段回复是指在处理医疗投诉的过程中，针对经过初步调查可以明确一定的事实和经过，但尚需做进一步调查的投诉，向投诉人通报初步调查情况并承诺尽快给予最终答复的行为。

2. 医疗投诉最终回复

最终回复是指医疗机构接到投诉人的投诉意见，经过调查、核实，将医疗机构的最终处理意见答复投诉人的行为。

---

① 王晓燕、王苏军：《做好信访接待工作的几点体会》，《江苏卫生事业管理》2006 年第 2 期。

3. 医疗投诉的事后回访

医疗投诉事后回访是指医疗机构投诉管理部门在医疗投诉处理终结后，向投诉人调查了解其对医疗投诉处理程序及投诉内容改进情况是否满意的过程，从而改进服务流程，提升形象。

三、医疗投诉回复的内容与要求

（一）医疗投诉回复的内容

经调查、取证后，投诉受理部门应当根据调查和取证的进展及调查结果，对投诉事项及时予以回复。回复内容包括：（1）投诉缺乏事实或者法律依据的，以及经调查后发现不符合受理条件的，向患方说明理由，不予受理；（2）经调查医疗机构的工作人员存在服务态度问题的，向投诉人道歉并将对被投诉人的处理意见回复投诉人；（3）投诉涉及医疗质量问题的，由临床科室负责人接待投诉人并就医疗问题进行解释说明，以求得患者满意；（4）投诉并提出赔偿要求的，经调查医疗机构确实存在问题的，可以在遵循法律的前提下达成和解；（5）投诉人不接受医疗机构处理意见或经多次回复投诉人仍不满意的，应及时告知投诉人可申请第三方进行调解或通过法律程序解决。

（二）医疗投诉回复的要求

首先，医疗投诉因事件原因不同，调查处理所需时间也各不相同。一些投诉可能在短时间内难以完成调查处理，需要与被投诉人员多次沟通。此时，如果调查人员一味“埋头苦干”，将会使投诉者感觉被冷落、被怠慢，逐渐对医院失去信心。为了避免这种情况发生，调查人员应与投诉者保持联系，随时向其反馈进展情况。同时，这也有利于在反馈的过程中，增进彼此间的理解，为后续处理奠定感情基础。

其次，医疗投诉回复应注重时效性。按照《医疗机构投诉管理办法》规定，情况较复杂，需调查、核实的，一般应当于接到投诉之日起 5 个工作日内向患者反馈相关处理情况或者处理意见。涉及多个科室，需组织、协调相关部门共同研究的，应当于接到投诉之日起 10 个工作日内向患者反馈处理情况或者处理意见。投诉情况较复杂，一般是因为患者病情复杂、投诉原因复杂、诉求复杂、家庭成员或者家庭情况复杂等。此时，当场核查处理不利于查清事实，需要进一步调查核实，但应留存好患者的投诉信息和意见，告知其投诉的处理流程，并在5个工作日内将调查处理的情况反馈患者。对于涉及多个科室的投诉，需要投诉管理部门组织、协调相关部门共同调查研究，并形成统一的处理意见，于10个工作日内反馈患者。

最后，在医疗投诉最终回复中，必须告知投诉人所投诉事项的调查结果及处理意见，争取与其达成共识。同时，应向投诉者解释清楚作出决定的依据和原因以及即将采取的纠正措施等。

四、医疗投诉回复的方式

医疗投诉回复的方式包括现场口头回复、电话和短信平台回复、电子邮件回复、书面回复（包括信函、传真）等，医疗投诉管理部门可视具体情况选择适当的回复方式。

五、医疗投诉回复文书的制作要求

医疗投诉回复文书没有固定的格式，但一般来说应该包括以下内容：（1）对投诉人的投诉、监督表示感谢；（2）告知投诉人所投诉事项的调查结果及处理意见，争取与其达成共识；（3）向投诉人解释清楚作出处理决定的政策、法律依据和原因，包括国家、省、市制定的法律、法规或规章；（4）告知投诉人医院目前针对这一问题的纠正措施及成效以及下一步医院将采取的方法或措施，对于调解无效的投诉应告知投诉人按法律程序处理；（5）希望投诉人继续关心、关注医院的建设和发展，继续监督医院的各项工作并共同推动医院各项工作的开展。

【案例5-02】

患者索要手术切下患肢的投诉处理案例

患者王某真，男，70岁。2011年5月13日，患者因糖尿病20多年，左下肢坏死1月余来院就诊。医师在作了全面系统检查后明确了诊断：糖尿病并左下肢坏死。因左下肢坏死严重，无法保留，且有进一步蔓延趋势，可能造成更为严重的后果。因此，经治医师提出行左下肢截肢术的方案。在与患者及其家属充分沟通之后，患者本人及家属都同意行该手术，签署了知情同意书。2011 年 5 月 19 日上午 8 时，在全麻下行左下肢截肢术，手术顺利，患者安全返回病房。然而，让人意想不到的事情在下午发生了。

下午 2 时许，患者的大儿子王某文来到医院找主刀医师张某军索要其父王某真手术中切下来的肢体。面对患者儿子索要手术标本，主刀医师琢磨，"这切下来的肢体没有用，且常温下无法保存，他们家要这东西干什么呢？万一他们家真有什么官司或者麻烦，家人扛着这手术切下来的标本到政府部门或者敏感场所上访，后果不堪设想"。随后其拒绝将手术切下肢体交给患方。但是，面对主刀医师的拒绝，患者儿子丝毫没有退让罢休的意思，坚决要主刀医师把其父亲的肢体还给他们。所以双方为此发生了争吵，最后还发生了肢体接触。值班护士看到纠纷有升级的危险，当即拨打了 110 报警。但警察面对双方的争执也无所适从，后来交由医院的医疗纠纷投诉办公室陈主任来处理。

在陈主任到来前，医务人员、警察并没有搞清楚患者儿子要患肢的目的。陈主任来到现场询问患者儿子后，了解到患者儿子要手术切下的患肢是为了将来老人百年之后"有一个完整的身躯"，于是告诉患者儿子，医院有专门烧标本的焚化炉，统一烧毁切下的手术标本。既然患方是想在老人百年之后使用，医院可以单独给患肢烧一炉，患方把肢灰带回家，既实现了子女的愿望，又便于保存。没想到患者儿子马上就表态同意，签署知情同意书，烧毁手术切下的患肢，患者儿子带走肢灰，并对医院表示感谢。一起患者索要手术切下患肢的投诉得到圆满解决。

第六章　医疗纠纷突发事件应急处理

医疗纠纷发生后，患方为了给医疗机构及医务人员施加压力，获得医疗纠纷处理的主动权，满足其在医疗纠纷中的诉求，可能会采取一些极端、暴力、渲染性的行为。由于这些行为本身具有危险性，极易扰乱医疗机构正常诊疗秩序，侵害医疗机构及医务人员的合法权益，影响其他患者正常就医，具有社会不安定性，形成社会治安事件，属于需要重点关注和处理的突发事件。

第一节　医疗纠纷突发事件概述

一、突发事件概述

（一）突发事件定义

突发事件这个概念在我国是一个约定俗成的名词，涉及社会公共领域、公民私人生活领域的方方面面。可以从广义与狭义两个方面来定义突发事件。

广义的突发事件泛指一切突然发生的危害人民生命财产安全、直接给社会造成严重后果和影响的事件。① 它包含三层含义：第一层的含义是事件发生、发展的速度很快，出乎意料；第二层的含义是影响面大，损害后果严重；第三层含义是事件难以应对，必须采取非常规方法来处理。

狭义上的突发事件是影响到社会局部甚至社会整体的大事件，而不是个人生活中的小事件。② 2007 年 11 月 1 日起施行的《中华人民共和国突发事件应对法》

---

① 郭研实：《国家公务员应对突发事件能力》，中国社会科学出版社 2005 年版，第 1 页。

② 朱力：《突发事件的概念、要素与类型》，《南京社会科学》2007 年第 11 期。

第3条规定，突发事件是指突然发生，造成或者可能造成严重社会危害，需要采取应急处置措施予以应对的自然灾害、事故灾难、公共卫生事件和社会安全事件。这可以理解为突发事件的狭义定义。

(二) 突发事件分类、分级与预警级别

《中华人民共和国突发事件应对法》第3条第1款规定，突发事件分为自然灾害事件、事故灾难事件、公共卫生事件和社会安全事件。

《中华人民共和国突发事件应对法》第3条第2款规定，按照社会危害程度、影响范围等因素，自然灾害、事故灾难、公共卫生事件分为特别重大、重大、较大和一般四级。

《中华人民共和国突发事件应对法》第42条规定，国家建立健全突发事件预警制度。可以预警的自然灾害、事故灾难和公共卫生事件的预警级别，按照突发事件发生的紧急程度、发展势态和可能造成的危害程度分为一级、二级、三级和四级，分别用红色、橙色、黄色和蓝色标示，一级为最高级别。预警级别的划分标准由国务院或者国务院确定的部门制定。

(三) 与突发事件相关概念

紧急事件，是指突然发生、具有不确定性、需要响应主体立即作出反应并得到有效控制的危害性事件。

危机事件，是指对社会系统的基本结构或者基础价值和规范一系列的威胁，在时间压力和高度不确定的环境下需要作出重要的决定的事件。

灾难事件，是指不可预测与不可抗拒的自然力或人为的事故（如空难、海难事故等）所造成的事件。灾难强调的是事件具有的悲惨性的后果。

风险，意思是可能面临危险，有即将到来的危险，强调危险后果发生的可能性。

社会安全事件，是指在社会安全领域发生的，因人为因素造成或者可能造成严重的社会危害，需要采取应急处置措施的事件。[①]这是与本章讨论的恶性医疗纠纷突发事件密切相关的概念。

---

① 周定平：《社会安全事件特征的比较分析》，《北京人民警察学院学报》2008年第2期。

二、医疗纠纷突发事件的定义和特征

（一）医疗纠纷突发事件的定义

医疗纠纷突发事件并没有权威定义，《江西省医疗纠纷突发事件预防与应急处置流程（试行）》《山西省医疗纠纷突发事件预防与应急处置流程（试行）》均将其界定为扰乱医疗机构正常医疗秩序、危害他人人身安全的事件。这显然不是一个规范的定义。本书认为，医疗纠纷突发事件应当包含4层意思：（1）事发突然，出乎预料；（2）与医疗机构、医务人员或者医疗活动有关联；（3）对医疗机构及医务人员的人身造成威胁或者危害，严重干扰医疗场所正常诊疗秩序；（4）场所特定，即发生于诊疗场所，包括医疗机构，也包括医疗机构的延伸区域，比如救护车。因此，本书将医疗纠纷突发事件定义为在处理医疗纠纷过程中，因患者及其家属的对抗性行为引发的，可能影响医疗机构正常秩序，危害他人人身或财产安全的突发事件。

（二）医疗纠纷突发事件的特征

从行为起因、行为主体、行为目的、行为方式、行为后果等多个维度分析医疗纠纷突发事件这一概念可知，医疗纠纷突发事件具有如下特征。

第一，产生环境的特定性。各种纠纷都可能出现当事人非理性维权的现象，医疗纠纷突发事件则专指患者在医疗机构就医过程中患方对医疗过程或者医疗结果不满意而引发的纠纷。所谓“医疗纠纷”是指医患双方当事人因医疗机构及其医务人员在医疗过程中所实施的医疗、护理、预防、保健等执业行为而引发的争议。[①] 特定医疗纠纷的存在是医疗纠纷突发事件产生的必要情境与逻辑前提，强调医患双方对医疗服务活动出现争议。需要注意的是，医疗机构是一个社会主体，它在建立、发展以及经营过程中，需要跟不同的社会主体打交道，因而也会引发其他的民事纠纷。如果突发事件并非在处理医疗纠纷过程中产生，那么即便突发事件发生在医院，也不属于医疗纠纷突发事件。

第二，行为主体的特定性。在“医闹”过程中，总是存在闹与被闹的双方。

---

① 耿天元：《对医疗纠纷与“医闹”概念的认识与比较》，《中国卫生产业》2012年第26期。

“医闹”的主体是患方，对象则是医疗机构或者医护人员。“医闹”就是发生在患方与医方这一对利益攸关方之间的异常现象。虽然有时来医疗机构“闹”的并非患者本人，也不一定是患者的家属，而是患方邀请来的亲朋好友、邻里乡亲，甚至是患方花钱雇来的“职业医闹者”，但是他们是患方请来的，实际上是以患方代理人的身份出现的，他们与患方仍然是一个利益集团，仍然应当视为患方成员。

第三，行为目的的非正当性。如果说医疗纠纷的客观存在是医疗纠纷突发事件形成的外在条件，那么导致单纯的医疗纠纷演变为医疗纠纷突发事件的根本原因就是患者方面试图借此达到超出合理标准的非正当目的。不同于一般意义上的维权行为，医疗纠纷突发事件中的患方并非是要真正弄清事实、明确责任，其指向的主要是经济上的补偿或赔偿，其数额往往远超同类案件的合理标准。在医疗纠纷突发事件中，患方采取暴力或者软暴力的手段，干扰医疗机构的正常诊疗秩序，影响医护人员正常诊疗工作，给医疗机构管理者及其医护人员造成心理上的压力和负担，其最终目的并非是要破坏医院的正常经营和管理，也不是要医疗机构关门歇业，而是通过这种手段迫使医方作出让步，满足患方在经济上的补偿或赔偿要求。

第四，行为方式的非正常性。患方采取非正常的手段来处理权益纠纷是医疗纠纷突发事件最明显的外部特征。近年来，中央与地方出台的若干政策文件中通过不完全列举的方式明确了医疗纠纷突发事件中典型的非正常行为方式，对医疗机构和相关部门正确识别、妥善处置提供了重要遵循。

第五，行为后果的社会危害性。之所以必须有效预防和规制医疗纠纷突发事件，根本原因在于其具有的社会危害性。所谓社会危害性是指特定行为对法律所保护的利益主体造成损害的性质。根据其所造成的法益损害大小，社会危害性有大小之分，相应地，行为人根据行为后果的严重程度承担相应的民事、行政、刑事法律责任。2014 年 4 月 28 日，最高人民法院、最高人民检察院、公安部、司法部、国家卫生和计划生育委员会（现为国家卫健委，下同）印发的《关于依法惩处涉医违法犯罪维护正常医疗秩序的意见》中针对医疗纠纷突发事件中行为人所应承担的行政、刑事法律责任作了明确规定。

三、医疗纠纷突发事件的表现形式

随着我国医疗领域法治建设的持续推进，新近出台的法律规范逐步将医疗纠纷突发事件的表现方式（行为方式）确定下来。例如，2014 年最高人民法院等五部门联合印发的《关于依法惩处涉医违法犯罪维护正常医疗秩序的意见》要求依法惩处涉医违法犯罪，维护正常医疗秩序，构建和谐医患关系，并列举了 6 类涉医违法犯罪活动；《山西省医疗纠纷突发事件预防与应急处置流程（试行）》《江西省医疗纠纷突发事件预防与应急处置流程（试行）》等地方规定医疗纠纷突发事件的范围，包括：（一）聚众冲击或者占据医疗机构诊疗、办公场所的；（二）在医疗机构内聚众滋事、寻衅滋事的；（三）在医疗机构拉条幅、设灵堂、焚香烧纸、摆花圈、散发传单、喧闹、张贴大字报的；（四）围堵医疗机构大门、重要出入口或者就医通道，影响人员正常进出的；（五）拒不将遗体移放太平间或者殡仪馆、违规停尸的；（六）侮辱、威胁、恐吓、殴打、故意伤害医务人员，非法限制医务人员人身自由，或者阻碍医务人员依法执业的；（七）在医疗机构损毁或者抢夺医务资料、公私财物、医疗器械和其他医疗设施的；（八）非法携带易燃、易爆危险物品和管制器具进入医疗机构的；（九）其他扰乱医疗秩序、危害他人人身安全的行为。概括起来，医疗纠纷突发事件有如下八种类型。

（一）悬挂横幅、散发传单、静坐等方式干扰医疗秩序

由于患者一方对复杂的医疗技术、诊疗过程不了解，一旦患者死亡或未达到预期治疗目的，患方就会情绪激动，听不进医务人员的任何解释，在门诊、医院大门口等公共场所静坐、悬挂横幅、散发传单，“职业医闹”趁机寻衅滋事，混淆视听，贬损医院及医务人员声誉，干扰医疗秩序。特别是患方的静坐地点往往选在病房室内外，在“职业医闹”的鼓噪煽动下，拒绝将尸体移送太平间，借机敲诈勒索，医务人员往往出于影响其他病人治疗的担心，满足其非法要求。

（二）聚众冲击医疗机构的行为

近年来，“医闹”事件屡有发生，而且组织方式发生了很大变化。尤其在“职业医闹”的煽动下，一些不明真相的群众或出于对患者的同情，或出于经济利益驱动，动辄出动几十人甚至几百人围堵医院大门、办公室、诊疗场所，严重扰乱诊疗秩序。

（三）侮辱、诽谤医务人员的行为

所谓侮辱，是指以暴力或者其他方法公然诋毁他人人格，破坏他人名誉的行

为。诽谤是指故意捏造事实，并且进行传播，损害他人人格和名誉的行为。医疗纠纷发生后，“医闹”在闹的过程中侮辱、诽谤医务人员的情况时有发生。轻者为不堪入耳的辱骂，严重的采取暴力手段逼迫医务人员向死者下跪等。还有的无中生有，凭空捏造事实，并采取口头、书面、网络等方法进行传播。

（四）非法限制人身自由的行为

近年来，非法限制医务人员或医院其他工作人员人身自由的事件时有发生。“医闹”的索赔要求往往不切实际，漫天要价，当不能满足其无理要求时，强令医院工作人员不得离开办公室、病房或有关谈判场所，并轮番围攻，有的长达数十小时，其间往往伴有侮辱甚至殴打情节。

（五）在医疗机构集会、游行、示威的行为

我国宪法规定，中华人民共和国公民有言论、出版、集会、结社、游行、示威的自由。中华人民共和国公民在行使自由和权利的时候，不得损害国家的、社会的、集体的利益和其他公民的合法的自由和权利。

《中华人民共和国集会游行示威法》规定，集会是指聚集于露天公共场所，发表意见、表达意愿的活动。游行是指在公共道路、露天公共场所列队行进、表达共同意愿的活动。示威是指在露天公共场所或者公共道路上以集会、游行、静坐等方式，表达要求、抗议或者支持、声援等共同意愿的活动。

（六）在医院公共场所摆设死者棺柩、设置灵堂的行为

近年来，“医闹”为了达到其不可告人的目的，常常在医院公共场所摆设棺柩、设置灵堂。有的“职业医闹”还专门制作“水晶棺”，将尸体摆设在病房等场所，以逼迫医院就范，满足其非法要求，严重扰乱正常医疗秩序，造成恶劣社会影响。

（七）殴打医务人员的行为

在患方发起的“医闹”中，医务人员往往是直接的受害者。主要原因有二，一是医务人员是医疗服务的直接实施者，患者出现损害后果，其家属往往归责于医务人员，因而医务人员就成为患方“医闹”中直接的发泄对象。二是医务人员是医疗机构的主体，医务人员一天 24 小时服务于医疗机构内，患方的“医闹”行为直接影响医务人员的医疗活动，因而医务人员会直接干预“医闹”事件，其

间难免会与患者及其家属发生冲突。

（八）侵犯医院财产权的行为

近年来，由于患者欠款，医院的死账、呆账逐年增多，医院财产权遭受侵害的问题普遍存在，部分小型医院因医疗欠款直接造成医疗活动无法正常开展。造成医疗欠款的原因是很复杂的，常见的有以下几个方面。

（1）突发性医疗欠款。如交通事故，治安、刑事案件，自然灾害等。在这种情况下，绝大多数都是病情危重的病人，必须立即救治，而支付医疗费用的义务人短时间内不易确定，甚至根本就无法确定，形成欠款，无法收回。

（2）贫困性医疗欠款。这类欠款主要是农村患者和城市下岗职工，多数与需要住院治疗的大病有关；该类欠款因回收期间长或患方脱贫无望、丧失劳动能力或死亡，造成医疗费用无法收回。

（3）医疗纠纷性欠款。如发生治疗、手术、护理、美容等医疗争议或者造成患者伤残、毁容等不良后果，患者不出院，随着医疗纠纷长期得不到解决，医疗费用不断上升，形成大额医疗欠款。

（4）预谋性医疗欠款。如婴儿活产孕妇死亡、遗弃女婴、残疾人或患精神类疾病患者等；主要是以假地址、假姓名办理入院手续或以某种方式骗取同情，借口赖账等。

四、医疗纠纷突发事件的分级

对医疗纠纷突发事件进行分级，有利于有关部门针对不同等级的医疗纠纷突发事件制定相应的处置策略和应急预案，更加科学、高效、稳妥地应对，化解医疗纠纷突发事件。

根据情节与危害程度的不同，对医疗纠纷突发事件进行分级，有利于有关部门针对不同等级的医疗纠纷突发事件制定相应的处置策略和应急预案，更加科学、高效、稳妥地应对、化解医疗纠纷突发事件。可以将医疗纠纷突发事件划分为不同级别。目前，山西、江西等地出台的关于预防与处置医疗纠纷突发事件的相关文件中就将医疗纠纷突发事件划分为一般突发事件、较大突发事件、重大突发事件、特别重大突发事件 4 个等级。

（一）一般医疗纠纷突发事件

患方不听从解释和劝阻，并出现下列情形之一的为一般突发事件：(1) 患方事件参与人员 10 人及以下，且在医疗机构内拉条幅、散发传单、喧闹、张贴大字报等情形的；(2) 患方事件参与人员 20 人以下，通过不正常途径反映和解决问题，干扰医疗机构正常医疗和工作秩序，没有导致严重后果的。

（二）较大医疗纠纷突发事件

患方不听从解释和劝阻，并出现下列情形之一的为较大突发事件：(1) 患方事件参与人员 20 人以上 50 人以下的；(2) 发生侮辱、威胁、恐吓医疗机构医务人员或工作人员的；(3) 发生占据医疗机构办公、诊疗场所，围堵就医通道，干扰正常医疗和工作秩序等情形的；(4) 患者死亡后，其亲属不听从劝阻，拒不按规定处置尸体，停放病房超过 2 个小时，或者将尸体强行停放在医疗机构公共区域或办公地点的；(5) 发生损毁或者抢夺医务资料、公私财物、医疗器械和其他医疗设施等情形的；(6) 患方事件参与人员 10 人以上，且在医疗机构内拉条幅、设灵堂、焚香烧纸、摆花圈、散发传单、喧闹、张贴大字报等情形的。

（三）重大医疗纠纷突发事件

患方不听从解释和劝阻，并出现下列情形之一的为重大突发事件：(1) 事件参与人员 50 人以上 100 人以下的；(2) 殴打、侮辱或非法限制医疗机构工作人员或者医务人员人身自由，或者阻碍医务人员依法执业的；(3) 事件参与人员非法携带易燃、易爆危险物品或者管制器具的；(4) 围堵医疗机构大门、重要出入口或者就医通道，影响人员正常进出的。

（四）特别重大医疗纠纷突发事件

患方不听从解释和说明，并出现下列情形之一的为特别重大突发事件：(1) 事件参与人数 100 人及以上的；(2) 采用管制器具围攻、伤害医疗机构工作人员或者医务人员的；(3) 使用易燃、易爆危险物品，影响公共安全的；(4) 危害群众人身安全或教唆患方亲属自杀、自残等倾向的；(5) 游行或封堵交通主干道的。

五、医疗纠纷突发事件的成因

改革开放以来，我国的医疗卫生条件得到了显著改善，但医疗事业发展不平衡、不充分的问题依旧突出。一方面，从总量角度看，医疗资源的总供给无法充分满足持续增长的诊疗需求，相当比例的医院常常处于满负荷运转状态，医务人员承受着极大的工作压力，这很可能会对医务人员的工作态度产生负面影响。另一方面，从结构层面看，优质医疗资源供给能力严重不足且价格高昂，一些患者甚至为了获得更优质的医疗服务而请客、送礼、塞红包，支付了额外的高昂费用。可以说，作为关系亿万人民群众民生问题的重大公共性议题，“看病难”“看病贵”问题不仅反映了我国医疗事业发展的现状，同时也影响着医务人员与患者双方的行为与心理，成为医疗纠纷突发事件的一个诱因。

近年来，民众的法治思维与维权意识显著增强，一旦诊疗过程中出现争议或纠纷，医患双方信息不对称性就会因医疗活动的专业性而被放大，进而演变为医患之间的不信任。当医患双方就某一问题难以达成一致，陷入僵局之时，如果自认为处于弱势一方的患者在维权过程中选择以对抗性方式将事情闹大，形成了较为广泛的社会舆论，对他人的人身与财产安全或正常的公共医疗秩序产生了较大影响，那么原本单纯的维权行为就会演变为医疗纠纷突发事件。而医疗纠纷突发事件的发生会反过来加剧医患之间的不信任，激化医患之间的紧张关系，形成恶性循环。

六、医疗纠纷突发事件的应急处理

近年来，医疗纠纷突发事件在全国各地均有发生，对医护人员人身安全造成威胁，严重影响医院正常诊疗秩序，造成恶劣社会影响，部分恶性事件甚至使医务人员不幸丧生。虽然恶性医疗纠纷突发事件还不是十分突出，也并非每一家医院都会发生这样的事件，但一旦发生，负面影响极大，破坏性极大。在媒体舆论如此发达的今天，若干典型性医疗纠纷突发事件触动着全社会的敏感神经。可以说，医疗纠纷突发事件已经成了各级人民政府实施社会安全事件管理的重要对象。为此，2015 年 8 月 29 日，全国人大常委会通过的《中华人民共和国刑法修正案（九）》规定，聚众扰乱社会秩序，情节严重，致使工作、生产、经营和教学、科研、医疗无法进行，造成严重损失的，对首要分子，处3年以上7年以下有期徒刑；对其他积极参加的，处3年以下有期徒刑、拘役、管制或者剥夺政治权利。近年来，国家相关部门也发布了很多有关维护医疗秩序、打击涉医违法犯罪、应对医疗纠纷突发事件的规范文件，比如，2017年6月26日原国家卫计委、公安部、中医局联合发布《关于印发严密防控涉医违法犯罪维护正常医疗秩序意见的通知》（见表6-1）。此外，各省份也发布了一些处置医疗纠纷突发事件的地方性文件，取得了良好的社会效果。

表6-1　国家相关部门联合发布有关维护医疗秩序的法律文件

发布单位	发布时间	公告名称
原卫生部、公安部	1986年10月30日	关于维护医院秩序的联合通知
原卫生部、公安部	1990年12月15日	关于加强医院治安保卫工作的通知
原卫生部、公安部	2001年8月7日	关于维护医疗机构正常医疗秩序的通告
原卫生部、公安部	2012年4月30日	关于维护医疗机构秩序的通告
原卫计委等11部门	2013年12月20日	维护医疗秩序打击涉医违法犯罪专项行动方案
公安部	2014年4月21日	公安机关维护医疗机构治安秩序六条措施
原卫生部	2014年4月21日	关于认真落实《公安机关维护医疗机构治安秩序六条措施》的通知
最高人民法院等5部门	2014年4月22日	关于依法惩处涉医违法犯罪维护正常医疗秩序的意见
原卫计委等4部门	2016年3月24日	关于进一步做好维护医疗秩序工作的通知
原卫计委等9部门	2016年7月8日	关于严厉打击涉医违法犯罪专项行动方案的通知
原卫计委、公安部、中医局	2017年6月26日	关于印发严密防控涉医违法犯罪维护正常医疗秩序意见的通知
卫健委等28个部门	2018年9月25日	关于对严重危害正常医疗秩序的失信行为责任人实施联合惩戒合作备忘录

【案例6-01】

男子饮酒过量抢救无效死亡，家属召集人闹事被拘[①]

2016年9月11日23时左右，患者黄某某因饮酒过量被送到某中西医结合医院二楼急诊科救治，当天抢救无效死亡。患方以医院抢救不及时、用药有问题为由对医院提出质疑，并因此拒绝将死者移送到太平间。在警方做了大量思想工作后，2016年9月12日中午患方家属同意按照医疗纠纷处理流程解决，同时将死者运送到西郊殡仪馆。2016年9月13日中午，患方家属带着61个人，开了10多辆车对医院进行围堵，并采取在医院大厅悬挂标语、摆放花圈的方式进行所谓的“维权”，医疗秩序因此受到严重影响。警方赶到后，对患方进行法律政策的宣讲和细致的思想工作，但患方对自己的行为毫无收敛，拒绝停止正在进行的“讨要说法”的行动。为避免广大患者权益受到损害、维护医疗正常秩序，警方果断处置，将相关人员带离现场并依法进行审查。经查，患方对协助围堵医院的车辆给予每辆车500元的报酬，这所谓的“要说法”的群体事件是有组织、有策划的。2016年9月14日，警方对参与组织策划“医闹”的黄某龙等6人给予刑事拘留，其余55名违法人员被行政拘留。全社会对“医闹”行为采取“零容忍”的措施，对“医闹”行为产生极大的震慑。

2018年9月25日，卫健委等28个部门印发《关于对严重危害正常医疗秩序的失信行为责任人实施联合惩戒合作备忘录》，要求加快推进医疗服务领域信用体系建设，打击暴力杀医、伤医以及在医疗机构寻衅滋事等严重危害正常医疗秩序的失信行为，建立健全失信联合惩戒机制。这是建立良好医疗秩序的重要体现，也是增进人民福祉的客观要求。医疗机构内部建立医疗纠纷突发事件应急处理机制，已经成为当前医疗机构开展医疗风险管理工作的重要组成部分。妥善应对医疗纠纷突发事件，依法惩处涉医违法犯罪，维护正常医疗秩序，有利于保障医患双方的合法权益，为患者创造良好的看病就医环境，为医务人员营造安全的执业环境，从而促进医疗服务水平的整体提高和医药卫生事业的健康发展。

---

① 杨之辉：《男子饮酒过量抢救无效死亡家属大闹医院　昆明警方拘留61人》，环球网，https：//china.huanqiu.com/article/9CaKrnJXJRV，最后访问日期：2022年1月25日。

第二节　医疗纠纷应急处理概述

一、医疗纠纷应急处理的原则

（一）紧急原则

医疗纠纷发生后容易造成事件升级、产生负面效应，因此，一旦有医疗纠纷发生，医院应当在第一时间派出专人到现场予以处理，不可有任何延误。

（二）属地原则

重大纠纷实行属地管理、分级负责、层层落实原则。科室主任和支部书记对本科室、本部门的工作负总责，核心组其他成员根据工作分工，对职权范围内的工作负主要领导责任，纠纷调处负责人协助科主任、投诉管理部门处理医疗投诉。

（三）部门联动、分级响应原则

科室、医疗质量管理部门、医疗投诉管理部门、保卫处、宣传中心等相应机构建立联合预警机制，一旦发现医患纠纷矛盾激化事件的苗头，及时向相关部门发出医患矛盾激化事件预警信息，并向当地公安机关提出防控工作建议。根据医患矛盾激化事件的进展程度，在主管院长的统一领导下，协同相关部门迅速响应，做好医患矛盾激化事件的监测预警、医疗救治和相关应急处置工作。

（四）依法处理的原则

医疗纠纷应当依照有关法律的规定来解决，不可因患方过激行为而冲动应对。在医疗纠纷发生之初，应当报警求助，依靠公安部门解决纠纷。患方与医方发生冲突时，医方必须在法律允许的限度内实施正当防卫，注意方式、方法，避免产生不良后果。对于患方打砸医院财物、殴打医务人员、发布网络不实报道等情形，可以通过诉讼程序予以解决。

二、医疗纠纷应急处理的要求

(一) 首诉负责，不得躲避

医疗投诉管理实行“首诉负责制”，医疗纠纷应急处理，同样也要坚持“首诉负责制”。遇到或者接到医疗纠纷突发事件报告的部门和人员，应当第一时间向医疗机构有关部门报告，及时、妥善处理医疗纠纷险情，待相关领导或者负责医疗纠纷突发事件处理的专职人员到场后，协助有关部门和人员处理医疗纠纷。

(二) 安抚相关人员，平息化解矛盾

医疗纠纷的发生一般都以患者的死亡、残疾等不良后果为导火索，此时家属情绪激动难控，如果医院不注意疏导、安抚，就容易导致事态的升级和恶化。因此，医疗纠纷处理人员到达现场后，不可轻率表态，应当注意倾听患方的投诉，不要掺杂主观意见，客观、认真地进行调查、核实，力争尽快安抚患者或其家属激动的情绪。

(三) 强化证据意识，妥善保全证据

对于突发的医疗纠纷现场的控制以及患者及其家属的安抚，乃权宜之计，最终可能还是要通过法律程序解决双方争议的医疗纠纷。而依照法律程序解决时，有关证据是否存在就显得至关重要。因此，医疗机构处理医疗纠纷的人员在现场应当注意收集和保全相关证据，包括：(1) 对患方进行的各种知情同意的沟通；(2) 对有争议的医疗病例的病历资料进行复印和封存；(3) 对患方提出异议的医疗物品、药品等进行封存、送检；(4) 对财物毁损、人员受伤、医院诊疗秩序受阻等证据进行提取和保全。

(四) 合理引导诉求，充分告知权利

一旦发生医疗纠纷，应当告知患者或者其近亲属下列事项：(1) 解决医疗纠纷的合法途径；(2) 有关病历资料、现场实物封存和启封的规定；(3) 有关病历资料查阅、复制的规定；(4) 患者死亡的，还应当告知其近亲属有关尸检的规定。以此保证患方的知情权和选择权。

三、医疗纠纷应急处理的程序

（一）医疗纠纷报告程序

《医疗纠纷预防和处理条例》第 28 条规定，发生重大医疗纠纷的，医疗机构应当按照规定向所在地县级以上地方人民政府卫生主管部门报告。卫生主管部门接到报告后，应当及时了解掌握情况，引导医患双方通过合法途径解决纠纷。为落实该条例的规定，医疗机构内部应当制定相应的配套措施，规范院内医疗纠纷报告程序和要求，应急处理和逐级报告预案应当兼顾两个因素：（1）一线的医师和护士采取弥补措施；（2）通知相关人员（包括投诉管理部门、医疗管理部门、保卫处、宣传中心等人员，必要时还包括卫生健康主管部门、公安机关人员）到场。

临床科室发生医疗纠纷后的逐级上报程序，分为工作日白天、非工作日及夜间两类（见图 6－1、图 6－2）。

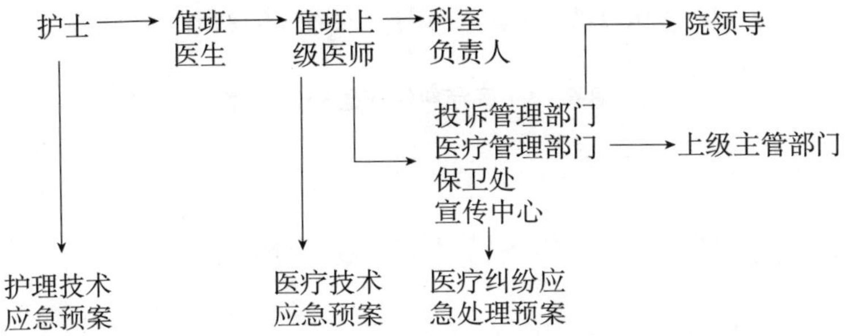

图 6－1　医疗纠纷逐级报告程序（工作日白天）

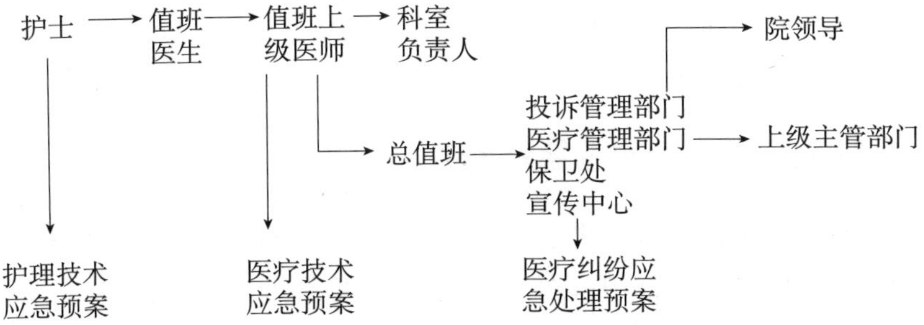

图 6－2　医疗纠纷逐级报告程序（非工作日及夜间）

（二）医疗纠纷应急处理程序

医疗纠纷应急处理程序是指医疗纠纷处理部门接到医疗纠纷报告后，着手处理医疗纠纷事务的程序（见图6-3）。

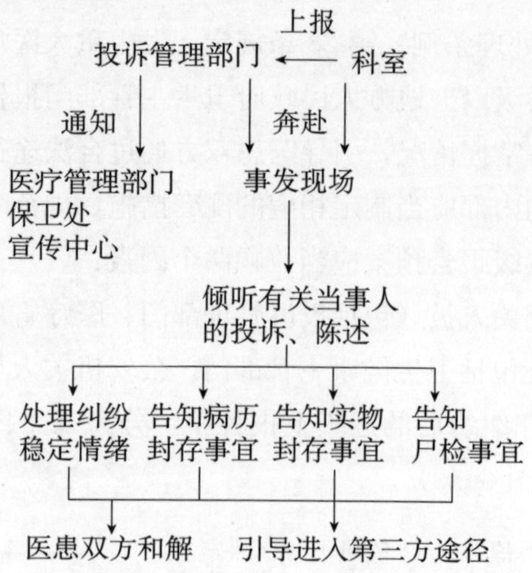

图6-3　医疗纠纷应急处理程序

四、医疗纠纷突发事件相关应急处理预案

医疗纠纷不可避免但可以预防，尤其是发生医疗纠纷之后，医疗机构可以采取一些补救措施，收集和保全证据，防止事态升级，避免医疗损害后果加重。因此，医疗机构在日常医疗行为中，要注意防患于未然，制定医疗纠纷紧急处置预案，一旦发生医疗纠纷，医疗机构能够有条不紊地面对和处置，尽可能让这种不利事件朝着有利的方向发展。

（一）医疗纠纷突发事件应急处理预案

（1）一旦发生医疗纠纷，须立即通知上级医师和科室负责人，同时报告医院投诉管理部门、医疗管理部门（白天），或医院总值班人员（夜间），不得隐瞒；并积极采取补救措施，避免或减轻对患者身体健康的进一步损害，尽可能挽救患者生命。由护理因素导致的差错事故，除按上述程序上报外，同时按照护理体系逐级上报。

（2）由医疗管理部门会同投诉管理部门组织科室负责人查找原因。

（3）由医疗管理部门组织多科会诊，且参加会诊人员应为当班最高级别医师。如患者需专科治疗，各科室必须竭力协作，不得推诿。

（4）医疗纠纷发生后，当事科室主任（支部书记）和/或纠纷调处人和/或科室主任（支部书记）指定的医务人员必须第一时间了解投诉内容，进行调查，指定专人进行病情解释，并尽快与患方沟通，解答疑问，进行安抚，化解矛盾。未经科主任同意，科内其他无关人员不得就有争议的医疗纠纷向患方进行解释与评价。其他相关部门和人员应当予以配合，服从事件处理责任人的调遣。

（5）医务管理职能部门结合情况，决定是否封存病历文件。对于需要封存病历的，由职能部门人员、患者或其家属共同在场的情况下，立即对相关病历内容进行封存；病历尚未完成需要封存的，对已完成病历先行封存，病历按照规定完成后，再对后续完成部分进行封存。医疗机构应当对封存的病历开列封存清单，由医患双方签字或者盖章，各执一份。封存病历由医院保管。封存病历最好为复印件。

病历资料封存后医疗纠纷已经解决，或者患者在病历资料封存满 3 年未再提出解决医疗纠纷要求的，医疗机构可以自行启封。

（6）疑似输液、输血、注射、用药等引起不良后果的，在职能部门人员、患者或其家属共同在场的情况下，共同对现场实物进行封存、启封，封存的现场实物由医疗机构保管。需要检验的，应当由双方共同委托依法具有检验资格的检验机构进行检验；双方无法共同委托的，由医疗机构所在地县级人民政府卫生主管部门指定。

疑似输血引起不良后果，需要对血液进行封存保留的，医疗机构应当通知提供该血液的血站派员到场。

现场实物封存后医疗纠纷已经解决，或者患者在现场实物封存满 3 年未再提出解决医疗纠纷要求的，医疗机构可以自行启封。

（7）如患者死亡，应动员家属进行尸体解剖，并在病历中记录。医患双方对死因有异议的，应交代需医患双方共同委托完成尸解，且应当在患者死亡后 48 小时内进行尸检；具备尸体冻存条件的，可以延长至 7 日。尸检应当经死者近亲属同意并签字，拒绝签字的，视为死者近亲属不同意进行尸检。不同意或者拖延尸检，超过规定时间，影响对死因判定的，由不同意或者拖延的一方承担责任。

(8) 所有“绿色通道”在开通的同时，必须向患者或家属讲明预计医疗费用，要留有充分的余地，并且要履行知情同意，必须有患者或其家属的签字认可。

(9) 当事科室需在24小时内就事实经过写书面报告，同时提出初步处理意见，上报投诉管理部门和医疗管理部门。

(10) 任何科室和个人不得私自减免患者住院费用。

(11) 事件处理人员应当注意收集医疗纠纷相关证据，寻找事件发生见证人，并采取必要的证据保全措施。

(12) 遇家属或病人情绪激动，不听劝阻或聚众闹事，影响医院正常秩序者，立即通知保卫处或派出所人员到场，按治安管理原则办理。

(13) 遇家属或病人有联系媒体或通过自媒体发布信息倾向时，联系宣传中心做好舆情监测。

(14) 建立健全新闻发言人制度。一旦发生医患纠纷激化事件，系统内部（新闻发言人、宣传中心、院办公室、医疗管理部门、投诉管理部门、保卫处）便在第一时间进行沟通，形成工作网络，做好应对媒体发布信息的准备。

(15) 事件处理暂告一段落后，事件处理人员应当撰写事件调查报告，报告事件经过、调查情况及处理建议。

(二) 医疗机构内紧急意外事件应急处理预案

医疗机构内的紧急意外事件，主要是指与患者相关的一些突发事件，如患者走失、自杀、猝死；患者杀人毁物、殴打医务人员；患者财物被盗；患者被他人伤害等。医院的处理原则：一是减少损失，抢救伤员；二是注意保护现场，留存证据。

医疗机构内紧急意外事件应急处理总体预案包括以下几个方面。

(1) 院内遇有意外伤亡事件，应立即通知急诊科值班人员，由急诊科负责组织实施抢救。

(2) 要在第一时间保护现场，报告保卫处、分管院领导。分管院领导根据初步判断情况报告派出所和公安局。

(3) 对于因突然发病死亡人员，应先确定是否可救，如未死亡，应就地实施抢救；如确定已经死亡，应协助公安人员查验死亡原因。

（4）对于他杀死亡人员，应首先保护现场，观察周围有无可疑人员，不许无关人员靠近，待公安人员到达后，汇报情况并提供有关线索。

（5）对于患者或家属杀人毁物、殴打医务人员，患者财物被盗，患者被他人伤害等情况，应首先保护现场，尽可能控制肇事者，并立即报警，待公安人员到达后，汇报情况并提供有关线索。

（6）必要时安抚同病区患者及家属，保证正常诊疗秩序。

1. 住院患者走失应急处理预案

（1）一旦发现住院患者走失，须立即上报科主任、护士长、医疗管理部门（白天为医务处及护理部，夜间及节假日报总值班）、投诉管理部门、保卫处；同时积极寻找患者，联系患者家属。

（2）医务处向主管院长汇报，总值班人需向带班院领导汇报；投诉管理部门通报医院法律顾问。

（3）如有患者家属在场，医务人员与患者家属共同查看患者物件；如无家属在场，由保卫处陪同，持执法记录仪记录，与医务人员共同查看患者物件，寻找有价值的线索。

（4）保卫处查找并保存监控录像，做好证据保存工作；根据监控结果决定进一步措施，如通知属地派出所等。

（5）科室负责人与投诉管理部门、医务处及护理部（夜间及节假日为总值班）共同指定接待病人家属的人员，并由专人解释情况。做到及时沟通，信息透明，让患者家属了解院方所做的工作，积极安抚家属。

（6）必要时安抚同病区患者及家属，保证正常诊疗秩序。

（7）当事科室需在 2 小时内就事实经过写出不良事件报告上报至医务处及护理部（夜间及节假日报总值班），并拿出初步处理意见。

（8）遇家属情绪激动，不听劝阻或聚众闹事，影响医院正常秩序者，立即通知保卫处或派出所人员到场，按治安管理原则办理。

（9）如家属提出赔偿要求，由投诉管理部门进行接待，交代纠纷处理途径。必要时与法律顾问共同接待患方。

（10）医务处、护理部、科室共同分析患者走失的原因和薄弱环节，积极整改。

2. 住院患者自杀应急处理预案

（1）一旦发现住院患者自杀，立即进行生命体征评估；对仍具有生命体征的患者在证据保存（尽可能缩短时间）后积极救治；对已经死亡的患者，做好现场保护。

（2）立即上报科室负责人、护士长、医疗管理部门（白天为医务处及护理部，夜间及节假日报总值班）、投诉管理部门、保卫处，同时积极联系患者家属。

（3）医务处向主管院长汇报，总值班需向带班院领导汇报；投诉管理部门通报医院法律顾问。

（4）保卫处查找并保存监控录像，做好证据保存工作，同时通知属地派出所。院方需积极配合公安部门的工作。

（5）科室负责人与投诉管理部门、医务处及护理部（夜间及节假日总值班）共同指定接待病人家属的人员，并由专人解释情况。做到及时沟通，信息透明，让患者家属了解院方所做的工作，积极安抚家属。

（6）必要时安抚同病区患者及家属，保证正常诊疗秩序。

（7）当事科室需在 2 小时内就事实经过写出不良事件报告上报至医务处及护理部（夜间及节假日报总值班），并拿出初步处理意见。

（8）遇家属情绪激动，不听劝阻或聚众闹事，影响医院正常秩序者，立即通知保卫处或派出所人员到场，按治安管理原则办理。

（9）如家属提出赔偿要求，由投诉管理部门进行接待，交代纠纷处理途径。必要时与法律顾问共同接待患方。

（10）医务处、护理部、科室共同分析患者自杀的原因和薄弱环节，积极整改。

此外，其他意外事件，比如患者财物被盗、无民事行为能力患者坠床等，甚至医疗活动中的突发情况，比如患者输液过程中突发过敏性休克，也可作为广义上的突发事件制定相应的应急处理预案。

第三节　相关证据的收集与固定

一、重视医疗纠纷突发事件证据的收集与保存

证据是指能够证明案件真实情况的事实材料。证据有三个特征：一是客观

性，即证据必须是客观存在的事实材料；二是关联性，即证据必须与待证的案件事实有内在的联系，这种内在联系具体表现为证据应当是证明待证的案件事实的全部或一部分；三是合法性，即证据应当按法定要求和法定程序取得。证据分为七种：书证、物证、视听资料、证人证言、当事人的陈述、鉴定结论、勘验笔录。这些证据必须查证属实，才能作为认定事实的根据。

《中华人民共和国民事诉讼法》第 67 条第 1 款规定，当事人对自己提出的主张，有责任提供证据。因此在医疗纠纷后，医疗机构无论通过何种途径解决纠纷，对自己提出的主张必须提供相应的证据，既要提出当事人之间存在民事法律关系的事实的证据，同时还要有民事权益受到损害的事实证据。要“打赢官司”，平时就应注意证据的收集和保存。

二、证据保全的概念与意义

（一）证据保全的概念

证据保全即证据的固定和保管，是指为了防止特定证据的自然泯灭、人为毁灭或者以后难以取得，在收集时、诉讼前或诉讼中用一定的形式将证据固定下来，加以妥善保管，以便诉讼中司法人员或者律师在分析、认定案件事实时使用。《中华人民共和国民事诉讼法》第 84 条规定，在证据可能灭失或者以后难以取得的情况下，当事人可以在诉讼过程中向人民法院申请保全证据，人民法院也可以主动采取保全措施。因情况紧急，在证据可能灭失或者以后难以取得的情况下，利害关系人可以在提起诉讼或者申请仲裁前向证据所在地、被申请人住所地或者对案件有管辖权的人民法院申请保全证据。不过这是指在民事诉讼程序启动之后，而医疗纠纷从发生到诉讼往往有一段漫长的过程，因此，在医疗纠纷发生时，医患双方不可能申请人民法院进行诉讼保全。《医疗纠纷预防和处理条例》第 24 条、第 25 条分别对病历和可疑医疗物品的保全进行了规定，要求医患双方当事人自行实施证据保全。

关于证据保全的程序和方法，《中华人民共和国民事诉讼法》第九章有专门规定。另外，最高人民法院《关于民事诉讼证据的若干规定》第 23 条、第 25 条至第 29 条也有相关规定。其中第 27 条规定，人民法院进行证据保全，可以要求当事人或者诉讼代理人到场。根据当事人的申请和具体情况，人民法院可以采取查封、扣押、录音、录像、复制、鉴定、勘验等方法进行证据保全，并制作笔录。在符合证据保全目的的情况下，人民法院应当选择对证据持有人利益影响最小的保全措施。

（二）证据保全的意义

证据保全是取证制度的重要环节，是收集证据工作不可缺少的一部分。发现证据后，应妥善保管并及时提取、固定，否则一旦被毁坏、灭失就达不到收集证据的目的，给诉讼中案件事实的认定带来很大的麻烦。

证据保全重要的是保证证据的真实性和证明力，因此所实施的证据保全方法要得当，尤其是医患双方当事人自行保全证据的，更要注意保全的方法，否则一方反悔或者破坏证据，将使整个证据保全工作无效。

三、病历保全制度与实施

（一）法规中规定的病历封存

病历的保全实际上就是指病历的封存，《医疗纠纷预防和处理条例》第 24 条对此予以专门规定：发生医疗纠纷需要封存、启封病历资料的，应当在医患双方在场的情况下进行。封存的病历资料可以是原件，也可以是复印件，由医疗机构保管。病历尚未完成需要封存的，对已完成病历先行封存；病历按照规定完成后，再对后续完成部分进行封存。医疗机构应当对封存的病历开列封存清单，由医患双方签字或者盖章，各执一份。病历资料封存后医疗纠纷已经解决，或者患者在病历资料封存满 3 年未再提出解决医疗纠纷要求的，医疗机构可以自行启封。

根据法规的要求，病历的封存必须做到以下几点。

第一，医患双方共同封存，任何单独的一方进行封存均属于无效封存。无论是封存病历还是启封病历，都要求有医患双方共同参加。

第二，封存的对象可以是病历原件，也可以是复印件。从医疗机构管理上来看，最好封存复印件，以利于患者今后的病情复查和就诊，也有利于医院的病历管理。

第三，因为患方已经可以复印全部的病历资料，因此封存病历的意义已经被大大削弱。加之对于保全的病历的保管的义务由医疗机构承担，医疗机构应当指定专人负责此项工作，增加了医疗机构的工作量。因此实际操作中可以建议患方复印病历即可。

第四，特别强调医疗机构病历的管理，建议病历每页上加盖“已复印”和“已封存”印章，并注明复印、封存时间。

第五，病历封存时间一般为 3 年，从封存之日起计算，但如果患者已经找卫生行政部门、医疗机构调解部门、人民法院处理纠纷的，不受 3 年限制，医疗机构不得擅自启封。

（二）病历封存制度存在的问题

病历封存制度在《医疗事故处理条例》《医疗纠纷预防和处理条例》中都有明确规定，能够有效保证争议的医疗事件病历资料的真实性，促进医疗纠纷的解决和处理，从而保护医患双方的合法权益。但是，由于国家卫生健康主管部门没有规定具体的病历保全的方法，且法规规定病历封存是医患双方自己进行，因而在实际操作中各家医疗机构凭感觉操作，既不规范，还存在漏洞，使病历保全无效或者发生争议的事件。

该制度中存在的主要问题包括：（1）病历保全仅仅是医患双方参与，没有第三方见证，任何一方反悔、否认以及医疗机构对保全病历做手脚，都可能引发对封存病历的争议；（2）病历封存的时间是患者住院期间，还是患者出院、治疗终结之后，没有明确规定，实际上，有的纠纷发生在患者住院期间，病历资料并不完整，如抢救记录还来不及补记，且如果患者还在住院治疗，可能影响患者的治疗，患者在以后的治疗中还会产生新的病历资料；（3）病历保管由医疗机构承担，不仅加大医疗机构的责任，而且如果封存病历“丢失”，医疗机构可能会否认曾经保全过病历；（4）除医患双方之外，作为案件处理第三方的卫生行政官员、鉴定人员、法官等，是否有权启封病历，没有明确规定。

（三）病历封存操作程序

（1）患方可随时提起封存病历的申请（相关部门均需受理患方封存病历的申请），封存内容可以是部分或全部病历。

（2）受理申请时，应当要求申请人提供有关证明材料，并对申请材料的形式进行审核。证明材料包括：患者本人有效身份证明；患者代理人双方有效身份证明及授权委托书；死亡患者法定继承人（详见《中华人民共和国民法典》第六编　继承）提供的患者死亡证明、法定继承人有效身份证明、关系证明；死亡患者法定继承人代理人提供的患者死亡证明、法定继承人及其代理人的有效身份证明、死亡患者与法定继承人关系证明及授权委托书。

（3）证明材料齐全，已出院患者通知病案科、在院患者通知科室准备病历。

（4）患方填写病历复印封存申请书，并留存有效身份证明复印件、患者死亡证明复印件、死亡患者与法定继承人关系证明复印件（同一户口本）或原件（公安部门证明）及授权委托书原件。

（5）运行病历通知科室人员到场。

（6）医患双方共同在场，用原始病历进行复印。复印后将复印件与原始病历每一页逐一进行核对。

（7）对封存的病历资料，病案科需在原始病历上逐页加盖“已封存”章，并注明日期。

（8）在医患双方见证下共同将复印件进行封存。对封存的病历开列封存清单，由医患双方签名，患方按手印，医方盖公章（工作日盖医患关系协调办公室公章，非工作日一律盖门诊部公章）。封存清单由医患双方各执一份，医方所执封存清单粘贴在档案袋上，并在档案袋骑缝处由医患双方签名。档案袋用透明胶条封好。

（9）已出院患者的病历归还病案科，在院患者的病历由科室带回。

（10）封存件交予专人保管，节假日期间暂由总值班保管（在总值班交班表上登记完整信息及交接班记录）。

（11）封存和复印病历按病案科要求收取工本费。

（四）封存记录及启封记录的格式及内容

1. 封存记录的格式及内容

封存笔录的内容包括5个要素，即封存时间，封存地点，封存参加人，具体实施事项，操作实施的方法、步骤。此外还要有参加封存人员或者其代表的亲笔签名、盖章。封存笔录一式两份，医患双方各自保存一份，如有公证机关参与的，公证机关也应保存一份。

【示例6-01】

病历封存笔录示例

病历封存笔录

封存病历名称：××医院××（患者姓名）的住院病历（住院号×××）

封存时间：××××年×月×日

封存地点：××医院病案室

封存参加人：

医方：××，男/女，××岁，××医院医务处干部。

患方：××，男/女，××岁，××厂职工，家住××市××街××号，联系电话：×××××××，系患者××。

见证人：××，男/女，××岁，××厂职工，家住××市××街××号，联系电话：×××××××

××，男/女，××岁，××厂职工，家住××市××街××号，联系电话：×××××××

封存期限：××天（周、月、年）

封存过程：

1. 病历已经归档，医方代表××从病案室取出患者××的住院病历（住院号×××），该病历交由患方代表××查验，双方共同确认：病历已经用缝线打孔装订，病历完整，共××页，另有化验单××页，页码连续，病历组成文件完整，没有发现明显缺页、半页、撕毁，也没有发现明显涂改、伪造现象（如果是现场打印的病历，还应当描述病历打印的过程）。

2. 客观病历患方已经复印。

3. 医方代表××取出事先准备好的印有××医院字样的10号大信封，在患方参与下将病历装入信封，并立即用胶水粘贴信封口，双方共同等待20分钟后，胶水挥干，医方××和患方××先后在信封封口接缝处签字，再用透明胶条封贴。

4. 封存好的装有病历的信封交由××医院××保管，保管于××医院的病案室。

封存约定事项：（1）在封存期内，任何一方不得单独启封病历，否则应当承担病历失真的责任；（2）双方可以约定，或者应有关事件处理单位的要求，共同提前启封病历；（3）逾期患方不到场，经医方通知后仍不到场，视为患方自动放弃共同启封病历的权利，医方可以单独启封病历。

特别说明：由于病历封存发生在医疗机构对患者抢救结束的时候，抢救病人的医师还来不及补记抢救记录，但是患方坚决要求立即封存病历，因此，封存病历中没有抢救记录；有关的医疗文件上级医师还没有审批。（如果病历封存是在科室内，医师对患者的抢救刚刚结束所进行的封存，需要作此说明）

本封存记录一式两份，医患双方各保留一份。

医方代表签字	患方代表签字	见证人签字
×××	×××	×××，×××
××××年××月××日	××××年××月××日	××××年××月××日

【示例 6－02】

病历封存清单示例

封存清单

医患双方于____年____月____日____时____分共同封存（患者姓名）____住院病历：住院号____、入院日期____年____月____日、出院日期（在院患者为封存日期）____年____月____日。复印件，A4 纸____张，A3 纸____张。

此封存件与原件一致，由医方保存。

此封存件封存期限为三年，逾期患方不主张权利，医方可将此封存件进行销毁。

此清单一式两份，医患双方各执一份。

患方封存人：

医方封存人：

封存日期：　年　月　日

2. 启封记录的格式及内容

启封笔录的格式和内容可以参照封存笔录。不同的是，如果没有患方参加，一定要有见证人在场。启封前要对封存的信封进行描述，启封后，要对从信封中取出的病历进行描述，启封的病历的去向、交予人、用途也要作交代。

【示例 6-03】

病历启封笔录示例

病历启封笔录

启封病历名称：××医院××（患者姓名）的住院病历（住院号×××）

启封时间：××××年×月×日

启封地点：××医院病案室

启封参加人：

医方：××，男/女，××岁，××医院医务处干部。

患方：××，男/女，××岁，××厂职工，家住××市××街××号，联系电话：×××××××，系患者××。

见证人：××，男/女，××岁，××厂职工，家住××市××街××号，联系电话：×××××××

××，男/女，××岁，××厂职工，家住××市××街××号，联系电话：×××××××

启封过程：

1. 医方代表×××从××医院病案室××处取出封存好的装有病历的信封，交由患方代表×××（如果患方不到场，交由见证人）查验，参加启封人员确认：封存信封完好无损，信封接缝处签名完整无损，无移位、错位，签名、盖章均为封存时医患双方所留。

2. 医方代表××用剪刀剪开（或直接手撕）该信封，取出病历并查验。之后交由患方代表××查验，双方共同确认：病历已经用缝线打孔装订，病历完整，共××页，另有化验单××页，页码连续，病历组成文件完整，没有发现明显缺页、半页、撕毁，也没有发现明显涂改、伪造现象；与封存时的病历完全一致，系封存件。

3. 将启封病历交××医学会鉴定专家组（或××人民法院××法官）。

本启封记录一式三份，医患双方各保留一份，医学会（法院）一份。

医方代表签字　　　　　　　　　　　　　　患方代表签字

×××　　　　　　　　　　　　　　　　　×××

见证人签字

×××，×××

医学会（法院）接收病历签字　　　　时间：××××年××月××日，

×××（接收人）　　　　　　　　　地点：××××

四、可疑医疗物品保全制度与实施

（一）可疑医疗物品的概念

可疑医疗物品是指在输液、输血、注射、药物治疗过程中，发生了疑似输液、输血、注射、药物治疗等引起的不良后果，输液、输血、注射、药物治疗中所使用的医疗物品。可疑医疗物品包括输液瓶及剩余的瓶装物、输液管、剩余药瓶及包装、输血设备、剩余的输入血液及包装、注射器、注射用药及包装、用于治疗的药品及包装等。

（二）可疑医疗物品保全的法律规定及意义

关于可疑医疗物品的封存，《医疗纠纷预防和处理条例》第 25 条明文规定：(1) 疑似输液、输血、注射、用药等引起不良后果的，医患双方应当共同对现场实物进行封存、启封，封存的现场实物由医疗机构保管。需要检验的，应当由双方共同委托依法具有检验资格的检验机构进行检验；双方无法共同委托的，由医疗机构所在地县级人民政府卫生主管部门指定。(2) 疑似输血引起不良后果，需要对血液进行封存保留的，医疗机构应当通知提供该血液的血站派员到场。

2000 年 6 月 1 日施行的《临床输血技术规范》第 33 条规定，输血过程中应先慢后快，再根据病情和年龄调整输注速度，并严密观察受血者有无输血不良反应，如出现异常情况应及时处理：(1) 减慢或停止输血，用静脉注射生理盐水维持静脉通路；(2) 立即通知值班医师和输血科（血库）值班人员，及时检查、治疗和抢救，并查找原因，做好记录。该规范第 34 条规定，疑为溶血性或细菌污染性输血反应，应立即停止输血，用静脉注射生理盐水维护静脉通路，及时报告上级医师，在积极治疗抢救的同时，做以下核对检查：（1）核对用血申请单、血袋标签、交叉配血试验记入；（2）核对受血者及供血者 ABO 血型、Rh（D）血型。用保存于冰箱中的受血者与供血者血样、新采集的受血者血样、血袋中血样，重测 ABO 血型、Rh（D）血型、不规则抗体筛选及交叉配血试验（包括盐水相和非盐水相试验）；（3）立即抽取受血者血液加肝素抗凝剂，分离血浆，观察血浆颜色，测定血浆游离血红蛋白含量；（4）立即抽取受血者血液，检测血清胆红素含量、血浆游离血红蛋白含量、血浆结合珠蛋白测定、直接抗人球蛋白试验并检测相关抗体效价，如发现特殊抗体，应做进一步鉴定；（5）如怀疑细菌污染性输血反应，抽取血袋中血液做细菌学检验；（6）尽早检测血常规、尿常规及尿血红蛋白；（7）必要时，溶血反应发生后 5 小时—7 小时测血清胆红素含量。该规范第 36 条规定，输血完毕后，医护人员将输血记录单（交叉配血报告单）贴在病历中，并将血袋送回输血科（血库）至少保存 1 天。

由于在治疗过程中患者出现的不良后果怀疑系治疗中的医疗物品引起，该物品有无用错、有无质量问题、有无计量标注错误以及有无操作失误等，都是鉴定中的关键。必须要首先排除治疗中使用的医疗物品自身的问题之后，才能进一步确定医疗行为有无问题。因此，对可疑医疗物品的封存，对于调查清楚医疗争议事件、妥善处理医患纠纷具有非常重要的作用。

（三）可疑医疗物品封存记录及启封记录的格式及内容

可疑医疗物品封存、保全的笔录格式和内容与病历文书封存、保全的要求基本一致，由于封存的对象不同，封存的方法和封存前需要向患方说明的事项有所区别。

由于封存的可疑医疗物品一般都与治疗相关，因而存在无菌和污染、有效和无效的问题。发生污染的血液或者治疗液体，如果是发生在用于给患者治疗之前，应当是血液或者治疗液体制备过程中发生，一般与医疗机构没有关系。但如果封存时间过长，那么血液会发生自溶、细菌滋生，治疗液体会发生污染，药品会挥发、失效，其他有关的医疗器械也会发生污染、霉变等，就难以说明问题了。因此，对于可疑医疗物品的封存，有严格的时间和保存方法的限制，一般封存期限以不超过 48 小时为宜，用密闭装置密封，封存后也应当尽量放在低温环境下保存。

由于封存可疑医疗物品的主要目的是送有关专业机构进行检验、检测，而封存的物品又容易发生变质，因此封存后应当尽快送检，不可耽误。但是检测、检验是由医疗机构之外的第三方机构负责，甚至当地就不存在第三方机构，因此，能否找到接受检测的权威机构也是一个现实的问题。如果找不到检测机构，必然要耽误检测而使封存物失去意义，这样的风险应当在封存之初就向患方说明。

1. 封存记录的格式及内容

封存笔录的内容包括5个要素，即封存时间，封存地点，封存参加人，具体实施事项，操作实施的方法、步骤。此外还要有参加封存人员或者其代表的亲笔签名、盖章。封存笔录一式两份，医患双方各自保存一份，如有公证机关参与的，公证机关也应保存一份。

【示例6-04】

可疑医疗物品封存笔录示例

可疑医疗物品封存笔录

封存可疑医疗物品名称：××医院××（患者姓名）的××××年×月×日输血治疗中使用的剩余血液。

封存时间：××××年×月×日

封存地点：××医院××科

封存参加人：

医方：××，男/女，××岁，××医院医务处干部。

患方：××，男/女，××岁，××厂职工，家住××市××街××号，联系电话：××××××××，系患者××。

见证人：××，男/女，××岁，××厂职工，家住××市××街××号，联系电话：××××××××

××，男/女，××岁，××厂职工，家住××市××街××号，联系电话：××××××××

封存期限：××天（周、月、年）

封存过程：

1. 剩余的血液系患者×××于××××年××月××日××时在病房

中接受治疗中所使用。该剩余血液交由患方代表××查验，双方共同确认：剩余血液用透明塑料袋封装，封口完好，封装袋没有明显破损；血液约剩三分之一；输血管与输血袋相连，管中有少量血液（必要时描述输血管的型号、性状、生产厂家及批号）；封装袋上标签粘贴紧固，标签上载明：血型O，血液号×××××××，有条形码，采血日期××××年××月××日，有效期至××××年××月××日。

2. 医方代表××取出事先准备的塑料袋，在患方参与下将装有剩余血液的血袋、输血管装入该塑料袋中，并立即用胶条粘贴封口，再装入一个10号信封中，信封口用胶水粘贴，双方共同等待20分钟后，胶水挥干，医方××和患方××先后在信封封口接缝处签字，再用透明胶条封贴。

3. 封存好的装有血袋和输血管的信封交由××医院××保管，保管于××医院的医务处的冰箱冷藏室中（冰箱正常运转，温度4℃）。（如果医院没有冷藏设备或者封存物存放在冷藏设备处难以保证封存物的安全的，应当在“特别说明”项中说明）

封存约定事项：(1) 在封存期内，任何一方不得单独启封，否则应当承担封存物灭失、污染、失去检测意义的责任；(2) 双方可以约定，或者应有关事件处理单位的要求，共同提前启封封存物；(3) 逾期患方不到场，经医方通知后仍不到场，视为患方自动放弃共同启封的权利，医方可以单独启封封存物。

特别说明：由于封存对象是血液（或者其他医疗物品），经过一定的时间其自身将会发生腐败、霉变等，因此如果不能及时送检，将失去检测的价值和意义。因此，医患双方都要尽力联系检测机构，如果由于不能及时送检，丧失检测条件的，医方不承担该物证灭失的责任。

本封存记录一式两份，医患双方各保留一份。

医方代表签字	患方代表签字	见证人签字
×××	×××	×××，×××
××××年××月××日	××××年××月××日	××××年××月××日

2. 启封记录的格式及内容

启封笔录的格式和内容可以参照封存笔录，不同的是，如果没有患方参加，一定要有见证人在场。启封前要对封存的信封、封存的塑料袋进行描述，启封后，要对从信封、封存的塑料袋中取出的血袋和输血管进行描述，启封的剩余血液、输血管的去向、交予人、用途也要作交代。

不过，由于启封后封存的医疗物品有受到新的污染的可能，建议医方向患方说明，双方共同授权办案部门或者检测机构启封，患方不同意的，医患双方共同启封。

【示例 6 - 05】

可疑医疗物品封存件启封笔录示例

可疑医疗物品封存件启封笔录

启封物品名称：××医院××（患者姓名）的××××年×月×日输血治疗中使用的剩余血液。

启封时间：××××年×月×日

启封地点：××医院××科

启封参加人：

医方：××，男/女，××岁，××医院医务处干部。

患方：××，男/女，××岁，××厂职工，家住××市××街××号，联系电话：×××××××，系患者××。

见证人：××，男/女，××岁，××厂职工，家住××市××街××号，联系电话：×××××××

××，男/女，××岁，××厂职工，家住××市××街××号，联系电话：×××××××

启封过程：

1. 医方代表×××从××医院病案室××处取出封存好的装有封存血液的信封，交由患方代表×××（如果患方不到场，交由见证人）查验，参加启封人员确认：封存信封完好无损，信封接缝处签名完整无损，无移位、错位，签名、盖章均为封存时医患双方所留。

2. 医方代表××用剪刀剪开（或直接手撕）该信封，取出封存塑料袋并查验。之后交由患方代表××查验，双方共同确认：封存的塑料袋完好无损，系封存时的状态。

3. 医方代表××用剪刀剪开（或直接手撕）该封存塑料袋，取出封存的血液袋和输血管并查验，之后交由患方代表××查验，双方共同确认：封存的剩余血袋及输血管与封存时完全一致。（要对血液的颜色、是否霉变等肉眼可观察到的性状进行描述，并要强调是肉眼观察）

4. 将启封后的装有剩余血液的血袋、输血管交××医学会鉴定专家组（或××人民法院××法官，或者第三方检测机构）。

本启封记录一式三份，医患双方各保留一份，医学会（法院）一份。

医方代表签字　　　　患方代表签字　　　见证人签字

×××　　　　　　×××　　　　×××，×××

医学会（法院、检测机构）接收“装有剩余血液的血袋、输血管”签字

×××（接收人）

时间：××××年××月××日，地点：××××

第四节　尸体解剖及告知

患者在治疗过程中最终死亡，最容易引发医疗纠纷。而是否对尸体进行系统地病理学解剖，查明病因，明确死因，直接关系到医疗损害鉴定甚至医疗纠纷案件的调解和裁判。因此，在因患者死亡而引发的医疗纠纷应急处理上，医疗机构审慎处理患者的尸体解剖相关事宜，直接关系到医疗纠纷的妥善处理。

然而，由于传统观念等多方面的原因，患者家属往往不愿意对患者遗体做解剖，从而阻碍查清患者死亡的真正原因。从科学角度来说，没有对患者尸体进行解剖，就无法准确界定死因，从而也无法准确鉴定医疗行为是否存在过错等一系列事项，甚至无法对案件进行实体性裁判，最终只能对案件进行程序性裁判，即从举证责任的承担上来对案件进行裁判。因而，这类案件的司法处理，最终就演变成谁对尸体解剖应当承担责任，谁就应当对案件的不利后果承担责任。正是从这个角度来说，希望医疗机构在面对患者死亡的医疗纠纷中，要重视尸体解剖问题。然而尸体解剖的决定权在患方，医疗机构在尸体解剖上仅有告知患方尸解的义务——告知尸体解剖的必要性，因此患方是否申请做尸体解剖就显得非常重要。

一、尸体解剖告知的重要性

患者发生了难以预料的死亡，是引发医疗纠纷的危险因素，这类病例可能存在发生恶性医疗纠纷事件的潜在因素，因而在医疗机构的正常诊疗活动中，医务人员应当高度重视患者死亡的病例。医务人员在诊疗活动中遇到患者发生了预料之外的死亡的情况，一线的医务人员应当在最快的时间向上级医务人员和医疗机构管理人员报告，同时注意安抚死亡患者家属，使得死亡患者家属在亲人死亡后第一时间能够得到医疗机构的慰藉。此外，现场医务人员应当向患者家属解释患者死亡原因，并找到恰当的时机以恰当的方式向患者家属告知尸体解剖的重要性。《医疗纠纷预防和处理条例》第 23 条第 2 款规定，发生患者死亡的医疗纠纷，医疗机构应当告知其近亲属有关尸检的规定。该条例第 26 条规定，患者死亡，医患双方对死因有异议的，应当在患者死亡后 48 小时内进行尸检；具备尸体冻存条件的，可以延长至 7 日。尸检应当经死者近亲属同意并签字，拒绝签字的，视为死者近亲属不同意进行尸检。不同意或者拖延尸检，超过规定时间，影响对死因判定的，由不同意或者拖延的一方承担责任。尸检应当由按照国家有关规定取得相应资格的机构和专业技术人员进行。医患双方可以委派代表观察尸检过程。

（一）尸体解剖的重要性

（1）查清患者死亡原因，推动医学进步：一方面，有利于弥补临床诊断的不足，确定患者死亡的真相；另一方面有利于医疗机构总结临床经验，开展医学科学研究，推动医学技术的进步和发展。

（2）对于医疗纠纷的解决具有决定性的意义：尸检结论确定了死亡原因，医疗鉴定机构可以在此基础上进一步开展医疗过错及因果关系鉴定，有助于分清医疗行为在患者死亡结果中的作用，从而可以确定医疗机构在患者死亡后果上是否有责任、有多大责任。

（二）不进行尸体解剖可能面临的不利后果

（1）难以明确患者真正死亡原因，因而就不能进行医疗损害技术鉴定，也就难以明确医疗机构的医疗过程中是否存在造成患者死亡的过错。

(2) 影响法官对案件事实的认定。法官是难以形成心证并无法作出实体性裁判的，只能从举证责任的承担上对案件进行程序性裁判，即哪一方对尸体解剖应当承担责任，哪一方就对最终的不利后果承担责任。

目前很多司法鉴定机构在涉及患者死亡的医疗损害鉴定中，对于未做尸体解剖的案件，原则上不予受理。因没有医疗损害鉴定意见，导致医疗过错和因果关系不明确的，将由对不做尸体解剖负有责任的一方承担不利后果。

【案例6-02】

范某某、尹某某等与某矿业集团医院医疗损害责任纠纷案①

经审理查明：2015年1月9日，患者因患食管癌行吻合口狭窄支架植入术后，到被告处继续治疗，治疗过程中，患者突然大量吐血，1月26日转入该公司中心医院后患者死亡，该院诊断为上消化道出血、低血容量性休克、呼吸循环衰竭。该公司中心医院出具的居民死亡医学证明书记载，死亡原因为上消化道出血、呼吸循环衰竭。原告申请对被告的治疗行为是否存在过错进行鉴定，本院委托泰安某司法鉴定作出鉴定，结论为：该被告医院的诊疗过程存在过错，过错参与度拟为20%—30%；过错与上消化道大出血引起的低血容量性休克、周围循环衰竭的损害后果之间存在间接因果关系。原告认可该鉴定意见书。被告认为对患者死亡原因的鉴定应当在尸检后进行鉴定，该鉴定在未进行尸检的情况下作出，属证据不足，不应采信。鉴定书依据证言作出鉴定，但被告对该证言并不认可，该鉴定依据的基础不确定，鉴定不客观，被告要求复鉴。鉴定意见书分析认为：患者上消化道大出血为其自身在治疗过程中出现的突发病理变化，是引起低血容量性休克、周围循环衰竭后果的主要原因，该被告医院对患者出现消化道大出血后存在抢救不及时、抢救措施不到位的过错。关于抢救措施，该被告医院虽称部分抢救条件不足，但一些可行的措施没有跟上，抢救措施力度欠佳，存在过错；患者出现呕血，院方在抢救期间未见有备血，输血记录；证人证言证明院方存在抢救不及时。患者在被告处住院17天，医疗花费除统筹支付外，个人支付

---

① 参见范某某、尹某某等与某矿业集团有限责任公司煤矿医院医疗损害责任纠纷案。参见新泰市人民法院（2015）新民初字第2903号民事判决书，山东省泰安市中级人民法院（2016）鲁09民终2182号民事判决书。

2460.20元，原告支付押金2400元。在该公司中心医院住院1天，个人支付医疗费2372.73元。原告主张患者的死亡给原告造成了巨大的精神伤害，应赔偿精神损害抚慰金人民币100000元。为证明原告的治疗行为存在过错及过错与损害后果之间存在因果关系，支付鉴定费7400元，因鉴定意见中被告存在过错且过错与损害后果之间存在因果关系，鉴定费应当由被告承担。住院期间原告支付交通费1000元，被告应当承担。

以上事实有医疗费票据、鉴定意见书、住院病历及当事人陈述在案佐证。

本院认为，患者与被告存在诊疗行为，原被告均认可，应予认定。经本院委托某司法鉴定所作出的鉴定意见书，被告未提供证据证明患者死亡的尸检报告是本次鉴定的前提条件，也未提供证据证明被告的抢救措施及时、到位，不存在过错。因此，被告没有足以反驳该鉴定意见书的相反证据和理由，本院认定其证明力。法律规定，患者在诊疗活动中受到损害，医疗机构及其医务人员有过错的，由医疗机构承担赔偿责任。被告治疗行为存在过错，过错参与度约为20%—30%，被告应承担相应的赔偿责任。患者的医疗花费共计4832.93元，由医院的结算单证明，本院予以认定。患者居住地（某某村）在新泰市城市规划区范围内，死亡赔偿金为人民币315450元（山东省2015年度城镇居民人均可支配性收入人民币31545元计算10年），丧葬费人民币24162元（2014年度泰安地区城镇在岗职工平均工资4027元）。原告范某某为患者配偶，现年63周岁，无其他生活来源，被告应支付被扶养人生活费。原告尹为原告范某某的其他扶养人，被告应赔偿依法应当负担的部分。被扶养人生活费为112506元（山东省2015年度城镇居民人均消费性支出人民币19854元）。患者存在住院的事实，要求住院伙食补助费30元/天，本院予以支持。鉴定费及专家会鉴定费共计7400元，由票据证明，本院予以认定。

××患者住院情况，酌情认定交通费100元。结合本案案情及鉴定意见书意见，认定被告应承担25%的过错责任。由于被告治疗行为与××患者出现低血容量性休克、周围循环衰竭存在因果关系，损害后果给原告造成严重精神损害，可以请求精神损害赔偿，原告要求精神损害赔偿金人民币100000元过高，结合本案案情，认定精神损害赔偿金人民币20000元为宜。综上，依照《中华人民共和国侵权责任法》第6条、第16条、第22条、第

54条（2021年1月1日该法已废止，具体内容参见《中华人民共和国民法典》第1165条、第1179条、第1183条、第1218条），《最高人民法院关于适用〈中华人民共和国民事诉讼法〉的解释》第90条之规定，判决如下：一、被告某矿业集团医院赔偿原告医疗费人民币4832.93元、丧葬费人民币24162元、死亡赔偿金为人民币427956元（含被扶养人生活费为112506元）、鉴定费7400元、住院伙食补助费30元/天、交通费100元，共计人民币464480.93元的25%，即人民币116120.23元。二、被告某矿业集团医院赔偿原告精神损害赔偿金人民币20000元。以上第一、二项限于本判决生效之日起十日内付清。三、驳回原告的其他诉讼请求。案件受理费人民币5185元，由原告负担2165元，被告某矿业集团医院负担人民币3020元。

二、与尸体解剖相关的法律法规

尸体解剖是一件极为严肃的事情，必须遵守国家相关部门发布的法律、法规，必须按照国家相关部门制定的技术操作规范进行。

我国早在民国时期即颁布了尸体解剖管理规范。中华民国内务部于1913年11月22日以第51号令公布了《解剖规则》；中华民国内务部于1914年4月22日以85号令公布的《解剖规则施行细则》。[①] 1928年，南京国民政府颁布新的“刑事诉讼律”，规定医师可以兼行尸体解剖，同年5月15日又颁布了《国民政府新订解剖规则》，1933年国民政府内政部颁布了《修正解剖尸体规则》。这些法令的公布，对法医学和中国解剖学的发展起到了一定的推动作用。

新中国成立后，原卫生部于1957年7月15日发布了《解剖尸体规则》，于1979年9月10日以［79］卫教字第1329号文重新发布修订后的《解剖尸体规则》，于2002年8月2日发布了《医疗事故争议中尸检机构及专业技术人员资格认定办法》。同时，相关部门还发布了尸体解剖技术标准和规范，如公安部发布中华人民共和国公共安全行业标准《法医学尸体解剖》（GA/T 147—1996），司法部于2015年发布《法医学尸体解剖规范》（SF/Z JD0101002—2015）。《关于〈医疗事故处理办法〉若干问题的说明》中，对尸检问题进行说明，尸检对判明死因具有特殊意义，它除可给医学技术鉴定和司法裁决提供直接的证据外，还可为医务人员诊疗护

① 王一方：《林几与中国现代法医学的发端》，《中国社会科学报》2013年5月13日。

理实践进行反馈和检验，从而达到明确诊断、分清是非的目的。

（一）《解剖尸体规则》相关内容

该规则第2条规定，普通解剖限于医药院校和其他有关教学、科研单位的人体学科在教学和科学研究时施行。死者生前有遗嘱或家属自愿供解剖者可收集作普通解剖之用。病理解剖限于教学、医疗、医学科学研究和医疗预防机构的病理科（室）施行。凡符合下列条件之一者应进行病理解剖：（1）死因不清楚者；（2）有科学研究价值者；（3）死者生前有遗嘱或家属愿供解剖者；（4）疑似职业中毒、烈性传染病或集体中毒死亡者。上述（1）、（2）项的尸体，一般应先取得家属或单位负责人的同意。但对享受国家公费医疗或劳保医疗并在国家医疗卫生机构住院病死者，医疗卫生机构认为有必要明确死因和诊断时，原则上应当进行病理解剖，各有关单位应积极协助医疗卫生机构做好家属工作。凡病理解剖或法医解剖的尸体，可以留取部分组织或器官作为诊断及研究之用。但应以尽量保持外形完整为原则。如有损坏外形的必要时，应征得家属或死者生前所在单位的同意。

（二）《医疗事故争议中尸检机构及专业技术人员资格认定办法》相关内容

该办法第4条规定，下列机构可以申请作为承担尸检任务的机构：（1）卫生行政部门批准设置具有独立病理解剖能力病理科的医疗机构；（2）设有具备独立病理解剖能力的病理教研室或法医教研室的医学院校，或设有医学专业的并具备独立病理解剖能力的病理教研室或法医教研室的高等普通学校。

该办法第5条规定，承担尸检任务的机构应当具备下列条件：（1）至少具有2名按照本规定取得相应资格的病理解剖专业技术人员，其中至少1名为主检人员；（2）解剖室业务用房面积不少于15平方米；（3）具有尸检台、切片机、脱水机、吸引器、显微镜、照相设备、计量设备、消毒隔离设备、病理组织取材工作台、贮存和运送标本的必要设备、尸体保存设施以及符合环保要求的污水、污物处理设施；（4）省、自治区、直辖市卫生行政部门规定的其他条件。

该办法第6条规定，承担尸检工作专业技术人员应具备下列条件：（1）具有良好的业务素质和执业品德；（2）受聘于本办法第4条规定的机构；（3）具有病理解剖专业初级以上技术职务任职资格；（4）省、自治区、直辖市卫生行政部门规定的其他条件。主检人员除符合上述（1）、（2）条件外，还应当在取得病理解剖专业中级以上技术职务任职资格后，从事本专业技术工作 2 年以上。

（三）《医疗事故处理条例》相关内容

该条例第 18 条规定，患者死亡，医患双方当事人不能确定死因或者对死因有异议的，应当在患者死亡后 48 小时内进行尸检；具备尸体冻存条件的，可以延长至 7 日。尸检应当经死者近亲属同意并签字。尸检应当由按照国家有关规定取得相应资格的机构和病理解剖专业技术人员进行。承担尸检任务的机构和病理解剖专业技术人员有进行尸检的义务。医疗事故争议双方当事人可以请法医病理学人员参加尸检，也可以委派代表观察尸检过程。拒绝或者拖延尸检，超过规定时间，影响对死因判定的，由拒绝或者拖延的一方承担责任。

该条例第 19 条规定，患者在医疗机构内死亡的，尸体应当立即移放太平间。死者尸体存放时间一般不得超过 2 周。逾期不处理的尸体，经医疗机构所在地卫生行政部门批准，并报经同级公安部门备案后，由医疗机构按照规定进行处理。

（四）《医疗纠纷预防和处理条例》相关内容

该条例第 23 条规定，发生医疗纠纷，医疗机构应当告知患者或者其近亲属下列事项：（1）解决医疗纠纷的合法途径；（2）有关病历资料、现场实物封存和启封的规定；（3）有关病历资料查阅、复制的规定。患者死亡的，还应当告知其近亲属有关尸检的规定。

该条例第 26 条规定，患者死亡，医患双方对死因有异议的，应当在患者死亡后 48 小时内进行尸检；具备尸体冻存条件的，可以延长至 7 日。尸检应当经死者近亲属同意并签字，拒绝签字的，视为死者近亲属不同意进行尸检。不同意或者拖延尸检，超过规定时间，影响对死因判定的，由不同意或者拖延的一方承担责任。尸检应当由按照国家有关规定取得相应资格的机构和专业技术人员进行。医患双方可以委派代表观察尸检过程。

该条例第 27 条规定，患者在医疗机构内死亡的，尸体应当立即移放太平间或者指定的场所，死者尸体存放时间一般不得超过 14 日。逾期不处理的尸体，由医疗机构在向所在地县级人民政府卫生主管部门和公安机关报告后，按照规定处理。

该条例第 49 条规定，尸检机构出具虚假尸检报告的，由县级以上人民政府卫生、司法行政部门依据职责没收违法所得，并处 5 万元以上 10 万元以下罚款，对该尸检机构和有关尸检专业技术人员责令暂停 3 个月以上 1 年以下尸检业务，对直接负责的主管人员和其他直接责任人员给予或者责令给予降低岗位等级或者撤职的处分；情节严重的，撤销该尸检机构和有关尸检专业技术人员的尸检资格，对直接负责的主管人员和其他直接责任人员给予或者责令给予开除的处分；构成犯罪的，依法追究刑事责任。

三、尸体解剖的相关要求与意义

（一）尸体解剖的主体资格

从医学技术的角度看，尸体解剖具有非常高的技术和设备条件方面的要求，包括尸检的硬件要求、尸检专业人员的要求、尸检的技术能力要求。只有具备有关行政部门规定的条件的医疗机构或者法医病理鉴定机构，才能开展尸体解剖工作。《医疗事故处理条例》第 18 条规定：尸检应当由按照国家有关规定取得相应资格的机构和病理解剖专业技术人员进行。承担尸检任务的机构和病理解剖专业技术人员有进行尸检的义务。《医疗纠纷预防和处理条例》第 26 条规定，尸检应当由按照国家有关规定取得相应资格的机构和专业技术人员进行。

《解剖尸体规则》未明确规定医疗机构和病理医师开展尸体解剖需要具备的条件，但是一些地方卫生行政部门有相应的规定和要求。例如：《北京市关于尸体解剖检验的暂行规定》第 3 条规定，尸体解剖检验工作，必须在北京市卫生局认定的具有尸检资格的机构中进行。未被认定的机构不得承担医疗事故争议中的尸检工作，其所出具的尸检报告无效，司法鉴定机构除外。开展法医病理解剖工作的机构和专业人员都需要具备相应的资格。原上海市卫生局（现为上海市卫健委）针对医疗纠纷尸检先后发了三个规范性文件：《关于指定医疗事故争议中尸检定点机构的通知》《关于医疗事故争议中尸检的补充通知》《关于印发上海市医疗事故争议中尸检工作管理规定的通知》，在上海开展医疗纠纷尸检工作的机构应当符合其中的规定。

医疗机构的病理科，开展尸体解剖业务需要具备以下条件，经执业许可的卫生行政部门批准，取得尸体解剖资格，方可开展尸体解剖工作：（1）具备开展尸体解剖的场所、解剖台及相关解剖设备；（2）具有临床病理执业资格并有尸体解剖经验的医师；（3）有开展病理组织取材、制片、读片、诊断的设备和能力等。

《司法鉴定机构登记管理办法》第 14 条规定，法人或者其他组织申请从事司法鉴定业务，应当有自己的名称、住所；有 20 万至 100 万元人民币的资金；有明确的司法鉴定业务范围等条件。开展法医病理鉴定业务，除具备上述条件外，还必须具备：（1）开展法医病理解剖业务司法鉴定必需的仪器、设备；（2）依法通过计量认证或者实验室认可的法医病理解剖实验室；（3）三名以上法医病理解剖司法鉴定资格的司法鉴定人。

开展涉及医疗纠纷的尸体解剖的解剖机构和专业人员，要符合《医疗事故争议中尸检机构及专业技术人员资格认定办法》规定，在当地的卫生行政部门公布的可以从事医疗纠纷尸体解剖的机构名单中遴选。

（二）尸体解剖的条件

人在去世后，即在法律上丧失了民事主体资格，不再具有相应的权利，也无须履行相应的义务。但是尸体是民事主体自然人的延伸，不能因为自然人的死亡，便随意处置，非因法律规定、死者生前遗嘱，或者死者家属的特殊要求，任何单位和个人都有保护尸体完整性、不得侮辱、肢解、毁坏尸体的整体和局部的义务。为此，《中华人民共和国刑法》第 302 条规定了盗窃、侮辱尸体罪。盗窃尸体罪，是指秘密窃取尸体，置于自己实际支配下之行为。侮辱尸体罪，是指以暴露、猥亵、毁损、涂画、践踏等方式损害尸体的尊严或者伤害有关人员感情的行为。本罪侵犯的直接客体是社会风尚。主体是已满十六周岁且具有刑事责任能力的自然人。主观上为故意，即明知道是他人的尸体而故意进行侵害。虽然行为人的动机是多种多样的，但不影响本罪的成立。《治安管理处罚法》第 65 条第 1 项规定，故意破坏、污损他人坟墓或者毁坏、丢弃他人尸骨、骨灰的，处 5 日以上 10 日以下拘留；情节严重的，处 10 日以上 15 日以下拘留，可以并处 1000 元以下罚款。

根据《医疗事故处理条例》第 18 条及《医疗纠纷预防和处理条例》第 26 条的规定，可以进行解剖的尸体应符合以下条件。

1. 法律条件

启动尸体解剖程序必须要有相应的法律依据，符合尸体解剖的相关法律规定。尸体解剖方面的法律主要体现在《医疗事故处理条例》《殡葬管理条例》《解剖尸体规则》等相关规范性法律文件中。其一，尸体解剖程序启动要符合《解剖尸体规则》第 2 条规定的要求。其二，或者是得到死者近亲属的同意，有死者近亲属签署同意尸体解剖的《尸体解剖同意书》，以及相关部门或者人员提供的《尸体解剖（鉴定）委托书》。在尸体解剖问题上，有一种说法：“要求医患双方共同同意，未经双方同意的尸体解剖结论无效。”然而这种说法并不符合相关规定。事实上，医患双方中仅有患方掌握尸体解剖的决定权，医疗机构没有决定权，只有告知的义务。因此，患者家属决定做尸体解剖的，无论医疗机构是否知悉、同意，均不影响尸体解剖程序的启动。反之，在患者近亲属不同意启动尸体解剖程序的情况下，如果不存在法定尸体解剖的情形，医疗机构无权启动尸体解剖程序，尸体解剖单位也不得接受医疗机构单方面委托。

2. 尸体条件

进行解剖的尸体需为患者死亡后 48 小时内的尸体；具备尸体冻存条件的，放置于低温环境下保存的尸体（原则上保存时间不应超过 7 天）。对于基层医疗机构，一般不具有尸体冻存条件，当地也没有尸体解剖单位，因此，决定解剖时即应当考虑聘请尸解单位。

（三）尸体解剖的意义

1. 了解患者的损伤、病症及身体损害情况

患者到医疗机构就医，医务人员会根据相关诊疗规范对患者实施问诊、检查等，但通过问诊仅仅能获得患者的病史情况、身体不适感觉，检查仅仅能获得患者病症的间接信息，即便是借助仪器设备做出的比较直观的辅助检查，如 B 超、CT、MRI、PET/CT 等，也是仪器设备对患者身体信息处理、转化的信息，本质上都是间接信息。虽然一般情况下这些信息能够准确反应患者身体真实情况，但有时由于一些主客观因素的影响，可能与患者的真实情况会有偏差，甚至有时偏差还比较大，从而造成误诊。而对患者尸体进行解剖病理医师获得的都是直观信息，病理医师可以准确了解患者损伤、病症及身体损害的真实情况。

2. 了解医务人员对患者实施医疗行为的情况

医务人员在明确诊断患者的疾病之后，会采取相应的医疗措施对患者病症进行处置，或者在患者疾病不明确的情况下，会对患者的身体做特殊检查。在医学上，很多检查和治疗都会损害患者的身体，并且都存在一定的风险。医疗过程中患者出现不良后果，很多时候都是这些检查、治疗措施造成的损害。有时患者出现不良后果后，医务人员害怕承担责任，对自己实施的医疗操作予以否认，如果不通过解剖是难以明确的。病理医师通过解剖患者的尸体，可以让医疗操作的情况暴露无遗，可以准确地认定医务人员的医疗行为以及是否存在医疗行为之外的损害。

3. 确定患者损伤、疾病诊断

临床诊断是临床医师根据患者的症状、体征和辅助检查资料，结合医学理论知识和自己的临床经验，对患者出现的不良情况作出的疾病判断。临床诊断具有主观推测性，很多时候是正确或者基本正确的，但有时病症特殊，或者医师获得的数据资料有误，难免会造成诊断错误。而通过病理解剖，病理医师采用直观的方式查看患者患病器官的情况，而且还会取材进一步作病理学分析，因此，病理学诊断与患者的病症情况最为接近，病理诊断是医疗诊断的“金标准”。目前在国内外临床发展中，病理诊断与临床诊断有一定差别。近年的临床医学文献表明，20 世纪 90 年代北京三甲医院临床诊断与尸体解剖的符合率将近达 88%，但是其他城市的符合率却相对更低。以杭州市为例，其符合率只有 73%左右，也就是说，每 3 个病例中有 1 例存在分歧，确定诊断现状不容乐观。即便是对于国外水平较高、条件较好的医院，也存在着 9%—11%的漏诊现象和 6%—39%不符率，一旦发生医疗纠纷，其诊断确定率会变得更低。[①]

4. 查明患者的死因

要确定死者到底是由于何种原因、何种损伤或者何种疾病导致死亡，就必须要进行死亡分析。通过其在死亡过程中作用的不同，一般情况下可以分为死亡诱因、辅助死亡、根本死因等，若是按照损伤或者疾病发生机会的不同，可以分为相对死因和绝对死因。其中，根本死因与直接死因之间是一种因果关系，如脂肪肝患者由于过度饮酒引发酒精中毒而死亡案例中，脂肪肝为辅助死因，酒精中毒则为直接死因。而且，在临床上，一个人死亡可能会由于一种疾病或者损伤而死亡，也可能会由于多种疾病或者损伤而死亡，一旦出现这种情况，必须要明确谁主、谁辅。虽然现代医学技术水平不断提升，很多疾病均可以采用现代化手段，如免疫检查、无创生化、CT、X 线、MRI 等诸多影像学检查诊断手段，以及脏器穿刺活体检查、介入检查、内窥镜检查等活体检查方法进行诊断和治疗，但是在实际的诊断与治疗中，这些方法仍旧存在着一定的缺陷，无法将病灶的严重性、特性、发展趋势等准确显示出来。特别是无创检查，要想从显微水平作出准确的判断，从而明确患者死因是存在一定困难的，而通过尸体解剖，能够进行全面的病理学检查，加强对疾病的全面了解，从而为医疗纠纷事件的解决提供参考

① 陈瑞：《临床病理尸体解剖检验的现状及思考》，《医学信息》2014 年第 12 期。

和依据。①

5. 明确医务人员是否有失误

目前的医患纠纷，尤其是利益纠纷不断增多。在处理这类事件过程中，尸体解剖发挥着关键性的作用。通过尸体解剖就可以查明患者病症、医疗操作、患者死因，从而明确双方责任。比如一例患者在某日早上 9 时来就医，医护人员为其注射安痛定，但患者却于当日 24 时死亡，为此患者家属则认为患者死亡与医务人员的治疗有关。后经尸体解剖，确定患者两肺有弥漫性出血，患者死亡原因系呼吸循环衰竭，与医务人员注射药物无关，为此，不构成医疗侵权，不需要承担责任，这在很大程度上维护了医生的合法权益。

6. 保全患者病症和医疗操作的证据

患者的尸体本质上是碳水化合物、蛋白质的组合，容易发生腐败、变质，一旦腐败，尸体上的一切情况都将消失。即便对尸体进行低温冷冻保存，也只能延缓腐败的时间，不能完全杜绝尸体腐败。在低温保存的环境下，尸体还会有水分挥发，从而造成尸体细胞、组织、器官干瘪变形；也会有耐低温的微生物生长，逐渐吞噬、破坏尸体。这就是法律条款上规定尸体解剖时间限制的原因。如果及时进行尸体解剖，同时采集患者可以检测的体内物送检，采取病理学的方法对有意义的组织器官加以固定，甚至拍成照片、做成标本、切片等加以保存，就会起到证据保全的效果。

(四) 委托尸体解剖的注意事项

1. 医疗机构要尽到告知说明义务

医疗机构要尽到告知义务，让患者家属充分了解尸体解剖的意义和法律规定。《医疗纠纷预防和处理条例》第 26 条规定，尸检应当经死者近亲属同意并签字，拒绝签字的，视为死者近亲属不同意进行尸检。不同意或者拖延尸检，超过规定时间，影响对死因判定的，由不同意或者拖延的一方承担责任。医患双方可以委派代表观察尸检过程。启动尸体解剖程序，必须得到患者近亲属的同意，患者近亲属对尸体解剖有决定权。但是，患者近亲属并不一定知道其拥有这项权利，因此医疗机构及医务人员有告知义务，保障患者近亲属这项知情同意权的实现。医务人员不仅要告知患者近亲属拥有尸体解剖权利，更要告知尸体解剖的重

① 陈瑞:《临床病理尸体解剖检验的现状及思考》,《医学信息》2014 年第 12 期。

要性、尸体解剖的法律规定、尸体解剖的决定权、不进行尸体解剖可能面临的不利后果等，并留存相关证据。

2. 征得患者家属同意

征得患者家属同意，并签署书面知情同意书，才能解剖尸体。患者近亲属有尸体解剖的决定权，但这种权限的行使应当采用书面形式。因此，患者近亲属无论是否同意解剖尸体，都应在《尸体解剖同意书》上签署意见及签名，以此作为启动尸体解剖程序的依据，或者证明医务人员尽到告知义务而患者近亲属不同意尸体解剖的证据。

3. 对患者尸体采取妥善的存放和保管措施

尸体是容易腐败变质的，如果不采取措施妥善保存，一旦腐败便丧失尸体解剖的价值。根据《医疗纠纷预防和处理条例》第 27 条的规定，患者在医疗机构死亡后，其尸体应当立即移放太平间或者指定的场所，死者尸体存放时间一般不得超过 14 日。这只是没有纠纷情况下存放尸体的规定，并没有涉及保存条件。但是，如果保存时间较长，是容易发生腐败的尸体腐败通常是在死后的第 24 小时即开始。影响尸体腐败的主要因素是温度、湿度和气流，还与尸体温度、水分、疾病、身体条件等因素有关。25℃－35℃的环境是腐败发展的适宜条件，0℃－1℃的低温或 45℃－55℃的高温都可使腐败变慢或停止。

4. 及时联系有尸体解剖资格的机构进行解剖

相对于患方，医疗机构更可能掌握具有尸体解剖资格的机构的情况，在做好前述工作的基础上，需要解剖的，医疗机构应尽快联系有资格的尸体解剖机构。当然，在选择尸体解剖机构上，应当与患者近亲属商量，尊重和保障患者近亲属的知情权、选择权。若未向患者近亲属告知尸检机构情况，容易被患者近亲属质疑，导致前期的工作失效。

四、尸体解剖告知的方式与内容

（一）尸体解剖告知的方式

尸体解剖告知应当先以口头方式进行，在口头沟通之后，再确定下一步以何种方式进一步告知，或者是以何种方式巩固告知的成果。最终，尸体解剖的告知应当以书面或者其他可以查证的方式予以保留。

(二) 尸体解剖告知的内容

尸体解剖告知的内容主要包括以下三个方面：(1) 尸体解剖的相关法律规定；(2) 尸体解剖的重要性；(3) 不进行尸体解剖可能面临的不利后果。

(三) 尸体解剖相关病历描述、知情同意书及汇报文书

目前患者家属同意尸体解剖的知情同意书缺乏统一的格式，各解剖机构格式不一，但基本上包含了相关的告知、同意内容，如尸检同意书、尸检知情同意书、尸检委托书，是否要求回避的申请书，尸检要求等情况说明，确认可以进行尸体检验的确认书，风险提示书，交费签字等。

1. 是否要求尸检的申请书

当死因不明或对死因存在争议时，临床医生应尽快、及时告知患者家属进行尸体检验可明确死亡原因，双方签署是否要求尸检的申请书。

申请书内容包括：标题、编号、患者家属方代表人、正文、医院方及代表人、盖章、日期。其中正文部分应包括患者（死者）基本病情情况，死亡原因的分析意见，患方申请尸检的权利，申请尸检的意义，申请期限，申请尸检的机关，是否同意尸检的意见、理由及相应的法律责任。

有时医院也可以将是否要求进行尸体解剖的意向直接记录在病历中。对于不同意尸检的情况，医务人员应当在病历中予以记录。

2. 死因争议报告

死因争议报告是医务人员在处理死亡争议事件过程中，针对存在较大死因争议，或因患方对诊疗行为存在很大意见而有明显医疗纠纷争议的事件，向有关上级行政处理部门或领导汇报的报告。

1982年原卫生部的《医院工作制度》规定，发生医疗事故或严重差错，必须及时向院领导或有关部门请示报告。《中华人民共和国医师法》第33条规定：医师发生医疗事故时，应当按照有关规定及时向所在医疗卫生机构或者有关部门、机构报告。《医疗事故处理条例》第13条规定：“医务人员在医疗活动中发生或者发现医疗事故、可能引起医疗事故的医疗过失行为或者发生医疗事故争议的，应当立即向所在科室负责人报告，科室负责人应当及时向本医疗机构负责医疗服务质量监控的部门或者专（兼）职人员报告；负责医疗服务质量监控的部门或者专（兼）职人员接到报告后，应当立即进行调查、核实，将有关情况如实向

本医疗机构的负责人报告，并向患者通报、解释。”

报告内容包括：标题、编号、受报告部门或领导、正文、报告人、日期。其中正文部分应包括：患者病情变化特点、临床诊疗基本经过、死亡原因；专家分析意见，诊疗过程中可能存在的问题；患方的争议点，患方对诊疗过程的意见；解释、说明工作；可能存在的纠纷隐患，患方的目的；下一步工作的安排、解决措施及建议等。

3. 患者家属不同意解剖的表述方式

患者家属在被告知尸检的有关情况后，若不同意进行尸体解剖，根据尸检规定的有关内容，应书面表达拒绝尸体检验的愿望及意见。

（1）委托尸检前的不同意解剖：患者于诊疗过程中死亡，当患者家属不能明确死亡原因或者对死亡原因存疑而被医院告知申请尸体检验权后至尸检正式委托前，患者家属提出不同意尸体解剖以明确死者死亡原因时，医患双方应就已告知尸检、明确理解尸检的目的及相关事宜、不同意解剖的理由、提出时间达成协议，患者家属代表人履行书面签字手续，记录在病历中保存。当患者家属不同意解剖又拒绝签字时，医方应如实记录医疗机构已经向患者家属告知尸体解剖对于查明死因的重要性及在医疗事故技术鉴定、医疗纠纷处理中的重要意义，但患者家属不同意尸体解剖及拒绝签字的情况，并由两名医护人员签名、注明日期。

（2）尸检委托时或尸检委托后至尸检进行前的不同意解剖：医患双方签署要求尸检的委托书后，经尸检人员介绍、告知相关尸检程序及事宜后，死者家属决定不同意解剖的，尸检机构工作人员应当要求死者家属说明理由，并在有关文件上写明不同意解剖的意见。同时尸解机构应当告知死者家属可能要承担单方拒绝尸体解剖而引起的相关法律责任。如果死者家属不同意尸体解剖，又不同意在“不同意尸体解剖”文件上写明理由及签字，尸检机构、医疗机构应当在各自的相应文件上如实记录，并由两名医护人员签名、注明日期。

（3）其他措施：为了强化医疗机构在患者死亡的医疗纠纷中关于尸体解剖事项的告知义务，尤其是为避免口头告知后发生纠纷而缺乏尸解告知证据，建议医疗机构改造现有的尸体解剖告知书。

4. 尸检知情同意书

尸检知情同意书是患者死亡后，因死因争议，死者家属有进行尸检要求的情况下，尸检机构就有关尸检工作、程序、尸检机构、相关法律规定向医患双方予以告知及获得医患双方同意的文书。该文书一般是由受委托进行尸体检验的机构及其人员向医患双方提供的说明书，在尸检进行前必须签署的文件。

一般包括：尸检机构及人员的介绍，尸检的目的、要求、程序，尸检报告的特点，关于死因的说明，尸检的局限，影响因素等。

5. 尸检委托书

尸检委托书是发生死亡事件的当事人及医疗机构向有资质的尸检机构提出尸体解剖要求的书面委托协议，具体而明确地要求尸解机构对诊疗过程中发生死亡而死因不明的死者进行尸体检验，以明确死亡原因。尸检委托书是尸检机构对特定尸体实施解剖检验的法定文件。

一般内容包括：标题、编号、受委托机构及人员、正文、委托机构及人员、委托目的、日期、签章。

6. 尸体处理意见书

当不存在死因争议及医疗争议事件时，对于尸体的处理要求、安排意见应记录在病历中。当出现死者家属处理尸体不及时或逾期不处理的情况，医疗机构应报属地卫生行政主管部门说明情况，并同时函告死者家属及早处理以及不及时处理将面临的法律后果。

一般内容包括：标题、编号、所函告部门或死者家属、正文情况说明，相应法律、法规规定，处理意见或建议。正文应说明事情缘由、处理意见。

7. 患方不处理尸体的报告

当因医疗纠纷争议未能解决，患方拒绝处理尸体或以尸体要挟时，医方应予以书面告知患方按照法律规定应履行的责任，并及时向上级行政部门、领导报告，必要时向当地公安机关提出相应的报告或申请。

函告患方说明一般包括：逾期不予处理的相关规定，对医疗机构工作的干扰情况，利害关系，建议在一定时间内处理的意见，加以敦促。要有相应的规范格式、公章、日期。

尸体不予处理的报告一般包括：标题、编号、报告部门或领导，正文，报告部门、日期、签章。其中，正文部分应说明事由经过、争议焦点、患方的态度、处理的过程、法律规定及下一步处理措施建议。

向当地公安机关的报告一般包括：标题、编号、公安机关部门或领导，正文，报告单位、日期、签章。其中正文部分应包括：事情的详细过程、处理步骤、双方争议点，依照法律法规规定的处理原则，单位意见、要求。

8. 强制处理尸体的请示

当患方以医疗争议不满意、未能解决为由，严重逾期不予处理尸体，严重干扰阻挠医疗工作秩序时，医疗机构有权向卫生行政管理部门、公安部门或法院等执法部门提出申请，或提出诉讼，要求强制处理尸体。

格式规范同上述一般公文格式，主要侧重事情的陈述、矛盾争端、多次处理不得解决、严重干扰正常工作的情况及所带来的恶劣影响、要求强制处理的请求。

其中正文部分应包括：患者姓名、年龄，一般病史，病情特点，诊疗基本经过，主要治疗状况，死亡诊断，医患双方对死因的争议点，对尸检工作的基本要求等。

【示例 6－06】

死者家属不同意尸体解剖书写内容示例

患者×××于××××年×月×日×时×分，终因疾病垂危，抢救无效死亡。患者死亡后，其家属（死者的配偶×××，女儿×××）对于死者的死亡原因提出质疑，不同意诊治医师作出的临床诊断。我院医务处干部×××已经根据《医疗事故处理条例》的相关规定，将死者家属有提出尸体解剖的权利予以告知，并将尸体解剖对查明死因的重要性及在医疗事故技术鉴定、医疗纠纷处理中的重要意义，如实告知了死者的配偶及女儿，但二人（患者家属）既不同意尸体解剖，又拒绝在病历上签字。以上情况我院医务处×××、科室主任×××、主治医师×××、护士长×××等均在场见证。

告知医师签字：×××，×××

××××年×月×日

【示例 6－07】

患者死亡通知书示例

×××医院患者死亡通知书

患者×××家属：

患者×××于××××年×月×日×时×分，因（疾病诊断）在我院经抢救无效死亡。

根据《尸体解剖规则》的要求，建议患者家属对患者遗体做病理解剖，以明确病理诊断；如患方没有明确表态，视为放弃解剖。

特此告知。

×××医院

××××年×月×日

【示例6-08】

尸体解剖委托书示例

尸检委托书

委托单位（人）：

受委托单位：

经患者家属同意，委托单位现委托受委托单位对死亡患者尸体进行解剖检验。

一、委托方享受下列权利：

1. 医疗机构、死者家属可以请法医病理学人员参加尸检。

2. 医疗机构、死者家属可以委托代表观察尸检过程。

二、委托方需履行下列义务：

1. 参加观察尸检的委派代表需持有效身份证明和委托书，并遵守相关规定，不得干扰尸检工作正常进行，禁止拍照、摄像。

2. 医疗机构先垫付尸体解剖费××元，支付方式为现金支付。

三、受委托的尸检单位接受委托方的委托后应在规定的时限内出具尸检报告书。尸检报告书交委托医院。

四、尸检结束后尸体由家属处理。

五、此尸检委托书一式两份（或三份），委托单位及受委托单位各留存一份。

委托单位（人）：

联系电话：×××××××

××××年×月×日

受委托单位：

联系电话：×××××××

××××年×月×日

第七章　医疗纠纷和解、调解与谈判

在改革开放后社会急剧转型的今天，构建和谐社会更是举国上下共同的心愿。因此，和解不仅是纠纷争议的优先处理方式，更是社会进步发展的必然要求。本章立足医疗纠纷的特定社会冲突，从民法中普遍的和解概念角度阐述医疗纠纷和解的价值与意义，进一步介绍和解谈判的主体定位、谈判依据与标的设立的相关内容，同时介绍医疗纠纷的人民调解、和解与调解中的谈判技巧，以及医疗损害赔偿计算方法，同时介绍几种常见医疗纠纷谈判模式下的实战病案。

第一节　医疗纠纷和解概述

一、医疗纠纷和解的内涵

从字面来看，和解在英文表述为 reconcile，究其拉丁文渊源即“re＋conciliare”，直译过来也就是“再次＋合起来”。[①] 从古拉丁文中能够窥见纠纷和解的法律含义，可以说和解是最原始、最简单的一种民事争议解决方式。而在我国，《说文解字》中注：“和，相应也，从口，禾声”，而所谓“应”即“以言对也”。可见中国人很早就把“和”理解为用言语交流来达到的大同状态。这也是本章要阐述的另一个方面，即如何通过言语的交流使谈判达到和解的目的。

在大陆法系国家的民事诉讼学理上，和解有着“诉讼内”与“诉讼外”的区分。在法庭上进行的和解被称为诉讼内和解，是当事人提起诉讼后，双方当事人在法官面前达成的和解，按诉讼程序进行；而诉讼外的和解相当于民法中的“和

---

① 韦氏在线词典，http：//www. merriam-webster. com/dictionary/reconcile。

解契约”。[①] 赵旭东在《纠纷与纠纷解决原论》中指出，解决纠纷的几种较为典型的方式或途径为和解、调解、仲裁、诉讼。[②]这其实是依据私力救济、社会救济、公力救济、纠纷救济途径划分的救济的具体解决形式。而在我国纠纷解决实践中，尤其是在医疗纠纷这种特定纠纷中，以上各种方式或途径并不是一清二楚、泾渭分明的。归类于私力救济上的纠纷和解是双方当事人在相互沟通、协商、谈判、讨价还价后达成的合意方案，往往并不涉及第三方的正式或非正式介入。而事实上，第三方对纠纷的解决起到信息传递、补充、修正、引导的功能，甚至可以对纠纷起到提供“公正”方案的作用。正如在处理医疗纠纷中，虽是医患双方的“私了”过程，但患方往往会在其他亲友或医疗机构那里寻求意见和专业信息资讯；而院方也可能通过向律师或专业的医疗纠纷调解机构征询协商方案。这里显然有第三方的介入因素，但最终该医疗纠纷的和解仍然是涉及医疗纠纷的医患双方的合意。因此，无论私力救济还是社会救济、公力救济，无论是否有第三方的介入引导作用，只要是医患双方最终自愿形成的或医患双方都自愿认可的他人提供的纠纷解决方案，都属于合意本质下的纠纷和解方式。因此，本书中，医疗纠纷的和解是医患双方或有第三方甚至法官参与下的交流、沟通、谈判后，最终达成相互让步、妥协与合意的方案的过程和结果。

结合法理中对和解的阐述，医疗纠纷的和解应涵盖如下必要构成条件。一是和解的当事人与医疗纠纷的实际利益有着直接的关联，因而和解当事人是医疗纠纷的主体。对于患方而言，通常是健康和/或经济利益受到损害的主体，纠纷当事人若非患者本人，也应是其授权的共同利益人或法定继承人等。而对于医方而言，除作为经济利益主体之外，还因承担社会声誉等成为无形利益主体。二是解决方式及结果的自主选择性。医患双方当事人对和解方式以及和解方式下的纠纷解决方案具有自主选择或放弃的权力，表现为双方当事人独立的自愿妥协、让步行为，医患双方任何一方都不能向对方实施胁迫和欺骗而显失公平。在自愿选择的前提下，除和解方式，并不反对通过诉讼的最终判决方式。事实上，目前很多医疗机构与患方的和解，都是在患方实施“医闹”及相关部门施加压力之下进行的，难以体现真正意义上的自愿。三是必须具备合意特征，即医患双方的契约行

① 德国、日本及我国台湾地区的民法典都在债权编的契约类型部分专门规定和解，即当事人约定相互让步、以中止争执或防止争执之契约。参见《德国民法典》，陈卫佐译，法律出版社 2004 年版；《日本民法典》，王书江译，中国法制出版社 2000 年版；史尚宽：《债法各论》，中国政法大学出版社 2000 年版。

② 赵旭东：《纠纷与纠纷解决原论》，北京大学出版社 2009 年版，第 58 页。

为，这实际上是医患纠纷和解的最根本所在。

二、医疗纠纷和解的外延

尽管有学者在研究中认为"和解是当事人间的互动，不涉及第三方的行为"，[①] 但笔者认为，医疗纠纷的和解涵盖的具体表现形式包括以下三种：一是传统意义上无第三方的合意达成（私力救济形式，医患私了）；二是通过医疗纠纷调解机构的第三方调解形式达成（社会救济形式，第三方调解）；三是法官主持下的和解形式（公力救济形式，庭上和解）。正如范愉所认为的，和既作为目的又是手段，是通过理性的是非判断和利益平衡，必要的宽容、妥协、让步，从而使得纠纷各方达到互利和解。[②]

在我国，因医疗专业的特殊性、法律法规的疏漏、社会信任体制的缺失以及经济利益的盲目追求等等滋生"医闹"。患方通过"医闹"，以人格侮辱、人身威胁、胁迫等手段达到一种完全背离医疗机构自愿性而显失公平的"合意"，甚至有"职业医闹"偷梁换柱，充当医疗纠纷的患方当事人，迫使院方屈从让步以获取非法巨额经济利益。显然，这种在"医闹"所造成的社会压力之下达成的"和解"与上述法律意义上的和解有着本质区别。

在《社会冲突与诉讼机制》一书中，顾培东认为，现实纠纷中，自决是有着和解成分因素的，至少要求和解的心理构成自决的前提，因此自决与和解是不能分开的，或者说，和解其实就是一种特定形式的自决。[③] 本书非常认同这个观点，在医疗纠纷的"医闹"中，尤其那些患方当事人并未被"职业闹事"偷梁换柱的情况下，他们形成的停放尸体、摆放花圈、阻挠医疗机构正常就医秩序等非法行为，是因医疗纠纷和解的前提心理而产生的暴力自决方式。对于这一部分"医闹"行为，完全可以通过院方恰当的诚信传递或者第三方具有公信力的信息传递，对患方当事人给予积极的引导，由暴力单边自决导向前文所述的和解途径。

由此可见，排除在和解范畴外的严格而完整的医疗纠纷合法处理途径，便是法庭的纯粹诉讼判决解决。而医疗纠纷的纯粹诉讼判决决定的最终形成过程，所

---

① 严军兴：《多元化农村纠纷处理机制研究》，法律出版社 2008 年版，第 165 页。

② 范愉：《纠纷解决与社会和谐》，载徐昕主编《司法》第 1 辑，法律出版社 2006 年版，第 52 页。

③ 顾培东：《社会冲突与诉讼机制》，法律出版社 2003 年版，第 30 页。

耗人力、物力、财力、社会和时间成本往往不是“昂贵”一个词可以全部解释的。判决的结果，尤其是终审结果，对医患双方赋予的强制性具有不利影响，且往往对现实既有的医患紧张对立关系更具社会不利影响。因此，我国司法对医疗纠纷的处理往往遵从“能调则调”的原则，而“当判则判”的原则在现实中则显得更为谨慎。现代社会是一个民主协商的社会，人们的理性需要通过对话机制充分表达出来，在此基础上各方作出适当的让步、妥协，最终形成合意契约。这种对话机制既可以是医患双方自愿建立，也可以是在第三方帮助下协调建立，甚至在法官主持下的相互妥协，由此即便是和解未能达成，这种合意的过程也成为医疗纠纷判决的前提。

综上，本书中医疗纠纷的“和解”，实际上就是医患双方根据合意最终解决的医疗纠纷，一般性质的“医闹”和诉讼阶段的纠纷都必须经历和解的过程，并且完全有可能最终“和解”。和解也可能有中立的第三方参与，甚至是纠纷处理者参与，和解与调解的本质区别在于，参与调解的第三方对双方达成的纠纷解决方案起着主导、撮合作用，而和解中第三方的参与更多起着答疑解惑、见证等作用。

三、医疗纠纷和解的价值与意义

从和解的内涵与外延中不难看出，医疗纠纷的和解过程是医疗纠纷处理的必经路径。不管医疗纠纷由“医闹”开始，还是最终因判决而终结，和解都贯穿医疗纠纷的处理全过程。此外，和解作为医患冲突的结果，其所实现的社会功能是不言而喻的。

相比我国现行法律判决中所谓“法理无情”的情感调适缺位，和解更具优势。医疗纠纷的和解不仅解决了纠纷本身，还可以因和解缓和医患对立关系，因为作出让步、妥协、合意的前提是理解、释怀、敌意的消除。这就避免了法律判决中情感缺位的不足。医疗纠纷的纯粹诉讼判决不仅使医患双方更为对立，也因此疏远了大众层面的医患距离。“法律制度常常对它必须解决的法律纠纷的是非曲直没有任何线索；但是通过举证责任作为一种对缺乏的知识的代位者，就避开了这种耻辱”,[①]而医疗纠纷的诉讼实行举证倒置，医学水平永远有待研究、认识

① 苏力：《制度是如何形成的》，北京人学出版社 2007 年版，第 104 页。

发展的局限性也使举证不立，同时我国现行医疗纠纷司法鉴定机制本身存在漏洞，往往会造成由鉴定人个人的情感智慧来评判医疗行为的是非曲直，进而形成“人治”而非法治。法医出身的鉴定裁判一旦没有将临床事实中的医患双方“一碗水端平”的能力，即使出于“公心”的尽心尽力，也不能让医患双方当事人感到满意，甚至导致法官在听取当事人抗辩后，凭法官个人情感智慧来进一步评价鉴定结果，作出有限范围的判决浮动。这种结果只会让医患当事双方产生新的不满与抱怨。而这种强制性判决结果让这种不满和抱怨进一步渗透到累积的社会不稳定因素之中，加深大众的医患对立情绪，造成了医疗纠纷的恶性循环。

和解就像一种抽象模糊的艺术行为：对于纠纷，事实究竟如何，医患双方或许可以各执一词，但此中具有争议性的细枝末节可以无须明确是非黑白，一些相关证据也可能不必呈递互换，而是用情理、习俗、社交关系等非正式的民间道德礼俗来共同约定合意形成。总之，医疗行为的法律事实、是非、责任等可以在一种混沌状态下，走向最终的合意解决。一般在纠纷发生后，人们一开始总是处于相对紧张状态，警觉而敌对，纠纷当事人要考虑的问题是下一步双方是相对和平还是再次冲突，在进一步的冲突中各自将处于何种地位、要如何应对等等。而和解的抽象艺术水平更高，它通过双方的理解、同情、换位思考，甚至同事、邻里、单位等社会关系的友好促进，最终获取患方经济上的安慰补偿（甚至是经济零补偿），同时也因为避免细节的纠缠，渐离是非斗争，从精神上得以安宁，有效缓解医患对立的紧张关系，进而有效促进社会和谐。这种和解过程，较之于医疗纠纷艰难的司法诉讼，是一种便捷解决方式的弥补和替代，能够缓解司法压力。这种和解的结果不仅解决了医疗纠纷，更维持了医疗和社会的正常秩序，甚至可以促进社会形成和解的规则与习惯，充分张扬当事人的主体性，实现自我正义。[①]和解的结果，意味着“某医疗纠纷中，患者及其他人不得再以任何理由就该医疗过程、现有医疗后果追究医方的责任、过错和赔偿，本纠纷一次性终结”。[②] 医疗纠纷的和解有效调解了社会医患关系。

中共中央在《关于构建社会主义和谐社会若干重大问题的决定》中指出：建立党和政府主导的维护群众权益机制，实现人民调解、行政调解、司法调解有机

---

① 徐昕：《论私力救济》，中国政法大学出版社 2005 年版，第 170—180 页。

② 这样的表述常常在医患双方的和解协议书中出现。参见刘鑫、张宝珠、马潽：《医疗纠纷处理法律事务文书写作》，人民军医出版社 2006 年版；陈志华：《医疗纠纷案件律师业务》，法律出版社 2006 年版。

结合，更多采用调解方法，综合运用法律、政策、经济、行政等手段和教育、协商、疏导等办法，把矛盾化解在基层、解决在萌芽状态。由此可见，化解社会内部矛盾的纠纷和解方式对构建和谐社会的重大作用，已经从国家层面得到充分的认识和推广。而具体到医疗纠纷方面，和解对构建和谐的医患关系举足轻重，能促进医患双方互信的稳定发展，能有效避免司法程序公正下的事实不公正。可以说，对于纠纷解决而言，法定程序下的纠纷处理方式都是可行、有效的手段，但通过和平协商的手段，即和解方式解决矛盾和争端，是现代文明社会最大的进步。和平是对秩序的景仰，和平的环境是秩序井然的环境，是人们安居乐业的环境，亦是科学发展与和谐发展的前提。①同样，人们身心健康、医学和谐发展也少不了医疗环境的和平，医疗纠纷的和解正是清理医疗秩序和平障碍的清道夫。

第二节　医疗纠纷和解谈判的参与者及依据

一、医疗纠纷和解谈判的主体定位

刑事和解的主体包括被害人、加害人、调解人、司法机关和其他参与人。②与此类似，医疗纠纷的和解过程，必定是一个当事医患主体之间或与医患以外其他参与人，也即第三方（纠纷调解委员会、法官等）之间，利用规范来明确或忽略事实细节问题，通过谈判最终确定解决方案的过程。因此，在和解谈判的过程中，参与谈判的主体显得尤为重要。所谓主体，相对于医疗纠纷事实客体而言，是在医疗纠纷过程中，与本次纠纷具有法律上的权利和义务关系的当事利益关系人以及第三方人员（纠纷调解员等）。简言之，主体就是患方、医方，还可能涉及纠纷调解第三方。

（一）医疗纠纷患方当事人

具体而言，患方当事人必须具备下列资格：（1）与医疗机构存在医疗纠纷，具有利害关系。（2）具备和解谈判的权利能力和行为能力，即具备民事权利能力

① 程东峰：《论和谐发展——责任伦理的原则之三》，《皖西学院学报》2009 年第 1 期。

② 陈炜、岗园：《论刑事和解的主体及适用》，《长沙理工大学学报（社会科学版）》2007 年第 4 期。

和民事行为能力。如果无民事行为能力应由其代理人从其利益出发代为履行，限制民事行为能力人在其受限制范围外可以参加和解谈判活动。(3) 受和解谈判协议结果的制约。由于和解协议属于一种合同，因此，患方当事人的资格要件与合同当事人资格要件类同。

在医疗纠纷和解谈判的过程中，患方当事人可以是患者自己或者其监护人，也可以是委托代理人。《中华人民共和国民法典》第 162 条规定，代理人在代理权限内，以被代理人（患者）名义实施的民事法律行为，也即纠纷的和谈行为，对被代理人发生效力。通常在医疗纠纷和解谈判过程中，有关患者代理人的身份需要注意以下事项。

1. 未成年患者的父母

根据《中华人民共和国民法典》第 27 条规定，患者为未成年人，父母是其法定监护人；若父母已经死亡或者没有监护能力的，由下列有监护能力的人按顺序担任监护人：祖父母、外祖父母；兄、姐；经该未成年人住所地的居民委员会、村民委员会或者民政部门同意的其他愿意承担监护人的个人或者组织。对担任监护人有争议的，由未成年人住所地的居民委员会、村民委员会或者民政部门指定，对指定不服提起诉讼的，由人民法院裁决。

2. 无民事行为能力或者限制民事行为能力的精神病人的监护人

根据《中华人民共和国民法典》第 28 条规定，患者为无民事行为能力或者限制民事行为能力的精神病人时，由下列有监护能力的人按顺序担任监护人：配偶；父母、子女；其他近亲属；经该患者住所地的居民委员会、村民委员会或者民政部门同意的其他愿意担任监护人的个人或者组织。对担任监护人有争议的，由该患者住所地的居民委员会、村民委员会或者民政部门指定。对指定不服提起诉讼的，由人民法院裁决。此外，近亲属包括配偶、父母、子女、兄弟姐妹、祖父母、外祖父母、孙子女、外孙子女。①

3. 患者的委托代理人

委托代理是指基于被代理人的委托授权而发生代理权的代理，包括授权代理和意定代理。在委托代理中，委托授权行为是基于被代理人的意志进行的，本人

---

① 《中华人民共和国民法典》第 1045 条：亲属包括配偶、血亲和姻亲。配偶、父母、子女、兄弟姐妹、祖父母、外祖父母、孙子女、外孙子女为近亲属。配偶、父母、子女和其他共同生活的近亲属为家庭成员。

的意思是发生委托代理的前提；代理法律关系是基于被代理人的意志，由被代理人授权而使代理人产生代理权的代理法律关系。根据《中华人民共和国民法典》第165条规定，委托代理授权采用书面形式，授权委托书应当载明代理人的姓名或者名称、代理事项、权限和期限，并由被代理人签名或者盖章。因此，患者委托授权代理都应为书面形式。书面授权委托代理应载明代理人的姓名或者名称、代理事项、权限和期限，并由委托人签名或盖章。患者委托书授权不明的，医疗机构不能与该代理人进行和解。此外，对于没有代理权、超越代理权或者代理权终止后的行为，只有经过被代理人（即患者本人）的追认后，被代理人才承担民事责任。未经追认的行为，由行为人承担民事责任。如果患者本人知道他人以患者名义实施民事行为而不作否认表示的，视为同意。[①]因此，作为医方主体，在纠纷和谈过程中，应首先落实患方当事人身份及其授权委托书，并注意授权委托书的格式和内容上的规范性和完整性。同时对于一些特殊案情医疗纠纷，比如患者家属代表众多的、患者家属意见不统一的、患者代理人与医方和谈过程中突然出现患者院外死亡的等，都应参照以上民法典精神予以明确后，再进行纠纷谈判的最终签约与赔（补）偿支付等事宜。

（二）医疗纠纷医方当事人

虽然，引起医疗纠纷的医疗行为实施者是具体的医护药技等自然人，但我国现行《中华人民共和国民法典》第1191条明确规定，用人单位的工作人员因执行工作任务造成他人损害的，由用人单位承担侵权责任。用人单位承担侵权责任后，可以向有故意或者重大过失的工作人员追偿。劳务派遣期间，被派遣的工作人员因执行工作任务造成他人损害的，由接受劳务派遣的用工单位承担侵权责任；劳务派遣单位有过错的，承担相应的责任。该法第1218条规定，患者在诊疗活动中受到损害，医疗机构或者其医务人员有过错的，由医疗机构承担赔偿责任。所以，在医疗纠纷中医方当事人应当是医疗机构。当然，医疗机构作为法人无法承担医疗纠纷的谈判工作，必然有具体的医方谈判代表。负责处理医疗纠纷的医方人员，很可能不是医疗纠纷的当事医护人员，而是医患关系办公室工作人

---

① 《中华人民共和国民法典》第171条规定，行为人没有代理权、超越代理权或者代理权终止后，仍然实施代理行为，未经被代理人追认的，对被代理人不发生效力。因此，没有代理权、超越代理权或者代理权终止后的行为，只有经过被代理人的追认，被代理人才承担民事责任。未经追认的行为，由行为人承担民事责任。本人知道他人以本人名义实施民事行为而不作否认表示的，视为同意。

员。无论是律师还是医务处、医患关系办公室的工作人员，抑或是临床科室相关人员，都应有医疗机构法定代表人的明确授权。但是，科室医护人员在未经明确授权的情况下不应擅自与患方就医疗赔偿等方面问题进行直接对话，同时也不建议医疗机构授权当事科室医护人员与患方就医疗赔偿等方面问题或者其他与赔偿无关的事项进行直接对话，这主要是考虑到当前医疗纠纷的严峻形势和纠纷处理的复杂性。同时，对于医疗纠纷谈判医方主体，不建议由主管院长甚至院长直接担任，尤其在和谈初期。即便面对强烈要求面见院长的患方家属，也应坚持纠纷事宜专人专管，按程序处理，专项负责，而医疗机构负责人可以参与医疗纠纷和解处理的最后环节。

无论医疗纠纷发生与否，临床科室都应与患方多沟通、多了解，但应仅限于医疗本身的专业性问题。有关纠纷的过错与否、责任判定、处理意向等内容均属于医疗机构与患方的谈判内容，未经授权的当事医护人员无权向患者家属评说，医疗机构相关科室医护人员更无权作为旁观者与患方探讨有关责任问题，因为有关医疗事实和具体细节并非泾渭分明地由旁人简单武断下结论的，而且矛盾也可能因此扩大化、复杂化。因此，未经授权的医疗纠纷的当事医护人员，虽是引起纠纷的医疗行为实施者，但不是处理医疗纠纷的医方主体，他们既不具备合法谈判资格，也不具有谈判的合理身份。对于患方要求与当事医护人员个人直接谈论赔偿要求的，科室及医疗机构应予以明确拒绝。而医疗过程中，医方当事医护人员的过错、责任等处罚问题，则属于医疗机构行政管理或有关监督管理机构依法行政事务，是区别于医疗纠纷与患方和解处理的另一医疗行政管理环节。

二、医疗纠纷和解谈判的依据

棚濑孝雄认为，为达成合意而经常使用的四种根据为社会常识、法律规范、事实关系和潜在的合意。[①]医疗纠纷和解谈判的核心依据无外乎医疗事实，临床操作规范、指南，相关政策及法律、法规、条例、细则等。虽然民法层面上纠纷当事主体处于平等地位，有着同等的权利和义务，但作为医疗纠纷的医方主体，医疗机构在承担更多的社会义务方面责无旁贷。因此，从和解的价值意义来看，适当的让步、妥协、同情是必要的，因为构建和谐社会是医疗机构本身所应当承

① 棚濑孝雄：《纠纷的解决与审判制度》，王亚新译，中国政法大学出版社 2004 年版，第 94 页。

担的社会责任之一，当然这不等于说可以无限地屈从、让步，甚至以医护人员的人格、尊严、生命为代价。合理的妥协是一种艺术。

虽然和解的目的在于化解纠纷，在和解过程中可以作出让步，但医疗纠纷和解仍然应当在查清事实、分清责任的基础上进行。因此，在和解开始之前，医疗机构应当：(1) 查清纠纷事件的基本事实；(2) 确定医疗机构是否存在过错，过错医疗行为与损害后果之间是否存在因果关系及责任程度；(3) 查明患者在医疗损害发生的过程中是否存在过错，是否有医疗机构可以减轻责任、免除责任的情形；(4) 查明患者的实际损害情况、患者的家庭背景情况，尤其要查明患者的家庭经济情况，如果患者死亡，还应当查清患者生前赡养（抚养、扶养）人的情况；(5) 计算法定赔偿规则下的可能赔偿额度。

（一）医疗事实的核查判定

在医疗纠纷发生后，医疗事实的细节往往是医患双方最激烈的争议焦点。然而在以和解为目标的谈判中，细节真实回放并没有那么重要。因为无论医患双方在大前提上是否达成“规范共识”，在小前提上是否达成“事实共识”，只要医患双方在解决方案上达成共识，就可以实现纠纷的和解。因此，和解并不要求“事实重现”，可以具有模糊性。但这种模糊性并不意味着医方或第三方可以不对医疗事实进行深入调查和判断。这种模糊性源于对医疗事实核查掌握后的抽象概括。医疗事实的核查除了有对医疗过程的专业性调查，还有一个容易在前期被忽视的医疗收费的核查。医方或第三方只有在明确了医疗过程的发生和发展事实及收费可能存在的问题后，才能拿出谈判的高度概括性的纠纷事实。

因此，医方对既发纠纷事实必须有一个高效率的内部自查程序和实施保障。比如在医疗纠纷发生后，相关科室专家成员组能迅速作出医疗上的专业判断，并明确是否与患者的损害有直接关系。因涉及专业性，不应与患方协商核查结果，而要以此为依据逐渐抽取谈判标的方向，再将此标的还原到一个概括性的纠纷事实中。毕竟，一个毫无医学专业背景的人在短时间内从“亲眼所见的事实”换位到理解“医疗本真的事实”是很难的，也容易进一步激化矛盾。所以医疗事实的核查是一个从精准到概括，从具体到抽象的过程。

虽然医疗费用的核查结果本身属于纠纷和谈的内容，但及时发现收费问题中存在的纰漏，并在患方发现收费问题前规避问题，即使不能挽回患方对医方的对立态度，至少也不会因此而将矛盾进一步深化。目前各大医疗机构的医疗收费多是护士对照医嘱手工录入，难免会有计数错误等小的瑕疵，这种错误信息的不断传递只会恶化医患关系。

而从患方的角度看，病痛加重的痛苦、丧失至亲的悲哀等感性认知远远超过了其对医疗专业局限性的理性认识。所以此时在以和解为目的的谈判过程中，专业细节的重现和理性解释一般无法力挽狂澜，安慰、同情、理解、换位思考远远比事实本身更重要，因此，一个概括性的纠纷事实足以将和谈进行到底。当然，概括性的纠纷事实只是和解谈判的构成要素之一。

（二）法律法规的制约

在纠纷事实明确的基础上，以法律法规为准绳来进行判定是必不可少的步骤。医疗机构可以聘请法律顾问就明确的医疗事实掌握谈判标的尺度。而调解第三方更是需要在事实基础上通过寻找对应的法律法规来精确计算医疗机构责任大小，并依此向提供医责险的保险公司出具赔偿数额及其法律法规依据。即保险公司能够向医疗机构支付的仅是法律意义上的责任赔偿额，但医患双方“和解标的”是可能在此基准上有所上浮的补偿额，这种责任赔偿额上浮额度正是体现了医疗机构所承担的社会责任和义务。如果医方在赔偿数额上锱铢必较，导致和解流产，使医患双方长期对峙，最终以诉讼判决的标准赔付，不仅赔掉了金钱、人力，更赔掉了长远的医患关系。

三、医疗纠纷和解谈判标的

谈判标的通常就是一个赔偿或补偿金额。这个金额的大小是可以计算出来的。一般而言，我国将《最高人民法院关于审理人身损害赔偿案件适用法律若干问题的解释》（以下简称《人身损害赔偿解释》）作为赔偿项目与计算依据，具体计算标准和计算方法在本章第五节详细介绍。

医疗机构在与患者进行和解谈判之前，应当提前对医疗机构的过错情况、责任程度、患者的损害情况、家庭背景情况等进行评估和计算，按照法律规定确定医疗机构赔偿数额。

作为和解的谈判，谈判标的计算除以一种概括性事实的和解目标为依据外，还可以在精确计算责任度赔偿额的基础上，结合争议案件实际情况，考虑适当合理的情感补偿以安抚患者及家属，彰显医疗机构的人文精神，尽快将纠纷和解，促进社会安定团结。因此，医患关系的和解实为医疗纠纷谈判的最大标的，这种标的是以事实与法律为基准的艺术妥协与让步。

第三节　医疗机构参加医疗纠纷的人民调解

一、医疗纠纷人民调解

调解是指调解组织或其他具有调解职能的组织作为第三人，根据法律规定和社会公德，以说服教育的方式，协助当事人自愿达成协议，从而解决民事纠纷的一种非诉讼方式。调解是中国固有的传统，我国《中华人民共和国民事诉讼法》也规定了调解制度。在现代社会，调解在纠纷解决过程中发挥着重要作用，主要有人民调解、法院调解、行政调解、仲裁调解等。

医疗纠纷人民调解是指从事医疗纠纷调解的专业调解机构对医患双方提交的医疗纠纷进行调解的工作。为了预防和妥善处理医疗纠纷，保护医患双方的合法权益，维护医疗秩序，保障医疗安全，2018 年 7 月 31 日，国务院正式公布了《医疗纠纷预防和处理条例》，标志着我国医疗纠纷综合治理迈入新的发展阶段。《医疗纠纷预防和处理条例》的立法目的包括四个方面：预防和妥善处理医疗纠纷、保护医患双方的合法权益、维护医疗秩序、保障医疗安全。它们彼此相互联系、不可分割，共同构成《医疗纠纷预防和处理条例》的内在价值体系。调解机制在医患双方之间架起了沟通的桥梁，调解时双方地位对等，使得和解变成可能。调解的成功有利于缓解医患关系、稳定社会秩序、建设和谐社会。医疗纠纷人民调解具有中立性、专业性、便捷性与灵活性、公益性等特点。

医疗纠纷人民调解由依法设立的医疗纠纷人民调解委员会主持进行。医调委作为行业性、专业性的人民调解组织，其设立条件需遵从《中华人民共和国人民调解法》关于人民调解委员会的一般性规定，并结合本地区处理医疗纠纷的实际需求。

医疗纠纷人民调解应当以在查清事实、分清责任的基础上进行，因此，医疗纠纷人民调解应当以专业技术评估为基础。这体现了医疗纠纷经济赔偿以责任为基础，与《关于进一步做好维护医疗秩序工作的通知》中“医疗纠纷责任未认定前，医疗机构不得赔钱息事”的规定相一致，有助于实现医疗纠纷多种解决途径均以责任为基础、依法赔偿。在医疗纠纷人民调解快速发展的过程中，明确这一调解原则尤为重要。《医疗纠纷预防和处理条例》第33条规定，调解时可以根据需要咨询专家；第34条规定，调解时可根据需要进行医疗损害鉴定。相关程序的规定虽然存在不足，但是体现了医疗纠纷人民调解应以医学专业技术评估为基础的立法理念，即医调委在调解医疗纠纷时，需要通过各种方式对涉及的医疗过程进行评价，依据医疗行为是否存在过错、与损害后果的因果关系及原因等评估结果，提出医疗纠纷的经济赔偿建议。

二、医疗机构参加医疗纠纷人民调解

（一）做好前期的投诉接待工作是调解成功的基础

和解与调解的区别在于是否有第三方参与、第三方对纠纷解决方案的达成是否有贡献。从这个角度来看，医疗纠纷人民调解实际上是医疗机构与患者之间协商解决争议的延续，是医患双方和解、谈判延续。在医患双方和解谈判中，由于多种因素的影响，比如患方对达成和解的期望值过高、对医疗知识的缺乏、对法律知识的不了解、对医疗机构的不信任等，导致医患双方难以达成和解协议。如果医疗机构在患者的投诉接待、处理工作中做得好，对患方的诉求、理由等掌握充分，尤其对涉及争议的相关资料和证据收集到位，就会为后续第三方介入的医疗纠纷人民调解打下基础。

（二）充分了解纠纷事件的情况是调解成功的保证

医疗机构在进入医疗纠纷人民调解程序之前，应当做足功课，做好必要的、充分的准备，为医疗纠纷人民调解、谈判打下坚实基础，使得在人民调解阶段医疗纠纷的解决能朝着有利于医疗机构的方向发展。第一，医疗机构应当对纠纷涉及的病例诊治情况、不良后果发生情况作充分调查。第二，对医疗机构在涉及纠纷的医疗过错中是否存在过错、是否应当承担责任等进行专业评估。第三，医疗机构存在过错及应当承担责任的基础上，结合相关法律、法规和司法解释的规定，计算医疗机构正常情况下应当承担的具体赔偿金额。第四，分析医疗机构在纠纷处理中的优势、劣势，分析患者在纠纷中的优势和劣势，充分了解医患双方的情况，做到知己知彼。

（三）做好调解前的准备工作

在充分了解医患双方在纠纷处理中的优势、劣势，做好沙盘推演的基础上，制定医疗机构调解方案，明确医疗机构在调解中的底线，划定纠纷谈判中医疗机构可以用于谈判的交易点。所以，必须请专业人士对案件进行分析，给出医院的过错点、责任比例、可以主张的赔偿金额等意见，另外关于是否做尸检、做医疗事故或司法鉴定，也必须由专业人士给出意见，最好有医疗纠纷专业律师参与。同时要将纠纷处理中需要的各种资料，包括病历资料、知识性资料、法律法规、类似判例等收集齐全，必要时打印备用。

（四）维持与调解员的良好关系和保证沟通顺畅

与调解员保持良好关系非常重要，在调解方案的推进、达成过程中，人民调解员起着决定性作用。当医疗机构存在一定程度的过错并愿意作出让步时，通过赢得调解员的理解和同情，撮合医院和患方协商，可以有效提高调解成功率。最后特别强调的是，不要与患者对立，尤其不要与代表患者谈判的代理人对立。

三、做好诉调对接相关工作

（一）诉调对接的概念

诉调对接，是指诉讼程序与人民调解、行政调解等各种诉外调解程序有机衔接且良性互动的纠纷解决机制。本书所述诉调对接指狭义上的诉讼与人民调解纠纷解决机制的对接。医调委的调解和法院诉讼的对接主要体现在以下四个方面：一是诉前转调，法院立案前告知当事人可先行转入医调委进行调解；二是诉中转调，法院立案后审判前委托医调委介入调解或邀请医调委调解员协助调解；三是司法确认，人民调解协议仅具有民事合同的效力，通过对双方达成的调解协议进行司法确认赋予其强制执行力；四是调解失败后，前期工作成果可为诉讼利用，确认调解过程中的事实调查、证据采信等内容。《医疗纠纷预防和处理条例》第39条第2款规定了其中的司法确认内容。

（二）医疗纠纷人民调解的司法确认

医患双方经由医调委调解达成一致意见，医调委制作调解协议书并经签字、盖章生效后，医患双方可向人民法院申请司法确认，赋予调解协议以强制执行力。

《中华人民共和国人民调解法》第 33 条规定，争议双方在人民调解委员会的主持下签订调解协议后，双方当事人都认为确有必要的，可以在调解协议发生效力之日起 30 日内依法共同向人民法院提出司法审查的申请。《中华人民共和国民事诉讼法》第 201 条规定，申请司法确认调解协议的，由双方当事人自调解协议生效之日起 30 日内，共同向调解组织所在地基层人民法院提出。即双方当事人在调解协议签署并生效之后，如双方均有意愿申请司法确认，可以在协议生效之日起 30 日内共同向调解组织所在地基层人民法院提出书面申请。司法确认的前提是医患双方已签订调解协议，司法确认的申请需医患双方共同提出。申请司法确认的材料，可根据最高人民法院《关于人民调解协议司法确认程序的若干规定》的相关规定进行准备。

《中华人民共和国人民调解法》《中华人民共和国民事诉讼法》《关于人民调解协议司法确认程序的若干规定》均规定，经人民法院审查后赋予法律效力的调解协议具有强制执行力，一方当事人未按照调解协议的内容履行义务的，对方当事人可以依照法律规定申请法院强制执行。这就有效解决调解协议书执行率低的问题，做到案结事了，防止重复投诉、重复调解。

【案例 7-01】

人民调解协议书司法确认的案例

患者姚某，男 67 岁，2018 年 5 月 7 日因“腮腺肿物半年”入某三甲医院头颈外科。患者半年前发现双侧腮腺肿物，近一个月感左腮腺区酸胀不适。超声提示双侧腮腺实性结节倾向 Warthin 瘤。入院诊断：腮部肿物，高血压病等。入院后完善相关检查，向患者及家属交代病情。告知可能出现面神经损伤导致面瘫、腮腺瘘、肿瘤复发等替代医疗方案及手术风险，患者及家属签署知情同意书。5 月 9 日，在全麻下行双侧腮腺深叶肿物切除术。术后第一天患者左侧额纹消失，左眼闭合不全，左侧鼻唇沟变浅，鼓腮漏气，予神经营养药物。21日科内讨论认为，患者为左侧面神经颞面干损伤，术中肿瘤彻底切除后同时造成神经损伤，建议到整形医院做面神经恢复治疗。25日整形医院功能整复科会诊意见认为：可行面部筋膜悬吊，帮助代偿或改善功能受损症状，患者考虑。6月15日患者出院，左侧额纹消失，左眼闭合不全，左侧鼻唇沟变浅，双侧腮腺愈合良好。出院诊断：双侧腮腺腺淋巴瘤、左侧面神经麻痹等，建议到整形医院就诊。

患方认为其一侧面瘫是医方造成的，要求赔偿7万元。医方认为面瘫是腮腺手术后的并发症，不应赔偿。因而双方发生纠纷，经某市医患纠纷人民调解委员会调解，双方于2018年6月自愿达成7万元的调解协议。随后患方要求增加赔偿至20万元，经医调委协调，医方同意患方诉求，但要求必须履行司法确认手续。双方于2019年1月再次签署了调解协议书，协议书中约定，司法确认后当日患方即可获得赔偿款。法院认为，双方申请人的申请符合法律规定，根据《中华人民共和国人民调解法》第三十一条、第三十三条的规定，裁定如下：申请人某三级医院与申请人患者家属于2019年1月经某医患纠纷人民调解委员会主持调解所达成的（2019）某市医调委第×号《调解协议书》合法有效。患者在取得赔偿数月后，再次找到医调委，自述经过咨询律师，应当获得60万元赔偿，要求医调委撤销原协议书，并撤销司法确认书。由于该申请书已经司法确认，人民法院不予受理患方提出的撤销申请。

本案例为实践中人民调解协议司法确认的典型案例。当事人在增加赔偿额度的要求下，医方提出了司法确认的要求，患方也表示配合，双方遂申请了司法确认，司法确认后的当天下午，患方即收到了赔偿款。这种提前告知司法确认权利，在协议中体现司法确认条款的做法，简化了签订协议并申请司法确认的程序，以协议书内容将医患双方申请司法确认的义务固定下来，可以防止当事人在协议签订后推翻进行司法确认的承诺。

第四节　医疗损害赔偿的计算方法

医患双方针对医疗纠纷进行谈判，不可避免地会遇到患者赔偿、补偿问题。虽然和解需要双方妥协和让步，但是和解应当在现有的法律法规的规定之下确定合理的赔偿项目和赔偿数额。对于患方提出的索赔额，医方可以做出超出法律规定的适当让步，但是不能过于偏离法律规定，赔偿的项目和数额不能太离谱。因此，谈判人员必须要对赔偿项目与赔偿计算方法有清晰的了解和掌握。

在《中华人民共和国民法典》实施之后，医疗损害赔偿的具体项目和计算方法不再依据《医疗事故处理条例》的相关规定，而是依据最高人民法院《人身损害赔偿解释》。《中华人民共和国民法典》对人身损害赔偿项目的规定分为三个层次：致伤、致残、致死。根据三个层次的伤害，规定了三个不同的赔偿范围：实际损失的赔偿、残疾相关赔偿、死亡相关赔偿。根据《人身损害赔偿解释》的规定，医疗损害赔偿范围和标准具体可以作如下阐释。

一、致人身体伤害治疗和康复支出的合理费用的赔偿

《中华人民共和国民法典》第 1179 条对人身损害赔偿项目作出了规定。致人身体伤害的治疗和康复支出的合理费用，主要包括：(1) 为治疗损伤和康复功能支出的合理费用，如医疗费、护理费、交通费等；(2) 因误工减少的收入。但司法实践中并不局限于这些项目，根据《人身损害赔偿解释》的规定，还应当包括住宿费、住院伙食补助费、必要的营养费等费用。这是处理患者身体受到的伤害所发生的费用，无论患者最终的结局是致伤、致残，还是致死，都应当赔偿这些项目。

(一) 医疗费

医疗费，指患者因医疗损害的发生而支出的医疗费用，包括已实际发生的医疗费和今后确定要发生的医疗费。医疗费应当根据医疗机构出具的医药费、检查费、治疗费、住院费等收据凭证，结合病历和诊断证明等相关证据确定。确定医疗费用的原则：(1) 符合诊疗规范，属于必需的诊疗项目；(2) 凭据报销；(3) 与医疗过错行为相关，排除治疗原发病的费用。

1. 医疗费的范围

《人身损害赔偿解释》第 6 条规定，医疗费根据医疗机构出具的医药费、住院费等收款凭证，结合病历和诊断证明等相关证据确定。赔偿义务人对治疗的必要性和合理性有异议的，应当承担相应的举证责任。医疗费的赔偿数额，按照一

审法庭辩论终结前实际发生的数额确定。器官功能恢复训练所必要的康复费、适当的整容费以及其他后续治疗费，赔偿权利人可以待实际发生后另行起诉。但根据医疗证明或者鉴定结论确定必然发生的费用，可以与已经发生的医疗费一并予以赔偿。应经医务部门批准而未获批准擅自另找医疗机构治疗的费用，一般不予赔偿；擅自购买与损害无关的药品或者治疗其他疾病的，其费用则不予赔偿。[①]医疗费具体包括6个方面：(1) 挂号费，包括医疗机构门诊挂号费、专家辩论挂号费和法医验伤门诊挂号费；(2) 药品及医疗用品费，指治疗伤情及因损害所引起的疾病所必需的西药费、中药费和医疗用品费用；(3) 治疗费，包括打针、换药、针灸、理疗、手术、化学疗法、激光疗法、骨折固定、骨牵引、矫形、消除疤痕、整容等一系列与治疗有关的费用；(4) 检查费；(5) 住院费，以医疗机构单据为凭；(6) 其他医疗费用，比如必要的康复费用。

医疗费计算公式：

医疗费＝实际支出的合理医疗费×责任系数

关于医疗费中的后续治疗费是否应当纳入医疗费的范围，各界争议比较大。法律强调在医疗费用的支付上，一是要符合诊疗规范，二是凭据报销，但后续医疗费往往并不能确定，随患者的病情、医疗市场行情发生变化的可能性极大。且《人身损害赔偿解释》第6条规定，器官功能恢复训练所必要的康复费、适当的整容费以及其他后续治疗费，赔偿权利人可以待实际发生后另行起诉。因此，后续医疗费应当待患者实际支出后另行起诉，而不宜强行在原判决中一并裁判，但根据医疗证明或者鉴定结论确定必然发生的费用，可以与已经发生的医疗费一并予以赔偿。

2. 患方须提交支持其医疗费的证据

《人身损害赔偿解释》第6条规定，医疗费根据医疗机构出具的医药费、住院费等收款凭证，结合病历和诊断证明等相关证据确定。据此，患方在主张医疗费赔偿时，除提交付款凭证外，还应提交与之相关的就诊病历、诊断证明书等证据，以证明其主张的医疗费用的发生与案件的关联性。如果原告不能提交相关病历、诊断证明书等证据，则其医疗费的诉讼请求可能不被支持或不被全部支持。另外，患方提交的医疗费用的发票应当是国家有关部门认可的正规发票，且必须是原件，不能是复印件、复制件。

---

① 艾尔肯：《医疗损害赔偿研究》，中国法制出版社2005年版，第259页。

在患方提交了相关的证据证明其医疗费用的主张之后，如果医疗机构对诊疗手段的必要性和合理性以及医疗费用的数额有异议，应当承担举证责任。

在实践中，尤其是对于患者异地治疗、后续治疗的费用，应当结合患者的转诊意见书、治疗医疗机构的病历、治疗医疗机构给患者开具的处方、治疗医疗机构出具的正规发票，以及诊疗规范进行审查。

【案例 7-02】

医疗费用须凭据支付

某患儿出生后被诊断脑瘫，某司法鉴定机构鉴定后认为，医疗机构在对患儿接生时存在明显过错，患者出现的脑瘫与医疗机构的医疗行为存在因果关系，法院据此做出支付患方诉讼请求的判决，患者后续的医疗费、康复费凭据报销。后来家长带患儿在北京某民营医疗机构治疗，每年末拿 10 万元左右的单据（非正规发票）找医疗机构报销，已经报销 3 年后，在咨询律师后，律师建议医疗机构核对转院证、病历、处方、发票后方可报销，或者让患方另行起诉后再支付，这笔支出才得以终止。

医疗损害赔偿纠纷案件中的医疗费，包括已发生的医疗费用和后续治疗时将发生的医疗费用。对于实际已发生的医疗费用，计算较为简单，而后续治疗费的计算则非常复杂。根据《人身损害赔偿解释》第 6 条规定，器官功能恢复训练所必要的康复费、适当的整容费以及其他后续治疗费，赔偿权利人可以待实际发生后另行起诉。一般而言，是否支持后续治疗费，应当以是否必然会产生该费用为判断的原则，如果对后续治疗费的产生与否存疑，应当留待以后该费用产生之后凭据报销。因为后续医疗费往往并不能确定，随患者的病情、医疗市场行情发生变化的可能性极大。待实际费用产生之后，患者凭据向医疗机构索赔，这样既能保护患者的合法权益，也能防止医疗机构的利益受损。

3. 排除治疗原发病的费用和与侵权无关的费用

由于患者治疗原发疾病的费用与被告的医疗过失之间没有因果关系，即使医疗机构存在医疗过失，患者亦应支付该项费用，因此，医疗机构赔偿的医疗费用不包括患者治疗原发疾病的费用。比如，有的患者近亲属在患者诊疗期间购买了其他物品、支出了一些其他的非医疗项目，由于跟患者的治疗没有关系，因而都应当排除在赔偿的范围之外。

【案例 7-03】

治疗原发病的费用不在赔偿之列

某患者为晚期癌症病人，在因化疗药物超量中毒到某医疗机构急诊接受治疗时，由于医生治疗失误而死亡，经医学会医疗事故技术鉴定确定为一级甲等医疗事故。患者近亲属在诉讼中提出，医疗机构应赔偿患者在此次急诊治疗前于国外医疗机构治疗肿瘤时发生的五十万元医疗费用。法院经审理认为，该部分费用系患者治疗原发疾病而支出的费用，与医疗机构的医疗过失行为不存在因果关系，故判决驳回其该项诉讼请求。

医疗损害责任以过错责任为原则。本案中医方虽然对患者的死亡存在过错，但与患者身患疾病并不存在任何关系。对于患者的死亡，医方应依照法律规定和责任比例赔偿一定的医疗费、丧葬费、死亡赔偿金等项目。但对于患者在国外医疗机构治疗疾病时所花费的医疗费用，医方并未有相关的责任，此医疗费用是患者治疗原发疾病产生的费用，不应包括在患者在医疗机构就诊所产生的医疗费用当中。

（二）误工费

误工费指患者因治疗造成的损害后果，耽误其工作而损失的收入，应当根据患者的误工时间和收入状况确定。《人身损害赔偿解释》第 7 条规定，误工费根据受害人的误工时间和收入状况确定。误工时间根据受害人接受治疗的医疗机构出具的证明确定。受害人因伤致残持续误工的，误工时间可以计算至定残日前一天。根据上述规定，患者因医疗损害而发生的误工损失的计算方法分为三种情况：(1) 患者有固定收入的，因医疗损害而发生的误工损失按照实际减少的收入计算；(2) 患者无固定收入的，按照其最近 3 年的平均收入计算；(3) 患者不能举证证明其最近 3 年的平均收入状况的，可以参照受诉法院所在地相同或者相近行业上一年度职工的平均工资计算。由于该计算方法简便易行，常被用来计算患者的误工损失。

误工费计算公式一：

误工费＝患者误工损失（或护工劳务报酬）×责任系数

误工费计算公式二：

误工费＝年平均工资÷365×误工日×责任系数

在具体计算时，应注意以下几个问题。第一，区别患者误工费与近亲属陪护费，误工费是患者本人因治疗造成的损伤后果而减少的收入，不是患者近亲属因陪护患者治疗而发生的误工损失。第二，无论收入是固定还是非固定的，请求误工费赔偿的患者应当有工作。已离退休的人员、未成年人、尚未参加工作的在校学生等，因没有工作而不能要求赔偿误工费，但返聘、另谋职业者除外。实践中容易引起争议的，是部分暂时没有工作（如失业、全职太太等）的患者是否有权主张误工费赔偿。第三，误工日期包括患者住院治疗的时间，也包括患者在家休息无法工作的时间。误工日期的计算，一般以治疗医疗机构出具的医疗期证明或鉴定机构确定的休息时间为依据，但残疾或者死亡的患者，误工时间截止到定残日或者死亡日。没有诊断证明或者鉴定结论的，一般由法院酌情确定。第四，患方负有误工损失的举证责任。患者主张误工费，应当提供相应的证据，包括医疗机构证明、单位误工证明等。单纯记载患者月收入的单位证明尚不足以证明其误工损失的发生。该类证明应当载明患者因其误工而实际被扣发的工资、奖金等的具体数额。另外，法院有可能要求患者提供工资条、完税证明等以佐证相关单位证明的真实性。

（三）护理费

护理费是指患者在因医疗损害接受治疗期间确需专人护理而发生的相关费用，主要是指支付陪护人的劳务费。从医学角度来说，《医疗损害处理条例》第50条称之为陪护费更为准确。因为在患者治疗期间，对患者的护理是由护士来完成的，护士护理所发生的费用已经包含在医疗费中。如果再单列护理费，容易引起歧义。因此，这里的护理费，应当是指患者在治疗期间，需要专人对患者的生活起居进行帮助，对治疗进行协助而发生的费用。陪护费既包括患者住院期间需要陪护的费用，也包括患者疾病治愈出院后因医疗依赖或者残疾需要专人陪护的费用。正确合理地确定受害人生活能力的丧失程度和期限是确认此项费用的关键。

《人身损害赔偿解释》第8条规定，护理费根据护理人员的收入状况和护理人数、护理期限确定。

护理费计算公式：

护理费＝护理人员误工损失（或护工劳务报酬）×护理人数×护理期限×责任系数

1. 关于有收入的陪护人员误工损失的计算

《人身损害赔偿解释》第 8 条第 2 款规定，陪护人员有收入的，参照误工费的规定计算。误工费计算方法在《人身损害赔偿解释》第 7 条有规定，参照该规定，陪护人员因陪护而发生的误工损失的计算方法分为三种情况。(1) 陪护人员有固定收入的，因陪护患者而发生的误工损失按照实际减少的收入计算；(2) 陪护人员无固定收入的，按照其最近 3 年的平均收入计算；(3) 陪护人员不能举证证明其最近 3 年的平均收入状况的，可以参照受诉法院所在地相同或者相近行业上一年度职工的平均工资计算。

2. 关于无收入者或者专门护工陪护费的计算

《人身损害赔偿解释》第 8 条第 2 款规定，护理人员没有收入或者雇佣护工的，参照当地护工从事同等级别护理的劳务报酬标准计算。对于该项劳务报酬标准，患方负有举证义务。但是，不同地区、不同时期、不同护理级别以及不同医疗机构的护工劳务报酬标准可能存在很大的差异。实践中很难找到所在地权威机关确定的护工劳务报酬标准。目前在一些大城市已经出现了专业陪护服务公司，陪护公司的陪护收费可以作为护工劳务报酬的参考标准。

3. 关于是否需要护理及护理人数的确定

由于病情程度和残疾程度的状况不同，人体受伤后患者本人的生活能否自理、是否需要他人帮助可以通过护理依赖予以判断。所谓护理依赖是指躯体残疾者和精神障碍者需经他人护理、帮助以维系日常生活，分为完全护理依赖、大部分护理依赖和部分护理依赖三级。[①] 所以，根据司法解释规定，专事护理的人必须经医疗机构批准，护理依赖的确定和技术鉴定必须由专业评估机构评估。

《人身损害赔偿解释》第 8 条第 2 款规定：护理人员原则上为一人，但医疗机构或者鉴定机构有明确意见的，可以参照确定护理人员人数。陪护人数的确定，涉及患者的病情、治疗方法、患者的生活习惯和生活环境等多方面的内容。确定陪护人数不属于医师的工作职责范围，目前很少有医疗机构为患方提供护理人数的证明文件，应当由专业的评估机构来评估。不过我国目前没有这样的专业评估机构，多由法医鉴定机构来操作，亦可由法院根据患者病情自行组织专家确定。对于法医鉴定机构的评估结论，应当注意审查评估人员的专业经历和评估资质。

---

① 中华人民共和国公共安全行业标准化委员会：《中华人民共和国公共安全行业标准——人身损害护理依赖程度评定（GA/T 800—2014)》。

4. 关于护理期限的确定

《人身损害赔偿解释》第 8 条第 3 款规定，护理期限应计算至受害人恢复生活自理能力时止。受害人因残疾不能恢复生活自理能力的，可以根据其年龄、健康状况等因素确定合理的护理期限，但最长不超过 20 年。需要注意的是，支付最长 20 年护理期限的护理费也是有限制条件的：其一，应当一次性支付。根据该解释第 20 条规定，如果赔偿义务人以定期金方式按照赔偿权利人的实际生存年限给付护理费的，不受上述最长 20 年赔偿期限的限制；其二，患者可以申请再诉给付。《人身损害赔偿解释》第 19 条规定，超过确定的护理期限、辅助器具费给付年限或者残疾赔偿金给付年限，赔偿权利人向人民法院起诉请求继续给付护理费、辅助器具费或者残疾赔偿金的，人民法院应予受理。赔偿权利人确需继续护理、配制辅助器具，或者没有劳动能力和生活来源的，人民法院应当判令赔偿义务人继续给付相关费用 5 年至 10 年。因此，在符合法定条件时，患方还可以向医疗机构主张 5 年至 10 年的护理费赔偿。

【案例 7－04】

受害人住院期间由领退休金的配偶护理，法院支持护理费①

2012 年 12 月 23 日 21 时 20 分许，被告姜某文驾驶小型客车与原告翟某才发生碰撞，导致原告翟某才受伤，交警部门认定：姜某文负事故的全部责任、翟某才无责任。交通事故发生后，翟某才被送至医院住院治疗，诊断为：右侧股骨颈骨折。治疗终结后，翟某才伤情经新疆新医司法鉴定所鉴定，鉴定意见为：翟某才右侧股骨颈骨折，右髋人工关节置换术，属八级伤残；营养期 180 日，护理期 120 日，需一人护理。姜某文投有交强险、商业三者险，但保险公司以陪护人没有误工损失为由，拒绝支付护理费。

翟某才向法院起诉，要求被告保险公司赔偿包括护理费在内的各项损失。一审法院认为，原告妻子已退休，有退休金，原告翟某才也未提供其他收入的证据，故判决不予支持护理费。对此项判决，二审法院予以维持。再审法院认为，固定收入并不当然完全等同于工资，退休人员所领取的养老金

① 参见新疆奇台县人民法院（2013）奇民一初字第 00659 号，新疆昌吉回族自治州中级人民法院（2013）昌中民一终字第 00894 号，新疆维吾尔自治区高级人民法院（2017）新民再 104 号。

是劳动者在工作期间按规定缴纳社会保险或根据政策规定作工龄认定视同缴费后，在其达到退休年龄或条件时，退出劳动岗位，不依赖提供劳动而依法领取的养老金，虽为固定收入，其性质已非劳动报酬。原审以翟某才的妻子系退休人员，有退休金作为固定收入，因其未能提交在护理期间收入减少，故对其主张的护理费不予支持的理由不当，本院予以纠正。

（四）交通费

交通费是指患者及其必要的陪护人员因就医或者转院必须乘坐交通工具治疗疾病而实际支出的费用。交通工具一般应以当地普通交通工具为限；因病情需要而使用出租车或其他交通工具而支出的高额交通费用，超出部分法院一般不予支持。交通费用的赔偿应综合患者受伤部位、程度、交通状况和生活情况等考虑，将必要的交通费用算入损害赔偿额内。

交通费计算公式：

交通费＝实际支出的合理交通费×责任系数

《人身损害赔偿解释》第 9 条规定，交通费根据受害人及其必要的陪护人员因就医或者转院治疗实际发生的费用计算。交通费应当以正式票据为凭；有关凭据应当与就医地点、时间、人数、次数相符合。法律要求患方应当详细说明每张票据发生的原因，包括乘坐交通工具的时间、起始地点、具体事项等。交通费合理性的举证责任在患方，患方应当对每一笔交通费用的支付作出说明或者举证加以证明，对于虚假交通发票、异地交通发票、连号交通发票、关键信息不清晰的交通发票、大额交通发票、出租车和雇车发票，诉讼中应当作为重点审查对象。

【案例 7－05】

法院审查交通费、等待住院的住宿费实例①

某法院判决书摘录：就住宿费部分，原告提交了市中区安泰旅馆的机打发票 1 张，计款 9000 元；该旅馆定额发票 349 张，计款 34900 元；济南市中三泰旅馆的定额发票 1 张，计款 20 元；济南鸿×××馆（×字看不清楚）

① 参见肥城市人民法院（2016）鲁 0983 民初 343 号民事判决书，山东省泰安市中级人民法院（2016）鲁 09 民终 2984 号民事判决书。

定额发票1张，计款100元，用以证明其因等待住院床位、门诊检查、康复治疗等在旅馆居住，每天每人花费住宿费120元，连同陪护人共花费43920元。就交通费部分，原告提交了2011年7月11日的汽车客票2张计款40元；2011年12月5日的汽车客票2张，计款46元；162张定额发票或补充客票，用以证明其与陪护人共花费交通费3858元。原告主张为评残及复印病历给其家人造成误工，要求被告赔偿代替被告工作误工费1287.63元。

一审法院认为，原告要求被告赔偿复印费，缺乏法律依据，一审法院不予支持。对于原告要求的住宿费，如前所述，原告的住宿费应从工伤保险基金中支付；原告还要求被告赔偿8次门诊所产生的陪护人住宿费，因原告没有提交证据证明门诊治疗需要住宿，该部分住宿费不予支持。对于交通费，原告提交的交通费票据中，除其中4张外其余均为定额票据，未标注起始地点、发生时间、车次等信息，证据形式上有瑕疵，无法据此认定原告实际支出了相应费用，考虑原告就医时陪护人的人数、次数等，结合病历及门诊病历，一审法院确定原告为陪同人支出的交通费为1960元。对于原告主张的“代替被告工作误工费”，原告称系评残及复印病历产生，由此产生的费用不属于人身损害赔偿案件的处理范围，故原告的上述主张因缺乏法律依据，一审法院不予支持。对于在某中心医院的住院伙食补助费部分，因陪护人员有护理费，护理费中包括了陪护人员的生活费，且陪护人员不是“住院”伙食补助费的补助对象，所以在此期间陪护人员不享受住院伙食补助费。

关于陪护人住宿费，被上诉人主张，2012年3月11日至4月13日因等待山东省立医院的床位，陪护人在医院外住宿34天。二审法院认为，鉴于山东省立医院就医人数众多，客观上存在在外住宿等待住院床位的实际情况，结合被上诉人一审提供的山东省立医院的入院证明、住宿费票据等证据，对2012年3月11日至4月13日，因等待床位陪护人在医院外住宿34天的事实予以认定。对于该期间的陪护人数，因此时尚未住院，并无医疗机构的明确意见，本院认定此期间的陪护人数为1人。等待住院期间发生的陪护人住宿费为4080元（34天×120元/天）予以支持。对原告主张的住院期间的陪护人住宿费，另案已经作出处理，且住院期间的陪护人住宿费，也超出了《中华人民共和国侵权责任法》（现为《中华人民共和国民法典》）所规定的赔偿范围，因此，对被上诉人主张的住院期间的陪护人住宿费，本院不予认定。

不论是交通费，还是医疗费、护理费等其他费用，原则上都以实际发生为准。交通费一般以患者和必要的陪护人员发生的必要的交通费用为准，同时综合考虑患者受伤部位、程度、交通状况和生活情况等，将必要的交通费用计入损害赔偿额内。

（五）住院伙食补助费

住院伙食补助费是指患者因发生医疗损害而在医疗机构住院治疗时，医方应支付给患者的膳食补助费用，具体数额可以按照医疗损害发生地国家机关一般工作人员的出差伙食补助标准计算。住院伙食费列在赔偿项目中是有争议的，患者即使不住院，无论是工作还是居家，都需要有生活费用的支出，为什么发生了医疗过失损害事件之后，其伙食费就需要由医疗机构来赔偿了呢？这显然既不合法，也不合理。《人身损害赔偿解释》第 10 条第 1 款规定，住院伙食补助费可以参照当地国家机关一般工作人员的出差伙食补助标准予以确定。

住院伙食补助费计算公式：

住院伙食补助费＝日住院伙食补助费×赔偿天数×责任系数

该项费用的计算较为简单和明确，关键是查询当地国家机关一般工作人员的出差伙食补助标准这一数据，可以从各地高级法院在每年年初对外公布交通事故或人身伤害的赔偿标准中查询。另外，在计算该项赔偿时还应注意以下五个问题：第一，该项赔偿费用是对患者住院膳食的补助，如果患者不能进食、不宜进食或者处于昏迷状态时，该费用不能赔偿。第二，一般情况下，该项赔偿是指患者的膳食补助费用，而非陪护患者人员的膳食补助费用，后者膳食费用可以通过护理费或陪护费得到补偿。第三，该项赔偿是患者在住院期间的膳食补助费用，而不包括其在院外发生的膳食费用。第四，如果患者确有必要到外地治疗，因客观原因不能住院，患者本人实际发生的伙食费，其合理部分应予赔偿。第五，陪护人员的伙食补助费赔偿，限于受害人确有必要到外地治疗，且因客观原因不能住院时陪护人员实际发生的伙食费。

（六）住宿费

住宿费是指患者因发生医疗损害后在治疗过程中必须支付的住宿费用，例如因当地医疗机构诊疗水平问题而需到外地就医治疗。《人身损害赔偿解释》第 10 条第 2 款规定，受害人确有必要到外地治疗，因客观原因不能住院，受害人本人及其陪护人员实际发生的住宿费和伙食费，其合理部分应予赔偿。

住宿费计算公式：

住宿费＝日住宿费×赔偿天数×责任系数

该赔偿项目的计算，按照医疗损害发生地国家机关一般工作人员的出差住宿补助标准计算，凭据支付。在计算该项赔偿时还应注意以下三个问题：第一，该费用是患者在就医过程中未住院而需要支付的费用，如果已经住院，则不存在这笔费用。第二，因未住院或者异地就诊需要住宿的，只能支持合理支出部分，不合理部分不予支持。第三，住宿费的支付应当凭据报销，即患方应当拿出相关的证据予以证明，不仅要有正规的住宿票据，还要有支持其异地就医的病历、诊断证明、处方等证据。

【案例 7-06】

住宿费审查实例

某法院在对某医疗纠纷案件判决时认定，原告所述到外地就诊所花伙食费单据，可与已认定原告到济南、上海等地治疗疾患的事实相印证，其合理部分应予支持。原告提供的北京某招待所出具的发票两张，与其到北京就诊时间一致，可以证明其为此而支付的住宿费数额。原告提供的济南某武警支队招待所出具的住宿费收据小写数额为“3200”元，与其所述不符。而且，该收据的“合计人民币（大写）”处、“收款人”处均错位填写，据此可以认定该收据是事后补写，无证明力，本院不予采信。原告提供的上海某培训中心出具的住宿费发票两张，编号为“3039629”“3039628”，记载数额分别为150元和975元，其述编号为“3039629”的发票是交押金所得，编号为“3039628”的发票是补交住宿费所得。本院认为，交住宿押金应在前，补交住宿费在后，押金发票的编号应小于补交住宿费发票的编号，据此原告所述自相矛盾，不能自圆其说，且该两张发票的“旅客姓名”“年月日”处的书写与其他内容的书写字迹存在明显差异，对于该两份证据本院不予采信。

住宿费的支付应当以实际发生为准，凭据报销，患方应当提交正规的住宿票据以证明实际发生的住宿费用。患者本人及必要的陪护人员实际发生的住宿费和伙食费，其合理部分应予赔偿。

（七）营养费

营养费，指患者因医疗过失造成人身损害而需要补充营养物质所发生的费用。其目的是增强患者体质，以使其尽快或尽可能恢复至健康状态。患者住院期间需要加强营养，实际上应当属于辅助医疗措施，可以划定在医疗费中，但是在《人身损害赔偿解释》中作了单列。不过，在司法实践中，医患双方因营养费而发生争议的情形并不多见，主要原因是该项费用往往不是患者所必需的，或者是该项费用在整个赔偿额中所占比例很小而被双方忽略。

关于住院患者营养费的确定，《人身损害赔偿解释》第11条规定，营养费根据受害人伤残情况参照医疗机构的意见确定。但是，目前医疗机构很少为患者出具此类书面意见，使得患方很难向法院提供相关证据。因此，在司法实践中，法院往往根据案件的实际情况，在认定被告医疗机构存在过失的前提下，判决医疗机构赔偿营养费。另外，根据举证规则，患者应就营养费的发生承担举证责任，否则可能承担不利的法律后果。

营养费计算公式：

营养费＝日营养费×赔偿天数×责任系数

除以上为治疗和康复支出的合理费用外，造成残疾的，因康复护理、继续治疗实际发生的必要的康复费、护理费、后续治疗费等，侵权人应当予以赔偿。换言之，只要受害人能够举证证明某一实际支出或者必然支出的费用是治疗和康复应当支出的合理费用，侵权人就应当赔偿。①

二、致人残疾的相关赔偿项目

除以上一般人身伤害的赔偿项目外，医疗机构及医务人员致患者残疾的，还应当赔偿残疾辅助器具费、残疾赔偿金。《中华人民共和国民法典》第1179条规定的致人残废的赔偿项目中仅有残疾生活辅助器具费和残疾赔偿金两项，但根据《侵权法适用通知》，在受害人有致伤或致死并有被扶养人的情况下，应当根据《人身损害赔偿解释》第16条的规定计算被扶养人生活费并计入残疾赔偿金或死亡赔偿金。

---

① 吴宝盛、刑宝军：《侵权责任法精解》，中国政法大学出版社2010年版，第47页。

（一）残疾生活辅助器具费

残疾生活辅助器具费是指患者因医疗损害丧失部分生理功能而需配置补偿功能器具时支出的费用，如轮椅车、拐杖、假肢、助听器等辅助工具费用。相关司法解释规定，该费用按照普通适用器具的合理费用计算，通常情况下是按照国产相关器具价格进行计算。此外，在实践中还需考虑残疾用具的更换费用及安装费用。

残疾生活辅助器具费计算公式：

残疾生活辅助器具费＝残疾生活辅助器具合理费用×责任系数

在确定残疾生活辅助器具费时，有几点需要特别考虑的问题：第一，患者因残疾情况有特殊需要的，可以参照辅助器具配制机构的意见确定相应的合理费用。第二，辅助器具的更换周期和赔偿期限参照配制机构的意见确定。实践中，辅助器具更换的周期和费用可以确定的，依据明确的更换意见计算辅助器具的费用；辅助器具更换的周期和费用难以确定或者患者的“余命”年数难以确定的，可以留待更换了辅助器具之后另行起诉。

（二）残疾赔偿金

《中华人民共和国民法典》第1179条规定了残疾赔偿金。《人身损害赔偿解释》第12条规定了残疾赔偿金的计算方法，第16条规定了“被扶养人生活费”，第17条第2款规定，被扶养人是指受害人依法应当承担扶养义务的未成年人或者丧失劳动能力又无其他生活来源的成年近亲属。

1. 残疾赔偿金的一般计算方法

《人身损害赔偿解释》第12条规定，残疾赔偿金根据受害人丧失劳动能力程度或者伤残等级，按照受诉法院所在地上一年度城镇居民人均可支配收入标准，自定残之日起按20年计算。但60周岁以上的，年龄每增加1岁减少1年；75周岁以上的，按5年计算。受害人因伤致残但实际收入没有减少，或者伤残等级较轻但造成职业妨害严重影响其劳动就业的，可以对残疾赔偿金作相应调整。

残疾赔偿金计算公式：

残疾赔偿金＝城镇居民年人均可支配收入×20×残疾系数×责任系数＋被扶养人生活费

2. 未成年人是否可以鉴定伤残等级

有人认为，未成年人没有从事具体的工作和劳动，不存在因残疾而减少收入的问题，因此，对未成年人不应当进行残疾等级的鉴定，也没有必要支付残疾赔偿金。这种观点是不正确的。因为，这里讲的是残疾情况，不是劳动能力丧失情况，虽然残疾情况与劳动能力丧失情况密切相关，但毕竟是有区别的两个概念。患者因医疗损害造成其组织、器官的缺如或者身体功能的障碍，是客观存在的生理缺陷，对其生活、学习和日后的工作都有影响。另外，即使现在不进行残疾程度鉴定，待其年满18岁之后仍然需要进行残疾程度鉴定，因此这是迟早要发生的事情，不等于现在不评定伤残等级，日后伤残等级就消失了。再有，未成年人损害发生当时进行残疾等级鉴定之后，给予其最高20年的赔偿额度，年满18岁以后赔偿的年限也是20年，在案件的赔偿费用计算上并没有太大的差别。

3. 关于城镇居民人均可支配收入的确定

过去各界在讨论伤残补助费计算时经常用到“平均收入”这个概念，但在国家统计机关发布的年度统计数据中并没有“平均收入”的概念，只有城镇居民人均可支配收入的概念。因此，《人身损害赔偿解释》在残疾赔偿金的计算上使用了城镇居民人均可支配收入是比较科学的。城镇居民人均可支配收入数据可以从各地统计机关年初发布的上年度本地的国民生产、生活统计公报中获得。

《人身损害赔偿解释》第22条规定，“城镇居民人均可支配收入”“城镇居民人均消费性支出”“职工平均工资”，按照政府统计部门公布的各省、自治区、直辖市以及经济特区和计划单列市上一年度相关统计数据确定。“上一年度”，是指一审法庭辩论终结时的上一统计年度。

4. 职业类型影响残疾赔偿金

有时简单地根据患者的残疾等级计算残疾赔偿金是不公平的，因为个体之间有能力和职业的区别，且这种区别将会导致个体的社会收入出现巨大悬殊。比如，对于钢琴演奏家和普通工人而言，虽然同样是手功能障碍，但钢琴演奏家由于无法再从事钢琴弹奏相关的工作，收入损失较大；而普通工人损失的是日常的工资收入，通过残疾赔偿金的赔偿基本可以弥补。司法实践中应当充分考虑这种因个体和职业方面的差别而引起的残疾赔偿金差距，以显示法律的公平。受害人因伤残造成职业妨害严重影响其劳动就业的，可以对残疾赔偿金作相应调整。不过，法律没有规定如何进行调整，这属于法官的自由裁量权的范畴。

(三) 被扶养人生活费

被扶养人是指受害人依法应当承担扶养义务的未成年人或者丧失劳动能力又无其他生活来源的成年近亲属。被扶养人生活费是被扶养人必要的生活费用，即患者在发生医疗损害前，对未成年子女或者没有经济来源的父母、配偶等近亲属提供的必要的生活费，由于患者死亡或者残疾丧失劳动能力而无法扶养他人时，需要给予的补偿。《中华人民共和国民法典》没有规定被扶养人生活费的赔偿，但《人身损害赔偿解释》第 16 条的规定，将被扶养人生活费计入残疾赔偿金。

《人身损害赔偿解释》第 17 条规定，被扶养人生活费根据扶养人丧失劳动能力程度，按照受诉法院所在地上一年度城镇居民人均消费性支出标准计算。被扶养人为未成年人的，计算至 18 周岁；被扶养人无劳动能力又无其他生活来源的，计算 20 年。但 60 周岁以上的，年龄每增加 1 岁减少 1 年；75 周岁以上的，按 5 年计算。被扶养人还有其他扶养人的，赔偿义务人只赔偿受害人依法应当负担的部分。被扶养人有数人的，年赔偿总额累计不超过上一年度城镇居民人均消费性支出额。

被扶养人生活费计算公式一：

被扶养人生活费＝城镇居民年人均消费性支出×20×责任系数

被扶养人生活费计算公式二：

被扶养人生活费＝城镇居民年人均消费性支出×（18－未成年人现年龄）×责任系数

司法实践中应注意以下三个方面内容：其一，根据扶养人因人身损害造成死亡或者残疾等丧失劳动能力的程度，结合政府统计部门公布的受理诉讼的法院所在地省、自治区、直辖市上一年度城镇居民人均消费性支出标准，计算出被扶养人的生活费标准；其二，针对未成年人或者成年人等不同的被扶养人情况，确定不同的扶养年限以及计算方法；其三，被扶养人包括受害人依法应当承担扶养义务的未成年人或者丧失劳动能力又无其他生活来源的成年近亲属。

另外，关于被扶养人生活费的计算，在实务中还有几个需解决的问题。

(1) 被扶养人有多个扶养人时，赔偿义务人的赔偿范围如何确定？当被扶养人有其他扶养人时，赔偿义务人只赔偿受害人依法应当负担的部分即可。如根据《中华人民共和国民法典》的规定，夫妻双方都有扶养子女的义务，在一方受到人身损害时，原则上赔偿义务人只需赔偿一方应支付的被扶养人的生活费的一半，即上一年度城镇居民人均消费性支出额的二分之一。又如成年人的丧失劳动力的被扶养人有两个子女，其中一名子女受到人身伤害，赔偿义务人需承担赔偿一方应支付的被扶养人的生活费的一半，即上一年度城镇居民人均消费性支出额的二分之一。此外，当被扶养人是数人时，年赔偿总额累计不超过上一年度城镇居民人均消费性支出额。

(2) 扶养义务人的扶养年限如何确定？在被扶养人的赔偿年限上，《人身损害赔偿解释》有明确规定，但是没有规定受害人的可扶养年限，如果机械地按照规定计算被扶养人的赔偿年限，将这个年限加上受害人受害时的年龄，会得出一个远远超出现实生活中仍然有扶养能力的人的年龄，这样会使法院作出的判决违背日常生活的经验法则。如上海市第一中级人民法院判决王某珍等诉陈某等人身损害赔偿案就出现了近 86 岁的受害人遇车祸去世后，由其生前扶养的重智残无业儿得到了 20 年的生活费赔偿。如果受害人不出车祸，20 年后已有 106 岁高龄，远远超出了一般人的寿命，且其在世的扶养能力也非常有限。这类判决，既违背了日常生活的经验法则，对侵权人也显然不公。[①] 这是留待理论界和实务界研究的课题。

【案例 7 - 07】

被扶养人生活费计算错误案[②]

2009 年 7 月 28 日，张某驾驶奇瑞轿车与迎面驶来的一辆桑塔纳轿车会车时，致使该车右前保险杆撞至同向右侧行驶的摩托车尾部，造成骑摩托车正常行驶的甘某受重伤。经当地公安局交警大队认定：张某负此事故的全部责任，甘某无责任。同年 12 月 20 日，道路交通事故伤残评定委员会根据《道路交通事故受伤人员伤残评定》认定：甘某此次损伤为一级伤残。事后，双方因赔偿问题诉至法院。法院审理查明：原告甘某，女，1968 年生，农民。其家庭主要成员分别是：丈夫李某，1967 年 7 月生，农民，原有三级伤残，生活不能自理；长女李女，14 岁；长子李子，12 岁。根据道路交通

① 许辉：《人身损害赔偿中被扶养人生活费的确定》，《法律适用》2009 年第 1 期。

② 周金顺、欧阳孔军：《如何计算人身损害赔偿案件中的被扶养人生活费》，《江淮法治》2009 年第 2 期。

事故人身损害赔偿的法律、法规规定，法院判决张某赔偿各项费用209731元，其中对被扶养人生活费的判决为：丈夫李某（三级伤残）每年生活费为2535元×20年=50700元、长女李某（14岁）每年生活费为2535元×补助年4年=10140元、长子李某（12岁）每年生活费为2535元×补助年6年=15210元。

法院对此案的审理认定事实正确，但是在判决张某赔偿被扶养人生活费上适用法律错误，属重复判决，应当对此依法予以纠正。本案的被扶养人有3个，比较上一年度的受诉法院所在地和被扶养人住所地与经常居住地的农村居民人均年生活消费，原告可以主张较高的标准。假设以2535元为标准，则其丈夫是计算20年，两个小孩各计算4年和6年，但根据司法解释，最终确定的数额并非是数个被扶养人生活费的总和，而是最高不能超过当地上一年度农村居民人均年生活消费支出额，即应当按照被扶养人为一人的标准计算。本案对被扶养人生活费的正确判决应当是：判决张某赔偿甘某被扶养人（丈夫李某、长女李某、长子李某）生活费2535元×20年=50700元。该笔费用在判决生效后的1年至4年在3人之间分配，5年至6年在丈夫李某和长子李某之间分配，从第7年开始该费用由丈夫李某所有。

【案例7-08】

致残的医疗损害赔偿项目①

原告李某某因双下肢麻木无力，于2009年9月27日入住被告成都军区某总医疗机构，经医生检查诊断为“脊柱结核并椎旁脓肿”，于同年10月5日由该院神经外科医师在全麻下行“椎板切除椎管内探查、椎管减压术”术后原告的双下肢感觉运动丧失、大小便失禁。术后两个月经CT及MRI复查发现脓肿未清除且比术前增大，后转至云南省某医疗机构治疗，经诊断为“胸7、8结核并截瘫”再次手术治疗，术后原告双下肢肌力感觉部分恢复，但双下肢截瘫及大小便失禁情况仍无改善。后原告与被告共同委托医学会进行鉴定，鉴定结果为构成医疗事故，并确定被告在为原告提供医疗服务过程中因存在术前准备不完善、手术方式选择欠妥当过失，该过失直接导致原告

① 纪春雷：《医疗事故赔偿计算标准》，中国法制出版社2007年版，第237页。

双下肢截瘫及大小便失禁的严重后果，对此后果的伤残等级鉴定为原告二级伤残。

后经法院审理，判决被告赔偿：1. 医疗费 50896.77 元；2. 误工费 20621.50 元；3. 住院伙食补助费 1575 元；4. 陪护费 4200 元；5. 残疾生活补助费 239517 元；6. 残疾用具费 70155 元；7. 交通费 1810 元；8. 被扶养人生活费 8400 元；9. 精神抚慰金 26613 元；10. 医疗事故鉴定费、法医鉴定及后期医疗费用评估费、残疾辅助器具费用评估费 3060 元，上述共计赔偿 426848.27 元。

本案中，原告的诉讼请求其实还包括要求被告支付营养费 5000 元和后期陪护费 56000 元。法院依据《医疗事故处理条例》第 50 条规定，认为条例当中并未对营养费和后期治疗费予以规定，遂不予支持。其他赔偿项目的计算也都是依据《医疗事故处理条例》规定进行。原《中华人民共和国侵权责任法》（现为《中华人民共和国民法典》“侵权责任”编）颁布之后，医疗损害赔偿适用统一的人身损害赔偿标准，法院计算人身损害赔偿各项目应当按照《人身损害赔偿解释》的规定进行。《人身损害赔偿解释》第 21 条规定，营养费根据受害人伤残情况参照医疗机构的意见确定。因此，法院判决赔偿被扶养人生活费也是正确的。

三、致人死亡的相关赔偿项目

除一般人身损害的赔偿项目外，医疗机构及医务人员造成患者死亡的，还应当赔偿丧葬费和死亡赔偿金。赔偿丧葬费、死亡赔偿金与残疾赔偿金、残疾生活辅助器具费的赔偿是平行的，二者只能有其一。

（一）丧葬费

丧葬费是指患者因医疗损害死亡时，其近亲属因安葬患者而支出的费用。《中华人民共和国民法典》第 1179 条规定，侵害公民身体“造成死亡的，还应当支付丧葬费和死亡赔偿金”。《人身损害赔偿解释》第 14 条规定，丧葬费按照受诉法院所在地上一年度职工月平均工资标准，以 6 个月总额计算。

丧葬费计算公式：

$$丧葬费＝职工月平均工资\times 6\times 责任系数$$

在司法实践中，丧葬费的支付一般争议不大，原因在于这笔费用不高，且所有的涉及受害人死亡的民事案件都会涉及这笔费用，且没有受害人身份、职业等方面的差别，受诉法院一般有先例可以参照执行。在医疗纠纷案件中，存在争议的主要是两个问题：第一，外地患者到上一级城市就医发生患者死亡的，死亡患者近亲属到就医城市起诉，受诉法院所在地的职工平均工资肯定高于患者生活地的职工平均工资，这种差别无法避免；第二，死者是刚出生即死亡的新生儿，不可能像安葬成年人有那么多的花费，应当以当地人的习俗和实际开支来考虑赔偿。

（二）死亡赔偿金

1. 死亡赔偿金的计算方法

《中华人民共和国民法典》《中华人民共和国消费者权益保护法》《中华人民共和国产品质量法》《人身损害赔偿解释》均规定了此赔偿项目。作为一般的侵权损害赔偿案件，所涉及的是有正常生命力的人，给予死亡赔偿金确有必要，而且对死者近亲属给予死亡赔偿金的赔偿，有助于消除“死人不如残废赔偿高”的尴尬局面。

死亡赔偿金是不法致人死亡时产生的特有的财产损害赔偿项目。死亡赔偿金不是对受害死者的赔偿，而是对受害死者的近亲属的赔偿。《人身损害赔偿解释》将这项费用界定为受害人因死亡造成的经济损失而给予的赔偿，在性质上是物质性损失，实际上是死亡者的“余命”损失，[①] 有别于精神损害抚慰金。也就是说，死亡赔偿金是赔偿义务人对受害人近亲属遭受的未来可继承的受害人收入损害的赔偿责任。死亡赔偿金的请求权人只能是受害人的近亲属，而非被扶养人。

《人身损害赔偿解释》第 15 条规定，死亡赔偿金按照受诉法院所在地上一年度城镇居民人均可支配收入标准，按 20 年计算。但 60 周岁以上的，年龄每增加 1 岁减少 1 年；75 周岁以上的，按 5 年计算。

死亡赔偿金计算公式：

死亡赔偿金＝城镇居民年人均可支配收入×20×责任系数＋被扶养人生活费

此外，根据最高法院《侵权法适用通知》的规定，受害人有被扶养人的，权利人还可请求赔偿被扶养人生活费，被扶养人生活费计入死亡赔偿金。计算标准如前文所述。

---

① 杨立新：《侵权行为法》，复旦大学出版社 2007 年版，第 402 页。

2. 关于居住地与受诉法院所在地收入差别问题

由于死亡赔偿金是因患者死亡导致家庭成员在财产上蒙受消极损失而获得的赔偿，患者死亡后，其家庭成员仍要在其住所地或经常居住地生活，如果其住所地或者经常居住地城镇居民人均可支配收入高于受诉法院所在地标准，赔偿权利人依据受诉法院地的标准获得的赔偿并不能填平其损失，这对于赔偿权利人来说是不公平的，也不符合损害赔偿法的原理。因此，《人身损害赔偿解释》第 18 条规定，赔偿权利人举证证明其住所地或者经常居住地城镇居民人均可支配收入高于受诉法院所在地标准的，残疾赔偿金或者死亡赔偿金可以按照其住所地或者经常居住地的相关标准计算。被扶养人生活费的相关计算标准，依照前款原则确定。这样便可以避免当事人为了获得比较高的赔偿而选择异地起诉的情况。

3. 关于新生儿死亡如何确定死亡赔偿金问题

关于死亡赔偿金的支付，在医疗纠纷中还有一个非常难以处理的问题，即产科纠纷中涉及的新生婴儿或者胎儿死亡问题。而是否为新生儿，取决于其出生的瞬间是否有生命。出生时有生命即可认定为新生儿，其在医疗事故中死亡的，可以获得死亡赔偿金；出生时没有呼吸即没有生命，应当认定为死胎，近亲属不能主张索要死亡赔偿金。在有的产科医疗纠纷中，患者出生时有微弱的呼吸，但是无论多么微弱，也应当视为有生命。如果对这种新生儿也按照正常人的死亡来赔偿，似乎总有其不合适的地方，所以有的地方法院规定按照死亡赔偿金的一半来支付。这虽是一种折中的办法，但不符合最高人民法院《人身损害赔偿解释》的规定。因此新生儿死亡是否有死亡赔偿金，应当采取务实的办法来判定。

4. 关于残疾、死亡“同命不同价”的问题

《人身损害赔偿解释》规定，残疾赔偿金、死亡赔偿金和被扶养人生活费需要根据城镇和农村户籍性质进行计算。这个规定备受指责，被斥为“同命不同价”的赔偿。[①] 上述司法解释的出台，本意并非人为地给生命健康定价，更不是要用户籍来划分生命健康价值的高低，而是要解决生命健康权受到侵害后，如何以给付金钱的方式进行赔偿，才能既恰当地弥补受害人遭受的损失，体现出对生命健康的尊重，又不至于使侵权人无力承担侵权后果的问题。在我国，城镇和农

① 杨立新：《〈中华人民共和国侵权责任法〉精解》，知识产权出版社 2010 年版，第 81 页。

村在收入、支出方面有很大差距，这是不容回避的客观事实。有鉴于此，这条司法解释才规定残疾赔偿金、死亡赔偿金按城镇居民或者农村居民人均纯收入的不同标准计算。[①]

残疾赔偿金在理论上和司法实践中存在不少争议。残疾赔偿金是患者劳动能力全部或者部分丧失后需要得到的相应赔偿。残疾赔偿金并非患者因残疾而得到的精神损害抚慰金，而是患者因残疾造成收入减少的赔偿费用，因而属于对患者残疾后造成的财产性损失的赔偿。残疾赔偿金的性质和标准在司法实践中并没有统一标准。根据理论界比较认同的“劳动能力丧失说”，采用“填平标准”，[②] 即受害人因残疾导致经济损伤而给予的赔偿。从这个角度来看，这种区别对待的赔偿原则并无不当。但是从现实来看，这种区别对待的赔偿原则确实引起不好的观感，争议很大。近年来要求“同命同价”的呼声很高，司法实践有必要采取同一赔偿标准，统一确定死亡赔偿金数额，摒弃城乡差别。为此，最高人民法院通过明传下发《关于授权开展人身损害赔偿标准城乡统一试点的通知》，授权各省、自治区、直辖市高级人民法院及新疆维吾尔自治区建设兵团分院根据各省具体情况在辖区内开展人身损害赔偿纠纷案件统一城乡居民赔偿标准试点工作。至此，饱受诟病的“同命不同价”问题有望得到根本性解决。截止到 2021 年底，陕西省、甘肃省、宁夏回族自治区、内蒙古自治区、山西省、广东省、江苏省、浙江省、辽宁省、河南省、河北省、湖北省、福建省、天津市、上海市等已制定了城乡居民“同命同价”的相关地方性法规或者司法文件，并开始执行。

从 2022 年 5 月 1 日开始，伤残赔偿金、死亡赔偿金、被扶养人生活费的计算标准，不再区分城市与农村，统一采用“城镇居民人均可支配收入”“城镇居民人均消费性支出”标准计算。

（三）被扶养人生活费

被扶养人生活费在《中华人民共和国民法典》第 1179 条中不再单列，但《人身损害赔偿解释》第 16 条的规定，将被扶养人生活费计入死亡赔偿金。计算方法与残疾赔偿金中的被扶养人生活费的计算方法相同。

---

① 参见李某芳与赵某祥、某保险公司机动车交通事故责任纠纷。参见浙江省绍兴市中级人民法院（2009）浙绍民终字第 893 号二审民事判决书。

② “劳动能力丧失说”认为，受害人因身体或者健康受损害，以致丧失或者减少劳动能力本身即为损害，并不限于实际所得的损失，如果受害人丧失或减少劳动能力，侵害人就应赔偿，而不是收入的差额。

【案例 7-09】

致患者死亡的医疗损害赔偿项目①

2000 年的一天，钟先生母亲李女士出现反复腰痛，伴双下肢麻痛，经多家医疗机构和佛山市某医疗机构检查，证实其患有“腰椎间盘突出、腰椎管狭窄症、腰椎失稳”。李女士之后多年采取保守疗法诊治，直到 2005 年 2 月病情加重导致行动不便，遂来到佛山市某医疗机构就诊。2005 年 3 月 15 日，佛山市某医疗机构门诊医生何某诊断认为，只有手术才能根治此症。经检查后，李女士定于 3 月 22 日上午施行“全椎板椎管探查加减压加髓核摘除 USS 内固定加植异体骨融合术”。但在手术后 3 个多小时，李女士心脏骤停，经抢救无效死亡。

2005 年 12 月，钟先生与父亲共同将佛山市某医疗机构诉至某区法院。医疗机构随后提出医疗事故技术鉴定申请。受法院委托，2007 年 5 月，佛山市医学会出具鉴定书，认为本病例不属于医疗事故。钟先生与父亲要求再次鉴定，法院又委托广东省医学会进行再次鉴定，结论认为，此病例属一级甲等医疗事故，医方负主要责任。

某区法院综合考虑本案情况，判决医疗机构赔偿丧葬费 1.1 万元、死亡赔偿金 25.6 万元、精神损害抚慰金 7.4 万元及其他损失，合计 34.2 万余元。

本案的关键是：医疗损害造成死亡的，应当赔偿哪些法定项目？死亡赔偿金应不应当赔偿？死亡赔偿金和精神损害赔偿有没有重合？

在审理此案时，最高人民法院《关于参照〈医疗事故处理条例〉审理医疗纠纷民事案件的通知》明确了医疗事故应当按照《医疗事故处理条例》的规定赔偿。而《医疗事故处理条例》中并没有规定死亡赔偿金，本案法院判决支持死亡赔偿金是否与条例产生冲突？在最高人民法院的上述通知出台后，《人身损害赔偿案解释》中明确规定了死亡赔偿金的赔偿项目，本案死亡赔偿金的项目赔偿于法有据。《人身损害赔偿解释》指出死亡赔偿金不是精神损害赔偿，则死亡赔偿金和精神损害赔偿是不同的两个赔偿项目，没有重合。而且该司法解释第 36 条

① 黄乐平：《医疗事故处理流程与赔偿标准》，法律出版社 2009 年版，第 322 页。

明确规定:“在本解释公布施行之前已经生效施行的司法解释,其内容与本解释不一致的,以本解释为准。”因此,法院判决支持死亡赔偿金和精神损害赔偿的请求是合理的。而且,根据《中华人民共和国民法典》第1179条的规定,侵害他人造成死亡的,还应当赔偿丧葬费和死亡赔偿金。根据《中华人民共和国民法典》第1183条,侵害自然人人身权益造成严重精神损害的,被侵权人有权请求精神损害赔偿。本案中,患者死亡,其近亲属可以依法请求精神损害赔偿。因此,本案法院支持赔偿丧葬费、死亡赔偿金和精神损害抚慰金的判决并无不当。

四、精神损害赔偿概述

(一)医疗损害精神损害赔偿的概念

精神损害赔偿是受害人因人格利益或身份利益受到损害或者遭受精神痛苦而获得的金钱赔偿。规定精神损害赔偿有利于保护受害人的利益。[①] 精神损害赔偿是民事主体因人身权受到不法侵害,使其人格利益和身份利益受到损害或遭受精神痛苦等无形损害时,要求侵权人通过财产赔偿等方法进行救济和保护的民事法律制度。在现代法制条件下,对人身损害给予精神损害赔偿即抚慰金,已经成为普遍的制度。在侵权行为中,若受害人受到人身伤害,受害人或其近亲属都可以依据法律、法规请求赔偿抚慰金,填补因人身损害造成的精神痛苦。1929年民国政府制定的《中华民国民法》正式确立精神损害赔偿制度。《中华人民共和国民法典》第1183条规定,侵害自然人人身权益造成严重精神损害的,被侵权人有权请求精神损害赔偿。《人身损害赔偿解释》第18条规定,精神损害抚慰金适用《最高人民法院关于确定民事侵权精神损害赔偿责任若干问题的解释》予以确定。最高人民法院于2021年1月1日实施的修改后的《关于确定民事侵权精神损害赔偿责任若干问题的解释》(以下简称《精神损害赔偿解释》),对精神损害赔偿的范围、依法行使赔偿请求权的主体以及确定精神损害赔偿数额的原则等作了明确规定。

随着人们法律意识的增强,在医疗损害赔偿诉讼中,患者逐渐提出了精神损害赔偿的请求。法院如果认定是医疗损害案件,一般都判决医方赔偿患者精神损害。

① 王胜明:《中华人民共和国侵权责任法解读》,中国法制出版社2010年版,第99页。

因医疗损害导致患者残疾、死亡给患者及其亲属造成精神上的痛苦和心理上的异常，这种痛苦和异常通常并不短暂甚至伴随终身，因此，医疗损害精神损害赔偿非常必要。医疗侵权的精神损害赔偿是指患者因医疗损害承受精神创伤而应获得的以货币方式支付的精神补偿，是医疗机构承担医疗损害侵权责任的一种重要方式。

（二）医疗损害精神损害赔偿的原则

国外的医疗损害精神损害赔偿原则主要有：酌定赔偿原则，即不制定统一的赔偿标准，而是根据案件的具体情况，由法官自由裁量精神损害赔偿金的数额；限额赔偿原则，即规定精神损害赔偿的最高限额，法官可以在最高限额以下酌定具体数额。

我国的医疗损害精神损害赔偿应当遵循“法官自由酌量原则”、“区别对待原则”和“适当限制原则”。[①] 法官自由酌量原则同国外的酌定赔偿原则类似，它赋予法官在处理精神损害赔偿案件时以自由裁量权。区别对待原则指在法官自由酌量的基础上，在具体确定精神损害赔偿金时，必须对精神损害的不同利益因素的损害予以区别对待。根据不同的特点，依据不同的计算规则，分别计算应当赔偿的数额，最后酌定总的赔偿数额。适当限制原则是为了克服自由酌量的不利影响，主要表现为：对赔偿总额进行限制；对受害人及其近亲属或者死者近亲属的精神损害赔偿分别规定上限和下限。

具有特殊纪念意义或者具有特殊价值的财物被损坏、遗失时，权利人可以主张特殊精神损坏赔偿。比如，患者有特殊纪念意义的物品手术前应护士要求摘下后遗失，患者可以主张特殊精神赔偿。《中华人民共和国民法典》第 1183 条第 2 款规定，因故意或者重大过失侵害自然人具有人身意义的特定物造成严重精神损害的，被侵权人有权请求精神损害赔偿。《精神损害赔偿解释》第 1 条规定，因人身权益或者具有人身意义的特定物受到侵害，自然人或者其近亲属向人民法院提起诉讼请求精神损害赔偿的，人民法院应当依法予以受理。

（三）精神损害赔偿的范围和计算方式

1. 精神损害适用于侵害他人人身权益的情况

人身权益的范畴十分广泛，包括各项人身权和其他合法的人身利益。自然人

---

① 杨立新：《精神损害赔偿》，人民法院出版社 1999 年版，第 79 页。

因下列人格权利遭受侵害，向人民法院起诉请求赔偿精神损害的，人民法院应当依法予以受理：（1）生命权、健康权、身体权；（2）姓名权、肖像权、名誉权、荣誉权；（3）人格尊严权、人身自由权。依照此规定，在医疗损害赔偿中，生命权、健康权、身体权和名誉权受到侵害的，可以请求精神损害赔偿。在医疗侵权诉讼中，有时会涉及医方侵犯患者隐私权、未经患者同意公开其个人信息资料的案件，这些都可以从赔偿患者精神损失方面予以救济。另外，侵犯患方知情同意权的案件，也可以从精神损害赔偿方面予以补偿。

2. 对《中华人民共和国民法典》精神损害赔偿规定的理解

《中华人民共和国民法典》第996条规定，人格权受到严重侵害并造成严重精神损害的，可以要求精神损害赔偿，即以造成了受害人严重精神损害为前提。该条规定体现了我国立法机关在侵害人身权给予精神赔偿方面采取限制和谨慎的原则。该条规定体现了以下三层含义。

第一，人格权受到侵害的可以请求精神损害赔偿。这里所讲的人格权包括《中华人民共和国民法典》第990条规定的各种具体权利，也包括尚未具体列举出来的其他权利。在医疗侵权纠纷中，医疗机构及其医务人员过失侵犯了患者的生命权、健康权、姓名权、肖像权、名誉权、隐私权等人格权以及知情同意权等权益，患方都可以提出精神损害赔偿。但是在诊疗过程中，医疗机构及其医务人员侵犯了患者的财产权利，不能请求精神损害赔偿。

第二，受害人受到严重精神损害是提起精神损害赔偿的前提。因为在过去的司法实践中精神损害赔偿有被滥用的情况，所以这次立法明确对精神损害赔偿提起的条件作了严格的规定，即只有造成了受害人严重精神损害的，才可以提起精神损害赔偿。目前精神损害的严重程度分级，缺乏权威可靠的标准。关今华等提出，在对精神损害赔偿客体进行类型化处理的基础上，要根据各类精神损害赔偿的不同特点，确定不同档次。如对侵害精神性人身权和人格权所产生的精神损害，可分为一般、比较严重、严重和特别严重四个档次。[①] 那么本法所讲的“严重精神损害”应当如何界定，由于没有判断的科学权威的标准，实践中只能由法官根据自由心证的原则在相关证据和事实的基础上进行判断。我们建议，也可以考虑提请精神病学专家从专业角度进行分类分级和评估。

第三，本条规定的是受害人的人身权遭受侵害，可以提起精神损害赔偿，但

---

① 关今华：《精神损害赔偿数额的确定与评算》，人民法院出版社2002年版，第193—194页。

是如果受害人因身体权益遭受侵害而死亡，其近亲属有无权利请求精神损害赔偿呢？虽然该法条没有提及在受害人死亡后其近亲属是否可以提出精神赔偿的内容，但是《中华人民共和国民法典》第1181条规定，被侵权人死亡的，其近亲属有权请求侵权人承担侵权责任。其中赋予近亲属的请求权并没有明确排除精神损害赔偿，因而受害人的近亲属是可以提起精神损害赔偿的。《精神损害赔偿解释》第7条规定，自然人因侵权行为致死，或者自然人死亡后其人格或者遗体遭受侵害，死者的配偶、父母和子女向人民法院起诉请求赔偿精神损害的，列其配偶、父母和子女为原告；没有配偶、父母和子女的，可以由其他近亲属提起诉讼，列其他近亲属为原告。基于此，如果患者死亡，精神损害抚慰金的请求主体为患者近亲属；如果患者残疾，该项赔偿的请求主体应为患者本人，而其近亲属无权要求赔偿精神损害抚慰金。

3. 精神损害赔偿数额的确定

关于精神损害赔偿数额如何确定，相关法律没有原则性规定，更没有作出具体要求，因而成了司法实践中的一大难题，可以参照《精神损害赔偿解释》的有关规定来操作。《精神损害赔偿解释》第10条规定，精神损害的赔偿数额根据以下因素确定：(1) 侵权人的过错程度，法律另有规定的除外；(2) 侵权的手段、场合、行为方式等具体情节；(3) 侵权行为所造成的后果；(4) 侵权人的获利情况；(5) 侵权人承担责任的经济能力；(6) 受诉法院所在地平均生活水平。法律、行政法规对残疾赔偿金、死亡赔偿金等有明确规定的，适用法律、行政法规的规定。

《医疗事故处理条例》第50条也对精神损害抚慰金的计算进行了规定。《医疗事故处理条例》第50条第11项规定，“精神损害抚慰金：按照医疗事故发生地居民年平均生活费计算。造成患者死亡的，赔偿年限最长不超过6年；造成患者残疾的，赔偿年限最长不超过3年”。但是，我们认为，《医疗事故处理条例》中规定的精神损害赔偿数额标准过低。有的案例中不但不能安抚受害人及其近亲属，甚至连受害人的诉讼成本和医疗费用都不能弥补，也就意味着对致害人的放纵。另外，精神损害发生后，医方的过错程度、患者的受损情况、收入状况等均不相同。如果按《医疗事故处理条例》第50条确定的精神损害赔偿数额，就背离了法治的公平原则。因此，应从我国的实际情况出发，在个案当中斟酌确定，具体平衡。

对于医疗损害赔偿纠纷案件，在计算精神损害赔偿数额时，应当综合考虑以下因素：（1）主观过错程度，是出于过于自信的过失，还是疏忽大意的过失，程度如何；（2）医疗事故等级，要根据医疗事故的等级由高到低确认赔偿额的多少，一级事故最重，二级次之；（3）伤残等级，要根据伤残技术鉴定的结果由重到轻来确定；（4）损害部位及后果，不同部位的伤害引起的精神损害后果是不同的；（5）职业类型，每个人的职业不同，其身体各个部位、各个器官的作用也有所不同，如书画家的手、歌唱家的嗓子等与职业特点有关，精神损害程度与一般人不同；（6）年龄因素，不同年龄的人因医疗损害产生的精神痛苦必然不同；（7）精神打击程度，结合实际情况区分；（8）经济损失状况；（9）双方经济状况，如有的医疗机构连经济赔偿都困难，再进行精神损害赔偿就更难了，而有些患者的经济状况较好，可以按照民事权利依法自行处分的原则，由医疗机构进行赔礼道歉的方式对患者进行慰藉。

（四）实务中需要注意的几个问题

1. 精神损害赔偿可否适用于公平责任

公平责任，又称衡平责任，是指在当事人双方对损害均无过错，但是依照法律的规定又不能适用无过错责任的情况下，由人民法院根据公平的理念，在考虑受害人的损害、双方当事人的财产状况及其他相关情况的基础上，判令致害人对受害人的财产损失予以适当补偿的行为。在司法实践中，为了“摆平”医患双方的利益冲突，采取所谓的公平原则，满足当事人无理索赔的判决并不鲜见，这是不符合法律规定的，医疗损害责任不适用“公平责任”。《中华人民共和国民法典》第1186条关于公平责任的规定放在损害赔偿一章之中，而非一般规定的第一章，旨在说明该条是关于公平补偿责任的一般规定，而不是公平归责原则。该条规定的内容“受害人和行为人对损害的发生都没有过错的，依照法律的规定由双方分担损失”中，法律规定是指《中华人民共和国民法典》第1188条（监护责任）、第1190条（暂时丧失意思能力损害责任）、第1254条（高空抛物坠物责任）规定的情形，医疗损害责任并不在其列。

2. 胎儿能否要求精神损害赔偿

现实中的医疗损害赔偿纠纷案件有相当一部分是由于医方的原因造成对胎儿的损害。当胎儿怀于母腹之中，胎儿受到的损害既可以是外伤，也可以是内伤。当胎儿出生后，其在母腹中所受伤害致其健康受损，这种影响可能伴随着他的成长过程，甚至终身，给他带来的不仅仅是肉体上的痛苦，更有精神上的折磨。虽然胎儿还没有出生，不具有民事权利能力，也不是民事主体，自然也不会是适格的原告，但是，胎儿因即将出生，成为民事主体，对其利益的保护又是必需的。现今各国法制对胎儿的权利保护作出了规定，表现为三种立法主义，即总括的保护主义、个别的保护主义和绝对主义：[①]（1）总括的保护主义，也就是在对胎儿利益的保护方面，一般将胎儿视为已出生。此为罗马法采取的主义，瑞士民法典等也是这样规定的。（2）个别的保护主义，即胎儿原则上无权利能力，但在例外情形下则视为有权利能力。法、德、日等国均采取此主义。所谓例外情形，是指在是否享有损害赔偿请求权、继承权、受遗赠等权利的情况下，将胎儿视为已出生，能够享有这些权利。（3）绝对主义，即胎儿绝对不具有民事权利能力，不得为民事权利主体。我国属于第二种。《中华人民共和国民法典》第16条规定，涉及遗产继承、接受赠与等胎儿利益保护的，胎儿视为具有民事权利能力。但是，胎儿娩出时为死体的，其民事权利能力自始不存在。同时也考虑了对胎儿出生后利益的保护，比如《中华人民共和国民法典》第1155条规定，遗产分割时，应当保留胎儿的继承份额。这就为胎儿出生后行使继承权提供了有效的保障，但是，在医疗损害赔偿方面，现行法律未对胎儿的损害赔偿请求权作规定。

胎儿在母腹中因医疗损害受损，出生后精神痛苦可能伴随终生，在这种情况下，如果得不到精神损害赔偿未免有失公平。因此，胎儿的健康权益应受法律保护，其出生后若因健康权受损而感到精神痛苦，亦可以主张精神损害赔偿。

3. 植物人和精神病人能否要求精神损害赔偿

因为医疗损害成为植物人，或者因为医疗损害致使无民事行为能力的精神病人肢体受损成为残疾人时，受害人有没有精神损害呢？患者成为植物人或精神病人之后，即丧失了对痛苦的感知能力，没有精神痛苦。如果认为精神损害就是精神痛苦，那么说他们受到了精神损害的确很牵强。但是一个有着正常健康的精神感受能力的人，因医疗损害失去了这种感受能力，使其不能再感受悲欢离合、喜怒哀乐，虽然不是一种积极的精神损害，但却是一种消极形态上的精神损害。这种精神损害难以弥补，这些患者的利益也理应得到法律正义的救济。因此，植物人和精神病人可以直接以原告的身份起诉，但需要其代理人进行代理。

---

① 梁慧星：《民法总论》，法律出版社1996年版，第91页。

4. 受害人死亡前起诉要求精神损害赔偿，起诉后死亡的，其近亲属自身遭受的精神损害能否再要求赔偿

受害人在遭受医疗损害后向人民法院起诉要求精神损害赔偿，但是在起诉后不久，受害人死亡，则受害人的近亲属可以继承受害人的精神损害赔偿请求权。但是，受害人因侵权行为死亡后，其近亲属能否因患者的死亡再次提起精神损害赔偿呢？《中华人民共和国民法典》第1181条肯定了这一行为。死者生前提出的精神损害赔偿，是死者生前遭受的精神损害，该请求权可以继承。死亡后，其近亲属自身遭受的精神损害也应该得到赔偿。当然，法院在审理此类案件时，应当根据具体案情适当控制精神损害赔偿金的数额。

【案例7-10】

医疗纠纷精神损害赔偿案①

患者杨某（原告之子）因尿毒症于1999年12月17日到某医疗机构（被告）住院治疗，2000年1月21日在该院行同种异体肾移植术，术后于3月1日转入该院泌尿外科二病区住院康复治疗。4月22日经医生同意，杨某回家休息。后杨某5月8日出现低热，5月11日因低热不适，伴有咳嗽、吐白色泡沫症再次入院。经胸片检查示："双肺上中下弥散结节影。"经医疗机构结核科、感染科会诊，首先考虑肺部Ⅱ型肺结核感染并进行治疗，同时，血培养细菌和霉菌及做痰培养。但杨某症状无明显改善，体温不降反而持续升高。5月16日医疗机构对杨某抽血做CMV-IgM检查，5月17日出报告示CMV-IgM阳性。5月18日，杨某转入该院泌尿外科一病区，专科诊断为："肾移植术后，肺TB合并感染。"5月22日医疗机构对杨某抽血做PCR检查示："结核杆菌、巨细胞病毒（CMV）均为阴性。"5月24日做巨细胞病毒检测为（+），医疗机构遂以更昔洛韦+可耐抗巨细胞病毒治疗。5月28日4时48分，杨某因抢救无效死亡。死亡原因诊断为："呼吸衰竭，肾功能衰竭，肾移植术后，肺部感染。"

2001年初，杨某之父母（原告）向医疗事故鉴定委员会申请医疗事故技术鉴定，该鉴定委员会于2001年4月1日做出结论：本病例不属于医

① 付子堂等：《医疗纠纷案件审理之实证分析》，人民法院出版社2004年版，第263页。

疗事故。原告不服，于5月9日以医疗损害赔偿纠纷为由向法院提起诉讼，要求医疗机构承担医疗损害赔偿责任，并要求赔偿精神损害抚慰金8万元。

一审法院认为：根据该市医疗事故鉴定委员会的鉴定结论及法院委托的司法鉴定中心的法医学鉴定结论，能够证明医疗机构对杨某的医疗行为无过错，与杨某的死亡无直接因果关系。且二原告未提供充分证据证明医疗机构对杨某的死亡存在严重过失，故判决驳回原告包括精神损害赔偿在内的全部诉求。

二审法院认为：一审法院委托的司法鉴定中心的法医学意见书复议意见书应作为本案的定案证据，该法医学意见书认定杨某死亡与医疗机构的医疗行为无直接的因果关系。故上诉人要求医疗机构赔偿医疗费、放射费、鉴定费及死亡赔偿金的诉讼请求，不予支持。但同时认定，虽然复议意见书认定医疗机构对杨某的诊疗过程“未发现有明显过失”，但2000年5月17日电检验报告已显示病人有被巨细胞感染的可能，而受巨细胞病毒感染的病人，病情发展速度快，死亡率高，医疗机构对此理应有所认识，但未予以高度重视，也未及时结合该检验报告对杨某的疾病作进一步处理。结合杨某的整个诊疗过程，按公平和诚实信用原则，确认医疗机构给付二原告精神损害抚慰金2万元，同时撤销了一审判决。

随着权利意识的增强，人们逐渐重视自己的各项权利，进而患者也开始关注医生的医疗行为对其造成的精神损害，主张自己的权益，甚至以精神损害为由要求医疗机构支付天价赔偿金额的也并不鲜见。①

过去法院一般对医疗纠纷中的精神损害赔偿不予支持，即使目前精神损害赔偿在民事审判领域已较为普遍，法院对精神损害赔偿的判决也非常慎重，对以医疗事故或医疗损害为由起诉的案件中的精神损害赔偿数额往往区别不大。《中华人民共和国民法典》第1183条将精神损害赔偿予以规定，明确划分了残疾赔偿金、死亡赔偿金和精神损害赔偿的界限。患者在请求残疾赔偿金和死亡赔偿金的同时，还可以要求精神损害赔偿，但是鉴于精神损害赔偿有被滥用的可能，所以《中华人民共和国民法典》要求造成“严重精神损害”后才可以要求精神损害赔偿。

---

① 龚赛红：《医疗损害赔偿立法研究》，法律出版社2001年版，第1—3页。

本案历经两审，判决结果从一审法院对原告诉求的全部驳回，到二审法院支持了精神损害抚慰金的诉求，体现了法院保护患者精神利益的考虑。二审法院充分考虑了各方利益的平衡，遵循公平原则进行改判，事件处理结果是妥当的。

第五节　医疗纠纷和解与调解的谈判技巧

医疗纠纷的谈判分为一般性的医疗纠纷谈判和特殊情况下的紧急谈判。前者分为一般院内医疗纠纷的私了性谈判、医调委介入的第三方医疗纠纷程序性谈判和法官主持下的和解谈判。后者则指各种原因引起的扰乱医疗机构正常就医环境，甚至威胁、伤害医护人员人身安全的胁迫状态下的医疗纠纷紧急谈判。

一、医疗纠纷和解与调解中谈判的一般性技巧

医疗机构处理医疗纠纷的专职人员需要掌握如下 6 个方面的一般性谈判技巧。

（1）将细节事实抽象概括化，站在患方立场，既认同其损失，又避开无谓细节；

（2）秉承诚信理念，这要求谈判者尊重谈判对象，注意合理安排谈判时间，尤其注意一些地区的丧葬风俗，同时注重掌控与引导谈话氛围；

（3）注意倾听，并记录患方的诉求和潜在需要。明确是否有和解的可能、双方诉求的差距和底线，分析如何阐明利弊才能使对方尽快接受和解协议；

（4）要有耐心，做一个柔软的钉子。谈判是一个磨合的过程，虽然期待尽快解决纠纷，但也必须有步骤、有计划地谈判，使谈判在一个理性的氛围中开展；

（5）把握谈判态度，对待每一个谈判环节、每一个谈判对象，并非都采用同样的态度，要根据具体的谈判进展、对方反应，适时微调为亲切型、权威型、让步型或强硬型，至少做到有法可依、有礼有节；

（6）设立底线，准备备用方案。在合理的范围内让步、妥协或变通，在禁区范围内（比如患方明显的无理要求）明确拒绝，毫不含糊。

二、医疗纠纷和解与调解中谈判的基本要求

结合医疗机构医患关系办公室的日常纠纷受理工作，医疗机构谈判主体通常应做好如下方面工作。

1. 学会换位思考，善于倾听、安慰

纠纷发生初期阶段，医患双方可以暂时不去追究损害结果出现的真正原因，而是倾听患方的诉说，包容他们的发泄，作为一名怀有同情心的倾听者及时表示安慰。在这样一个听与说的交互过程中，能够建立初步的信任，并能有效引导其面对现实并着力解决问题。

在纠纷初期阶段，陷入纠纷漩涡中的患者或家属往往情绪激动，或暴躁咒骂、出言不逊，或哭泣愤怒、无法交流。这就要求纠纷受理工作人员务必尽最大努力调整自己的心态，积极换位思考，设身处地地去感受其现实处境，从自身认知上理解患方家属的情绪宣泄需求，从关爱的角度允许患方对纠纷有一个接受与缓冲的过程。这样的思维方式也有利于帮助工作人员减轻心理压力，更好地适应工作环境，同时有利于工作人员获取患方信任，待患方情绪稳定后进行下一步的沟通交流。

2. 引导患方认识医患共同目标，寻求合作基础

沟通中引导患方明了医患双方的共同目标，寻求合作基础，但同时也要坚持实事求是、依法办事的原则。

在此过程中，医患双方均处于医疗纠纷的实际利益主体地位。对于患方而言，通常是健康和经济利益；而对于医方而言，除经济利益之外，还有社会声誉等无形利益。如果解决纠纷的时间过长、成本增加，甚至无法解决，最终损害的是双方的合法利益甚至是整个社会的利益。基于此，为避免医疗纠纷破坏性后果的进一步扩大，可将医疗纠纷的和解处理视为一种医患合作的过程，坚持实事求是、依法办事的原则，适当引导，情理交融。

诚然，作为院方的纠纷受理工作部门多从本院立场出发看待问题，在患方看来院方根本无法做到像法院、鉴定机构般中立，但院方仍要尽己所能，在倾听和安慰中获取患方信任，始终坚持实事求是、依法办事、不回避错误的原则。这不仅是对患方的极大尊重，也有利于维护本院的长远利益。

3. 告知患方纠纷解决的方向和步骤

沟通中明确告知医患关系办公室工作原则、职责、流程，指明医患双方解决问题的方向、步骤。

每一所医疗机构都有一套医疗纠纷处理流程，医患关系办公室工作人员应当将其烂熟于心，并在患方情绪适度平稳时，简洁明确、理性平和地向患方进行介绍，使患方在纠纷下的身体、心理、经济伤害中获取稍许安全感和依赖感，认识到其合理诉求并非投诉无门、无法解决。院方在不违背国家法律法规及有关原则的前提下，完全可以积极解决，进一步增强双方的信任感。而对于超出院方职责范围，无法立即解决的问题，院方也应及时告知解决途径，杜绝推诿发生。

4. 避免使用针锋相对及刺激性语言

这一点是针对纠纷受理工作人员的口头语言和肢体语言提出的明确要求。避免使用一些刺激性的、斥责性的言语是作为纠纷受理工作人员的基本语言要求。语言的张弛有度、字句的斟酌有助于传达同情、理解和帮助的信号。调整好沟通的节奏，一方说时一方听，不随意打断对方。而针锋相对的辩论往往使局面更加混乱，与沟通的目的背道而驰。

而在与患方沟通的同时，注意对方及自我的肢体语言传递的信息，并应通过更加注意沟通的节奏把握调控。作为医方纠纷处理工作人员，应避免头部的抬起上昂、眼神的游移不定、双臂环抱胸前、晃动二郎腿以及身体往后靠的坐姿等肢体语言，这类肢体动作都将传递出不屑、敌意、攻击等不利于信任构建的负面信息。相反的将身体前倾，正视对方能更好地表达友善、关注、谦虚等有利于信任形成的积极信息，对纠纷谈判的顺利进行起着不可小觑的积极作用。

5. 在不违反原则情况下多给予患者必要帮助

医患沟通过程中，工作人员应善于发现能当场解决的问题或能及时给予患方某些帮助的地方，并当场解决或给予帮助。工作人员如果能站在患方立场多给予一些贴心的沟通，让患方切实感受到处理纠纷的工作人员已经体谅到了患者家属的难处，就会增加信任感。这种从患方角度出发想问题的方法，可以以最低的成本迅速增进医患双方的信任，有利于问题的解决。比如前来投诉的老年患者行动不便，但又需继续在专家门诊随诊的，可以帮助他在专家门诊进行挂号。

6. 适时让当事医务人员参与到谈判中

当事医务人员最了解事件具体经过与诊疗过程中的问题，如果沟通中了解到确实是由于双方专业背景差异导致的纠纷，那么处理纠纷的工作人员应把握适当的时机，邀请当事医务人员参与到沟通中，请他们尽量就疾病治疗作出通俗的解释说明，而不是简单的当面对质。毕竟临床工作中有很多专业问题是患者看不到甚至不能理解的。比如医疗组对患者病情进行过多次讨论，反复斟酌权衡，最终决定暂缓原已准备好的手术。但如果医生未能及时有效沟通，而是简单地告知患者手术取消，就会使得患者无法理解。请当事医务人员参与进来，将更多“幕后的故事”讲出来，以弥补之前沟通中的瑕疵，往往能取得患方谅解。

7. 讲信用，坚持诚实守信的作风

患方投诉后，希望医方在一定的期限内给出答复，患方的这种要求是合情合理的。但是给患方的答复需要建立在深入调查了解、准备充分的基础上，而处理纠纷的工作人员通常是在事发后才了解到患方所述的情况。故工作人员应在初期的沟通中，详细告知纠纷处理的工作流程，详尽记录患方的疑问与要求，并在工作期限内进行调查，承诺并切实于期限届满时给予答复。

如果因事件复杂、期限过短或其他原因不能如期答复，工作人员应及时主动与患方沟通解释，诚恳地争取患方的谅解。这种诚实守信的工作作风有利于推动医患沟通的顺利进行。

8. 坚决拒绝不合理诉求

大部分患者在纠纷发生后提出的诉求都是可以理解的，并能够依法依规解决，但也有少部分投诉者提出的诉求很不合理。面对违反原则的诉求，纠纷处理工作人员应该像柔软的钉子一样给予立场坚定的拒绝，如果因为担心事态扩大或未能顶住压力而一味满足任何要求，无疑助长了患方“闹”的想法，甚至导致其采取更激烈的非常规手段。

9. 指定唯一的“对外发言人”

无论是作为纠纷发生的院方事实当事人，还是作为其他有关“知情人”，医方谈判主体即“对外发言人”，应避免“多元应答”，所涉相关医务人员都应以理性平和态度处之，并交由纠纷指定处理人员进行医患的应答沟通。而这需要纠纷处理工作人员在接到投诉或了解到相关情况后第一时间与当事科室、当事医师，以及院内其他信访、纪检监察等工作部门进行沟通，防止投诉人到多个部门进行投诉却得到不同的答复。

三、紧急状态下的医疗纠纷谈判技巧

一般性医疗纠纷谈判技巧是正常谈判过程中应该注意的细节问题，但医疗纠纷常常突如其来，患方家属在激烈情感冲击下不能配合医方，滞留于纠纷现场，甚至扰乱医疗秩序。此时，必须有具备一定威信的医方人员恩威兼具、合理有度地予以告知和承诺（通常是对纠纷处理时限、原则、程序等的承诺），而非在纠纷现场与患方对峙。如果这种权威人士的诚信告知未能起效，应紧急邀请第三方调解，对于拒不服从引导的患方“医闹”人员，应迅速请医疗机构警务室、公安文保处警察介入处理。在这种情势下，医疗纠纷紧急谈判应放在第二位，首要解决的是医护人员的安全和医疗机构的诊疗秩序问题。所以，应采取一切可能的办法控制患方的激进行为，迅速恢复医疗机构就医秩序，避免医护人员受到人身伤害，必要时启动紧急救援通路，救助被害医护人员。同时，在必要时，可采取紧急防爆措施，在有关法规条文中对如何采取紧急防爆措施已有指导精神，但在具体状况下，更需要派出所等警务人员的大力支持。

【案例 7-11】

通过谈判化解医疗纠纷的实际案例

骨盆软骨肉瘤患者张某，男，37 岁，安徽人，2012 年得知某知名专家后专程前往北京某医疗机构拟行肿瘤切除术、人工骨盆置换手术。术后第一天因低血容量性休克抢救无效死亡。在宣布患者临床死亡当即，患者家属男女共计 5 人包围了抢救室，拒绝将死者送至太平间，同时哭闹叫骂，要医生偿命。遂即，病区围观人士增多并造成拥堵。整个病区医疗秩序荡然无存，严重影响了病区医疗安全。

在这种时候，作为管床大夫、病区行政主任、护士长及时安抚劝阻，保证医疗机构必将用诚恳态度处理纠纷，保证纠纷最终会合理公正解决。此时，病区行政主任一方面诚恳邀请患方家属或仅家属代表到会议室、办公室等安静宽松场合进行沟通和记录；另一方面，管床大夫第一时间向医务处领导及工作人员汇报此事，并请医务处负责人紧急稳控现场。

在到达现场前，医务处负责人在与该管床大夫及其上级医生快速沟通了解事件基本情况后，立即前往纠纷现场。一般而言，作为医务处负责人，在向患方表明医疗机构内医疗纠纷处理终极部门的负责人身份时，患方家属代表都会愿意到医疗机构指定办公室进行沟通。

因此，这个时候的纠纷现场疏散工作是完全可行且必要的。安抚家属谈话代表（往往是家属亲友中最具权威或学识，被信任者）并将其邀请到附近的会议室，请家属代表向其他众多家属作简短安排，让家属代表稍适安抚他们的情绪，稳定他们的过激行为，从而为理性的医患谈判铺垫出一个良好的开端。

谈判初期，作为医方负责人，务必综合运用经验技巧，有效表明诚恳之意，稳定对方情绪，从情理、法理上游说，从尊重患方权益、尊重死者的角度，请家属将遗体及时送往太平间，并就纠纷解决的不同进展程度给予时限承诺。比如承诺可以迅速启动医疗纠纷人民调解机制，马上封存病历，迅速配合尸检，等等。在这个过程中，动之以情，晓之以理，做到诚恳谦和、礼让有加，慢慢引导患方换位思考，使之明白任何未经详尽核查的决断都是草率的。

在持续近 2 小时的沟通中，患方家属情绪稍有缓和，但对于将遗体送往太平间仍心存疑虑。在这种时候，医务处负责领导必须做到有策略的交涉，一方面向家属表明尸体滞留的不利后果，另一方面向家属表明太平间和警务室工作人员都可以从帮助家属的角度抬送遗体。同时，要结合具体氛围和实际情况，给家属考虑的时间，并适时敲打推进。最终，在警务室工作人员到现场前，患者家属同意配合抬送患者尸体，并同意提交北京市医疗纠纷人民调解委员会处理该纠纷。

此外，因患方均为外地人员，坚决不能接受回安徽老家被动等待医调委的处理结果，又不能承担滞留北京的食宿费用、尸体存放火化费，并拒绝火化。因此家属一度反悔，再次要求与院方直接快速解决纠纷，并要求撤销医调委调解申请。院方分析家属本次反悔缘由，本质为经济困难。为了顺利推进医调委的调解，安抚患方情绪，表达院方的诚意，医务处在自身权限范围内，与患方达成共识：暂缓患者所欠住院费用、停尸火化费用，并帮助垫付交通费用 1000 元，以上所有费用在患方获取该纠纷的最终解决方案赔偿款中一次性归还。

最终，该纠纷顺利走上了人民调解途径，并最终如期结案。

以上案例是一起典型的拒抬尸体不良医疗纠纷，且有较好的及时的处理结果。值得一提的是，每起医疗纠纷的发生、发展都会因双方当事人各自的态度行为而转变，具有不同的特征，因此解决问题的沟通方法不能一概而论。然而，充分考虑患方的困难所在，准确分析患方的急迫需求，充分尊重患方的风土人情习惯，有理、有利、有节地安排调整，是医患和解之道的必由之路。

最后，和解虽然达成了，但若忽略协议文书的签署也可能造成前期谈判的功亏一篑。所以，在谈判的最后阶段，即文书签署的过程当中一定要注意：患方主体（患者及其委托代理人信息、授权委托书等）的信息务必翔实准确；纠纷事实要简要描述；解决方案应精准描述，面面俱到；对于和解签约人的签署，则更强调患方主体的合法性，同时附相关证件复印件。

第八章　医疗纠纷民事诉讼

医疗纠纷有多种多样的解决方式，其中最终的解决方式，亦即在其他解决方式均不能解决的前提下，医患双方最后采用的最严谨、最规范、最具权威性、程序最烦琐的解决方式，是诉讼解决方式。本章在民事诉讼的基本理论、法律规定基础上扼要介绍医疗纠纷民事诉讼及基本流程、关键点管理、存在的问题与对策。

第一节　医疗纠纷民事诉讼概述

一、民事诉讼的概念和特点

（一）民事诉讼的概念

民事诉讼是指人民法院在双方当事人和其他诉讼参与人的参加下，审理和解决民事案件和其他经济行政案件，并且按照民事执行给予强制实现的法律文书所规定的各种活动。通俗地说，民事诉讼就是因民事权利义务的争议而在人民法院"打官司"时发生的各种活动和各种关系。

民事诉讼是一个法律词汇，但与老百姓的生活息息相关，这是因为它与人们的日常生活和切身利益密切相关。民事诉讼是一个民法学概念，但民事诉讼法不同于民法。民法告诉我们每一个社会成员有什么样的民事权利，要承担什么样的民事义务。《中华人民共和国民事诉讼法》则告诉我们当民事权利受到侵犯时，可以通过什么样的途径、什么样的方法讨回公道。《中华人民共和国民事诉讼法》通俗来说就是一门打官司的学问，它告诉人们如何寻找法院、如何起诉、如何在法庭上进行辩论、如何向法官提供证据。一个人如果有一定的民事权利，但是不知道应当如何来维护自己的权利，那么法律所赋予他的权利很可能会落空。

（二）民事诉讼的特点

1. 公权性

民事诉讼是以司法方式解决平等主体之间的纠纷，是由法院代表国家行使审判权以解决民事争议的，具有公权性。它既不同于群众自治组织性质的人民调解委员会的调解方式，也不同于民间性质的仲裁委员会的仲裁方式。

2. 强制性

强制性是公权力的重要属性。民事诉讼的强制性既表现在案件的受理上，又反映在裁判的执行上。首先，在案件的受理方面，调解、仲裁均建立在当事人自愿的基础上，只要有一方不愿意选择上述方式解决争议，调解、仲裁就无从进行；民事诉讼则不同，只要起诉条件符合《中华人民共和国民事诉讼法》的规定，无论被告是否愿意，诉讼均会发生。其次，在裁判的执行方面，诉讼外调解协议的履行依赖于当事人的自觉，不具有强制力，法院裁判则不同，当事人不主动履行生效裁判所确定的义务，法院可以依法强制执行。

3. 程序性

民事诉讼是依照法定程序进行的诉讼活动，无论是法院还是当事人或其他诉讼参与人，都需要按照《中华人民共和国民事诉讼法》设定的程序实施诉讼行为，若违反诉讼程序常常会引起一定的法律后果，如法院的裁判被上级法院撤销，当事人失去某种诉讼的权利等。而诉讼外解决民事纠纷的方式程序性较弱，人民调解没有严格的程序规则，仲裁虽然也需要按预先设定的程序进行，但其程序相当灵活，当事人对程序的选择权也较大。

4. 特定性

民事诉讼的对象具有特定性。它解决的争议是有关民事权利义务的争议，若非民事主体之间的民事权益发生争议，则不能纳入民事诉讼程序处理，如伦理冲突、政治争议、宗教争议或者科学争议等不能成为民事诉讼调整的对象。对于无讼争性的非讼事件，虽然各国的普遍做法是由法院主管，但都规定了与民事诉讼程序不同的非讼程序来处理。

5. 规范性

《中华人民共和国民事诉讼法》及其周边法律制度，如法院组织法和法官法等，保障着民事诉讼的正义性，确保当事人的实体权利和程序利益不受侵蚀。程序规则的严格性并不等同于程序的复杂性，而是指确保当事人权益的强行性规定不被违反，否则即产生一定的程序制裁。民事诉讼的严格规范性避免了法官的任意妄为，消除了对社会统一规范的背离，满足了国家和社会维护统一的法律秩序的要求。

6. 正当性

正当性是在经验和理性两个维度上寻求最高的“合法性”。就经验层面而言，正当性表现为得到社会的普遍认同和尊重；就理性层面而言，正当性是经过道德哲学论证而取得的合理性。这两方面共同构成了正当性概念：其一，在理性层面，正当性要求一种客观要素，即符合某种规范或客观标准，这可以说是西方古代自然法的核心诉求；其二，在经验层面，正当性要求一种主观要素，即公众主观意志的表达（服从意愿的表达），这是西方近代社会契约论所充分表达的正当性观念。[①]通过民事诉讼来解决纠纷，就是要彻底实现这种经验与理性的合法性，纠纷处理结果不变，使双方的争议最终得到妥善处理。

7. 公开性

审判公开是指人民法院审理案件和宣告判决要公开进行，允许公民到法庭旁听，允许新闻记者采访报道，也就是把休庭评议之外的法庭全过程都公之于众。具体而言，其包括四个方面的内容：一是审理过程公开。除法律规定的特殊情况外，法院审理案件的活动，如证据的提出、调查与认定等，一律在公开的法庭上进行，允许公众旁听、新闻媒介采访报道。二是审判结果公开，即公开宣判。判决书及其据以下判的事实和理由应以公开的形式宣布，允许新闻记者报道，法庭也应向社会公告。三是审判对象的公开既包括向当事人公开，也包括向社会公开。四是裁判文书公开。法院在对裁判文书上的当事人的敏感个人信息作技术处理后，原则上应当在“中国裁判文书网”上公开裁判文书。另外，《中华人民共和国民事诉讼法》第 16 条规定，经当事人同意，民事诉讼活动可以通过信息网络平台在线进行。民事诉讼活动通过信息网络平台在线进行的，与线下诉讼活动具有同等法律效力。

① 刘杨：《正当性与合法性概念辨析》，《法制与社会法制》2008 年第 3 期。

二、医疗纠纷民事诉讼的特点

（一）医疗纠纷民事诉讼的主体为医患双方

医疗纠纷作为民事纠纷的一种，一般来说，是因为医疗机构或者患方违反了民事法律规范而侵害了他人的民事权利，由此而产生的以民事权利义务为内容的民事争议。因此，医务人员个人不是民事诉讼的主体。如医务人员因非工作行为与患方发生纠纷而引起诉讼，仅属于普通的民事纠纷，不属于医疗纠纷。

关于医疗侵权责任的诉讼主体，即医疗侵权责任的承担主体，在《中华人民共和国民法典》第1218条作了清晰的规定：患者在诊疗活动中受到损害，医疗机构或者其医务人员有过错的，由医疗机构承担赔偿责任。我国的医疗执业实行的是医疗机构执业制度，医务人员必须在医疗机构内以医疗机构的名义实施医疗行为，即职务行为。因此，医疗行为给患者造成损害的，应当由医疗机构承担赔偿责任。

当然，有的医疗纠纷民事诉讼主体在确定上是有困难的。如孕期保健服务合同纠纷中，原告到底是新生儿还是患儿父母亲，不同的法院、不同法官处理得也不尽相同。事实上，孕期保健服务合同纠纷属于法理上所称的“错误出生之诉”,[①] 诉讼的原告应当是患儿的父母亲，父母才是孕期保健服务合同的当事人。

（二）权利客体主要为患者的生命权或健康权

一般医疗纠纷都是以患方认为自己的生命权或健康权受到了侵害为基础的。在实践中，通常表现为经诊疗护理，患者出现了不同程度的不良后果，或者感到埋下不良后果的隐患，并且这种不良后果的产生被患方认为是由医方的过失所造成的。当上述两点同时具备时，便产生了医疗纠纷。例如，某胸部刺伤患者于县医疗机构就诊，接诊医生以本院无胸外科为由未对患者进行任何治疗，强令患者转至较远的地区医疗机构，结果患者死于转院途中，引起了医疗纠纷。再如，某

① ［美］文森特·R. 约翰逊：《美国侵权法》，赵秀文译，中国人民大学出版社2004年版，第185页。

儿科护士在为一患儿扎输液针时，由于手法不够娴熟、患儿哭闹，反复扎了七八次也没能成功，最后由护士长扎入，结果造成患儿嗓子哭哑，头皮小块瘀血，引起医疗纠纷。

此外，部分投诉涉及患者的财产权利，患者会提起财产损失索赔诉讼。比如，患者来医疗机构作检查，由于科室之间或者医务人员之间未协调好，导致患者作检查的时间一拖再拖，患者连续几次来医疗机构都不能作检查，最终患者要求医疗机构赔偿误工损失费和交通费。

（三）医疗纠纷民事诉讼具有高度专业性

医学知识具有高度专业性，不具备医学知识的法官难以根据自己的专业知识就案件事实进行实体判断，往往需要借助专业人士的帮助，即主要通过医学会鉴定或司法鉴定的鉴定意见来判断案件事实。随着医学科学技术的发展，新的诊疗方法不断涌现，医疗行业内部分工更加专业化，也进一步加大了法官审理案件的难度。医疗纠纷进入诉讼程序后，法官裁判案件也就面临对医学专业知识一窍不通的压力，因而往往需要启动鉴定程序，请第三方鉴定专家来诠释这些医学专业问题。因此，医疗投诉案件民事处理，最终往往都需要有鉴定机构参与，鉴定意见在处理这类案件中起着决定性的作用。

（四）医疗纠纷民事诉讼案逐年增加

随着法律的不断健全，患者保护自身权益的意识逐渐增强，维权意识膨胀，甚至部分存在狭隘的权益意识。近几年，人民法院审理的医疗纠纷案件逐年上升，特别是自 2002 年起，《医疗事故处理条例》《最高人民法院关于民事诉讼证据的若干规定》等一系列法律法规相继颁布后，这一趋势更为明显。以北京市第二中级人民法院为例，2000 年至 2002 年，该院共审结二审医疗纠纷案件 149 件，其中 2000 年为 20 件，2001 年为 51 件，2002 年为 78 件。[①] 2002 年 9 月，《医疗事故处理条例》实施后，法律环境的变化较大，医疗纠纷也随之增加。根据国内某权威机构调查显示：北京市 2003 年发生医疗纠纷约 5000 起，2004 年约 8000 起，增加了 60%；上海市医疗机构在 2006 年、2007 年分别发生医疗纠纷 7100 起、5259 起，闹访 180 起，殴打医务人员 23 起，威胁医务人员 96 起，限制医务

① 李自庆、刘坤：《医疗纠纷骤然增多现象透视》，《人民法院报》2002 年 5 月 15 日。

人员人身自由 44 起，打砸医疗机构 33 起，滞留医疗机构 96 起，公安机关出警 125 次。[①] 在国家加大了对“医闹”的打击力度之后，患者选择向法院提起民事诉讼显著增多。

（五）医疗纠纷民事诉讼案审理时间较长

由于医疗纠纷民事诉讼案件都要经历鉴定程序来评判医疗行为的正确与否，而专业鉴定过程可能耗时数月，因此审理时间普遍偏长。更重要的是，若医疗纠纷双方对鉴定机构和鉴定方式存在较大争议，更会延长案件处理时间。在《中华人民共和国侵权责任法》（2021 年 1 月 1 日起废止）实施前，医学会组织的医疗事故鉴定是主流的鉴定方式，但由于医疗事故技术鉴定人员均是由相关医疗系统的人员组成，其鉴定结果的权威性往往受到患方的质疑。而《医疗事故处理条例》第 22 条规定，当事人对首次医疗事故技术鉴定结论不服的，可以自收到首次鉴定结论之日起 15 日内向医疗机构所在地卫生行政部门提出再次鉴定的申请。因此，在医疗纠纷案件中，患者常因对医疗事故鉴定意见持有异议而申请重新鉴定。侵权责任法实施后，法院为审理确认医疗机构的医疗行为是否存在过错，经常委托司法鉴定机构进行医疗过错鉴定，但鉴定仍然是一个漫长的过程，在有些地区甚至排期一年以上，从而导致案件的审理周期延长。

三、民事诉讼在医疗纠纷解决方式中的地位与作用

（一）医疗纠纷解决方式中民事诉讼并非首选

尽管许多国家通过民事诉讼解决纠纷，民事诉讼是医患之间发生争议后的主要解决方式，但在中国，受到传统文化、社会习俗的影响和制约，以及出于解决方式便捷性的考虑等，民事诉讼并非医患纠纷发生后的首选解决方式。从患方角度看，一方面，大多数患者对法律知识了解不多，没有诉讼的经验，因此对司法体系常常感到陌生甚至恐惧。另一方面，中国传统思想文化排斥诉讼，因此“打

① 孙楠：《医疗纠纷影响因素分析与干预研究》，第二军医大学硕士学位论文，2009 年。

官司”往往被列为最后解决方式。从医方而言，民事诉讼也存在耗时长、费精力、责任后果可能增大的缺点，因此有许多医疗机构也不愿意通过民事诉讼解决纠纷。虽然民事诉讼不是医疗纠纷的首选解决方式，但这绝不意味着这种解决方式不重要。因为医患协商、第三方调解等其他解决方式，在医疗责任认定和赔偿计算上都是参照民事诉讼的可能结果来进行的，医患双方的心理角力，也是在“如果打官司会……”的语境下进行的。因此民事诉讼方式虽然在选用量上占整个医患矛盾解决体系的比例不高，但它的影响力就宛如一只“看不见的手”，对医患矛盾的解决起着举足轻重的作用。

（二）民事诉讼是最具规范性和严谨性的医疗纠纷解决方式

区别于医患之间协商谈判、第三方调解等其他途径，医患纠纷通过民事诉讼解决，在严谨性和规范性上最具特色。司法流程被法律严格规定，司法机构须以最严谨的方式运作，有大量的实体和程序性的法律规范指引诉讼的进行。具体到医疗纠纷，可以用作证据的材料、鉴定机构的选定、具体鉴定结果的伦理说明、每一项赔偿的具体计算方式，都需要在民事诉讼中清清楚楚地作出详尽的论证，而且这一论证过程受到医患双方的监督与质询。在这种情况下，其诉讼解决方式的严谨性和规范性就有了充分保证，而这也是其他医疗纠纷解决方式所难以企及的。

（三）民事诉讼是终局性的医疗纠纷解决方式

医疗纠纷虽然有着多种解决方式，但从能否最终解决问题的考察角度看，各种解决方式差异很大。医患协商虽然最为方便，但双方可能展开马拉松式的协商，在双方各执一词的情况下，许多协商无果而终，事情无法了结。第三方调解方式综合了医患直接谈判和民事诉讼程序的优点，但它的效力发挥也取决于医患矛盾双方的共同认可，如果其中一方执意拒绝调解结果，该结果也就产生不了任何作用。这些纠纷解决方式的最大缺陷就是终局的保障力度不够，而司法诉讼则有着法律权威性的绝对优势，在国家强制力的保障下，其终审判决有着最具权威性的终局效力。现实中，大部分医疗纠纷也在民事诉讼后得以解决，因此，民事诉讼解决方式的终局效力是最明显的。

四、医疗机构对待医疗纠纷民事诉讼的基本态度

（一）将民事诉讼作为解决医疗纠纷的参照标准和最终途径

医疗机构应当对医疗纠纷的诉讼解决有着充分的了解和认识，当发生医疗纠纷后，医疗机构应当首先进行内部评估，分析情况和进行模拟责任认定，对存在责任的应当进行损害结果评估和赔偿计算。而这些都应当以民事诉讼为参照系。将预测的诉讼结果，作为选择医患谈判等解决方式的依据。在进入医患实质接触后，医疗机构也应始终做好准备，将通过诉讼方式解决问题作为其他解决方式失效后的最终途径。在这个过程中，医疗机构无须惧怕“打官司”，但也不要将“打官司”作为威胁患方或者推脱责任的手段。

（二）相对积极地采用民事诉讼解决医患矛盾

在医患进入医疗纠纷实质解决阶段后，医疗机构应当向患方充分介绍医疗纠纷解决方式，尽可能尊重患方的选择，按照患方所倾向的解决途径开展工作。但是，有观点认为，随着我国法制建设的深化和公立医疗机构国有资产管理的需要，医疗机构可以相对积极地建议和引导患方通过诉讼解决问题，尤其在面对大额赔偿诉求时，诉讼途径可能成为首选。此外，医疗机构相对积极地建议诉讼，也可以让患方感受到医方愿意采用最公平公正的解决方式，不惧怕承担责任。当然，要想让患方感受到医方诚意，医方在具体沟通上需要有丰富的经验和技巧，否则患方可能认为医疗机构推脱责任，给患者设置障碍。也有人建议医疗机构可以通过内部规章制度的形式，将赔偿数额大于一定金额的案件统一划为必须通过司法途径解决的范畴，这样可以降低“私了”在国有资产管理上的风险，也有助于让患方得到更充分的保障。再者，对于“医闹”而言，积极引导诉讼解决也会给其以压力，让他们明白医方既勇于承担责任，也绝不会无原则地解决矛盾。

第二节 医疗纠纷民事诉讼基本流程

一、一般民事诉讼的基本流程

民事诉讼非常讲究程序，并且各个程序阶段都不得逾越，不经过前面的阶段，不得进入下一个阶段。一般来说，民事诉讼大致分为以下 4 个程序：（1）第一审程序；（2）第二审程序；（3）审判监督程序；（4）执行程序。每一个程序又可以划分为若干阶段，如第一审程序包括起诉与受理、审理前的准备、开庭审理、裁判。上述各个程序和阶段，只是对民事诉讼程序的大体划分，并不是说每个诉讼案件的审理都必须经历上述各个程序及阶段。比如，原告起诉并经过法院受理以后，又不愿意打官司，自动撤销了起诉，那么这个案件就不会经过审理和裁判阶段了。又如，一个案件在一审审理终结以后，当事人没有上诉，或者上诉人在上诉以后又撤回上诉，那么，这个案件就不会进入第二审程序。

（一）第一审程序

起诉，是指当事人就民事纠纷向人民法院提起诉讼，请求人民法院依照法定程序进行审判的行为，即请求法院通过审判，使被告人承担某种法律上的责任和义务。起诉需有明确的被告人、具体的诉讼请求和事实根据，还需属于受诉法院管辖范围。起诉的具体程序为当事人书写民事起诉状，递交到人民法院。

受理是指人民法院对公民、法人或者其他组织的起诉进行审查后，对符合法律规定的起诉条件的起诉决定立案审理，从而开启诉讼程序的诉讼行为。起诉和受理是两种性质不同却又密切联系的诉讼行为，前者是原告的诉讼行为，是受理的前提；后者是人民法院的诉讼行为，是起诉的结果。任何一个行政诉讼程序的开始，都是这两个诉讼行为的结合。没有原告的起诉行为，也就没有人民法院的受理行为。但是，受理并不是起诉的唯一结果，是否决定受理是人民法院行使国家审判权审查起诉行为而单方面得出的结论。

审理前的准备，是指人民法院在受理案件后、开庭审理前，为保证审理的顺利进行，由承办案件的审判人员所做的一些准备工作，包括依法组成合议庭、通知被告应诉和审判人员阅卷等。

开庭审理，是指人民法院于确定的日期在当事人和其他诉讼参与人的参加下，依照法定的程序和形式，在法庭上对案件进行实体审理的诉讼活动。审理过程中，可以由当事人向法院申请或法院依职权决定委托鉴定人运用科学技术或者专业知识对诉讼涉及的专业性问题进行鉴别和判断，并提供鉴定意见。鉴定意见往往直接影响判决结果。

裁判，是法院根据开庭审理结果，对争议民事权利义务关系进行判决、裁定，作出有强制执行力的法律文书的行为。

（二）第二审程序

第二审程序是指民事诉讼的当事人不服地方各级人民法院生效的第一审裁判，在法定期限内向上一级人民法院提起上诉而引起的诉讼程序，是第二审级的人民法院审理上诉案件所适用的程序。

第二审程序与第一审诉讼程序虽然都属于诉讼案件的审判程序，但是两种不同的诉讼程序，主要区别有六个方面。

（1）审判程序发生的原因不同。一审诉讼程序的发生基于当事人的起诉权和法院的管辖权，而二审程序的发生基于当事人的上诉权和二审法院的审判监督权。

（2）审级不同。第一审诉讼程序是案件在第一审人民法院审理适用的程序，而第二审程序是案件在二审法院审理的程序，是一审案件受诉法院的上一级法院在审理上诉案件时适用的程序。

（3）审判组织不同。一审法院适用第一审诉讼程序审理民事案件的组织形式有两种，即合议制和独任制。其中，实行合议制的，合议庭可以由审判员组成，也可以由审判员和陪审员共同组成。而二审法院适用第二审程序审理上诉案件的组织形式只能采取合议制，并且合议庭必须由审判员组成，不能有陪审员参加。

（4）审理的对象不同。第一审诉讼程序是以原告的起诉状和被告的答辩状为基点展开的，审理的对象是双方当事人之间的民事权益争议。第二审程序是以一审裁判为基点，对当事人上诉请求的有关事实和适用的法律进行审查，审理对象是一审法院的裁判。

（5）审理的方式不同。适用第一审程序审理民事诉讼案件的法院，只能采取开庭审理的方式。适用第二审程序审理民事上诉案件的法院，可以根据案件事实是否已经清楚等实际情况，选择开庭审理或者径行判决的方式。

（6）裁判的效力不同。适用第一审诉讼程序审结后的判决，在上诉期间，是未发生法律效力的裁判；适用第二审程序审结后的裁判，是发生法律效力的裁判，当事人不得提起上诉。

（三）审判监督程序

审判监督程序是指有监督权的机关或组织，或者当事人认为法院已经发生法律效力的判决、裁定确有错误，发动或申请再审，由人民法院对案件进行再审的程序。再审程序的启动有三种情形：法院决定再审、当事人申请再审和检察院抗诉。

人民法院启动再审程序的方式有三种：一是各级人民法院院长发现本院已经发生法律效力的判决、裁定，确有错误并认为需要再审的，提交本院审判委员会讨论后决定；二是上级人民法院发现下级人民法院已经发生法律效力的判决、裁定，确有错误的，有权提审或者指令下级人民法院再审；三是最高人民法院发现地方各级人民法院已经发生法律效力的判决、裁定，确有错误的，有权提审或者指令下级人民法院再审。

《中华人民共和国民事诉讼法》第 207 条规定，当事人的申请符合下列情形之一的，人民法院应当再审：（1）有新的证据，足以推翻原判决、裁定的；（2）原判决、裁定认定的基本事实缺乏证据证明的；（3）原判决、裁定认定事实的主要证据是伪造的；（4）原判决、裁定认定事实的主要证据未经质证的；（5）对审理案件需要的主要证据，当事人因客观原因不能自行收集，书面申请人民法院调查收集，人民法院未调查收集的；（6）原判决、裁定适用法律确有错误的；（7）审判组织的组成不合法或者依法应当回避的审判人员没有回避的；（8）无诉讼行为能力人未经法定代理人代为诉讼，或者应当参加诉讼的当事人因不能归责于本人或者其诉讼代理人的事由而未参加诉讼的；（9）违反法律规定，剥夺当事人辩论权利的；（10）未经传票传唤，缺席判决的；（11）原判决、裁定遗漏或者超出诉讼请求的；（12）据以作出原判决、裁定的法律文书被撤销或者变更的；（13）审判人员审理该案件时有贪污受贿，徇私舞弊，枉法裁判行为的。

关于检察院抗诉，《中华人民共和国民事诉讼法》第 205 条第 2 款规定，最高人民法院对地方各级人民法院已经发生法律效力的判决、裁定、调解书，上级人民法院对下级人民法院已经发生法律效力的判决、裁定、调解书，发现确有错误的，有权提审或者指令下级人民法院再审。《中华人民共和国民事诉讼法》第

216 条规定，有下列情形之一的，当事人可以向人民检察院申请检察建议或者抗诉：(1) 人民法院驳回再审申请的；(2) 人民法院逾期未对再审申请作出裁定的；(3) 再审判决、裁定有明显错误的。人民检察院对当事人的申请应当在三个月内进行审查，作出提出或者不予提出检察建议或者抗诉的决定。当事人不得再次向人民检察院申请检察建议或者抗诉。

(四) 执行程序

民事执行是国家执法机关根据生效的法律文书，运用国家强制力强制债务人履行生效法律文书所确定的义务，实现或者满足债权人民事权利的行为。《中华人民共和国民事诉讼法》规定，我国人民法院强制执行的通常方法和手段有以下几种：(1) 查询、冻结、划拨被申请执行人的存款；(2) 扣留、提取被申请执行人的收入；(3) 查封、扣押、拍卖、变卖被申请执行人的财产；(4) 搜查被申请执行人隐匿的财产；(5) 强制被申请执行人交付法律文书指定的财物；(6) 强制被申请执行人迁出房屋或者退出土地；(7) 强制执行法律文书指定的行为；(8) 强制加倍支付，如支付迟延履行期间的债务利息和支付迟延履行金；(9) 强制办理有关财产权证照转移手续；(10) 被执行人不履行法律文书确定的义务的，人民法院可以对其采取或者通知有关单位协助采取限制出境、在征信系统记录、通过媒体公布不履行义务信息以及法律规定的其他措施。

二、医疗机构管理医疗诉讼的基本流程

(一) 医疗机构中医疗诉讼管理者的定位

对于一般民事诉讼的基本流程，医疗机构医疗诉讼的管理者应当有基本的认识与了解，能够判断医疗诉讼工作的基本状态，开展和参加最基本的诉讼事务。但是，如果医疗机构有法律顾问或者该例医疗诉讼聘请律师作为代理人，那么涉及具体诉讼事务的法律专业工作还是应当交给法律专业人士去完成。当然，在不少医疗机构，医疗诉讼的管理者是法律专业人士，可以以单位法律顾问或者公职律师的身份完成专业的诉讼活动。

但从医疗管理精细化的角度看，应当将诉讼专业代理人和医疗安全管理者区分开。无论是医疗机构的医疗诉讼管理者还是外聘律师担任案件代理人，管理者

都要进行诉讼管理工作，且医疗诉讼的管理人和医疗诉讼的代理人是两个不同的工作岗位，分别担负不同的工作任务，因而不能混为一谈。如果混淆二者，容易造成管理不到位或者诉讼代理不专业的后果。

（二）医疗机构管理医疗诉讼基本流程

A. 接案

a. 接到法院通知后，领取起诉书、传票以及相关证据等，并记下法官和书记员姓名及电话。

b. 按照医疗机构的相关规定，报送诉讼材料给有关领导并通告相关科室。

B. 建档

建立案件文字档案及电子档案。文字档案包括案卷首页、流程单、诉状等材料。

C. 案前准备

a. 调取材料。调取病历（门诊＋住院）等有关材料，并复印两份病历（1 份留存归档，1 份交律师）。

b. 联系科室。通知科室主任及相关责任人，将材料（包括诉状及病历等）交予案件负责人，让其了解情况并准备相关材料。

c. 明确科室负责人。确定科室负责人，由其负责此案的相关事宜，并明确联系方式。

d. 报险。对于保险范围内案件，完成报险手续。

e. 确定案件代理人。如为保险案件，则请保险公司尽快确定代理律师；如为非保险案件，则需确定案件代理人。

f. 开庭前讨论。联系科室负责人和律师，组织开庭前讨论，准备开庭。

g. 授权委托手续。完成授权委托手续并盖章，需准备：代理人授权委托书（3 份，1 份留存归档，2 份交律师）、法人代表身份证明书 1 份、事业单位法人证书 1 份、组织机构代码证 1 份、非营利性医疗机构执业许可证 1 份。

h. 完成答辩状。由代理人完成答辩状后盖院章（共 4 份，1 份留存归档，其余交律师）；若确定作鉴定，则由代理人完成鉴定申请书，同样加盖院章（共 3 份，1 份留存归档，其余交律师）。

i. 明确开庭时间。若领取诉状时未明确开庭时间，则需和有关各方明确开庭时间、法庭、法官电话以及出庭人。

D. 法庭审理

a. 记录案件进程，必要文件可向代理律师索取。

b. 案件进入鉴定程序后，需做如下工作：

• 收到鉴定通知后，通知科室负责人准备专业技术鉴定材料，即病历摘要以及鉴定答辩意见等。

• 如鉴定由医方提起，则同时需要打请示报告先行支付鉴定费。

• 按鉴定通知的要求备齐材料后，将材料送交鉴定机关（一般需备齐病历摘要和答辩意见各 10 份，病历复印件 5 份，电子病历 1 份等），同时交鉴定费。

• 在鉴定前，如有需要，则需再组织一次由有关科室、医务处、诉讼代理人共同参加的会议，模拟鉴定答辩。

• 鉴定当天组织有关人员到鉴定中心。

• 接到鉴定意见后，如有需要，仍需组织一次科室、代理人和医务处参加的讨论会，准备法庭答辩。

• 接到判决后，和各方（如保险公司、代理律师、涉及科室等）联系决定是否上诉事宜。

E. 结案程序

a. 判决生效后，如涉及医疗责任保险的，报送有关材料到保险公司。

b. 向医疗机构领导或者领导集体请示，先予执行法院判决。

c. 医疗机构领导或者领导集体批准预先支付请示后，持批件办理相关财务手续，向法院送交赔偿金及诉讼费等。如案件属于保险范畴，则领回的收据连同鉴定费收据一起保存，直至保险公司结案；如属于医疗机构自付案件，则将收据直接报账结案。

d. 保险公司通知领取保险赔偿金时，持判决书复印件、鉴定费收据、诉讼费收据以及赔偿金收据，到保险公司领回保险款。

e. 整理所有档案材料，归档。

f. 启动医疗机构不良事件流程梳理与制度改进程序。

（三）医疗机构管理医疗纠纷诉讼流程图

医疗机构管理医疗纠纷诉讼流程具体内容如图 8－1 所示。

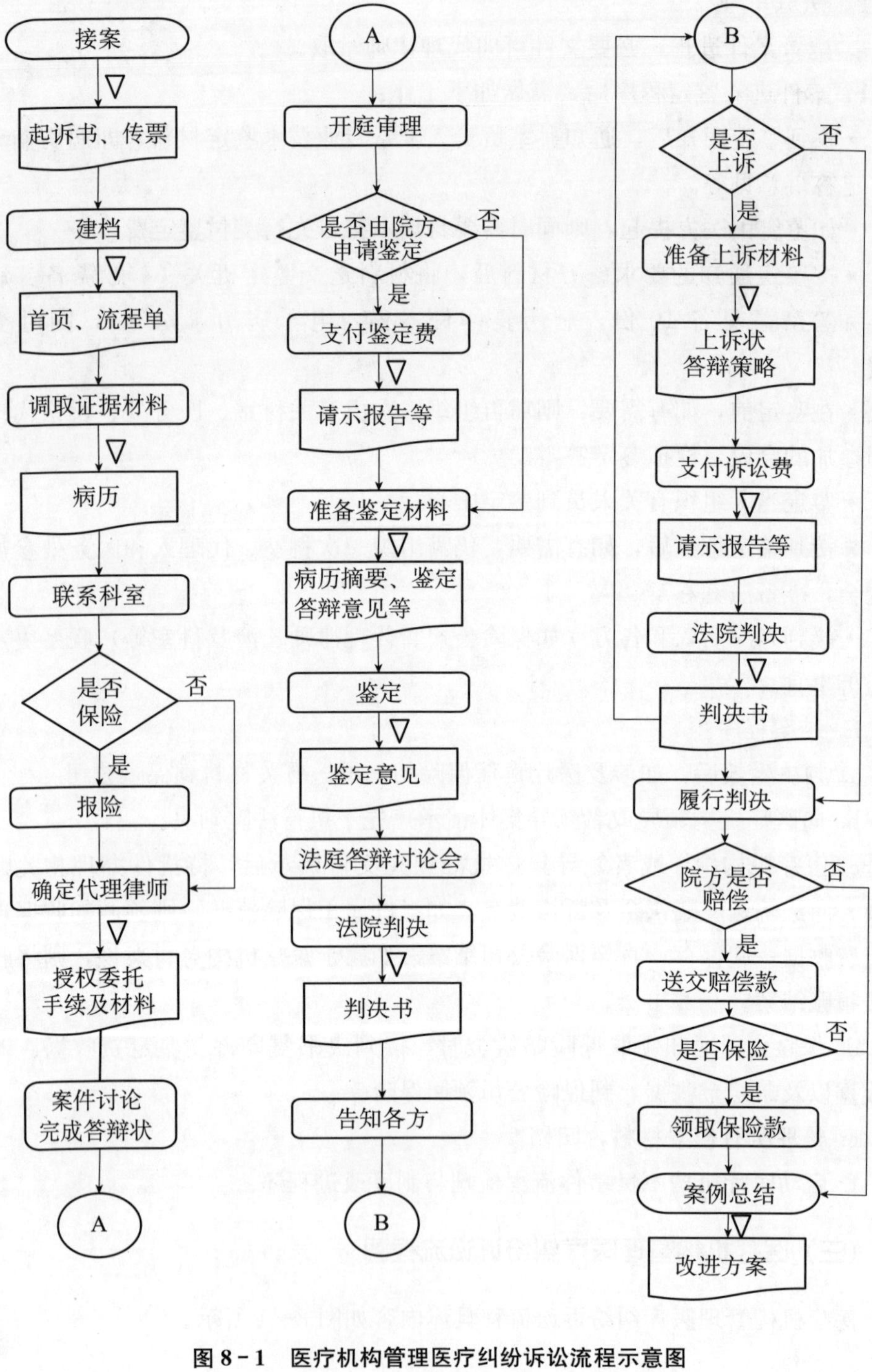

图 8-1　医疗机构管理医疗纠纷诉讼流程示意图

【案例 8-01】

医师外出会诊的诉讼案件[①]

2018 年 2 月 22 日，刘某某以主诉“发现腹腔肿物 2 月”在被告普外科住院治疗，入院诊断：盆腔肿物，间质瘤？入院时，刘某某一般情况可，查体示：心肺功能正常。2018 年 3 月 6 日，刘某某行“腹腔镜辅助下盆腔肿物根治术，肠粘连松解术”。术后，刘某某于 2018 年 3 月 10 日 22：19 死亡。基于以上事实，原告认为被告在对刘某某的治疗过程中存在明显过错，并与刘某某的死亡结果存在因果关系。原告为维护自身合法权益诉至法院，请求法院判如所请。

针对双方的争议，法院审理认为，其一，我国原侵权责任法等相关法律法规并未要求医院向患者及其家属同时告知手术情况。本案中，在患者签署授权委托书、患者家属签署手术知情同意书的情况下，结合患者病情、病历记录及医疗操作实践，应当认定被告在刘某某腹腔镜手术的告知对象方面不存在过错。其二，在原告未对会诊医师资格表示异议，且被告当庭提交会诊邀请函的情况下，本院认定被告不应当因其在外院专家会诊手续方面存在的不足承担民事侵权责任。其三，原告认为本案外院会诊医师在刘某某 2018 年 3 月 6 日手术后应当继续进行随诊、填写医疗文书，并在刘某某 2018 年 3 月 9 日病情发生变化后对其进行抢救。鉴定人和被告则均表示我国法律法规等并未明确规定会诊医师需对患者全程随诊，并且刘某某于 2018 年 3 月 9 日发生的病症属于被告完全有能力判断和治疗的范畴，不需要再次邀请会诊医师进行抢救。鉴于原告未提交任何其他证据证明外院会诊医师在刘某某术后仍对其有诊疗义务，本院认定被告不承担该责任。其四，刘某某的疑诊消化道穿孔不是单纯外科急腹症情况，属于手术相关的并发症，在其已发生呼吸心跳骤停，行心肺复苏抢救、气管插管、持续呼吸机辅助呼吸，后发生急性肾功能衰竭的情况下，对其进行脏器功能的手术和麻醉风险很大，因此被告在当时未对刘某某进行剖腹探查的急诊手术不违反医学规范。其五，原告认为刘某某于 2018 年 3 月 9 日晚发生病情突变后，被告未就保守治疗和剖腹探查手术两种治疗方案向刘某某及其亲属进行告知存在医疗过错；被告认

① 参见北京市怀柔区人民法院（2018）京 0116 民初 6262 号民事判决书。

为即便其告知存在不足，也与刘某某的死亡之间不存在因果关系。对此，鉴定人在庭审时表示刘某某病情突变后，被告确实需要就是否行剖腹探查术与刘某某或家属进行沟通，但鉴定报告只作了技术上的评价。法院认为，实施手术、特殊检查、特殊治疗的，医疗机构应当承担说明义务并取得患者或患者近亲属的书面同意。但鉴定意见认为在刘某某病情危重、手术风险极大的情况下，被告对其进行保守对症治疗不违反诊疗规范，因此本院认定被告不应当就上述告知不足承担民事侵权责任。虽然原、被告双方对鉴定意见书持有异议，但均未能提供足以推翻该鉴定意见书的证据，故本院对该鉴定意见书的鉴定结论予以认可，同时结合案件具体情况认定被告应当对原告的损失承担30%的次要责任。

第三节　医疗诉讼关键点管理

医疗纠纷民事诉讼管理列表和图示详细列出了医疗机构管理者管理医疗诉讼所需要进行的流程与步骤，这种精细的流程梳理有助于帮助管理者完善管理细节，指导医疗诉讼的具体管理工作。但它也带来了一个问题，即医疗机构管理者可能会陷入事无巨细的工作中。如果不能区分工作重点和轻重缓急，医疗诉讼管理将成为一本流水账，难以实现管理的成效。因此，医疗纠纷处理部门和人员，应当掌握和使用提高管理水平和工作效率的方法——关键点管理法。

一、医疗诉讼关键点管理的概念

医疗诉讼中的关键点管理，实际上借鉴了项目管理中的节点管理观念。所谓项目管理（PM），是指项目管理者在资源有限的条件下，运用系统的观点、方法和理论，对项目涉及的全部工作进行有效管理以实现项目目标的方法。一个医疗纠纷诉讼的过程，就是一个典型的项目管理过程。对医疗机构而言，这一项目因接到起诉状而启动，项目目标是取得合法、合理、有利的判决结果，但项目运行面临事务繁杂和可供资源有限的矛盾，需要借鉴项目管理中的节点管理的方法。节点管理，也称时间节点管理，通俗地讲就是按照项目运行的时间计划表，确定在什么时间点应当完成哪些关键任务，管理者在这些关键的时间点上进行检查和管理。这一管理方式的优势就是将项目工作分割成不同的时间节点，让项目参与者知道自己身处哪一个时间节点中、职责是什么、目标是什么、该做什么。节点管理有助于提高项目实施的标准化、规范化，有助于通过对阶段性目标的设计和实现来促进整体目标的实现。

医疗诉讼过程常常是一个漫长的过程，在这一过程中，时间不定，事项繁杂，参与人员众多。但是，如果我们能够将诉讼过程划分为不同的时间阶段，在每一个阶段设置一个时间节点，在这个节点上管理者可以主动设计预期目标、重点任务，并有意识地组织相关人员共同工作，就会达到事半功倍的效果。诉讼过程中至关重要的时间节点称为“关键点”，而针对这些关键点进行的管理称为“关键点管理”。

目前，许多医疗机构将医疗纠纷诉讼的法律部分交给律师代理，医疗部分则由临床医学派出医务人员负责，律师与医务人员作为代理人参加诉讼可以解决诉讼中面临的法律与医学上的专业问题，但他们也存在只从各自专业角度对待诉讼而无法整体把握的问题。因此，在医疗诉讼中，医疗机构管理者是不可或缺的。医疗机构管理者参与医疗纠纷民事诉讼的一个重要途径，就是在医疗诉讼的各个关键点上组织管理部门与诉讼代理人召开联席会议，审定该关键点上应当进行的重点工作，评估上一个诉讼阶段的工作成效，预测下一个诉讼阶段的工作难点，由此为医疗诉讼工作制定宏观上的战略规划，并且对即将进行的具体工作进行有针对性的战术指导。

二、医疗诉讼管理中的四个关键点

（一）第一次开庭前

1. 时间阶段

从接到起诉书开始到第一次开庭之前。

2. 工作目标

充分收集案件信息，完善资料准备，为即将到来的法庭质证做好证据准备。

3. 主要任务

（1）初步了解案情，根据起诉书查询相关病历资料，组织科室讨论，回顾病情经过，明确对方质疑的内容；（2）确定案件代理人，包括医疗专业方面的代理人和代理律师，为他们准备诉讼手续；（3）确定医方基本观点，即根据具体案情和医疗机构内部讨论意见，对医疗过错、因果关系等关键问题形成医方的基本观点；（4）明确答辩策略，即根据对方起诉的主要理由、医方基本观点，制定诉讼的整体答辩策略，包括作无过失答辩还是有过失答辩，可否同意调解等；（5）完善证据材料，组织医方必须提交和希望提交的各项证据资料（必须提交的资料一般为病历），使之达到法律认可的程度；（6）选择鉴定的类型和机构，医方是倾向于医疗事故鉴定还是司法鉴定、倾向于哪家鉴定机构，属于首个关键点必须明确的内容。

4. 工作难点

在第一次开庭前的关键点上，医方人员资质问题和病历瑕疵问题是工作的重心和难点。因为第一次开庭后的主要程序是质证，诉辩双方都力图强化自身证据和攻击对方证据，而目前患方最易攻击的就是医方的人员资质问题和病历瑕疵问题，如果在这些问题上出现重大纰漏，案件可能不经实质审理而直接作出对医方不利的判决。因此在第一次开庭前的关键点讨论中，医疗技术问题还在其次，最重要的是对医方资质和病历问题进行整理、审查和对策研究，确保法律程序可以顺利进行到鉴定阶段。当然，医方也应做好对患方提交证据的瑕疵问题进行质询的准备工作。

（二）医疗损害鉴定前

1. 时间阶段

从法院第一次开庭，经过双方陈述起诉书和答辩状，到完成初步质证，确定鉴定机构，准备进行医疗损害鉴定这一时间段。至迟在医疗损害鉴定会召开之前。

2. 工作目标

在对诉讼案件涉及的医疗经过进行全面审查的基础上，形成完整的医疗技术层面上的实质性答辩意见，并做好应对对方重大质疑点的准备。

3. 主要任务

（1）代理人充分熟悉病历资料，复习案情细节；（2）酝酿说明医方医疗工作合法合理性的论证思路；（3）制作标准的书面答辩意见并依鉴定机构的规定提交；（4）准备好支持医方观点的证据资料；（5）预测患方可能对医方进行质疑的主要攻击点并准备好反驳方式；（6）预估鉴定专家可能从专业角度提出的问题并做好答复准备；（7）必要时可以进行模拟鉴定演练；（8）鉴定前后组织好参加鉴定的有关事项；（9）在对方情绪激烈的案件中作出安全保障方面的必要安排。

4. 工作难点

当医方有机会面对医疗损害鉴定前的第二个诉讼管理关键点时，至少说明医疗机构已经通过了法庭质证阶段的考验，案件重心由此开始从法律角度的证据审查向医疗技术角度的实质性审查转移。所以，这个关键点的工作重心是论证医方的医疗行为是否符合诊疗规范、是否达到合理的医疗水准、有无违法违规之处。此种审查的本质是医疗领域专家对被告方医疗行为的同行评价，并无过多法律问题，所以此关键点的管理重心是医疗行为在技术层面上的审查、评价与论证。再者，如果有些案例中医方已经认识到医疗行为有缺陷而准备作有过失答辩时，技术论证的重点就在于确定医疗损害后果的造成因素中医疗缺陷和疾病复杂性之间的因果关系比例分配，亦即医疗过错“参与度”问题。上述所有医疗技术层面的专业交锋应当成为此关键点准备工作的重心，而此阶段最大的难点就是当前鉴定机构对医疗水平评价和因果关系参与度评价缺乏统一标准，鉴定人自由裁量权很高，因此鉴定结果具有一定的不可预测性。

（三）医疗损害鉴定意见发布后

1. 时间阶段

从医疗损害鉴定开始到鉴定意见发布后，至迟在法院下一次开庭之前。

2. 工作目标

审查鉴定意见，确定对鉴定意见的基本态度，在此基础上制定最佳的答辩策略。

3. 主要任务

（1）审阅并决定是否接受鉴定意见；（2）如果不接受鉴定意见，则需提交申请鉴定人出庭质询的申请书，并做好质询准备；（3）评估推翻鉴定意见的可行性（绝大多数情况下不可行）；（4）以鉴定意见为基础评估可能的判决结果，尤其是模拟计算赔偿金额；（5）在完成上述工作的基础上，设计法庭辩论的基本策略，准备答辩词；（6）评估并作出是否接受法庭调解的决定。

4. 工作难点

如果鉴定意见是医疗行为无任何过失，那么后面进行的法律程序会对医方有利。此种情况下，本次关键点会议甚至可以取消。但在鉴定意见认定医方应当承担全部或部分责任的情形下，此次关键点管理就显得十分重要。因为此时虽然医方承担赔偿责任已成定局，但赔偿金额的计算则有很大伸缩空间。此种情况下，需要从医学和法律两方面寻找有利于医方的论点和论据，形成强有力的答辩词，这是减少不必要损失的最后机会，是考验诉讼代理人能力与水平的关键时刻。此种情况下律师所起的作用更大一些，而医疗机构管理者则应该把握答辩策略的大方向。

(四) 诉讼终审判决执行后

1. 时间阶段

从鉴定意见发布后法庭重新开庭审理到法庭最终作出判决，医方执行判决的一个阶段之后。此阶段一般在案件终审判决后的一个月之内。

2. 工作目标

重新从医疗安全管理的角度审视整个案件，从医疗制度完善、流程改进的角度，利用 PDCA 方法分析案件中存在的直接或间接的医疗安全隐患，形成建设性的改进建议并立即付诸实施。

3. 工作任务

（1）召集所有案件相关部门和人员的联席会议，始终强调人会犯错误的观念[①]和 PDCA 管理思想；（2）从全新的患者安全管理角度，将整个医疗诉讼案件视作一起医疗不良事件，并重新进行分析；（3）发现和提出案件中的制度缺陷、流程缺陷和环境缺陷，有针对性地提出改进方案；（4）针对此类案件在一定范围内进行医疗安全预警；（5）从法律角度对本例医疗诉讼面临的法律环境作出评估，总结法律专业上的经验教训，分析法律诉讼方式和方法上的可改进之处；（6）将全部案件档案归档备查。

4. 工作难点

案件判决之后的这个关键点是非常重要却又经常被忽视的关键节点。有些医疗机构认为案件结束并赔偿了事后，医疗纠纷诉讼工作已经结束。这种认识是错误的。医疗机构的医疗纠纷管理者必须清醒地认识到，一个案件法律过程的结束绝不

---

① See Institute of Medicine (US) Committee on Quality of Health Care in America; Editors: Linda T. Kohn, Janet M. Corrigan, and Molla S. Donaldson. To Err is Human: Building a Safer Health System. Washington (DC): National Academies Press (US); 2000.

是管理工作的结束，恰恰相反，这正是医疗管理者向错误学习，汲取教训，改进安全管理的最佳时机。如果不能通过此次诉讼案例尤其是赔偿案例改进既有的工作流程与环境，将使得患者白白付出生命健康的代价。在这一关键点中，最难的问题是改变观念。因为在诉讼进行的几个阶段，医疗机构与医务人员更多的是从诉讼对抗的角度思考问题，而此关键点，要求所有人员转变思想，抱着不回避问题向错误学习的理念重新思考，并且要抛弃任何人的因素，不以追究某人的责任为目的，让所有诉讼参加者畅所欲言。这一切都是为了改进医疗流程与环境，最终设计一种“做对容易，做错难”的医疗管理环境，让我们的医疗诉讼管理迈上新的台阶。

三、医疗诉讼关键点管理的意义与价值

（一）有助于节约和集中管理资源

医疗机构的管理资源是有限的，这决定了管理者无法事必躬亲，只能将医疗诉讼的大量具体事务交给代理人完成。而关键点管理有效地解决了管理资源不足的问题，使医疗机构质量安全管理部门的管理者只需要做好关键点的管控就可以掌控医疗诉讼的全局，大大节约了管理资源。同时，由于不同的关键点的管理重心不同，管理者可以预先集中安排该节点的重点工作和任务，集中管理资源，犹如把好钢用在刀刃上，达到事半功倍的效果。

（二）有助于促成多种专业力量的沟通合作

医疗诉讼的参与者有专业的医师、律师、管理人员并牵涉医疗机构的方方面面，关键点管理模式有助于在一些重要节点上召集联席会议，使多方专业人才最大限度地沟通与合作。他们的合作成果不仅体现在医疗诉讼工作的顺利进行上，更体现在诉讼结束后对医疗事件的反思和对医疗管理环境的改进上。对于任何一家医疗机构而言，这种跨专业的合作都是难能可贵的。

（三）有助于实现医疗安全管理 PDCA 循环持续改进

管理的最大追求是营造一种氛围和模式，形成一个内在的张力，促使我们的管理体系不断更新、完善、再更新、再完善。近年来医疗管理者普遍提及的 PDCA 循环（亦称戴明环、质量管理圈），即通过计划（plan）、执行（do）、监督

(check)、改进(action)四个环节的循环往复而不断提升管理水平的思想，这在医疗诉讼管理中也得到体现(见图 8-2)。而医疗诉讼关键点管理正是落实这一管理思想的具体步骤。

在单一的案例中，通过不断推进四个关键节点，最终实现医疗纠纷顺利解决的同时，实现对医疗管理水平的提升。此外，通过在大量的医疗诉讼中都进行关键点管理，还可以对同一关键点上进行不同案例的横向比较与分析，在更大的样本中形成更多的提升管理水平的推力。实际上，最为重要的并非能形成多少改进措施的问题，而是这种关键点管理的形式本身，就在医疗机构中营造出一种更具专业精神和自省理念的氛围，从而潜移默化地将谨慎行医、持续改进的意识融入每一名医务人员的思想。而当这种思想上的推力达到一定的时间和程度后，就造就了管理者终极追求的目标——一种先进文化的形成。

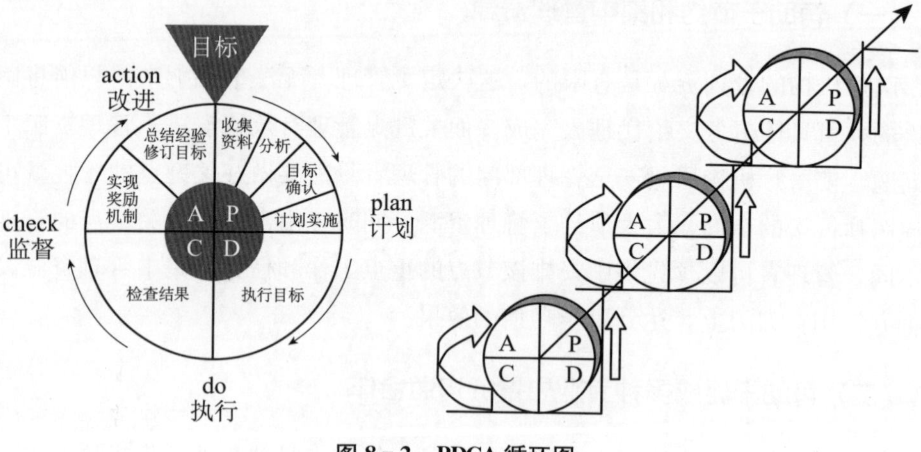

图 8-2 PDCA 循环图

第四节 医疗诉讼存在的问题与对策

一、诉讼管辖问题

患者认为医疗机构的医疗过失行为侵犯了其合法权益，从理论上说，有权依法向人民法院提起诉讼，追究医疗机构的侵权责任。但是，该案是否属于人民法院管辖，即是否属于人民法院的受案范围，会直接影响起诉能否被法院受理。法院如果违反规定，受理了不属于法院受案范围或者受诉法院管辖范围的案件，医疗机构在应诉中应当依法提出抗辩。

（一）是否属于人民法院受理的民事诉讼范畴

1. 患方提起的诉讼是否属于民事诉讼范畴

是否属于人民法院受案范围，首先需要确定该案件的案件类型。在我国，法院受理的法律纠纷案件分为民事案件、行政案件、刑事案件和国家赔偿案件四类。判断案件类型非常重要，因为案件类型与法院受理案件的部门、适用的法律、举证责任承担和判令承担责任的方式有着密切关系。医疗侵权诉讼首先应该是民事诉讼，如果患方提起的诉讼形式根本不属于民事诉讼，那就无法按侵权诉讼来向法院起诉。医疗机构在应诉时应当关注该问题。

比如，某幼儿的父母认为，医疗机构给该幼儿注射脊髓灰质炎疫苗后，发生了异常反应，造成后遗症，经鉴定认定为疫苗接种异常反应，因此欲向人民法院提出诉讼，要求注射疫苗的医疗机构承担赔偿责任。但是，由于脊髓灰质炎疫苗的免疫接种属于国家强制规定的计划免疫接种的范围，因脊髓灰质炎疫苗的免疫接种异常反应造成患者损害的不属于民事诉讼的范畴。《疫苗流通和预防接种管理条例》第 46 条规定，因预防接种异常反应造成受种者死亡、严重残疾或者器官组织损伤的，应当给予一次性补偿。因接种第一类疫苗引起预防接种异常反应需要对受种者予以补偿的，补偿费用由省、自治区、直辖市人民政府财政部门在预防接种工作经费中安排。因接种第二类疫苗引起预防接种异常反应需要对受种者予以补偿的，补偿费用由相关的疫苗生产企业承担。预防接种异常反应具体补偿办法由省、自治区、直辖市人民政府制定。只有当医疗机构给患者注射的疫苗属于质量问题，或者医疗机构因违反预防接种工作规范、免疫程序、疫苗使用指导原则、接种方案给受种者造成损害的，才可以按照医疗侵权来进行处理。

2. 患者提起的民事诉讼是否属于法院受理的范围

如果患者所提出的医疗纠纷诉讼确定为民事案件，那么就需要确定是否属于法院受理的范围。根据《中华人民共和国民事诉讼法》第 3 条的规定，“人民法院受理公民之间、法人之间、其他组织之间以及他们相互之间因财产关系和人身关系提起的民事诉讼”，可以确定人民法院受理民事诉讼的范围。这也是一个概括性的表述，可以简单地解释为平等主体之间因财产关系和人身关系引起的纠纷，由人民法院受理。具体来说包括以下三类案件。

（1）财产关系案件。这里所说的财产关系，不包括具有纵向行政隶属关系的财产关系，只包括平等主体之间的财产关系，主要有财产所有、财产权利的流转、财产权利继承等横向的财产关系。这一内涵是与我国民法的调整范围相对应的。

（2）人身关系案件。这里所说的人身关系是基于人格权、身份权而衍生出来的一系列权利。基于人格权而产生的权利包括生命权、姓名权、荣誉权等。基于身份关系而产生的权利包括著作权、发明权、专利权、商标权等。然而基于政治性和隶属性的纵向管理关系而产生的社会管理就不属于民法调整的范围，在争议解决时也就不能按照《中华人民共和国民事诉讼法》的规定来解决，这类型的纠纷主要包括行政人事关系纠纷、刑事纠纷、行政管理纠纷等。

根据相关的政策、法规，企业职工下岗、整体拖欠职工工资，涉及城镇企业（已经参加社会保险统筹）缴纳基本养老、医疗、失业、工伤、生育保险的案件，非法集资而引发的纠纷，涉及大面积土地调整或者群体性利益的重新分配的农业承包合同纠纷、追索土地征用补偿费等均不属于人民法院受理民事诉讼的范围。

（3）劳动争议案件。目前我国的就业采用的是劳动者与用人单位之间的“双向选择”模式，在争议解决时也采取“先仲裁，后诉讼”的争议解决模式。在这种体制下，劳动争议当事人对劳动仲裁机构的仲裁裁决不服的，可以在收到仲裁裁决书之日起15日内向人民法院提起民事诉讼。因此涉及因企业开除、除名、辞退职工和职工辞职、自动离职发生的争议，因执行国家有关工资、福利、培训、劳动保护的规定而发生的争议，因履行劳动合同发生的争议以及有关法律法规规定应当依照《中华人民共和国企业劳动争议处理条例》处理的其他劳动争议，当事人对仲裁机构的裁决不服的，均可以通过民事诉讼的途径解决。比如患方向人民法院起诉，要求患者就诊的医疗机构公开其病历资料并证明其病历真实可信。这种诉讼虽然是平等主体之间的诉讼，但是患方的诉讼请求却不属于财产关系、人身关系、劳动争议关系，因而也不属于人民法院的受案范围。但是患方以医疗机构侵犯其病历知情权、病历隐私权为由，起诉医疗机构要求赔偿损失的，法院应当受理。

（二）是否属于受诉人民法院的管辖范围

《中华人民共和国民事诉讼法》第2章，确定了各级和各地域法院受理案件的范围，从而可以确定受诉人民法院的管辖范围。一般情况，医疗损害赔偿纠纷案件在纠纷所在地的基层人民法院都能受理。

民事诉讼管辖，是指确定上下级人民法院之间的有关第一审民事案件的分工和权限。诉讼管辖可从不同的角度予以划分，《中华人民共和国民事诉讼法》规定的有级别管辖、地域管辖、移送管辖、指定管辖和协议管辖。医疗侵权的案件诉讼管辖难点主要涉及地域管辖问题。

地域管辖，是指确定同级人民法院在各自的辖区内管辖第一审民事案件的分工和权限，分为一般地域管辖和特殊地域管辖。

1. 一般地域管辖

一般地域管辖是指按照当事人住所地确定人民法院的管辖权。《中华人民共和国民事诉讼法》确定的“原告就被告”是一般地域管辖确定受诉人民法院的原则，即原告起诉被告应在被告所在地的人民法院起诉。被告住所地，是指公民户籍所在地，或者法人和其他组织的主要办事机构、主营业或者领导机构所在地，医疗侵权的被告就是医疗机构，该机构的所在地就是被告住所地，即医疗机构所在地的法院具有管辖权。

2. 特殊地域管辖

特殊地域管辖是指依据诉讼标的所在地、被告住所地与人民法院辖区之间的关系确定的管辖。医疗损害赔偿纠纷案件中针对赔偿问题的起诉为侵权损害赔偿的案件，既可以适用一般地域管辖的规定，在实施医疗行为的医疗机构所在地起诉，也可以适用特殊地域管辖的规定，在侵权行为发生地、损害结果发生地等人民法院起诉。《中华人民共和国民事诉讼法》第 29 条规定：“以侵权行为提起的诉讼，由侵权行为地或者被告住所地所在的人民法院管辖。”侵权行为地是指构成侵权的法律事实所在地，包括侵权行为和侵权结果的发生地。侵权行为发生地是指实施侵权行为的地点。侵权结果发生地是指损害后果出现的地点。一般情况下，医疗侵权诉讼案件的侵权行为地和侵权结果地是一致的，只有在特殊的情况下，即二者不在同一法院的辖区内，两个法院都具有管辖权时，患者可以选择其中一个法院进行起诉。

【案例 8-02】

互联网医疗相关的诉讼案件[①]

2015 年 3 月 19 日，一患者因上腹部疼痛、饥饿痛就诊于河北省某医院，

① 参见北京市朝阳区人民法院（2016）京 0105 民初 34091 号一审民事判决书，北京市第三中级人民法院二审（2020）京 03 民终 7774 号民事判决书。

该医院不但没有请心内科会诊，反而开出禁忌药物克拉霉素。2015 年 11 月 5 日，患者到被告北京某某医院住院，入北京某某医院之后，患者和家属向韩某某医生强调 10 月 31 日因为头晕、恶心、呕吐的症状就诊于河北省某医院，但神经系统检查为阴性，以及曾经诊断为肺动脉高压的病史，希望能全面检查以确诊病因。但是韩某某的答复是医生自己也没法查清楚，完全没有考虑病史，也没有将病史记录进病历。这是北京某某医院诊疗过程中的过错，因为病史记录不正确直接导致了北京某某医院在诊断上和治疗上都出现了偏差。北京某某医院在患者入院时仅做了基本的抽血化验，其他有关心脏的检查都未进行。术前医嘱要求做超声心动检查，也收取了费用，但北京某某医院没有进行超声心动和胸片的检查，进行射频消融手术缺乏手术指征。同日晚 22：00 手术，次日上午办理出院。出院时，家属找到医生梁某，询问倍他乐克降低心率的效果明显，患者平日心率明显偏低，是否适合此药物，医生梁某答复没有问题。同时医生梁某给患者一张名片，告知患者和家属出院之后可以通过扫描上面的二维码，进入某某医生 App（该平台为收费平台），有任何不适都可以通过该平台向梁医生远程问诊。患者和家属如获至宝，通过扫描二维码进入某某医生 App 平台，进行注册充值。

2015 年 11 月 9 日，患者通过某某医生 App 平台向医生梁某反映早搏的现象比手术之前还要敏感。医生梁某告知患者吃完一个月药后复查超声心动。2015 年 11 月 11 日晚 21：40，患者再次通过某某医生 App 平台与医生梁某联系，称从早上开始就眼前“一黑一黑”的，询问为何吃药之后感觉症状加重。2015 年 11 月 12 日早上，医生梁某通过某某医生 App 平台回复让他把吃的药拍照过来看一下，再观察一下。患者告诉医生梁某心率只有 33 次/分钟，医生梁某回复药没有问题。2015 年 11 月 18 日患者因“一过性黑矇”就诊于河北省某医院神经内科、心内科，首诊于血液科，但该科室未收治患者，未对患者检查治疗。2015 年 11 月 18 日 19：00 和 20：30，患者通过某某医生 App 平台向北京某某医院医生梁某两次电话求助，因电话无人接听，没有得到答复。2015 年 11 月 19 日 4：00 左右患者死亡。经询，梁某认可收取张某某支付给某某公司的 100 元，北京某某医院未就此收费，北京某某医院和梁某均认为梁某在某某医生 App 平台上针对张某某所实施行为系职务健康咨询行为。司法鉴定认为，两被告医院的医疗行为存在一定过错，与患者损害后果存在因果关系。医生梁某在某某医生 App 平台上的医疗行为存在一定过错，与患者损害后果存在因果关系。某某公司在“用户协议”中指出，“咨询建议仅为依据提问者描述而提供建议性内容，不能作为诊断及医疗的依据”，并明确提示“医生回复仅为建议，具体诊疗请前往医院进行”，故本院难以认定某某公司存在过错。由被告北京某某医院和河北省某医院分别按照10%的责任比例对三原告主张的合理损失予以赔偿，但北京某某医院还应就梁某所实施的过错诊疗行为承担相应赔偿责任，故北京某某医院的责任比例总计为15%。

二、医疗侵权纠纷诉讼时效问题

医疗侵权诉讼发生后，患方往往在很多年以后才提起诉讼，医疗机构在应诉后往往会考虑该诉讼是否过了诉讼时效，如果过了诉讼时效，该民事诉讼就无须进行实质性审理，医疗机构进行程序性抗辩即可。

（一）我国民事诉讼时效的法律规定

诉讼时效是指民事权利受到侵害的权利人在法定的时效期间内不行使权利，当时效期满时，即丧失了请求人民法院依诉讼程序强制义务人履行义务的权利的制度。在超过诉讼时效后，当事人起诉的权利并没有消灭，但其胜诉的权利已经丧失，人民法院对其不再予以保护。

诉讼时效分为两类三种。两类，即绝对时效和相对时效，以时效起算时间是恒定不变的还是可变的来划分，起算时间不可变者为绝对时效，起算时间可变者为相对时效。三种，即普通时效、特殊时效和最长时效，前二者为相对时效，最长时效为绝对时效。普通时效，是指因违约行为或侵权行为产生的损害赔偿请求权的时效期间，一般为3年；[①] 特殊时效是指在《中华人民共和国民法典》规定的3年时效之外，法律另有特殊规定的诉讼时效。以上普通时效和特殊时效的起算点是知道或者应当知道权利被侵害之时。最长时效为20年，起算时间是权利人知道或者应当知道权利受到损害以及义务人之日。但有特殊情况时，人民法院可以根据权利人的申请决定延长。同时，《中华人民共和国民法典》第196条还

① 在《中华人民共和国民法典》之前，诉讼时效一般分为1年、2年和特殊规定时效。《中华人民共和国民法典》对此进行了重新规定，第188条规定，向人民法院请求保护民事权利的诉讼时效期间为3年。法律另有规定的，依照其规定。

规定了不适用诉讼时效的情形：（1）请求停止侵害、排除妨碍、消除危险；（2）不动产物权和登记的动产物权的权利人请求返还财产；（3）请求支付抚养费、赡养费或者扶养费；（4）依法不适用诉讼时效的其他请求权。

如前所述，我国违约之诉的诉讼时效期间和侵权之诉的诉讼时效期间是不同的，在医疗损害发生违约责任和侵权责任竞合的情况下，医疗机构的医疗纠纷诉讼管理者应当注意区分两类诉讼在时效上的差异。考虑到时效的特殊性、可变性、灵活性，医疗机构在参加医疗损害赔偿诉讼时，不要单纯以时效作为抗辩理由。

（二）医疗侵权纠纷诉讼时效的起算点

关于医疗损害赔偿纠纷案件诉讼时效期间的起算点问题，《中华人民共和国民法典》作出了规定，对由医疗行为不当引起的人身损害赔偿应该适用，但因没有对相关法律的明确解释，在司法实务中如何理解和准确界定“权利人知道或者应当知道其受到损害以及义务人之日”存在难以操作和准确把握的问题。由于医患关系的特殊性，这些规定存在着不能有效保护患者利益的情况。在医疗侵权纠纷中，诉讼时效期间的起算时间尤其重要。而是依“知道或者应当知道权利被侵害”，还是依“明知有损害及赔偿义务人”，一般不至成为问题，因为患者会直接体会到医疗活动给自己造成的身体痛苦，也知道赔偿义务人就是给其造成损害的医师或医院。一般而言，患者受到医疗损害，会马上与医方进行交涉。因此，应从患者向医方第一次交涉的时间起计算诉讼时效期间，此后的3年中如果患方未向医方请求损害赔偿，则患方的请求权因超过时效而消灭。

在侵权赔偿案件中，“知道”或“应当知道”应包含两个方面的内容：其一知道被侵害的事实，其二知道被谁侵害。诉讼时效期间的起算应当满足以上两项，人民法院应当以这两项标准来判断此案的诉讼时效期间是否超过。首先，对于知道被侵害的判断，应当从主、客观两个方面进行分析，被侵害之日即一种客观存在的侵权事实的发生时间，但权利人是否知道这一时间点应结合患者及案件的实际情况分析。医疗侵权发生之后，其损害后果未必在短期内显现，可能具有一定的隐蔽性和潜伏性，有的长达几年甚至几十年，因此要求一个普通人在损害后果尚未显现的情况下就主张权利是不符合常理的。其次，即使损害后果业已发生并为权利人所知晓，亦不能简单地将损害发生日作为诉讼时效的起算点，因为医学知识是相对专业的，未必是非专业的普通人所能掌握的，医疗损害案件中损害后果是否为医疗活动所致、医疗行为与发生的损害后果是否具备因果关系并不能为普通患者所迅速感知。因此只有知道侵害人，才能确定侵权人，从而进一步主张权利。若权利人的权利被侵害后不知道被谁所害，则诉讼时效期间应自查清侵权人之日起计算。

某些特殊情况，比如患者不知道医疗损害发生的时间，而是在做了医学检查之后，检查结果提示有损害的发生时，损害结果发生的时间如何计算呢？如前所述，医疗活动是一项专业性极强的科学活动，其专业知识不被一般的普通患者所掌握，所以损害后果客观产生之日并不能作为诉讼时效的起算点。只有在通过医学检查后，发现损害后果并确定医疗行为与损害后果的产生有着直接的因果关系时，才能开始计算诉讼时效期间。

（三）发生后遗症的诉讼时效问题

关于患者发生后遗症（指在病情基本好转后遗留下来的某种组织、器官的缺损或者功能上的障碍）后的医疗损害赔偿诉讼时效问题，我国法律规定，诉讼时效期间从知道或者应当知道权利被侵害时起计算。人身损害赔偿的诉讼时效期间，伤害明显的，从受伤害之日起算；伤害当时未被发现，后经检查确诊并能证明是由原侵害引起的，从伤害确诊之日起算。例如，手术中将纱布、手术器械等医疗用品遗留在患者体内对患者造成损害的案件，诉讼时效是从患者知道其体内被遗留了纱布或手术器械之日起计算。值得注意的是，患者知道损害的后果，并不等于知道其权利受到了损害。诉讼时效期间是从知道或者应当知道权利被侵害时起计算，而不是自权利人知道或者应当知道损害后果时起计算。因为作为不具备任何医学专业知识的普通人，不可能在损害后果发生后立即判断出此损害后果是由原医疗活动所致。因此，在发生后遗症的情况下，只有在此种损害被确诊为与原医疗活动有直接的因果关系后，才能认定患者知道或应当知道的自己的权利受到了损害。在此类医疗侵权的案件中，医疗机构以患者出现后遗症的时间超过1年的诉讼时效为由抗辩，法院应不予采纳。

三、病历的真实性问题

（一）病历文书的证据价值

医学文书属于书证，是我国诉讼法上规定的法定证据之一。[①] 除了我国，其

① 刘鑫、刘爱民：《病历规范化书写与举证》，华夏出版社2002年版，第64—65页。

他国家也有此规定。《美国联邦证据规则》第803条作为传闻证据规则的例外，具有证据效力，不受传闻证据规则的限制。[①]美国各州的法律中都有相应的规定，比如明尼苏达州《作为证据的工作记录》，承认医院记录是传闻规则的一个例外，该法案允许把日常工作过程中所作的某些记录当作证据。[②] 传统的证据理论认为，证据具有客观性、关联性、合法性。[③]有人称之为“三性说”，但是近年来有学者提出了证据学“新三性说”：相关性、可采信（证据能力）和证明力。[④]

病历的真实性审查就是对病历记载的内容是否真实，是否是当时记载的文字符号信息进行判断的专门活动。而病历完整性的审查，则是对提交给法庭或者鉴定机构的病历资料是产生医疗争议事件所涉及的患者医疗病历的全部还是其中一部分，进行判断的专门活动。审查涉及谁来审查、怎么审查的问题，长期以来争论不休。一般来说，当事人对病历资料及其他进行医疗损害鉴定所需的材料的真实性、完整性有异议时，应当由人民法院先行组织双方当事人举证、质证。人民法院应根据举证、质证的具体情况进行审查。经审查，病历资料存在瑕疵的，人民法院应通过咨询专家、委托文件检验、病历评估或由鉴定专家作初步判断来认定瑕疵病历是否对鉴定有实质性影响。如果没有实质性影响，则仍可继续进行鉴定，但瑕疵病历部分不能作为鉴定依据；如果有实质性影响，造成鉴定无法客观进行的，则应终止鉴定。这条规定对病历真实性、完整性审查的主体、程序、方法等事项作了明确的规定。

（二）瑕疵病历的效力判断

病历是由作为人的医务人员在工作过程中制作的，且制作的目的并不是诉讼，而是诊疗需要，因此不同的医务人员由于个人习惯、工作方式的不同，在制作病历时难免会存在这样或者那样的瑕疵。一份病历存在瑕疵是正常的，没有瑕疵的病历是不正常的。存在瑕疵的病历才说明是医疗过程中由医务人员随手记录

---

① Federal Rules of Evidence Rule 803. Exceptions to the Rule Against Hearsay：… （4） Statement Made for Medical Diagnosis or Treatment. A statement that：（A） is made for — and is reasonably pertinent to — medical diagnosis or treatment；and （B） describes medical history；past or present symptoms or sensations；their inception；or their general cause. Available：https：//www. law. cornell. edu/rules/fre/rule _ 803.

② Minnesota Statutes：600. 02 Business Records As Evidence. Available：https：//www. revisor. mn. gov/statutes/cite/600. 02.

③ 樊崇义：《证据法学》第三版，法律出版社2003年版，第132—135页。

④ 张保生：《证据法学》，中国政法大学出版社2009年版，第20页。

的，不存在瑕疵的病历则很可能是医疗机构在发生医疗纠纷后完善、加工甚至重新书写的。不过，鉴于病历是一种技术档案资料，在涉及法律纠纷时是极其重要的证据资料，尤其在医疗机构及其医务人员涉及法律纠纷时，病历资料还是医疗机构及其医务人员的维权证据，因此医务人员在制作病历的过程中，应当力克不良习气，努力按照病历书写规范的要求书写病历，从而使病历的瑕疵尽可能降低，即使存在瑕疵，也不致使其影响病历的内容和证据效力的认定。因而对于病历存在的瑕疵，医患双方、法律界人士都应当有个正确的认识。

作为医疗机构，应当正确认识病历存在的瑕疵，在病历质量管理上不要过分强调病历的形式要求。对病历质量评估的结果采用行政、经济的手段来褒奖，这是当前我国病历质量控制和管理中存在的误区。真实病历质控方面的这个要求，才会刺激和促使医疗机构事后修改、完善病历，结果往往造成病历失真，丧失病历内容的客观性和真实性，失去病历应有的医学价值和法律价值。而作为法律界人士，尤其是具体医疗损害赔偿纠纷案件的主审法官，对待病历质量应当持科学、公正、谨慎和实事求是的态度，对待病历中存在的瑕疵应当具体问题具体分析，不可盲目地将存在瑕疵的病历全盘否定，也不可将存在瑕疵的病历不加分析取舍而全盘接纳。涉案病历资料存在下列瑕疵的，人民法院应当区分情况作出处理：（1）当事人以伪造、篡改、销毁或其他不当方式改变病历资料的内容，致使无法认定医疗行为与损害后果之间是否存在因果关系及有无过错的，应承担相应不利的诉讼后果；（2）病历资料内容存在明显矛盾或错误，制作方不能作出合理解释的，应承担相应不利的诉讼后果；（3）病历书写仅存在错别字、未按病历规范格式书写等形式瑕疵的，不影响对病历资料真实性的认定。[①] 经审查，病历资料存在瑕疵的，人民法院应通过咨询专家、委托文件检验、病历评估或由鉴定专家作初步判断，来认定瑕疵病历是否对鉴定有实质性影响。如果没有实质性影响，则仍可继续进行鉴定，但瑕疵部分不能作为鉴定依据；如果有实质性影响，造成鉴定无法客观进行的，则应终止鉴定。当事人遗失、涂改、抢夺病历，或以其他不正当手段改变病历资料的内容，导致医疗行为与损害结果之间的因果关系不明或有无过错无法认定的，应承担不利的法律后果。

1. 正确对待正常修改

根据《病历书写基本规范》的要求，医务人员对自己写的病历内容如果认为

① 最高人民法院《第八次全国法院民事商事审判工作会议（民事部分）纪要》，中国法院网，https://www.chinacourt.org/article/detail/2016/11/id/2361616.shtml。

有误，可以进行修改；上级医务人员认为下级医务人员书写的病历内容有问题，也可以直接修改。因此，医务人员有病历修改的权利，不可将病历正常修改与涂改、篡改、伪造混为一谈。对于二者的区别，主要从修改时机、修改方式和修改内容上予以把握。

（1）修改的时机。如果修改是在医疗过程中进行的，或者是医疗争议事件发生之前进行的，就应当视为正常修改。如果修改发生在医疗争议事件发生之后，往往可以认定为篡改、伪造。《病历书写基本规范》第7条规定书写病历修改时间，因此确定病历修改时间并不困难。不过，如果患者认为记录的修改时间与病历内容变更的实际时间不符，患者应当举证证明。在没有证据证明的情况下，一般只能认定是正常修改。

（2）修改的方式。关于病历修改的方法在《病历书写基本规范》中有原则性要求，即病历修改应用双线划在错字上，使原记录清楚、可辨，并注明修改时间，修改人签名。不得采用刮、粘、涂、贴、描等方法掩盖或去除原来的字迹。病历修改的核心要求就是要保持原记录清楚可辨，无论采用什么方法进行修改，如果令原来写错的内容无法辨认的，都应当视为涂改、篡改。

（3）修改的内容。这主要看病历内容是否有"实质性"修改。对病历的关键性内容进行修改，往往可以认定为实质性修改，因而属于伪造、篡改。比如，将"患者术后出血200ml"中的出血量修改为"100ml"，除非是经治医师在医疗行为发生后短时间内的修改，否则应当认定为篡改。

【案例8-03】

麻醉知情同意书非患者所签，但未侵犯患者知情同意权案①

2012年4月11日，余某瑜因为颈部的小肿块到江门市某中医院就诊，被收入外科，初步诊断为脂肪瘤。4月12日在静脉麻醉、局部麻醉下做了肿块切除手术。手术后，余某瑜被诊断为急性缺血缺氧脑病、急性大面积脑梗塞，一直处于昏迷状态。2012年8月21日，余某瑜以医疗损害责任纠纷起诉该中医院。原告认为，医院存在麻醉药物选择错误、麻醉操作失误，导

① 参见广东省江门市中级人民法院（2015）江中法民一终字第126号民事判决，广东省高级人民法院（2015）粤高法民一申字第1533号民事裁定书。

致余某瑜在手术过程中出现急性缺血缺氧脑病后，又抢救不及时，措施不得力，导致脑缺氧长达半小时，最终导致一直处于昏迷状态，请求法院判赔偿陪护费、残疾赔偿金、生活费等。医院认为是“麻醉意外”，是属于“在现有医学科学技术条件下，发生无法预料或者不能防范的不良后果”，医疗措施符合诊疗规范，不存在过错，不应负任何责任。双方还因《麻醉同意书》上余某瑜签名的真伪各持己见。

法院审理认为，虽然鉴定意见书认定《麻醉同意书》上“余某某”签名与样本不是同一人书写，但根据二审查明的事实，余某瑜就诊首日系由丈夫谭某和婆母陪同前往，次日即手术当日也由谭某陪伴，且《手术同意书》系由谭某签署，而《手术同意书》中已经明确余某瑜的病情、治疗（手术）方案、拟麻醉方式（选麻）和手术风险，其中手术风险的第1点即为“麻醉并发症（另附麻醉知情同意书）”，故余某瑜及其家属对手术必须施行麻醉和可能出现麻醉并发症等手术风险是明知并确认的，对于当次治疗还需进一步签署《麻醉同意书》也已知晓。从常理上来说，余某瑜及其家属同意签署《手术同意书》却拒绝签署《麻醉同意书》的可能性较低。认为《麻醉同意书》系由陪同家属谭某代签的可能性较大，不能仅以余某瑜没有在《麻醉同意书》上亲笔签名为由认定医院未履行相应的告知义务，并无不当。退一步讲，《麻醉同意书》系《手术同意书》的附件，而《手术同意书》已载明了拟麻醉方式及手术风险包括麻醉并发症，在谭某已代余某瑜签署了《手术同意书》的情况下，签署《麻醉同意书》只是对余某瑜行使自决权的进一步确认，故即便余某瑜并未签署《麻醉同意书》也不构成对接受手术的否认。

2. 未封存病历真实性的认定

实践中，常常会有诉讼当事人以病历没有封存对病历的真实性提出质疑。但病历的封存在医疗机构病历管理中不是必须的，医疗机构也没有病历封存的法定义务。根据《医疗纠纷预防和处理条例》第16条的规定：患者要求复印全部病历资料，[①] 如果患者没有提出病历复印的要求，患方对此承担责任；如果患者提出复印病历的要求，而医疗机构不予配合或者拒绝复印的，医疗机构应当承担责

① 《医疗纠纷预防和处理条例》第16条规定，患者有权查阅、复制其门诊病历、住院志、体温单、医嘱单、化验单（检验报告）、医学影像检查资料、特殊检查同意书、手术同意书、手术及麻醉记录、病理资料、护理记录、医疗费用以及国务院卫生主管部门规定的其他属于病历的全部资料。

任。对于法定不予复印的主观病历，《医疗事故处理条例》第 16 条、《医疗纠纷预防和处理条例》第 24 条规定可以封存：发生医疗事故争议时，死亡病例讨论记录、疑难病例讨论记录、上级医师查房记录、会诊意见、病程记录应当在医患双方在场的情况下封存和启封。封存的病历资料可以是复印件，由医疗机构保管。显然病历封存要具备两个条件：其一，必须是患方与医疗机构发生了医疗纠纷，患方与其他医疗机构发生纠纷的不在此列；其二，必须是医患双方在场，共同进行封存。医疗机构单方面没有封存病历的义务，即使封存也没有效力。客观上，医疗机构有病历保管的义务，是否封存病历，应当由患方提出来，但医疗机构应当向患方告知该项规定，或者在医疗场所明示该项规定。因此，没有封存的病历不影响病历的真实性，不能以病历没有封存为由要求医疗机构承担证明病历真实性的举证责任。

3. 医方提交封存病历外的病历文件

在审理医疗损害赔偿纠纷案件的过程中，医方常常会提交共同封存的病历之外的病历文件，但患方对这部分文件的真实性、有效性不予认可。这部分病历的效力认定确实是非常难办的事情。不过，本着合法与实事求是的原则，如果医方能够解释清楚病历的来源，并能够提供证据予以证明，法官应当认可病历的真实性和有效性。这样的情况常常发生在患者住院期间突然死亡，家属要求立即封存病历，结果医务人员还来不及补记抢救记录、病程记录，有的辅助检查报告单没有送达科室时，因此在病历封存件中就没有这些资料。如果医患双方在封存病历的时候制作了“病历封存笔录”，记录了医务人员还来不及补记抢救记录、病程记录的情况，事后从补记病历的时间、辅助检查报告的时间等方面，可以判断这部分病历资料的真实性。

4. 电子病历及计算机打印病历的证据效力认定

电子病历及计算机打印病历是随着计算机技术的发展和普及而出现的新生事物，对传统病历书写和管理带来很大挑战。《病历书写基本规范》第 4 条规定，住院病历书写应当使用蓝黑墨水、碳素墨水，门（急）诊病历和需复写的资料可以使用蓝色或黑色油水的圆珠笔。显然电子病历及计算机打印病历是不符合要求的。然而，随着计算机技术的发展和普及，计算机成本的下降，计算机已运用于医疗服务活动，不能因法规规定的滞后而阻碍先进办公设备的使用。其实除了病历存在打印之外，医疗辅助检查报告单、现代实验室成套化验、检测仪器出具的检验结果等，也多采用打印方式出具报告。电子病历及计算机打印病历仅仅是病历制作形式改变，如果最后提交的病历的真实性有保障，仍然可以认定其证明力。

（1）对于电子病历而言，如果医疗机构采用完全电脑化管理，实现医疗办公的无纸化，这样的病历书写系统必须有相应的防篡改功能，或者在发生诉讼时及时打印、封存相关资料，这样的电子病历仍然有效。若诉讼开始后医疗机构再提交电子病历，无论是硬盘、软盘、光盘还是磁带，由于医疗机构可以单方面任意修改，其真实性难以认定。

（2）计算机打印病历是目前很多医院采用的病历管理手段，只要医疗机构是实时打印，或者是发生医疗纠纷时立即打印并封存的，病历的真实性应当予以确认。不过，对于病历中医护人员署名的地方应当有亲笔签字，而且应当用“蓝黑墨水、碳素墨水”签名，这样符合《病历书写基本规范》第4条的要求。

（三）瑕疵病历的司法救济

1. 文件检验

病历真实性的争议往往集中在是否同一人书写、书写人与签名人是否为同一人、签名是否为本人、病历书写的时间是否相距很长等方面。这些争议可以通过文件检验的方法来明辨是非。至于病历书写是否为同一支笔所写，虽然容易鉴定，但是没有任何现实意义，因而不宜启动这样的鉴定。

病历文件鉴定中，最常见的是书写时间的鉴定，不过目前在司法鉴定领域对这一项目的鉴定还很困难，并不是所有的书写材料都能鉴定，即使能作出书写时间鉴定，也往往有严格的条件限制，且鉴定的结果多半属于相对时间。因此，对书写时间的鉴定应当理性分析，科学对待。

2. 病历评估

所谓的病历评估，是指病历管理专家与临床医学专家，结合病历相关法律、法规的规定，根据医学科学知识和临床经验，对病历的内容是否符合规范要求、是否真实可信、是否影响医疗行为重建等进行专业分析和技术判断的专门活动。病历评估的核心，就是由具有相应资质或者能力的第三方对病历的真实性、完整性和科学性作出专业性评价。目前没有任何机构开展这样的鉴定。但是随着《中华人民共和国民法典》的实施，病历在医疗损害赔偿纠纷案件中的作用增加、医患双方在病历上角力的突显，病历评估必将被纳入医学鉴定机构的业务范围内。

四、医疗损害鉴定问题

（一）医疗损害技术鉴定意见是医疗纠纷诉讼的关键证据

医疗纠纷是发生在医疗领域中的纠纷，医疗行为的专业技术性和医疗行为发生场所的特殊性，决定了医疗纠纷不同于其他纠纷。而从事医疗纠纷审判工作的审判人员，一般都是法律专业人士，不懂医学，参加医疗纠纷诉讼的律师和患方当事人，往往也是医学的外行，对医疗知识更是一无所知。所以对这种具有极强专业特性的案件进行审判时，要想做到公正、公平，从而最大限度地保障医患双方的合法权益，推动我国医学事业的健康有序发展，使公民的健康权益得到切实保障，显然对医疗行为是否存在过错的判断是关键。[①] 由于医疗技术的专业性极强，医疗损害赔偿纠纷案件中的责任认定、责任划分等具有很强的专业性，法官一般都难以判定，因此，这种带有医学专业知识和经验的技术判断便属于我国诉讼法上所称的“专门性问题”，往往需要依据《中华人民共和国民事诉讼法》第79条之规定，交由具备资格的鉴定人进行鉴定，或者指派或者聘请有专门知识的人负予以鉴定，并以此鉴定意见作为定案依据。审判人员借助具有专门知识的人员作出的具体鉴定和判断，才能客观、公正地裁判医疗纠纷争诉案件。因此，医疗损害技术鉴定在医疗纠纷案件的处理中具有举足轻重的地位，甚至成了医疗纠纷处理的核心环节。

由此可见，医疗损害赔偿纠纷案件的鉴定意见是审理此类案件的关键证据，是医疗损害赔偿纠纷案件处理中不可回避、不可或缺的一项程序。除非是不需要专业知识便可以判断的直观医疗过错，比如将左上肢的手术做成了右上肢，否则都需要专门技术人员进行鉴定。但凡稍微有一点医学技术色彩的争议事实，法官都需要启动鉴定程序，借助“技术法官”之手来解决案件争议事实。

（二）医疗损害鉴定的双轨制

目前我国医疗损害技术鉴定非常混乱，鉴定模式总体来看有两种，即医学会

---

① 刘鑫：《医疗侵权纠纷处理机制重建——现行〈医疗事故处理条例〉评述》，中国人民公安大学出版社2010年版，第56页。

的鉴定和法医鉴定。[1]医疗损害按照《全国人民代表大会常务委员会关于司法鉴定管理问题的决定》《人民法院对外委托司法鉴定管理规定》及国家有关部门的规定鉴定。据最高人民法院民一庭的法官介绍，“国家有关部门的规定”的意思就是指国务院、原卫生部关于医学会组织进行医疗损害责任技术鉴定的有关规定。原卫生部于2010年6月28日下发的《关于做好〈侵权责任法〉贯彻实施工作的通知》第4条明确指出：在2010年7月1日之后，对于司法机关或医患双方共同委托的医疗损害责任技术鉴定，医学会应当受理，并可参照《医疗事故技术鉴定暂行办法》等有关规定，依法组织鉴定。医疗损害责任技术鉴定分级参照《医疗事故分级标准（试行）》执行。因此，根据上述最高人民法院和原卫生部的通知，对于医疗损害赔偿纠纷案件，在保留原有的司法鉴定机构所作的医疗损害责任过错鉴定的基础上，人民法院虽然不再委托医学会进行医疗事故技术鉴定，但可以委托医学会组织进行医疗损害责任技术鉴定。也就是说，在国家出台新的规定之前，医疗损害赔偿纠纷诉讼中，医疗损害鉴定的双轨制仍然存在。

（三）不同鉴定意见的法律效力

由于各方面的原因，医疗纠纷诉讼往往会启动多次医疗损害技术鉴定，且常常会出现多个鉴定之间的鉴定意见表述不同甚至相反的情况。面对不同的鉴定意见，法官也难以取舍，常常使诉讼结果陷入一种难以预测的状态。应该说，我国的诉讼法并没有对证据预设法律效力，鉴定意见如此，其他证据也一样。《中华人民共和国民事诉讼法》第66条规定，证据只有查证属实，才能作为定案的依据。因此，当一起医疗纠纷诉讼案件出现了几份意见不同的鉴定时，应当以能够准确反应案件事实情况的鉴定意见作为定案的根据，而不是以鉴定机构的性质、鉴定机构的级别来确定。

面对不利于己的鉴定意见，医疗机构只能依法寻求救济手段。目前，医疗机构可以采取如下几个策略。

（1）审查鉴定文书。一般来说，鉴定意见没有预设的法律效力，在医学会的鉴定意见与法医的鉴定意见不一致时，判定鉴定意见可以成为定案根据的标准，不是鉴定实施的主体，而是鉴定意见更符合实际情况。只有客观、公正、科学的鉴定意见才能作为定案的依据。作为医疗机构要想否定对自己不利的鉴定意见，

---

① 刘鑫、梁俊超：《论医疗损害鉴定制度存在问题与对策》，《证据科学》2010年第4期。

首先应该找出该鉴定意见存在的问题。对不利于己的鉴定文书进行审查，查找鉴定文书中存在的问题，尤其是鉴定过程、鉴定文书存在的程序方面的问题。比如，鉴定程序违反法律规定，鉴定资料未经双方当事人质证，鉴定依据的法律、法规过时，等等。

(2) 组织相关专家对医疗纠纷诉讼案件中涉及的专门性问题进行论证。有时医疗机构由于学识局限或者等级相对较低，发现了不利鉴定文书存在的问题，也担心自己提出的鉴定审查意见难以为法官采信，因此，就有必要组织本地区相关学科领域的专家对争议的医疗行为等专门性问题进行论证，出具专家审查意见，供法官审判参考。有时，医疗机构也自行委托有司法鉴定资格的鉴定机构作出有利于己的鉴定意见。

(3) 要求作出不利于己的鉴定意见的鉴定专家出庭质证。根据《中华人民共和国民事诉讼法》第 81 条的规定，当事人对鉴定意见有异议或者人民法院认为鉴定人有必要出庭的，鉴定人应当出庭作证。经人民法院通知，鉴定人拒不出庭作证的，鉴定意见不得作为认定事实的根据；支付鉴定费用的当事人可以要求返还鉴定费用。不过，鉴定人可能因常出庭而有对付法庭和律师的经验，往往会使用庭审技巧来模糊律师提出的鉴定问题，从而使鉴定中本已存在的问题不为法官察觉或者采信。因此，医疗机构的医疗纠纷诉讼管理者，应当对出庭质证有充分准备，充分运用庭审技巧向鉴定人发问，使其存在的问题暴露无遗，这样才可能反对不利于己的鉴定意见。

(4) 申请专家辅助人出庭质证。申请鉴定人出庭可以达到质疑鉴定意见并暴露鉴定中的问题的目的，不过，由于鉴定本身就很专业，医疗纠纷鉴定所涉及的医疗行为也很专业，因此，即使质证中存在问题，往往审案法官也难以发现。《中华人民共和国民事诉讼法》第 82 条规定，当事人可以申请人民法院通知有专门知识的人出庭，就鉴定人作出的鉴定意见或者专业问题提出意见。为了增强质证效果，提高暴露鉴定人鉴定中存在的问题的概率，使审判法官更容易相信鉴定意见不客观、不科学、不公正，有必要借助其他专家之力来质疑鉴定意见。

(5) 启动重新鉴定程序。由于我国司法审判制度的一些问题，法官即使对已经存在瑕疵或者错误的鉴定意见，不敢作出裁决，而是需要启动新的鉴定意见来代替错误鉴定。因此，重新鉴定在司法审判中比较多见。医疗机构的医疗纠纷诉讼管理者所做的上述工作，基本上都是本着推翻已经存在的鉴定意见，启动重新鉴定程序所作出的努力。《中华人民共和国民事诉讼法》第 142 条规定，当事人要求重新进行调查、鉴定或者勘验的，是否准许，由人民法院决定；第 149 条规定，需要通知新的证人到庭，调取新的证据，重新鉴定、勘验，或者需要补充调查的，可以延期开庭审理。可见，《中华人民共和国民事诉讼法》明确规定了当事人有申请重新鉴定的权利。因此，医疗机构的医疗纠纷诉讼管理人员，应当充分利用这项规定，在时机成熟时，向法庭提交书面的重新鉴定申请。

第九章　医院内部医疗纠错机制

医院内部纠错是在处理完与患者之间的相关事宜后，针对医疗行为中发生的错误或院内流程设计不完善，在医院内部展开调查分析，改进相关流程，预防错误的发生，理顺有关流程、制定相关制度的活动。这既是纠纷处理程序的终末环节，也对医院医疗质量管理的持续发展和改进有重要意义。内部纠错应当包括对错误的惩罚与预防错误发生两大功能，目前大多数医院的内部纠错整改制度，只关注对错误的惩罚，而缺乏对相关环节持续改进和预防错误发生的关注。本章即以此为立足点，概述医院内部医疗纠错机制的基本情况，重点论述医院内部医疗纠错机制的流程，并提出可以进一步完善的对策。

第一节　医院内部医疗纠错机制概述

一、医院内部医疗纠错机制的内涵

内部纠错是与外部纠错相对应的一种纠错方式。外部纠错是卫生主管部门或其他公权力部门介入医院的管理活动，以强制命令的形式要求医院对错误进行整改。其特点是外来强制力量介入医院内部管理。而内部纠错则是医院主动或被动发现医疗行为中存在的错误或者风险，主动对错误进行调查分析，追究责任人，改正错误，改进医疗质量。内部纠错的各环节均是在医院主导下进行的，没有外部力量强制整改，整改的结果也只需院内上报。

所谓内部纠错，即有错必究，有错必纠。要坚持“五个不放过”原则：原因没有查清不放过、定性不准不放过、当事人未接受教训不放过、持续改进措施落实不到位不放过、其他医务人员未受到教育不放过。

"错"，是医疗行为中医方的医疗质量、服务态度或者后勤保障等环节出现的不当之处，包括医疗技术错误、医疗责任错误、服务态度错误及后勤保障错误。医疗技术错误是指因理论知识或临床技能欠缺，使疾病的诊疗行为出现技术上的失误，如误（漏）诊、误（漏）治及其他因专业能力欠缺而出现的缺陷。医学是一门实践性很强的学科，医生的技术水平随着临床经验的增多而逐渐提高，医生在不断巩固"三基"的同时还要不断学习各种新理论和新技术。从某种程度上说，医生的理论知识和临床技能永远都有所欠缺，医疗技术水平只有不断提高，没有最高，只有更高，因此技术错误的出现是难以避免的。在实践中，可以结合诊疗规范和医生的临床经验来判断是否属于医疗技术错误。

医疗责任错误，是指因医务人员责任心不强，诊疗行为未尽到谨慎的注意义务，导致出现了与其技术水平不相符的错误。责任错误的判断标准在于错误与技术水平是否匹配。如果出现了以该医生的临床技术水平完全能够避免的错误，在排除设备缺陷、患者不配合等因素后，即可认定为责任错误。

服务态度错误是诊疗行为未出现技术上的失误，治疗效果符合预期，而医务人员对待患者的态度欠佳、沟通不畅，引发患者不满的错误。医院是提供医疗服务的场所，发生患者投诉是不可避免的。但是大多数医院存在重技术、轻服务现象，以"自我为中心"，而不是以"病人为中心"，轻视甚至漠视患者诉求，更缺乏探寻投诉中隐含的医疗服务安全相关信息，造成医患矛盾锐化，缺乏信任。服务态度错误的认定需要排除患者情感因素的干扰，主要可以通过医务人员的言语和情感行为判断，但此类投诉较难认定，往往医患双方各执一词。

后勤保障错误是因后勤保障、设备故障等导致医疗行为发生错误，如医疗设备质量不符合标准，未及时检修医疗设备，医疗行为必备水、电、氧气、设备等供应出现问题，导致医疗行为发生错误。随着科技的不断进步，各种辅助检查治疗设备越来越多的进入到医疗行为中，成为医疗行为不可或缺的重要手段，疾病的正确诊断和治疗在相当程度上依赖于设备的准确性和灵敏性，一旦设备出现缺陷，就会严重影响医疗行为的进行。需要注意的是，本章所论述的错误不止包括已经发生的错误，也包括未发生的错误，即发生错误的危险。错误发生前往往会经过一定的隐患期，对错误的处理不能只在错误发生后进行，更要尽早发现潜在错误，及时预防。

二、医院内部医疗纠错机制的功能

在医疗服务中，错误的发生是必然的。医学作为一门科学，有其固有的缺陷性，如对于个体而言过程不能重复、结果不能逆转，受限于医务人员的临床技能水平、科学技术发展程度、疾病状况的个体化差异等，使得医疗行为存在不可避免的固有风险。然而，医疗风险又是可控的，如果能够最大限度地摒除责任错误、服务态度缺陷，对固有风险采取有效的预防和补救措施，就能把医疗风险控制在合理的范围内，而这就需要内部纠错机制的参与。

内部纠错机制有处罚和预防两大功能。首先，处罚是对发生错误的责任者进行过错追究。通过调查和分析错误，查找错误的根本原因和责任者，根据错误的情节轻重以及患者所产生的后果，对相关责任者进行经济上和行政上的处罚，从而纠正错误。处罚能够加深责任人对错误的认知，指导其今后的医疗行为，并起到警示作用。但是处罚的作用范围比较局限，仅对责任人的行为有纠正作用，对其他人没有约束力，只能依靠其自觉自省而实现处罚的教育意义。其次，除了处罚，内部纠错机制更重要的功能是预防错误发生。处罚并不是内部纠错的最终目的，如何从错误中吸取教训，预防未来错误的发生，才是内部纠错机制的最终价值目标。在内部纠错过程中，查找出错误发生的原因及相关环节的漏洞，对之进行弥补和完善，才能根除错误发生的隐患，预防错误发生。预防功能是内部纠错的最终价值所在，也是医患关系协调部门的价值所在，通过对各种投诉的分析和处理，查找出医疗行为中的漏洞和缺陷，进行弥补和改进，从而促进医疗质量的持续改进，创造和谐的医疗环境。

三、医院内部医疗纠错机制类型

根据内部纠错程序不同的启动方式，可将内部纠错机制分为被动型和主动型两种。被动型内部纠错是目前最为常见的启动方式，是指因投诉、媒体报道、卫生主管部门检查等外部力量的介入，暴露出医疗行为中存在的问题，通过解决问题和对相关责任人追责，预防类似的错误再次发生。被动型内部纠错一般因个案而引起，其纠错也主要针对个案所暴露出的问题进行。这种方式以投诉为代表，因患者对医疗质量、服务态度等不满，投诉至医疗机构投诉受理部门或通过卫生主管部门等其他投诉渠道反馈至医院。被动型内部纠错是以问题为导向的，也是持续改进医疗质量的基础。然而，被动型内部纠错是根据错误而追究问题，因错误的发生而引发干预，因此带有一定的滞后性。错误的积聚需要一定的时间，等到错误发生时，所存在的问题往往已经比较严重，此时错误的善后以及后续的改进都存在一定的难度。主动型内部纠错是在外部因素介入前，甚至在错误发生前，主动开展调查、报告、即时监控，主动发现医疗行为中的错误和风险，并尽早处理。主动型内部纠错的原则是预防为主、关口前移、防患于未然，在错误发生前、矛盾激化前，相关部门主动介入、尽早整改。

被动型内部纠错和主动型内部纠错都属于内部纠错机制，起因都是医疗行为中存在错误或风险，最终目的都是改进医疗质量。具体来讲，二者有以下不同。

第一，指导思想不同。被动型内部纠错的指导思想是惩罚并改正错误，而主动型内部纠错则意在纠正并预防错误的发生。在被动型内部纠错中，错误因外部因素介入而暴露，往往已经造成了一定的损害后果。因此纠错的首要目的是避免损害后果进一步扩大，就该后果向责任人追责，并改正错误。而主动型内部纠错往往在错误未发生或未产生损害后果时即已介入，其指导思想在于尽早发现风险，预防错误发生。

第二，发现错误的方式不同。这也是两者最本质的区别。被动型内部纠错依靠外界力量的介入发现错误，目前主要有三种形式，即患者投诉、媒体报道、卫生主管部门检查。而主动型内部纠错则依靠医院自身，主动查找问题，目前查找问题的方式主要有问卷调查、主动报告、日常监管等。

第三，惩罚手段的应用不同。被动型内部纠错是待错误发生、造成损害后果、引发一定社会影响后，对其进行调查处理。需要就错误带来的后果追究相关人员的责任。由此造成的经济损失也需要责任人予以弥补。因此，惩罚手段是被动型内部纠错里不可或缺的环节。而主动型内部纠错因管理部门介入较早，错误往往尚未发生，或者尚未造成损害，或者造成的后果可以弥补，能够防止损害进一步扩大。因此，一般不需要使用惩罚手段，而要鼓励责任人主动报告的错误的行为，保护当事人的积极性。

四、医院内部医疗纠错机制的实施方式

容错与纠错并举即“容纠并举”，犹如容错纠错机制的“一体两翼”，二者相

辅相成，缺一不可。容错是容错纠错机制的核心目的，旨在激励广大医务人员开拓创新，是对大胆创新、锐意进取的医务人员的保护，有利于激励医务人员想干事、能干事、不怕事、干成事。纠错是容错纠错机制的重点，旨在建立一种内控监督和调适机制，促使医务人员在犯错或失误后，及时发现错误、中止错误，并尽力纠正错误，从而有效避免更多损失或尽量挽回不良影响，并能认真查找发生错误的症结、原因，避免重蹈覆辙，避免给医疗机构和患者的健康造成更大伤害。对于那些苗头性、倾向性问题，应予以立即制止、纠正，若有错不察、有错不纠，任其发展，造成患者损害后，即视为医疗差错（事故），并给予相应的经济和行政处罚。

值得强调的是，应宽容那些在工作中特别是医学发展创新中有失误的医务人员，爱护那些能够主动纠错的医务人员，不仅在医务人员考核和使用中不作负面评价，而且还要把那些有担当、敢作为的医务人员保护起来并予以鼓励。因为在很大程度上，这种宽容反而更能激发医务人员敢于负责、勇于担当、大胆创新的精神和勇气，对医学科学技术发展不失为良策，也有助于营造良好的行业风气。反之，就会滋生学术不端或学术造假等现象。

五、医院内部医疗纠错机制的研究及实践现状

医疗机构内部医疗纠错机制的研究随着医疗机构管理水平的不断提高而受到重视。目前，内部纠错机制研究主要散见于医疗质量管理研究中，同时，医疗纠纷是内部纠错机制主要启动方式之一，因而对医疗纠纷的处理及防范研究也包括一部分内部纠错机制的内容。随着医疗机构对医疗质量管理的重视程度不断提高，内部纠错机制的研究也越来越系统化。

在内部纠错的目标上，有学者认为，真正单纯由“个人因素”导致的医疗事故并不多，因而在进行医疗安全个案管理时，应当把目光锁定在寻找和改进管理流程及各管理环节存在的系统性潜在错误上，而不是以抓出肇事者、惩罚责任人为目标。①为此，可以建立不良执业行为积分制度，将日常工作中已经发生的医疗矛盾、医疗机构投诉、医疗纠纷、医疗差错、医疗事故，按严重程度、性质和

---

① 马进：《大型综合性医疗机构医疗质量安全管理的行政基础——探索总体医疗质量的衡量和医疗安全个案管理方法》，《中国医疗机构》2005 年第 2 期。

所负责任，划分积分等级，并计入个人、科室的不良执业记录。每年根据积分情况定期对责任人进行相关等级的处罚。当个人不良执业记录积分累积到一定程度时，将其调离工作岗位，或者下岗培训后再重新上岗执业。①责任人的追责应当将医疗机构经济损失与科室和个人的实际利益挂钩，并把握好其中的度。在医疗纠纷结束一段时间后，再行处理责任人。②

在医疗风险的预防上，有学者认为，应当尽快为我国的医疗机构建立起一套医疗风险管理预警系统。医疗风险预警是医疗风险管理的组成部分，目的是通过早期风险监测、识别和诊断，使医疗机构事故损失最小化，从而保证医疗机构的正常运行。医疗风险预警的建立对医疗机构的经营具有十分重要的意义。③还有多位学者主张在我国建立错误自愿报告制度。罗秀等对美国的医疗差错报告制度进行了系统的介绍及评价，认为由授权报告系统和志愿报告系统共同组成的医疗差错报告制度有利于降低医疗差错发生率，加强医疗管理机构对医疗机构的监管，响应公众的健康安全知情权，激励组织内部建立和完善减少医疗差错的措施，从根本预防医疗差错的发生。④ 美国的医疗差错报告制度与我国医疗风险管理的目的是一致的，我国可从中吸取经验，建立有效的以非惩罚性和保密性为原则的“缺陷分析及报告体系”。改进医疗程序，重塑医疗流程，强调流程和系统设计导向，鼓励医务人员报告医疗活动中发现的问题，暴露自己的缺陷不足。⑤在建立报告体系时要规定报告的时间与传递程序，以便在合适的层级采取应对措施。报告使用的频率可为季度、半年、年度，主要依医疗机构风险事件发生频率而定。报告所反映的风险预测时间也可为几个月或数年不等。报告内容也要有保密性措施予以保护。⑥

实务中，医疗机构内部医疗纠错是各医疗机构都在进行的一项医疗质量管理工作，也都有较为完善的规章制度。错误发生后，根据错误性质及严重程度，对错误进行处理，对责任人和科室进行各种形式的责任追究。这是目前主要的内部纠错方式，即惩罚改正错误。部分医疗机构逐步建立了较为完备的内部纠错制

---

① 崔志强、孔繁增等：《医疗纠纷相关因素的分类与防范机制研究》，《中国医疗机构管理》2011 年第 2 期。

② 朱建军、杜晓鹏等：《军队医疗机构处理医疗纠纷的几点做法》，《实用医药杂志》2010 年第 6 期。

③ 樊震林、王旭等：《我国医疗风险管理概况》，《解放军医疗机构管理杂志》2007 年第 8 期。

④ 罗秀、蒲川：《美国的医疗差错报告制度及借鉴意义》，《中国医疗机构管理》2006 年第 6 期。

⑤ 刘丽：《加强医疗安全管理 提高医疗服务质量》，《社区医学杂志》2008 年第 14 期。

⑥ 樊震林、王旭等：《我国医疗风险管理概况》，《解放军医疗机构管理杂志》2007 年第 8 期。

度，从患者接待部门和接待制度，到纠纷处理程序，再到纠纷后续处理都有相应的制度和流程。近年来，也有医疗机构逐步提出将预防错误作为医疗机构内部纠错的目标，即通过纠纷处理发现问题，改进医疗质量，并开展了各种质量管理活动，如建立预警机制、加强纠纷知识培训、建立纠纷问题持续改进制度、建立自愿报告差错制度①等。这些制度的目的在于从错误中发现问题，改正错误，预防错误。

随着医疗质量管理水平的提高，无论在理论上还是实务中，医疗机构内部纠错机制都越来越受到重视。然而，目前对内部纠错机制的研究都是零散分布于医疗质量管理或医疗纠纷防范的研究中，没有将内部纠错机制作为一个质量管理的重要环节进行系统性研究。医疗机构也只把内部纠错作为纠纷处理的附属环节，缺乏系统的制度和措施，难以有效发挥纠错机制预防风险的作用。因此，本章拟从预防风险的目的出发，对内部纠错制度进行系统阐述，并提出有实践意义的措施和制度。

第二节　医院内部医疗纠错机制的流程

内部纠错机制由一系列的步骤组成，是一个环环相扣的机制，从发现错误、调查错误、分析错误到改正错误，最终实现医疗质量的闭环管理，其中每一个步骤的完成质量直接影响着最终的纠错效果。通过准确记录、收集错误信息，科学分析错误根源与相关影响因素，对责任人进行追责，并提出错误预警、防范建议和处置措施。内部纠错涉及医院的各个部门，尤其需要医院管理部门和主管领导的参与。

发现错误即通过各种方式暴露出医疗行为中存在的错误，包括医疗技术错误、医疗责任错误、服务态度错误以及后勤保障错误。对医院来说，医疗技术、服务态度以及后勤保障性质不同，分属的管理部门不同，评价标准也就不同。但是对患者来说，从进入医院开始，在医院中所接受的所有服务都是一体的，共同构成了其对医疗服务的评价。因此，我们在评价医疗服务时，必须关注医疗服务的各个方面，将医疗技术、责任心、服务态度以及后勤保障等结合起来。目前我

① 吴疆、蔡飞跃：《差错管理在全科医疗质量管理中的应用》，《社区医学杂志》2011 年第 15 期。

国大部分医院的患者接待部门同时处理这几方面的投诉有利于开展实践工作。

一、发现错误

发现错误的方式有多种，就医院而言，可以分为主动发现错误与被动发现错误两种方式。

（一）主动发现错误

主动发现错误是在没有外来因素介入的情况下，医务人员、医院管理部门主动发现医疗行为中出现的错误或风险，从而启动内部纠错程序。主动发现错误可以最大化地降低错误的影响范围，能够有效地避免严重错误发生，避免对患者造成伤害。主动发现错误主要包括以下几种途径。

1. 主动报告错误

主动报告错误即管理部门、医院职工发现医疗行为错误、医疗流程问题后，主动向上级管理部门报告的行为。主动报告包括强制报告和自愿报告两种，强制报告制度在我国已经初步建立。在香港特别行政区，严重医疗事故最先拥有既定的通报机制和处理方法。香港医院管理局2004年引入医疗事故汇报电子系统，2007年推行严重医疗事故呈报政策，规定有9类事故必须呈报，2010年又将2类重大风险事件纳入呈报范围，包括可能导致患者死亡或永久受损的错开处方药物和错辨患者身份。2011年原卫生部颁布的《医疗质量安全事件报告暂行规定》明确规定原卫生部建立全国统一的医疗质量安全事件信息报告要求，医院等级评审条款中，医疗安全（不良）事件的报告制度也是核心条款，即医疗机构必须开展的工作。2016年《医疗质量管理办法》规定：医疗机构应当建立医疗质量（安全）不良事件信息采集、记录和报告相关制度，并作为医疗机构持续改进医疗质量的重要基础工作。2018年中国医院协会颁布了团体标准《医疗安全（不良）事件管理》（T/CHAS 10—4—6—2018），对医疗安全（不良）事件的定义、分级、预防、报告、处置等作出明确规定。我国大部分省市已据此出台了关于医疗质量安全（不良）事件上报的规定，各医院内部也有针对医疗质量安全事件的报告制度，要求在安全事件发生后，责任人及科室及时将有关信息上报给管理部门。

原卫生部发布的《医疗质量安全事件报告暂行规定》根据对患者人身造成的

损害程度及损害人数，将医疗质量安全事件分为三级：（1）一般医疗质量安全事件，即造成2人以下轻度残疾、器官组织损伤导致一般功能障碍或其他人身损害后果；（2）重大医疗质量安全事件，即造成2人以下死亡或中度以上残疾、器官组织损伤导致严重功能障碍，或造成3人以上中度以下残疾、器官组织损伤或其他人身损害后果；（3）特大医疗质量安全事件，即造成3人以上死亡或重度残疾。

《医疗安全（不良）事件管理》将医疗安全（不良）事件按事件的严重程度分四个等级：（1）Ⅰ级事件（警告事件）——非预期的死亡，或是非疾病自然进展过程中造成永久性功能丧失；（2）Ⅱ级事件（不良后果事件）——在疾病医疗过程中是因诊疗活动而非疾病本身造成的患者机体与功能损害；（3）Ⅲ级事件（未造成后果事件）——虽然发生了错误事实，但未给患者机体与功能造成任何损害，或有轻微后果而不需任何处理可完全康复；（4）Ⅳ级事件（隐患事件）——由于及时发现错误，但未形成事实。

上述四级医疗安全（不良）事件中，Ⅰ级和Ⅱ级事件属于强制性报告范畴。Ⅲ、Ⅳ级事件属于自愿报告范围，是强制报告系统的补充，具有自愿性、保密性、非处罚性和公开性的特点。

医疗安全（不良）事件报告的内容应当包括：报告事件资料（事件发生时间、地点、受影响的对象、相关人员、事件发生后的不良后果）；报告事件类别（如治疗、护理、药物、跌倒、手术、输血、感染、公共意外、治安、其他意外事件等）；事件发生后立即采取的处理措施。

医疗安全（不良）事件报告制度中，根据事件的性质分级实施强制上报和自愿上报。自愿上报即鼓励医务人员对于造成轻微后果的错误或没有危害后果、临界性错误事件主动上报，以对临床风险进行监测。医务人员作为医疗行为的实施者，对诊疗行为的实施情况最为了解，通常情况下，也是医疗行为中发生错误的首要知情者，有时甚至是唯一知情者。如果医务人员能将所发生的所有错误及时上报，就能最大限度地发现医疗行为过程中的错误。

2018年国家卫生健康委员会制定的《医疗质量安全核心制度要点》规定了临床“危急值”报告制度。“危急值”报告制度是指对提示患者处于生命危急状态的检查、检验结果建立复核、报告、记录等管理机制，以保障患者安全的制度，属于主动报告“错误”的一种形式。如果临床医生能及时得到检查、检验结果，迅速对病情作出判断、给予患者有效的干预措施或治疗，就可能挽救患者生命，否则就有可能出现严重后果，失去最佳抢救机会。因此，医院内部必须建立“危急值”报告制度，建立科室之间报告的流程，以确保一旦出现危急值，能快速采取相应的对策。目前各医疗机构的门（急）诊危急值和检查项目“危急值”报告仍存在漏洞，是医疗机构亟待改进的方向。

另外，根据《医疗机构投诉管理办法》第38条的规定，医疗机构工作人员有权对医疗机构管理、服务等各项工作提出意见、建议，医疗机构及投诉管理等有关部门应当予以重视，并及时处理、反馈。临床一线工作人员，发现药品、医疗器械、水、电、气等医疗质量安全保障方面的问题后，应当向投诉管理部门或者有关职能部门反映，投诉管理等有关部门应当及时处理、反馈。

2. 患者调查和随访

在医院等级评审和“改善医疗服务活动计划中”，第三方（医疗机构内部）的患者满意度调查都是重要的参考指标。患者调查是通过设计调查问卷，以自愿参与的方式，在患者人群中调查其对医疗服务各个环节的满意度以及意见和建议。如前所述，患者作为医疗服务的受众，对医疗质量有着最直接的感受，其反馈也能最快捷地反映出医疗行为中存在的问题。之所以强调患者调查，是因为并非所有的患者在对医疗服务不满时都会向医院或卫生主管部门表达自己的诉求，特别是差错虽然产生，但是对于患者没有造成后果的事件，一般很难上升到医疗机构层面。中国人历来有“多一事不如少一事”“得饶人处且饶人”的传统思想，况且大多数患者会担心表达不满后，医疗机构或者医务人员会对其“报复”，反而会影响后续的治疗，因此即使对医疗服务不满，也较少向医疗机构反映。而且患者对医学专业知识并不了解，有时候并未意识到医疗服务中存在的缺陷，导致错误不能及时暴露。

患者调查则可以较好地解决以上问题。对于患者担心影响今后治疗的想法，首先，可以采取不记名调查问卷或者网络问卷的方式，不记录患者的个人信息，消除患者的顾虑。其次，也可以采取记名调查、匿名反馈的方式，即在调查处理问题的过程中，不向科室或当事人透露患者的个人信息。记名调查是为了将调查处理的结果反馈给患者，以消除其对治疗的顾虑。另外，也可以采用患者出院电话随访的形式予以调查。一般出院的患者绝大部分都取得了相应的治疗效果，针对出院后随访，患者更愿意真实地表达住院期间的感受，取得的结果也会相对公正一些。对于患者缺乏专业知识问题，可以将调查问卷细化设计开放性问题，患者客观填写所接受的各种医疗服务，由管理部门根据患者的填写内容判断医疗服务中是否存在错误。比如，与医务人员沟通情况，可以设计以下问题：“你知道你的管床医生和主任吗?”“知道负责服务你的护士的名字吗?”;判断知情告知是否充分，可以设计以下问题：“请列举您所知晓的手术可能引发的风险。”“您选择此种治疗方式的原因是什么?”“本次治疗的费用是否与您的心理预期一致，请说明原因?”等；判断治疗方式的选择是否恰当，可以设计以下问题：“您本次求医的主要原因是什么?”“您本次求医欲实现的效果是什么?”“您认为此种治疗手段的不足之处是什么?”等。同时结合患者的病历及辅助检查结果，判断治疗手段的选择、治疗方式的设计是否恰当。一般来说，对医疗行为过程的详细分析较为耗时，且要求分析者有较高的专业水平，故不对大多数患者进行此环节调查，主要调查患者的主观满意度及意见，采取有答案选项和客观评价标准的问卷调查形式。对医疗行为的专业化分析则一般与病历检查等医疗质量检查共同进行，由专家对此进行把关。总而言之，调查问卷必须经过严密的设计，结合调查欲达到的目的设计问卷形式，对结果的分析要使用科学的统计方法，细化指标项目，提高数据的准确性。[①]

3. 医疗机构日常监管

医疗机构日常监管是一种针对临床领域和医疗过程环节而特别采取的各种主动的监督检查方法，可以切实减少发生过的和没有发生过的错误。[②]《医疗质量管理办法》强调“医疗质量管理是医疗管理的核心，各级各类医疗机构是医疗质量管理的第一责任主体，应当全面加强医疗质量管理，持续改进医疗质量，保障医疗安全”。医疗机构应当成立医疗质量管理部门，负责本机构的医疗质量管理工作。通过医疗机构医疗质量管理委员会制定的医院质量控制体系和制度，医疗质量管理部门和科室医疗质量安全管理小组的日常监管手段和检查制度，定期或不定期对医疗行为的各个环节进行检查，从而发现其中存在的错误。从广义上说，错误主动报告制度、患者调查都属于医院日常监管的形式。而此处所说的日常监管，主要是从狭义上讲，即按照《医疗质量管理办法》等医疗规章制度的规定，从医院涉及医疗质量管理的部门和管理者的角度，主动对医疗质量进行检查、制定规章制度等管理手段。

日常监管包括对医疗质量进行的各种分析和检查，如病历形式和内涵检查、

---

① 马进:《大型综合性医疗机构医疗质量安全管理的行政基础——探索总体医疗质量的衡量和医疗安全个案管理方法》,《中国医疗机构》2005 年第 2 期。

② 李庆功:《临床风险管理》，人民卫生出版社 2009 年版，第 186 页。

死亡（纠纷）病例讨论等；对各项基本规章制度的掌握情况检查，如医疗质量安全核心制度的落实、应急预案的制定等；对专项质量管理的整理分析，如胸痛中心、卒中中心建设等。日常监管是医疗质量管理的重点内容，各医院也有成熟的管理制度和体系，对主动发现错误起到不可或缺的作用。但是正因其常见性和日常化，也容易出现检查走形式、应付现象，甚至出现监管方式单一、监管程序一成不变，不能适应临床出现的各种新情况，不能及时发现漏洞等问题。同时目前大部分的日常监管只限于发现错误，缺乏对错误的整改和验收，因此常常出现同一错误在数次检查中重复出现的情况。有效的日常监管应该有严密的检查监测方法，密切观察医疗行为的各个环节；有科学的分析评价制度和标准，对医疗行为进行评判；有错误的整改制度和验收环节，防止错误的重复发生。

医疗行为中的错误有多种发现途径，任何一种都有其不可替代的优点和一定的局限性，必须互相配合，才能最充分地暴露出医疗行为中的错误。实践中，这几种途径也常常合并应用，如患者向医院投诉的同时医务人员主动报告错误，患者同时向医院、卫生主管部门、法院提出诉求，卫生主管部门的检查与医院的内部检查暴露出相同的错误，等等。

（二）被动发现错误

被动发现错误是因外界因素的介入而发现医疗行为中存在的错误。这里的外界因素包括患者、卫生主管部门、法院和第三方调解机构以及社会公众等。外界因素涉及社会各方面，发现错误的来源广，是目前最主要的错误发现途径。

1. 患者投诉

患者对医疗服务产生不满时，会通过一定的途径表达自己的不满及诉求。这种途径包括向当事医务人员反映、向医院管理部门投诉（建议）、向卫生主管部门等行政部门投诉、向医调委等第三方调解机构投诉、起诉至法院、向新闻媒体或者微信、微博、抖音等自媒体曝光等。患者是医疗错误最直接的感受人，其对接受的医疗服务最直观和清晰，对发生的错误也最为敏感。因此，目前大部分的医疗行为中的错误都是通过患者的反映而发现，处理患者投诉也是医患关系协调部门最主要的工作。

患者投诉能够最直接、最快速地反映出医疗行为存在的错误，同时，其所反映出的问题比较尖锐，对错误的处理要求也最急切。然而受到患者认识角度和身份的制约，患者所反映的错误会有夸大化的倾向。尤其是在我国目前医患不信任的背景下，一旦患方出现医疗后果不如意的情况，就会丧失对医方的信任，质疑医方采取的所有行为，认为医方所采取的措施都是错误的，甚至是故意而为之。同时，患者并不具有专业的医学知识，其对诊疗行为的理解存在一定的偏差，且无法理解医学作为一门“缺陷”科学，后果的发生是因多方面因素造成的因而患者往往把责任归咎于医方。因此，对于患者所反映的问题，要注意鉴别，认真分析，尽可能摒除社会因素和患者主观因素及知识结构的影响。

【案例 9 - 01】

医院检查项目转委托其他机构检测的卫生监督案件①

刘某之父刘某奎于 2015 年 6 月 5 日入北京某医院治疗，2015 年 7 月 2 日在该院去世，住院期间曾进行“β2 微球蛋白”项目检测，北京某医院出具了《临床检验结果报告单》。原某区食药监局于 2017 年 12 月 18 日作出《关于移送北京某医院相关举报的函》，将刘某举报事项移送原某区卫计委。原某区卫计委于 2018 年 3 月 15 日作出《关于某区食药局移送刘某投诉北京某医院相关举报的回复》，认为北京某医院在医疗器械故障不能满足临床患者检验需求时委托外送临床检验项目并未违反相关要求。同时，针对检查中发现该医院未与被委托机构签订委托协议的行为，依据《医学检验实验室管理规范（试行）》中“医学检验实验室在与其他类别医疗机构等建立长期合作时，应当签订合同……”的规定，对北京某医院下达《监督意见书》。

刘某不服《关于某区食药局移送刘某投诉北京某医院相关举报的回复》，向原某市卫计委申请行政复议。原市卫计委于 2018 年 5 月 23 日作出《行政复议决定书》，决定维持原某区卫计委于 2018 年 3 月 15 日作出的被诉回复。刘某不服原市卫计委的行政复议结论，向北京市朝阳区人民法院提起行政诉讼，被判决驳回起诉后上诉至北京市第三中级人民法院，二审法院维持一审判决。刘某向北京市高级人民法院申请再审。再审法院审查认为，根据在案证据及查明事实，可以认定原某区卫计委接到原某区食药监局的移送函及移送的刘某投诉材料及其他相关材料后，针对刘某的投诉内容依法进行了调查

① 参见北京市朝阳区人民法院（2018）京 0105 行初 454 号行政判决，北京市第三中级人民法院（2020）京 03 行终 399 号行政判决，北京市高级人民法院（2020）京行申 907 号行政裁定书。

核实，并根据调查核实结果进行相关处理并作出被诉回复，并无不当。原审法院据此认定原某区卫计委已依法全面履行了监督管理的职责，亦无不当。原市卫计委收到刘某提交的行政复议申请后，依照法定程序作出被诉复议决定，内容及程序均未违反相关法律法规规定。关于刘某提出原某区卫计委未查处北京某医院涉嫌医院买卖、出借、转让标有医院标志报告单等违法行为的主张，缺乏相应的客观法律依据和事实根据，本院不能支持。驳回刘某的再审申请。

2. 行政主管部门检查

2016 年 11 月 1 日起施行的《医疗质量管理办法》明确规定：县级以上地方卫生计生行政部门负责本行政区域内医疗机构医疗质量管理工作。县级以上地方卫生计生行政部门在职责范围内负责监督、指导医疗机构落实医疗质量管理有关规章制度。因此各级卫生主管部门对医疗质量进行监管是其分内之责。卫生主管部门会通过各种形式的医疗质量检查，对医疗服务的各个环节进行监管。如卫生主管部门近年开展的“改善医疗服务活动计划”、医院评审、绩效考核和大型公立医院巡查等活动，通过医疗质量专项检查，暴露出医疗行为中存在的各种错误。这种途径暴露出来的错误往往有一定的隐蔽性，是医院日常监管中没有注意到的，因此对于发现错误有着重要意义。但是卫生主管部门的检查有时间上的局限性，并非随时监控，因而暴露出的问题有限，并且缺乏动态性监测。

【案例 9-02】

死者家属要求医院复印病历被拒绝的投诉案件[①]

2018 年 6 月 11 日，患者刘某入石家庄市某医院住院，但该医院严重不负责任，治疗、管理、监护等方面均存在重大过错，直接造成刘某死亡的严重后果。2018 年 6 月 18 日，刘某被发现死亡。2019 年 7 月 25 日，石家庄市卫健委收到杨某等人提交“关于杨某举报石家庄市某医院伪造病历、管理混乱及发生重大医疗安全事故的举报材料”，举报医院对住院患者管理混乱，原告认为被告某医院对住院患者未采取任何监管措施，患者刘某在被告处住

① 参见河北省石家庄市卫生健康委员会石卫医罚决字（2019）第 H2－10 号行政处罚决定书，河北省石家庄市新华区人民法院（2020）冀 0105 民初 501 号民事判决书。

院期间，护士任由患者外出，病历上从未对刘某的外出行为有任何记载、劝阻记录，被告某医院对刘某的死亡存在过错。石家庄市卫建局初步审查认为被投诉医院涉嫌违反《医疗纠纷预防和处理条例》第16条规定，遂予以立案。通过调查，发现被投诉医院对患者家属于2018年12月21日要求复印死者的全部病历资料的申请不作为，但在2019年1月11日才给死者家属复印了全部病历。据此认定被投诉医院的行为违反了《医疗纠纷预防和处理条例》第16条第1款规定，对被投诉医院处以警告、罚款2万元的处罚。在卫生行政部门作出处罚决定后，死者家属遂向该医院所在地人民法院提请医疗损害赔偿诉讼，并胜诉。

3. 法院和调解机构提示

随着依法治国的深入，诉讼和第三方调解已经成为解决医疗纠纷的重要途径。2018年10月1日起施行的《医疗纠纷预防和处理条例》阐述了第三方调解是解决医患纠纷的重要途径。在司法诉讼和第三方调解过程中，都会委托专业的鉴定机构对医疗行为是否存在过错、过错和损害后果之间是否存在因果关系进行分析，这些过错往往都是患方因不懂医学而无法发现、上级卫生主管部门作为管理者难以发现且是医疗机构或医务人员“惯性”行为，因为通过司法途径或者第三方途径解决的医疗纠纷，发现的过错是医疗机构和医务人员急需要纠错的内容。但是司法途径和第三方调解具有时间上的滞后性，一般需要几个月到数年不等的时间，因而暴露出来的过错可能重复发生，不利于纠错机制的及时启动，难以避免伤害扩大。同时由于目前的医疗鉴定机制运行不畅和法官审理过程中的“同情弱者心理”，有的鉴定意见或者判决已经超出了我国法律规定的内容，故并非所有的判决和调解结论都有需要改正的内容。

4. 社会舆论监督

随着社会进步，社会公众的个体健康和自身权利意识的不断提高，对医疗行为的有效性、安全性和舒适性的关注也越来越多。此外，互联网的发展，微信、微博、抖音等自媒体的普及，每个患者或者其亲朋好友对其经历的医疗事件不满意，就可能将有关信息发布在互联网上。近年来的多起重大医疗安全事件都是因新闻媒体或自媒体的曝光而进入公众视野，从而引起社会大范围的关注。《医疗机构投诉管理办法》鼓励医疗机构加强舆情监测，及时掌握患者在其他渠道的诉求，足见社会舆论监督的重要性。社会舆论监督因其受众的广泛性及传播速度的快速性，对各种医疗行为的错误能够快速引起较大范围的社会关注，而成了医疗行为重要的外部监督力量，也成为患者在遇到医疗服务错误时寻求帮助的一个重要途径。社会舆论监督能够有效督促错误的解决和改进，但是对事实的报道稍有偏差就可能引发较大的社会事件。近年来，有的媒体为制造新闻效果，在报道不良医疗事件时不断炒作，在某种程度上加剧了医患关系的紧张局面。因此，这种途径暴露出来的医疗服务错误有可能偏离事实，并且因其社会影响较大，处理起来较为困难。《医疗纠纷预防和处理条例》第 8 条规定：新闻媒体应当加强医疗卫生法律、法规和医疗卫生常识的宣传，引导公众理性对待医疗风险；报道医疗纠纷，应当遵守有关法律、法规的规定，恪守职业道德，做到真实、客观、公正。这对新闻报道是一种规范和约束。

二、调查错误

调查错误是对通过各种途径暴露出的错误进行事实调查，查清错误的真伪及客观事实。调查错误是还原事实真相的过程，如前所述，由于客观认识的不足，医学的特殊性，无论通过何种途径暴露出的错误，都可能与客观事实存在一定的偏差，因此要进一步分析处理错误，就必须以现有的法律法规为基础全面还原客观事实，进而判断是不是真正意义上的错误。对错误的调查包括真伪性调查和客观事实调查两步。

（一）真伪性调查

调查错误，首先必须查清错误是否真实存在，即错误的真伪性。当今社会，人们的“自我主义和利己主义”滋生，各种途径暴露出的错误都有可能失真，尤其是患者和社会舆论参与下暴露的错误，常常带有一定的立场和主观性，对事实的描述可能有失偏颇。因此，对于此类错误，必须先调查其是否真实存在。如患者因高血压要求开 3 个月的药量，医生拒绝后，患者可能会反映医务人员服务态度不好或医德有问题。这既是为了防止管理资源的无谓浪费，也是本着客观公正的立场，公平对待医务人员。

（二）客观事实调查

调查错误，还要还原出医疗行为的客观情况，这一步骤至关重要。因为坚持

“实事求是”，不仅要强调坚持实事求是的重要性，强调去伪存真、去粗取精、由表及里、由此及彼的分析方法，更要强调客观事实是什么，怎样看待客观事实。在实践中，因立场和看待问题的角度不同，经常会遇到患者所述事实与医生陈述不同，甚至截然相反的情况。即使是医务人员主动报告，医疗质量检查中发现的错误，也可能与客观事实有所不符，况且错误发现时往往只代表客观事实的一个环节，因此必须通过调查医疗行为的全部过程及错误发生的具体情况，以全面客观地还原医疗行为事实。

还原事实可以通过多种途径实现，如搭建双方当事人（包括当事人及其陪同人员）沟通平台，询问无直接利益关系的旁观人员（如同一诊室的医师，同时就诊的其他患者等），查阅病历等书面资料，调取监控录像等。首先通过询问双方当事人了解事实大致经过，列出双方争议的主要焦点，然后通过分析病历资料、影音材料，询问其他人员等方式还原客观事实。其中病历资料及其他各种书面资料因其相互关联性和严格的保管制度，能够最大限度地保证客观真实性。因此，当无法通过其他途径获得事实时，应当以病历记载内容为客观事实。这也是诉讼、鉴定中认定事实的方式，即以法律事实等同于客观事实。以此判断事实，可以保证内部调查的结果与判决或鉴定认定的事实相同。但医务人员往往不认真书写病历，甚至门诊不写病历，导致法律事实缺失，直接认定客观事实对医务人员不利。

需要注意的是，在调查错误的过程中，一定要保证立场中立，既不能只听患者的反映，也不能一味站在医务人员的立场看待问题。调查错误是内部纠错后续步骤的基础，只有客观地调查事实，才能保证处理结果的公正性。

三、分析错误

在判断出错误真实存在并还原了客观事实之后，就要对错误进行系统性的分析。对错误的分析主要包括以下方面。

（一）错误性质

对错误的分析首先要判断出错误的性质。笔者将错误分为四种类型，即医疗技术错误、医疗责任错误、服务态度错误和后勤保障错误。这四种错误的发生原因、涉及的分管部门和处理措施都不尽相同，因此发现错误后，要将错误按照性质分类，进行相应的处理。需要注意的是，医疗服务中的各种错误是互相关联的，甚至可能是同时伴随存在的。在实践中，因一种错误而引发对其他方面的不满是患者接待中经常出现的情形。比如患者因对医生的态度不满进而质疑医疗技术，或者因出现了医疗技术错误，而引发对治疗过程中责任心和态度的不满。同时，这四种错误也是互相作用的。比如，医务人员责任心欠缺，会导致对患者的态度生硬，在医疗行为中疏忽大意，导致出现医疗技术错误；如果出现设备缺陷等后勤保障问题，有可能导致医疗行为欠缺必备的硬件支持，出现技术错误。这种多因素的错误是最难判断，也是最难解决的，恰恰也是最常见的。面对这种情况，不能简单地一并处理了结，必须分清其中的各种错误，分别处罚和改进，防止遗漏隐藏的错误。

（二）错误是否具有系统性

分析错误要判断该错误是否具有系统性，属于个案错误还是系统性错误。个案错误，是指错误的发生带有一定的偶然性和个体性，如患者的特异体质、难以预计的合并症等导致的错误。个案错误与患者的个体性差异密切相关，也与医疗行为中的各种偶发性风险相关，最大的特点就是不可预见性。系统性的错误是因相同或相似的原因重复出现的错误。系统性错误有一定的规律性和重复性，比如同一时段、诊疗环节、接诊医师、就诊人群等经常发生的错误。因具有规律性，系统性错误是可以预见的。

偶发的错误并不一定是个案错误，必须参照错误原因判断。虽然错误对某一医师来说是偶然发生的，但是同样原因导致的错误也有可能发生在其他医师身上，比如因技术操作不熟练、科研压力过大等引起的错误，因此仍应当作系统性错误处理。因其可预见且重复发生，与个案错误相比，系统性错误对医院的内部管理有更重要的意义。

对于错误原因是个案还是系统性，可通过异常事件判定树（IDT）（见图 9-1）来判定，这对后期预防错误发生和持续改进相关工作具有较大的意义。

（三）错误的可控性

可控性错误是指随着医学的发展和医务人员对疾病认识的深入，依据现有的医疗技术水平，可以认识、预防和控制其发生的错误。可控性错误与医务人员的综合素质、专业技能、医疗质量和管理水平直接相关，通过科学化、规范化管理

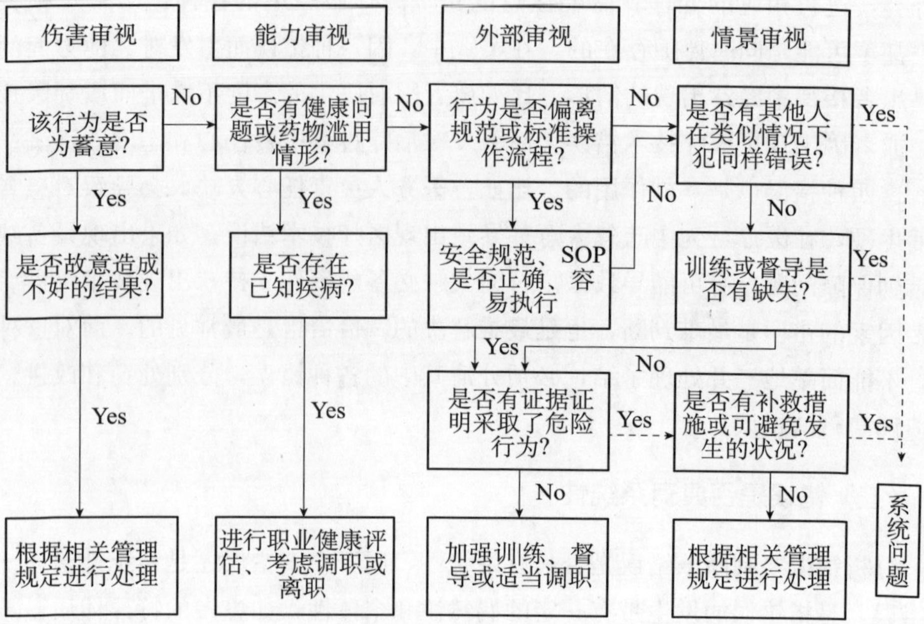

图 9-1 异常事件判定树（IDT）

可以减少或杜绝。例如，手术后发生肺栓塞，被认为是常见的术后并发症，且抢救成功率很低。但随着对深静脉血栓的认识加深，静脉血栓栓塞症成为可预防的病症。经过预防，其发病率会大大降低。医疗风险管理主要针对的就是可控性错误。

不可控性错误是指由于医学科学的特殊性、不精确性、探索性，人类对疾病认识的局限性以及客观条件的制约，而导致的难以预测、不能避免和控制的错误。例如，因患者特异质引发的过敏性休克、麻醉恶性高热等医疗技术固有的局限性，以及千差万别的患者体质，使医疗行为不可能取得百分之百的确定效果。并发症、意外事件的发生是难以避免的。

可控性错误与不可控性错误的防范措施有较大区别，因此需要分析错误是否可控，以指导拟采取的措施。可控性错误的管理关键在于预防；不可控性错误的管理则在于降低错误发生的概率，对患者进行充分的告知，使其对医学的缺陷性予以理解，对于此类错误应该制定相应的应急预案并定期演练，错误一旦发生，立即启动应急预案，将对患方的损失减少至最低。需要注意的是，不可控性并不意味着不可责性。即使是不可控性的错误，也可以通过一定的措施降低错误发生的概率、减轻错误造成的后果。判断不可控性错误是否具有可责性，关键是看是否采取措施降低错误的可能性，在错误发生后是否及时启动了应急预案，进行了有效的补救。医院管理部门可通过以下步骤进行此项分析：首先，判断接诊医师是否预见到了风险发生的可能性。其次，针对可能发生的风险，是否采取了预防措施，措施是否得当。最后，在风险发生后，是否采取了有效的补救措施，补救措施是否恰当。如果以上三个环节均能有效完成，则可判定该错误为不可避免的错误，若其中任一环节没有做到，即是该医师不恰当的行为导致了错误的发生，或者不恰当地加大了错误发生的概率和后果。

四、改正错误

（一）对严重错误责任人实施必要的处罚

为了警示医疗机构员工，提高医务人员风险意识、安全意识、责任意识，达到“惩前毖后，治病救人”的效果，有必要对发生严重错误的科室和当事人给予一定处罚。处罚错误针对的是发生错误并造成医院经济（名誉）损失或上级卫生主管部门进行了行政处罚的行为，根据错误的性质、严重程度及后果进行追责，包括纪律处分和经济处罚两种形式。

1. 纪律处分

目前纪律处分有以下几种形式：对当事人通报批评、警告、记过、记大过及降级、降聘使用，工作岗位另行安排；对科室和科室负责人予以取消当年评优评先资质。有的医院还制定了纠纷多发人员暂停原有的工作，实施轮岗的制度。在一段时间内发生多起投诉的医务人员到医疗纠纷接待岗位轮岗，换位思考，亲身体会当前医患矛盾的尖锐性以及纠纷处理的困难。实践证明，这种亲身体验使医务人员对医疗纠纷现状有了更直观的认识，更重要的是学习到了与患者沟通交流的技巧，有效降低了服务态度不好、不注重医患沟通方面的投诉的发生。

在对错误进行处罚的同时，也要健全激励政策，鼓励医务人员注意医疗安全，避免错误发生。如零投诉奖励，对当年没有定性的有效投诉的科室予以奖励，对于连续 3 年没有定性的有效投诉的科室和科室负责人予以奖励；在评优时对于没有投诉发生的科室和人员予以加分奖励等。严厉的处罚政策是对医疗质量的保障，有效的激励政策能够激发对医疗安全的热情，只有奖罚分明，才能够最大限度地调动医务人员的积极性，保证医疗行为的安全性。

2. 经济处罚

经济处罚的目的在于警示有关医务人员，同时弥补部分损失。《中华人民共和国民法典》第1191条规定，用人单位的工作人员因执行工作任务造成他人损害的，由用人单位承担侵权责任。用人单位承担侵权责任后，可以向有故意或者有重大过失的工作人员追偿。其目的在于医疗机构虽然是侵权责任的主体，但侵权责任的承担并非与发生侵权行为的职工没有关系，而是存在间接的连带关系。在侵权行为过程中存在故意或者重大过失的员工，用人单位在对外承担了侵权责任后，有权向有故意或者有重大过失的员工追偿。《中华人民共和国民法典》的追偿规定，并没有规定追偿的数额、比例，具体如何追偿、追偿多少，由医疗机构根据事件的具体情况决定。

错误所带来的经济损失主要是协议约定、法院判决支付给患者的各种赔偿金，以及处理错误所支付的律师费、交通费、鉴定费等。目前大多数医院都通过购买医疗责任险的方式将赔偿转嫁给保险公司，但医疗机构承担了所有保费的成本。无论是否购买医责险，都要采取赔偿款和处理错误支出的成本由医院、科室、个人三方分担的方式，但是要考虑三方分担比例、事件性质以及个人承担限额，最好将此分担方案向职工代表大会通报，取得通过后予以执行，避免出现不公平或反对的问题。

但是，并非所有法院判决、协议解决的赔偿都要进行分担额。根据《中华人民共和国民法典》侵权责任编的规定，患者在诊疗活动中受到损害，医疗机构及其医务人员有过错的，由医疗机构承担赔偿责任。可见，国家法律明确规定了医务人员的过错，作为用人单位应该为其错误承担相应的责任。医疗机构内部管理如果实施“一刀切”的扣罚制度，势必会影响医务人员的工作积极性，也不利于医学的发展，出现越来越多的保护性医疗。况且现阶段的部分倾向性或无责的判决和调解的赔（补）偿款项分担也是不合适的。因此，院内应设立医院内部医疗赔偿案件评估制度，充分利用医院医疗质量安全管理委员会的专家，对每一例赔偿的案例进行内部评估，按照上文所述的错误性质、错误原因等综合评判。对于无须科室和个人承担的，赔偿款纳入医院运营的缺陷成本。确有系统上问题的，评估后应将系统问题提交相应部分整改，必要时成立项目工作组进行推进。属于个案错误的，科室作为单位的一个子单位，科室和个人均应该按照职工代表大会通过的比例分担。

（二）预防错误的发生

改正错误除了处罚责任人外，还应当让其和其他医务人员吸取错误的教训，采取预防措施，防范错误发生。国务院颁布的《医疗纠纷预防和处理条例》也摈弃了以往仅注重医疗纠纷的处理，忽视医疗纠纷的预防的观念。内部纠错机制的目的并不在于惩罚，而在于预防，关口前移、预防为主，才是纠错机制的核心所在。对错误的处理是个案性质的，即使再严厉的处罚措施，教育的也主要是责任人，对其他医务人员和医疗行为只能起到警示作用，能够防止责任人再发生相同的错误，却难以避免其他人犯错。尤其是对于系统性错误，因其有一定的规律性，错误的发生是必然的，而发生在某一责任人身上则是偶然的，如果仅处罚了“偶然”犯错的责任人，而不进行系统性改正，不预防“必然”犯错的其他人，仍然不能有效防范错误发生。因此，在对责任人进行处罚之后，要进一步研究如何防止类似错误的再次发生。

采取预防措施需要结合错误的性质和可控性两大因素。首先，如果错误为个案错误，则将错误作为医疗行为的固有风险，仅进行错误处罚，警示其他医务人员即可，但在警示过程中注意保护责任人的情绪和隐私，尽量只警示案件本身，做到“对事不对人”。如果为系统性错误，则需要根据错误的种类和特点，对高危人群和高危环节进行监测、预警，弥补存在的漏洞，防止出现同样的错误。其次，要根据错误是否可控进行预防。如果是可控性错误，则需以杜绝错误发生为目标。如果是不可控性错误，则需重点研究降低错误风险的措施以及事后补救措施，以降低发生率及后果危害性为目标。

常见的错误预防措施有以下几种：其一，限期整改并上报整改结果。医院管理部门针对投诉或检查中发现的错误或漏洞，向相关科室和责任人下发整改通知，告知其所存在的问题，要求限期整改并上报整改结果。其二，完善医疗行为环节及流程。系统性错误发生的原因之一就是医疗行为流程不完善，出现环节漏洞，如就诊流程连贯性不足或者高风险诊疗行为的预防措施欠缺等。通过进行周密的调查设计，完善容易发生错误的环节和流程，从医院层面上防范纠纷。比如科室之间的转诊、会诊容易出现错误环节，通过建立完善的转、会诊制度和流程并切实落实，保证渠道的畅通性和各环节均有人员负责，就能够有效防范错误发生。其三，建立医疗安全防范与应急处理预案。在医疗行为的各个环节加强培训与预防，医疗安全事件发生后，根据其性质及严重程度，启动不同级别的应急处理预案，保证各环节的处置快速合理，防止事件的进一步扩大。其四，发布预警信息。当发现错误发生的风险较高时，可通过发布预警信息的方式，提醒科室及医务人员提高注意，做好纠纷防范。其五，案例讨论。对发生的典型错误案例，在院内和科室内组织案例讨论，查找错误发生的原因，提出今后应当完善的方向，以加深对错误的认识，在今后的医疗行为中防范类似的错误发生。其六，患者接待岗位轮岗制度。患者接待人员对医患关系有着最直接和最深刻的认识，将患者接待岗位轮岗作为医务人员入职前或者职称晋升前的必备程序，或者要求科室纠纷接待人员或者纠纷多发人员在患者接待岗位轮岗一定时间，可以使相关人员对医患关系的现状、医患沟通技巧等有直观的认识和掌握，有效防止临床工作中发生错误。其七，医患关系培训。对新入职医务人员和在职人员开展定期和不定期的医患关系培训，以纠纷案例的形式讲解医疗行为中出现的典型错误、应当采取的应对措施，以及医患沟通技巧等内容。

（三）持续改进工作

持续改进工作是对错误改正措施的落实情况及实施效果进行分析评价，进一步完善相关制度和措施。推进医疗质量的持续改进是内部纠错机制的目标，而持续改进的关键在于“持续”，在保证各医疗质量管理措施的持续推进方面，医疗质量的不断改善是内部纠错需要关注的。持续改进的目的在于督促落实，完善制度。改正错误的措施必须得到实施贯彻，才能有效改正错误，防范风险，不能仅仅停留于一纸整改书。同时通过评价措施的实施效果，判断措施是否有效，对缺乏实效的措施进行及时改进。

持续改进工作的内容有两大部分，即落实情况及实施效果。落实情况，即所采取的处罚及预防措施是否施行。通过要求责任人和责任科室上报整改结果及检查整改情况的方式，验收相关的处罚和预防措施是否得以落实。实施效果的验收则是评价针对错误所采取的处罚和预防措施，是否达到了改正错误、预防错误再次发生的效果。如果没有实现这一效果，即使完全落实了处罚和预防措施，也不能实现内部纠错的目标，持续改进也是没有成效的。如果持续改进没有成效，除去类似再发责任人主观存在故意的可能性之外，只能说明前面的根本原因、系统整改错误或者预防措施未落实，仍有持续改进的空间。

《医疗质量管理办法》提出医疗机构应当熟练运用医疗质量管理工具开展医疗质量管理与自我评价，其中全面质量管理（TQC）、质量环（PDCA 循环）、品管圈（QCC）等管理工具均提到了质量持续改进有成效，与本章中提到的错误发生后的改正错误、预防错误是相同的。

持续改进的手段主要是管理部门组织的检查类似投诉是否再发。对落实情况及效果的验收不能被动地等待错误发生时，才认识到相关措施的实施存在问题，而是应该在措施实施一定时间以后，通过抽查病历、现场检查、制度考察等方式进行专项检查。措施实施后，错误的发生率也可以有效反映措施的落实情况和有效性。排除其他干扰因素，如果错误发生率较采取措施前有了较大程度的降低，则可以反映出措施已有效落实。对改正措施应当定期、多次验收，直至相关措施真正融入医疗行为中，而这一过程往往会持续相当长的时间。

第三节　建立医院内部医疗错误预防机制

内部纠错机制是医疗纠纷处理中最后的一个环节，也是分析总结错误、提高医疗质量的重要环节。目前，大部分医疗纠纷的内部纠错以处罚为主，改正错误为辅，缺乏对错误的预防意识，错误预防机制相对薄弱，应当完善四种错误预防制度。

一、自愿报告制度

在美国，医疗差错报告制度由授权报告系统和自愿报告系统组成。授权报告系统主要收集导致死亡和严重伤害的不良事件的信息。按照要求由各州政府负责收集相关信息，包括血库等单位在内的所有的医疗卫生机构都必须按照规定进行报告。作为授权报告系统的重要补充，自愿报告系统主要关注的是造成轻微伤害的差错和没有造成伤害的差错。其信息通常来自某些独立的研究机构，以及患者、举报人和其他差错报告人。该系统通过分析、发掘系统中可以及时纠正的弱点，为健康服务机构提供大量有益的信息，以提高质量安全。[①]

目前，我国已经基本建立了医疗安全事件的报告制度，根据事件的严重程度，在一定时限内上报主管部门。这是一种强制报告制度，目的是使卫生行政部门及时掌握医疗机构医疗安全事件的发生和进展。各医疗机构也据此建立了医疗

① 罗秀、蒲川：《美国的医疗差错报告制度及借鉴意义》，《中国医疗机构管理》2006年第6期。

安全事件报告制度，便于监测医疗行为。这种报告制度的对象主要是较严重的医疗安全事件，因其后果较严重、影响较大，故需要进行实时监测。而对于没有造成损害或造成较小损害的错误，则不强制要求报告。如果患者未提出投诉，医疗机构也未在日常监控中发现，错误往往会被掩盖。

为全面、充分、及时暴露医疗服务错误，改进医疗质量，我国应当借鉴美国的医疗错误自愿报告制度。《中国医院协会患者安全目标（2019年版）》将“鼓励主动报告医疗不良事件”作为安全目标之一，倡导医疗机构建立自愿、非处罚性的不良事件报告系统，形成良好的医疗安全文化氛围，提倡非处罚性、不针对个人的环境，鼓励员工报告威胁病人安全的不良事件。受原卫生部委托，中国医疗机构协会还建立了“医疗安全（不良）事件报告系统（试行）”。该报告系统为自愿、非具名、非惩罚性质，由医疗机构自愿报告医疗安全不良事件信息，利用报告系统进行研究、分析，向医疗机构提出医疗安全警示信息和改进建议，以增强医疗机构识别、处理安全隐患和预防不良事件发生的能力，从而实现医疗安全的目标。目前已有多家医疗机构加入这一系统。

之所以建立自愿报告制度，原因在于及时掌握医疗行为中发生的错误和存在的隐患，分析错误原因并采取相应的风险控制和预防措施。对于医务人员来讲，也可以从自愿报告的错误中吸取教训，分析错误原因，起到督促改进的作用。医务人员是医疗行为最主要的知情者，对其进行的医疗行为过程及结果有着最全面的了解，因而医务人员报告的错误和风险无疑是最全面的。然而，医务人员因专业失败感、惩罚恐惧感、曲解和误传忧虑、回报不确定等原因，[①] 主动报告错误的意愿不强。而自愿报告制度构筑一个更加安全的健康服务体系，以降低错误发生的可能性和错误发生后对患者、医务人员以及社会的影响，而非惩罚责任人。如何正确地处理“错误报告”与“损害赔偿责任”的关系，将直接影响该制度在医疗机构中的执行。[②] 因此，建立自愿报告制度必须坚持无惩罚性和保密性原则。较为严重的错误通过强制报告系统上报，自愿报告的则是无不良后果或造成轻微不良后果的错误，应当避免因其报告错误信息而对其进行惩罚，以保护报告人自愿报告的积极性。同时，对主动报告错误的责任人要对其错误信息和个人信息保密，以保护报告人。因为透露错误信息和个人信息，有可能造成责任人的社

① 李庆功：《临床风险管理》，人民卫生出版社2009年版，第220页。

② 罗秀、蒲川：《美国的医疗差错报告制度及借鉴意义》，《中国医疗机构管理》2006年第6期。

会评价降低，变相地惩罚了责任人。同时，还应当制定政策，对主动报告错误和风险的医务人员予以奖励，激发自愿报告的积极性。2011 年颁布的《三级综合医疗机构评审标准实施细则》也要求医疗机构建立主动报告医疗安全（不良）事件的制度与可执行的工作流程，并对事件呈报实行非惩罚制度，采取激励措施，鼓励不良事件呈报。

自愿报告的目的在于预防错误发生，因此报告内容不应局限于已经发生的错误，还要包括可能发生错误的风险。如医务人员发现患者及家属对诊疗、护理和服务态度等存在异议，或发现医疗工作存在某些缺陷，以及在某些特定情况下可能演变为医疗纠纷等情况，[①] 应积极主动上报。自愿报告的形式可以采取填写书面报告表或通过医疗机构内部信息系统上传等形式，保证即时性，以便尽早防范风险。管理部门接到医务人员主动报告的错误信息后，要予以重视，及时调查分析。由专人负责自愿报告信息的收集和整理，并上报分析结果，根据分析结果，酌情采取风险预警、改进流程等方式加以预防。需要注意的是，无论是强制报告还是自愿报告制度，报告错误并非制度的目的，必须将安全信息与医疗机构实际情况相结合，从医疗机构管理体系、运行机制与规章制度上进行有针对性的持续改进，对于重大不安全事件要作根本原因分析。

二、医疗纠纷高风险病例评价制度

医疗纠纷高风险病例评价即通过建立一定的评价标准，判断病例是否存在医疗纠纷高发风险，由此进行针对性的防范措施。高风险评价标准是设定一定的高风险因素，根据病例的具体情况，对各因素按照严重程度进行记分，将各因素的评分累积，得出风险评价总分，不同的分数段对应不同的风险等级和风险防范措施。（见表 9－1）

表 9－1　医疗纠纷高风险病例评价量表

高风险因素	记分（0—2 分）			风险系数	记分原因	风险评分	风险等级
	0 分	1 分	2 分				
所患疾病为严重、疑难病例				0.1			
采取的治疗方式为高风险方式				0.1			

---

① 李栋、张关生：《三位一体构建医疗事故防范处理体系理论探索与实践》，《中国医药导报》2009 年第 32 期。

续表

高风险因素	记分（0—2分）			风险系数	记分原因	风险评分	风险等级
	0分	1分	2分				
未达到预期诊疗效果				0.1			
违反诊疗常规				0.2			
造成损害后果				0.2			
产生社会影响				0.1			
曾向医务人员抱怨				0.2			
曾与医疗机构发生医疗纠纷		—		0.1			
有精神异常表现				0.1			

根据风险的严重程度记分，若无该因素，则记为0分。以是否出现损害后果为例，若出现患者死亡或中度以上残疾，记为2分，若未出现任何损害后果，记为0分，在此区间内，根据后果的严重程度评分。若高风险因素只存在两种评价结果，则无此因素记为0分，有此因素记为2分。记分原因为存在高风险因素的具体情形。

$$风险评分 = \sum 高风险因素记分 \times 风险系数$$

根据风险评分的结果将风险分为3类：A为高风险，记1.7—2.4分；B为中度风险，记0.5—1.6分，C为低风险，记0—0.8分。根据不同类别，分别启动不同的风险防范机制。C类存在一定的风险，需要接诊医师提高警惕，采取措施防范风险发生，如记分超过0.4，即应向科室备案。B类为中度风险，接诊医师应当立即向科室报告，科室启动相应的预警及防范机制，并向医疗机构管理部门备案。A类为高风险，一旦出现此类病例，科室应当立即向医疗机构管理部门报告，及时启动院级风险防范措施和风险防范预案，进行风险预警。

以上评价量表中的高风险因素仅为有普遍意义的因素，在实务中不同医疗机构的高风险因素会有所差异。例如，某医疗机构10年的医疗纠纷统计资料显示，60岁以上老年人的投诉比例高于未成年人及60岁以下成年人的比例，因此，可将年龄作为一种高风险因素，赋以一定的风险系数。除此之外，性别、学历、职业等都可能成为高风险因素，需要结合医疗机构历史医疗纠纷资料的分析进行判断。风险系数根据各因素的风险性高低设定。一般来说，医疗行为存在明显过错因素的风险系数较高，如医疗行为违反诊疗常规、造成患者人身损害后果等。评分原因一栏需注明具体的高风险因素，如造成患者损害的具体表现、患者的精神状况等。

高风险评价量表的应用效果需要进行动态的监测。监测主要集中在三个方面：其一，监测高风险评价量表是否能有效分析病例的高风险性，是否存在风险不能有效识别或被夸大的情形，并据此调整高风险因素及其风险系数；其二，监测评分是否具有客观一致性，结合风险原因对评分进行检查，建立一定的评分标准；其三，监测风险评估结果是否与相应的风险防范机制形成联动，防范措施的采取是否及时、恰当，以确认高风险评价的实效性。

三、医疗风险预警制度

医疗风险预警主要是通过对医疗服务的全过程实施动态监测，并对医疗服务中现有或潜在的风险进行识别和分析，为医疗机构预防风险、解决风险提供一定的科学依据。[①] 医疗风险预警建立在医疗风险识别与评价的基础上，目的是使医疗风险管理规范化、系统化和科学化，使医疗风险减轻、避免和可接受。[②] 医疗风险预警制度由风险监测、风险评估和发布预警三部分内容组成。风险监测部分主要指前文所述的发现错误环节，风险评估则是错误调查和分析步骤。鉴于前文已对这两部分进行了详细阐述，此处主要论述发布预警的环节。发布预警意味着风险具有可预见性和可控性。发现未发生的错误风险意味着错误具有可预见性，如果通过分析，发现错误具有可控性，就应当立即启动预警发布环节。

预警的发布途径包括预警简报、信息系统上传、约谈、电话沟通等。通过简报以文件形式下发的预警多用于风险较缓和，对风险的预防措施需全院各部门关注、协同配合的情况，这种形式最为正式，预警信息及应对措施也最为系统。有的医疗机构在医疗机构内部信息系统中加入风险预警系统，如果发现错误风险，医疗机构管理部门可以通过系统即时上传预警信息，并选择指定科室，预警信息即可直达科室工作系统，如此便可使风险预警最快捷地到达临床科室、以最醒目的方式提示风险。如果可能发生的错误是针对个人的，不需要通过简报或信息系统的方式进行，可由管理部门主动约见该医务人员，当面就错误及风险进行沟通，提醒其在医疗行为中加以注意。有时，风险的发生迫在眉睫，前三种方式都不能及时通知到相关科室及人员，此时应当马上电话通知当事科室及人员。由此

---

① 许苹、杨兴辰、樊震林等：《医疗风险管理预警体系的构建研究》，《中华医疗机构管理杂志》2007年第5期。

② 姚小康、王天朝、胡笑甜：《国外医疗风险管理对我国的启示》，《卫生软科学》2011年第2期。

可知，预警途径的选择与错误的性质、紧急程度密切相关，必须结合实际情况选择最合适的预警发布途径。

预警的内容应当简明扼要，尤其是通过信息系统或电话发布预警时，因为过多的无关信息会分散对预警内容的注意力。预警信息由三部分内容组成：(1) 错误和风险的内容；(2) 发生原因；(3) 应当采取的预防措施。这三点是一条预警信息的基本组成部分，缺乏任何一条都会造成预警信息不能有效传递，干扰预防措施的实施。

四、医患关系培训制度

要成为一名合格的医师，只有优秀的专业技能是不够的，还必须有与患者沟通的能力、处理医疗纠纷的能力。我国的医学教育偏重于培养医学生的医疗技能，而对于医患关系等人文课程缺乏重视，很少有针对医疗纠纷的课程设计。这也导致了医务人员普遍对医患关系缺乏认知，相关法律知识薄弱。医务人员是错误发现和预防的核心，因此，必须对临床医务人员进行定期或不定期的医患关系培训。

对医务人员的培训必须贯穿于职业生涯的始终。不同医疗机构和专业的医务人员，面临的医疗纠纷数量、性质、特点都有较大的差异。在入职时，要结合医疗机构特点和专科特色进行培训，使其从执业伊始就能够秉持正确的医患观。在执业过程中，结合不断变化的医患关系状况和法律规定，定期进行培训，以适应各种新情况。

对医务人员的培训内容要包括法律规定、医疗机构医疗质量管理制度以及纠纷案例等。法律法规的规定和变化，直接影响着医疗纠纷的特点和解决方式，医务人员应当了解最新的规定，以指导临床实务。医疗机构要根据法律规定和医患关系的变化制定相应的制度，定期进行培训，使广大医务人员了解并遵守相关制度。尤其是新的管理制度制定后，要进行大范围的培训。其中，纠纷案例培训是最直观、最容易被医务人员接受的形式。医疗机构管理部门对近期发生的医疗纠纷案例进行分类总结，挑选有普适性和高发危险性的案例，对医务人员进行培训。在培训中要注意归纳总结，重点分析错误出现的原因，并提出预防措施和建议。

医患关系培训的形式多样，除了目前主要采取的组织人员定期培训，还可以采取科室培训、纠纷案例讨论、印发纠纷案例资料等方式。医疗机构管理人员结合科室特色和案例进行培训，尤其是在新发医疗纠纷后，马上进行纠纷案例培训，可以加深医务人员对错误的认识。对于典型的纠纷案例，组织院内或者科室内进行案例讨论，可以医务人员为主、管理人员参与的方式进行，锻炼医务人员发现错误、分析错误的能力。在发生严重的或者典型性的医疗纠纷后，对相关案例资料进行系统归类总结，并印制成书面材料发放到医务人员手中，使其能及时总结教训、学习经验。

第十章　医疗投诉调查与处理情况呈报

随着医学科学的发展和科学技术的进步，医疗机构内部的分工越来越细。在医疗活动中，医患双方一旦对医疗后果及其原因产生分歧，并形成医疗纠纷，往往不是一个科室或一个部门能解决的。这就需要在医疗机构内部建立健全一系列的报告制度。本章根据有关法律法规规定，介绍医疗投诉调查与处理情况呈报工作的概念与分类、作用与意义，呈报的方式与技巧，相关文书写作要点等内容。

第一节　医疗投诉调查与处理情况呈报概述

一、医疗投诉调查与处理情况呈报的概念及分类

患方向医疗机构投诉一般有两种形式，一是患者（或患者亲属）亲自到医疗机构有关部门口头投诉，反映其就诊期间医疗机构及其医务人员存在的问题，以及对医疗质量不满意或治疗效果不满意等情况，要求立即作出答复。二是通过书信方式，以书面形式反映问题，也可能直接递交到上级卫生行政管理部门，由行政部门转发医疗机构。无论何种形式的投诉，医患关系办公室工作人员等医疗机构专（兼）职投诉、纠纷处理人员均应及时受理、做好记录，告知投诉人相关工作流程及所需时间后，按照医疗机构相关规定，对涉诉事件开展调查，同时也需要做好医疗投诉呈报工作。

所谓医疗投诉呈报，是指医患关系办公室工作人员等医疗机构专（兼）职处理投诉、纠纷的工作人员，将受理的患者投诉事项及相关调查、处理结果、建议等及时向医疗机构上级领导进行汇报并听取上级领导相关意见的上报形式。如果

患者投诉是经上级卫生行政管理部门受理后，以公函的形式通知医疗机构，即上级卫生行政管理部门已经知悉此事，并嘱医疗机构进行调查处理的，医疗机构还需要以医疗机构法人名义，将相关调查处理情况呈报给上级卫生行政管理部门。此外，依据我国相关法律法规及部门规章，医疗机构还需要通过“医疗质量安全事件信息报告系统”，主动呈报本医疗机构发生的医疗质量安全事件。

医疗投诉呈报可分为三类：(1) 向本医疗机构领导汇报；(2) 向主管的卫生健康主管部门汇报；(3) 通过相应系统主动向上级卫生健康主管部门呈报。

二、医疗投诉调查与处理情况呈报的作用及意义

将医疗纠纷投诉及处理情况、医疗纠纷信访调查及处理情况，及时向医疗机构负责人报告、向卫生健康主管部门汇报，有利于有关部门及领导全面、及时掌握医疗机构及医疗质量安全事件信息，便于统筹管理、协调工作。《医疗机构投诉管理办法》第 35 条规定，发生重大医疗纠纷的，医疗机构应当按照规定向所在地县级以上地方卫生健康主管部门报告。卫生健康主管部门接到报告后，应当及时了解掌握情况，引导医患双方通过合法途径解决纠纷。

实践证明，出色地完成医疗投诉呈报工作，对于妥善、高效化解医患矛盾，解决医疗纠纷、维护医疗机构社会形象、重塑医患信任合作关系，均具有重要意义。

首先，做好医疗投诉呈报工作，可以使上级领导及时、全面、宏观地掌握相关信息，以便更好地指导事件处理工作，也使医疗机构内医疗投诉或纠纷事件的口径达到较高程度的一致，不至于出现前后矛盾、众口不一的现象，避免在事件处理过程中处于被动地位。

其次，医疗机构高效的内部联动反应、决策、处理流程，向投诉人展示了一种积极、认真对待的态度，有利于稳定投诉人员情绪，争取患方信任，避免出现过激行为等进一步损害医患双方利益的事件。近年来媒体及社会大众越来越关注医患关系，面对媒体的采访、社会的关注，做好医疗投诉呈报也已经成为医疗机构危机公关中不可或缺的工作，对于恢复医患信任具有推动作用。

最后，做好医疗投诉呈报工作，有利于医疗机构内部及时发现、整改医疗质量安全隐患，及时总结经验教训，不断改善与优化医疗服务流程。同时，国家制定的相关呈报制度与处罚制度，对医疗机构也起到一种警示与鞭策作用。

第二节　向医疗机构领导汇报

一、向医疗机构领导汇报的目的

医患关系办公室工作人员在处理医疗投诉与医疗纠纷的过程中，需要及时向分管医疗工作的主管院领导，甚至是医疗机构“一把手”的正职院领导汇报医疗投诉与医疗纠纷的相关情况、进展程度、应对策略及建议。同时其还需听取院领导的处理意见，把握本院处理相关纠纷的针对性态度及原则，从而更好地疏通上下级间的信息沟通渠道，达到“依法依规”“上下一致，对外一致”的投诉与纠纷应对效果。此外，在医患沟通中，工作人员适当展现上传下达的积极姿态，有助于增进医患双方的信任感，在投诉与纠纷的处理中争取积极主动地位，使工作能较为顺利地开展。

二、向医疗机构领导汇报前的准备工作

医疗机构领导听取医患关系办公室的汇报，既是领导了解投诉案件和投诉情况的程序，也是领导作出工作指示，提出工作建议与要求的程序。作为医患关系办公室的工作人员，除了将需要汇报的案件材料整理好、准备好，将医疗投诉案件的汇报思路厘清，还要注意自身的形象，考虑领导时间紧等因素。因此，进入医疗机构领导办公室正式汇报前，应当做好必要的准备工作。

（1）将需要汇报的案件材料整理好、准备好。包括患者投诉登记表、患方撰写的投诉书、患方提交的证据、医疗机构调查表等等，如果有其他证据材料的，比如有照片、录音录像等，一并准备。

（2）厘清医疗投诉案件的汇报思路。想好如何开场，如何汇报；先说什么，后说什么；重点介绍什么，附带介绍什么；向领导提什么要求；预设领导可能提出的问题及回答要点；等等。

（3）注意个人形象。注意个人的衣着打扮，一般应当着职业装，避免个性化梳妆打扮。

（4）带上工作记录本和书写工具，做好随时记录的准备。如果汇报人员习惯

用电脑记录，应当事先检查电池是否充好电，进入领导办公室之前，应当将电脑运行到记录状态，打开记录文件，并使其处于休眠状态。保证进入领导办公室后，打开即可工作。

(5) 汇报者最好是两人。一是便于补充汇报或者记录，以免遗漏；二是在汇报中若有需要回医患关系办公室取的材料，可以由一人汇报，一人取材料。

(6) 提前准备投诉事件处理的法律法规依据，便于领导知悉该事件处理的合法性，必要时应当寻求医疗机构的法律顾问的意见。

三、向医疗机构领导汇报的方式

(一) 按照汇报的对象划分

现代化医疗机构不仅在临床医学方面的分工越来越精细，行政职能部门的分工也越来越细、越来越明确。这首先表现在各职能部门各自独立负责某一个领域的工作，部门之间再辅以相互的协调与配合，共同保证医疗机构这一部精密机器的正常运转。其次，这一趋势也反映在医疗机构领导职位的设置与分工方面。医疗机构中往往是一位正职领导统筹领导各项工作，若干副职领导分工管理医疗、财务、后勤、教育、科研等各领域工作，在医疗机构管理中实行民主集中制、集体负责制。正是基于这一基础，按照汇报的对象来划分，可以将汇报的方式分为向主管副职领导汇报及向正职领导汇报两种方式。

医疗投诉与医疗纠纷的产生同医疗行为密不可分，因而主管医疗的副职领导成为医患关系办公室工作人员最常接触的直接上级领导。由于负责工作的特殊性，主管医疗的副职领导需要掌握关于本医疗机构医疗质量与安全的全面、详细的第一手资料，但其又不宜亲临医疗投诉与医疗纠纷处理的第一线；正职领导统筹领导全医疗机构的各项工作，可谓日理万机，但医疗投诉与医疗纠纷的处理耗时长、情况复杂、患者或其家属往往将正职领导作为唯一能够解决问题的人而进行重点“围攻”，因此正职领导更不易亲自参与到医患双方的沟通过程中。这就需要医患关系办公室工作人员及时、高效地将医疗投诉与医疗纠纷的相关情况进行汇总、分析，然后以书面或口头形式向正职领导作汇报，使其清晰、快捷、全面地把握各项情况及各方面的信息。

（二）按照汇报的形式划分

按照汇报的方式划分，无论是向主管医疗的副职领导汇报还是向正职领导汇报，都可以分为书面形式汇报与口头形式汇报，两种汇报方式各有特点。

书面形式汇报可以展现更加清晰的思路与事情经过，便于留存汇报记录。这种汇报方式措辞更为准确、恰当，格式更为规范，思路更为严谨，也可以使汇报更加正式、易于理解，可以将汇报人员的思想、意思表达到位。但是书面汇报材料的准备需要一定的时间，而纠纷往往是突然发生，时间较为仓促，有时难免疏漏、模糊，表达不到位。

口头形式即与医疗机构领导面对面的交流、沟通。这种汇报方式十分直观，通过绘声绘色的描述、重点语句的语气、重音都可以在短时间内达到汇报目的。但是口头形式往往无法留存第一手的记录材料，受情绪等因素的影响更大。

（三）按照汇报的时间划分

按照汇报时间的不同，可将汇报分为即时汇报和终结汇报。

即时汇报是指在医疗投诉与医疗纠纷发生、处理的第一时间，将相关情况、动向汇报给向医疗机构领导的形式。这种汇报方式便于医疗机构领导随时掌握最新的医疗投诉与医疗纠纷处理情况，但所获取的信息比较分散、零碎，不具有连续性。

终结汇报是指医疗投诉管理部门的工作人员在将患方投诉的医疗事件调查清楚之后，根据相关证据和法律，提出对投诉事件的处理意见和建议，将与此信息和材料汇总后报告给有关领导的形式。

（四）按照汇报的内容划分

按照汇报内容的不同，可将汇报划分为个案汇报与汇总汇报。

个案汇报是指医疗投诉管理部门工作人员将受理的患方投诉的具体案件情况，向有关领导报告的形式。

汇总汇报是指将医疗投诉与医疗纠纷的各项情况进行总结、分析后向医疗机构领导进行汇报，或是将一定时期内本医疗机构所发生的医疗投诉与医疗纠纷汇总后向医疗机构领导汇报的形式。这种汇报方式具有很强的总结性、全局性、对比性，涵盖了丰富的信息。不过，汇总汇报常常是针对一段时间纠纷投诉情况的汇总汇报，如月度汇报、季度汇报和年度汇报等，因此也具有了一定的滞后性。

四、向医疗机构领导汇报的要求及注意事项

医患关系办公室工作人员的日常工作之一便是向院领导汇报，常常是结合上述各种汇报方式进行。院领导的工作安排非常紧凑，能够专门听取医患关系办公室汇报的时间很少，往往是在会议或是其他工作间隙进行。这就需要汇报人员运用不同汇报方式时，必须掌握一定的汇报方法，在最短的时间内，以最清晰的思路、最简洁的语言将汇报内容讲清、讲透，取得最好的汇报效果。医患关系办公室工作人员在日常工作中都积累了丰富经验，在此仅简单介绍具有代表性的几种方法，以供参考。

（一）区分轻重缓急，有选择地汇报

解决处理医疗投诉与医疗纠纷是医患关系办公室的职责所在，在这一方面为院领导分忧、为临床服务是医患关系办公室义不容辞的责任，可以说是第一道，也是最重要的“防火墙”，因而并非所有的医疗投诉与医疗纠纷都需要向院领导汇报，在自身职权范围内可以解决的问题，在相关部门负责人的领导下积极地进行解决与处理即可，区分轻重缓急，只有医疗投诉预示着重大的医疗安全隐患与医疗过错或者医疗纠纷的发展已经严重影响到医疗机构正常工作秩序等类似情况出现时，始有向院领导汇报的必要。这一工作方法通常更突出地体现在向正职院领导的汇报工作中。

（二）厘清思路，明确要点，备齐材料

医患关系办公室工作人员与患者或其家属沟通后，应当尽快掌握相关纠纷的起因、医患双方当事人的基本情况、患者损害与要求、院方当事人及所在科室对此事的答复与态度等具体情况，时间允许的情况下由汇报人员将各项情况综合整理成书面材料，时间紧急的情况下由汇报人熟悉上述各项内容，特别是整理出要点，以便应答如流无盲点。这样，在汇报工作时，如果院领导需要查阅相关材料，如患者费用清单、投诉材料、当事科室答复材料等，汇报人可以及时递交，以节省时间、提高效率，保证汇报工作的完成质量。

（三）语言简练，介绍清晰，分清主次

院领导时间有限，不可能在短时间内完全掌握整个事件的来龙去脉及各个细节，因此汇报人员需要凝练自身语言，将事件的概况介绍清楚，关系不大的细枝末节可以省略；同时分清主要矛盾与次要矛盾，比如医疗投诉与医疗纠纷中的患方经常会抱怨经治医师的工作态度，甚至对此非常愤怒，要求医院必须严厉处罚，但是导致患者损害的医疗行为是否具有过错等问题才是关键所在，因此如何处理这一主要矛盾才是汇报时应重点突出的部分，前者则可暂时搁置以后再议。

（四）陈述客观，不夹感情

汇报人多来自医疗投诉与医疗纠纷解决处理的最前线，面对的是悲痛、愤怒甚至是丧失理智的患者或者患者家属，工作中难免会受到各种负面情感、语言或人身攻击的强烈影响，但是不能将因此而产生的负面情绪带到汇报工作中去。面对突发的纠纷，院领导往往是首次接触，完全不了解事情脉络，唯一的消息途径便是汇报人员的汇报。这种情况下，若汇报人对客观事实的汇报有一点歪曲或者夹杂过多个人感情，都有可能导致更大的误会，使整个纠纷解决工作偏离原来的轨道，事倍功半。

（五）回答关切，解释疑问，切中要点

院领导在听取汇报的过程中，会根据自身的理解向汇报人员提出问题。当院领导提出相关问题时，汇报人员应当严格切题回答，不说无用的、无关的话。如果院领导询问的问题一时无法清楚回答时，需做好记录，在下一步的工作或医患沟通中重点调查、了解，再作汇报，实事求是，切忌主观猜测，随意编造。

（六）提供多种解决方案，供领导决策参考

向院领导汇报的目的是更好地解决医疗投诉与医疗纠纷，也是一种处理医疗投诉与医疗纠纷的群策群力的方式。汇报人根据一线工作中所获得的第一手资料、第一感受，如患方的脾气秉性、家庭人员构成等信息，制定各种纠纷解决对策及方案等，可以帮助院领导打开思路，便于其参考并从全局角度出发进行决策。医患关系办公室工作人员最熟悉国家在医疗投诉与医疗纠纷解决处理工作方面所制定的法律法规政策以及各种程序与途径，有责任尽可能多地向院领导提供

解决问题的对策及建议，以供院领导参考。

（七）邀请相关科室负责人参与汇报

医疗投诉与医疗纠纷紧紧围绕医疗行为展开，涉及大量的医学专业知识；而且由于医疗过程的不可复制性，对医疗过程的回顾也需要听取经历过整个过程的医护人员的讲述与解释；此外，医学的分科越来越细致，专科化、专业化越来越明显，医学行业中也存在隔“行”如隔山的情况，即使是医务人员，也不可能做到每一个领域都精通。医患关系办公室工作人员在工作中经常需要请当事临床科室负责人与当事医护人员以书面材料或面谈的形式了解纠纷的相关情况，必要时可请他们参与到向院领导汇报的工作中来，这样在分析医疗投诉与医疗纠纷的成因、医疗过程中可能存在的问题等时，可以切中要害，提高效率。此外，行政职能处室之间也存在比较专业的职能划分，比如医疗保险部门、财务部门等，可能彼此之间并不熟悉各自领域的实际情况，故本工作方法同样适用。

（八）记录医疗投诉与医疗纠纷处理相关信息

俗话说：“好记性不如烂笔头。”调查发现，许多医疗机构的医患关系办公室工作人员都有一种工作习惯，即将每一件医疗投诉与医疗纠纷处理过程中的重要事件以书面形式记录下来，最常见的是按照时间顺序记录，如“某年某月某日，某某与患者某某进行了电话沟通，沟通大体意思是……”这是一种值得借鉴与学习的工作方法。一方面，医疗投诉与纠纷的处理工作经常持续相当长的一段时间，这期间会发生很多事情，当院领导或者是更高一级的领导需要听取汇报时，这样做就可以防止遗漏，使汇报更加全面；另一方面，目前很多投诉人员会故意甚至恶意指责医疗机构职能处室不作为，这种做法也可以作为职能部门所做大量工作的证明。

第三节　向卫生健康主管部门呈报

一、向卫生健康主管部门呈报的目的

患者对医疗机构提供的医疗服务有意见，或者认为医疗机构的医疗行为存在重大过失、构成医疗事故或者有其他违法违纪的情形，可以直接向卫生健康主管部门举报或者投诉。卫生健康主管部门受理后往往是通过公函的形式通知医疗机构，有的要求医疗机构自行调查处理，有的还要求上报调查情况和处理结果。医疗机构有关部门应当根据上级的要求立即展开调查工作，并主动将相关调查过程、调查结果、处理意见等以书面形式向卫生健康主管部门进行汇报，特殊或重大事件甚至可以进行当面的口头汇报。此种情况中的投诉患方，多被称为“信访人”。向卫生健康主管部门呈报主要有以下几个目的。

一是在我国任何医疗卫生机构都要接受其所在地卫生健康主管部门及上级卫生健康主管部门的行政监督与管辖，卫生健康主管部门在监管过程中行使行政管理、处罚权力，其中当然包括受理信访人员的投诉、举报，并责成有关医疗卫生机构查明事实、依法解决的权力，以及事后对相关责任人员及机构依法进行行政追责的权力。受到当时医疗卫生体制及国情的影响，《医疗事故处理条例》颁布实施之前的医疗争议，多是卫生健康主管部门借助行政权力、通过行政途径予以解决的；即使在《医疗事故处理条例》颁布实施之后，卫生健康主管部门仍然作为医疗事故处理程序中的主体之一，在接到重大医疗过失行为报告后，启动调查程序或接受医疗事故当事人的处理申请，并依据鉴定机构结论进行调处，在责任判定清楚的前提下进行行政追责。

二是信访人往往都是经受“切肤之痛”的当事人，同时一般不具备相关的医学科学知识。尽管有时患者的损害并非医方过失造成，但绝大部分的患方还是会采用“唯结果论”的思维方式，从损害结果出发怀疑一切，重构整个就诊过程，而在此过程中，曾经的“白衣天使”自然就要扮演彻头彻尾的“魔鬼”角色了。向卫生健康主管部门投诉、举报等，是信访人宣泄内心愤懑情绪的方式，在对其所见所闻的事情进行描述的过程中，很难避免激动情绪与主观的猜测性。当然，这是完全可以理解的。医疗机构主动、及时、实事求是地将医疗投诉等事件的相关情况，呈报到卫生健康主管部门，不仅可以反映医疗机构在处理医疗投诉等争议过程中的积极姿态与态度，更重要的是可以更加完整、客观、科学、理性地将事件前因后果，特别是其中牵涉的医学专业问题向卫生健康主管部门“说清楚、讲明白”，避免信访人员因心情沉痛或不理解医学等主观原因而过分夸大、扭曲事实，妨碍卫生健康主管部门决策。

二、向卫生健康主管部门呈报的内容

《医疗机构投诉管理办法》第 4 条规定，国家卫生健康委负责全国医疗机构投诉管理工作的监督指导。县级以上地方卫生健康主管部门负责本行政区域内医疗机构投诉管理工作的监督指导。实践中，上级卫生健康主管部门可能会以要求本行政区域内医疗机构上报特定时间段内医疗投诉处理情况的方式，来履行这一法定义务。然而对于呈报的内容，尤其是医疗机构所处理的投诉案件是否应计入以及如何计入信访量这一问题，无论是医疗机构还是上级卫生健康主管部门，都缺乏统一的标准，极易导致信访量统计不准确、医疗机构处理不公、患方积怨以及医疗机构与上级管理部门沟通不协调等问题。因此确立统一的处理标准既是医疗机构投诉处理工作的实际需要，也是完善相关制度的必然要求。对此，必须首先厘清医疗纠纷信访与医疗纠纷投诉的关系，进一步做好二者之间的衔接。

（一）医疗纠纷信访与医疗纠纷投诉的关系

根据《信访条例》第 2 条的规定，信访是指公民、法人或者其他组织采用书信、电子邮件、传真、电话、走访等形式，向各级人民政府、县级以上人民政府工作部门反映情况，提出建议、意见或者投诉请求，依法由有关行政机关处理的活动。医疗纠纷信访则主要是指患方采用多种形式，向各级人民政府、县级以上卫生健康主管部门反映情况，提出建议、意见或者投诉请求，依法由有关行政机关处理的活动。根据《医疗机构投诉管理办法》第 2 条的规定，医疗机构投诉管理是指患者就医疗服务行为、医疗管理、医疗质量安全等方面存在的问题向医疗机构反映情况，提出意见、建议或者投诉请求，医疗机构进行调查、处理和结果反馈的活动。由此可知，二者的相同点在于，患方对就诊情况不满意，进而提出建议、意见或者投诉请求；区别则在于二者的受领主体不同，医疗纠纷信访的受领主体是各级人民政府或县级以上卫生健康主管部门，而医疗纠纷投诉的受领主体是实施医疗活动的特定医疗机构。

（二）医疗纠纷信访与医疗纠纷投诉的衔接

根据处理程序的不同，人民政府或者县级以上卫生健康主管部门的投诉案件来源可以分为两类：一类是患方向医疗机构投诉，但是对处理结果不满意，进一步反映到人民政府或者县级以上卫生健康主管部门的；另一类是患方未向医疗机构投诉，直接向人民政府或者县级以上卫生健康主管部门投诉的。从信访的定义和特征来看，只要是患方投诉到上级部门的，不论案件是否经过了涉诉医疗机构的先行处理，不论上级部门自行处理投诉还是交由涉诉医疗机构处理，都属于信访的范围。因此，患方通过多种形式，如市长信箱、网络报告或者亲自前往，向上级部门反映情况、提出建议或者投诉请求的，都应该计入信访量。

1. 患方向医疗机构投诉案件的处理和呈报

患方向医疗机构投诉之后，最理想的结果是医患双方能够积极沟通、解决矛盾。然而实践中更多的是患者并不满意医疗机构的处理结果，不断向医疗机构进行重复投诉，或者直接投诉到上级管理部门。

对于患者重复投诉的案件，《医疗机构投诉管理办法》第 31 条规定，对投诉已经处理完毕，患者对医疗机构的处理意见有争议并能够提供新情况和证据材料的，按照投诉流程重新予以处理。这就意味着，在重复投诉案件中，当患者提供新情况和证据材料，且医疗机构对其进行形式上的审查为有效证据时，医疗机构必须采纳，并重新启动投诉处理程序，将处理过程呈报上级管理部门；如果经形式审查，不属于新情况、新证据，则算作无效的投诉，不再重新受理。在此需要注意，新情况和证据材料应相辅相成。也有专家提出，进行形式审查时，只要求相关情况具备“新”这一特征，而没有具体要求其具有实质上的合理性。所以以实质审查作为是否接受患方投诉的标准，不利于患方投诉利益的实现。

2. 患方向上级管理部门投诉批转案件的处理和呈报

如前所述，患方向上级管理部门进行投诉的，不论案件是否经过了涉诉医疗机构的先行处理，都已经构成信访，都应该计入信访量。《医疗机构投诉管理办法》第 28 条规定，医疗机构投诉管理部门接到投诉或者卫生健康主管部门交办的投诉后，应当及时向当事部门、科室和相关人员了解、核实情况，在查清事实、分清责任的基础上提出处理意见，并反馈患者。投诉涉及的部门、科室和相关人员应当积极配合投诉管理部门开展投诉事项调查、核实、处理工作。由于案件未经过医疗机构的事实调查，而医疗机构又是投诉发生的第一现场，医疗机构投诉管理部门应当尽快保存证据、展开调查，在证据的调取以及与涉事部门、科室和相关人员的沟通上，应当与新案件一视同仁，甚至需要对事实的查清投入更大的精力。

投诉是否有效并不影响信访行为的认定。为了防止涉诉医疗机构私自作出决定，自己做了自己的法官，保障上下级之间的沟通协调，完善投诉和信访制度的衔接，在上述转交案件的处理过程中，医疗机构应当及时形成详细的书面记录资料，即使患者并未形成有效的投诉，医疗机构也应将有关处理情况上报。

三、向卫生健康主管部门呈报的方式

（一）口头呈报

对于信访牵涉事件情况紧迫、社会反响大等的呈报工作，卫生健康主管部门要求医疗机构相关负责人进行口头呈报。口头呈报是人与人之间面对面的交流过程，具有单纯的书面语言所不具有的优势，如表情、语调、手势、感情等因素的加入，使得呈报绘声绘色、形象生动，对于个别医学问题的呈报而言，更加容易理解与接受。但是需要注意的是，单纯的口头描述容易遗漏个别问题，陈述过程中掺杂过多的补充说明又容易造成逻辑上的混乱，所以建议口头与书面相结合的呈报方式。

（二）书面呈报

医疗机构将医疗投诉等相关情况以书面形式向卫生健康主管部门进行报告，是比较常见的呈报方式。此方式的优点为报告书写过程中可以字斟句酌，避免遗漏，利于将事情的前因后果描述清楚，同时也是医疗机构认真对待、积极调查汇报的一项直观见证。但是书面呈报需要一定的时间，也很难做到口头描述所具有的绘声绘色的特点。

医疗机构书写书面文件时需要注意三点：其一，呈报文件应当用正式的公函形式，应当有固定的格式和公文编号。其二，调查的缘由应首先写明接到卫生健康主管部门调查通知的时间、要求调查的问题、是否要求上报调查处理结果等情况，然后写明医疗机构展开调查的时间、调查结束的时间并报告。其三，呈文的主体是卫生健康主管部门，因此应当有呈文主体的称呼，在尾部还应当有抄报、抄送的内容，落款应为医疗机构。

四、向卫生健康主管部门呈报的要求

医疗机构在向卫生健康主管部门呈报的过程中，同样也需要遵循一些向院领导呈报时的要求。比如：汇报前厘清思路，明确要点，相关材料准备齐全；汇报时语言简练，事件背景介绍清晰，分清主次；客观陈述，不夹杂个人感情因素等。此外，还需要特别注意如下几点要求。

（1）呈报需以医疗机构的名义进行，书面文件需加盖医疗机构公章。

（2）呈报前医疗机构内部必须达成共识，形成统一意见；呈报内容、书面文件由主管院领导及相关负责人审阅。

（3）呈报重点应放在医疗行为的阐述、解释上。同时应如实反映信访人所采取的扰乱正常诊疗秩序的过激行为，请求卫生健康主管部门协助处理。

（4）相关阐述、解释均应当有据可循。

（5）讲明医疗机构的态度、建议，坚持实事求是、依法处理的立场。

当今社会，信息传播速度与途径已经发生了翻天覆地的变化，网络拍客、微博等新颖形式使得医患矛盾、医疗争议事件可以在第一时间传播到天南海北，接受公评，人民群众对医患关系的关注度日益提高，医疗机构的危机公关能力时刻受到考验，重塑医患信任关系成为当前一大要务和目标。卫生健康主管部门具有政府公信力，医疗机构按照卫生健康主管部门所要求的时限、方式、内容积极完成呈报工作的同时，可以借助政府公信力向社会大众展示自身在处理信访事件过程中所具有的姿态，增强医患信任感，利于医疗争议的解决与事态的平息。

五、医疗质量安全事件报告制度

2002 年，《医疗事故处理条例》实施后，原卫生部下发了《重大医疗过失行为和医疗事故报告制度的规定》，要求医疗机构定期上报重大医疗过失行为和医疗事故信息。但是，由于多种原因，这一制度执行得并不十分理想。为此，作为该项报告制度的补充，原卫生部医政司委托中国医院协会建立了“医疗安全（不良）事件报告系统（试行）”。该报告系统为自愿、非具名、非惩罚性质，由医疗机构自愿报告医疗安全不良事件信息，利用报告系统进行研究、分析，向医疗机构提出医疗安全警示信息和改进建议，以增强医院识别、处理安全隐患和预防不良事件发生的能力，从而实现医疗安全的目标。但是，原卫生部于 2011 年 1 月 14 日发布的《医疗质量安全事件报告暂行规定》取代了《重大医疗过失行为和医疗事故报告制度的规定》，作为该项报告制度补充的“医疗安全（不良）事件报告系统（试行）”也被新的“医疗质量安全事件信息报告系统”取代。本节重点介绍医疗质量安全事件报告制度的相关内容。

1. 报告行为的主体

（1）各级各类医疗机构是进行报告的主体。依据《医疗机构管理条例》《医疗机构管理条例实施细则》的规定，医疗机构是指经登记取得《医疗机构执业许可证》的机构。

（2）接受报告的主体。不同级别的卫生行政部门是接受报告的主体。县级以上地方卫生行政部门（含中医药管理部门）负责本辖区内医疗质量安全事件信息报告管理工作。国家卫健委负责全国医疗质量安全事件信息报告管理工作。医疗机构应当向其核发《医疗机构执业许可证》的卫生行政部门报告医疗质量安全事件或者疑似医疗质量安全事件。

（3）接受报告的主体同时也是另一个进行上报的主体。卫生行政部门有级别之分，我国最高级别的卫生行政部门是国家卫生健康委员会，按照相关规定，各级卫生行政部门收到医疗质量安全事件或者疑似医疗质量安全事件的报告并核对后，应当及时进行网络在线直报。各省级卫生行政部门应当在每季度第一周将上一季度本辖区内各级卫生行政部门数据库中的信息进行汇总，并上报至国家卫健委数据库。重大、特大医疗质量安全事件应当分别逐级上报至省级卫生行政部门和国家卫健委数据库。

2. 报告内容

医疗质量安全事件实行逢疑必报的原则。医疗质量安全事件与疑似医疗质量安全事件均属于上报内容。根据对患者人身造成的损害程度及损害人数，医疗质量安全事件分为三级。（1）一般医疗质量安全事件：造成 2 人以下轻度残疾、器官组织损伤导致一般功能障碍或其他人身损害后果。（2）重大医疗质量安全事件：造成 2 人以下死亡或中度以上残疾、器官组织损伤导致严重功能障碍；造成 3 人以上中度以下残疾、器官组织损伤或其他人身损害后果。（3）特大医疗质量安全事件：造成 3 人以上死亡或重度残疾。

3. 报告方式

国家卫健委建立全国统一的医疗质量安全事件信息报告系统（以下简称信息系统），信息系统为各级卫生行政部门分别设立相应权限的数据库。根据法律规定和事件的性质，可以采取网络在线直报、电话、传真等形式上报。

4. 报告要求

（1）上报时限。一般医疗质量安全事件，医疗机构应当自事件发现之日起15日内上报有关信息。重大医疗质量安全事件，医疗机构应当自事件发现之时起12小时内上报有关信息。特大医疗质量安全事件，医疗机构应当自事件发现之时起2小时内上报有关信息。

（2）核对时限。卫生行政部门对医疗质量安全事件信息的核对，是指卫生行政部门对医疗质量安全事件信息的及时性、完整性进行核对，不涉及事件性质、原因、责任等。一般医疗质量安全事件，有关卫生行政部门应当在5个工作日内进行核对。重大医疗质量安全事件，有关卫生行政部门应当在12小时内进行核对。特大医疗质量安全事件，有关卫生行政部门应当在2小时内进行核对。

（3）补充修改职责。医疗机构和有关卫生行政部门完成初次报告、核对后，应当根据事件处置和发展情况及时补充、修正相关内容。

（4）违法处罚。各级各类医疗机构应当按照规定报告医疗质量安全事件信息，不得瞒报、漏报、谎报、缓报。对瞒报、漏报、谎报、缓报医疗质量安全事件信息或对医疗质量安全事件处置不力，造成严重后果的医疗机构，各级卫生行政部门应当依法处理相关责任人，并予以通报。《医疗机构投诉管理办法》第44条规定，医疗机构违反本办法规定，有下列情形之一的，由县级以上地方卫生健康主管部门责令限期整改；逾期不改的，给予警告，并处以一万元以下罚款；造成严重后果的，处以一万元以上三万元以下罚款，并对医疗机构主要负责人、直接负责的主管人员和其他直接责任人员依法给予处分：未制定重大医疗纠纷事件应急处置预案的；投诉管理混乱的；未按规定建立健全医患沟通机制的；未按规定及时处理投诉并反馈患者的；对接待过程中发现的可能激化矛盾，引起治安案件、刑事案件的投诉，未及时向当地公安机关报告的；发布违背或者夸大事实、渲染事件处理过程的信息的。

第四节　医疗投诉呈报文书写作示例

向院领导或卫生健康主管部门进行书面呈报的文书并没有统一、固定的格式，参考学者的意见，选取调查报告和汇报两种书面格式以供读者参考。

【示例 10-01】

医疗投诉调查报告示例

关于××问题的调查报告

院领导：

根据院领导的指示，我科××××年××月××日，就××卫生局要求调查的××问题，详细查阅了全部病历资料，并将所提出的问题请患者的经治医师逐个作了说明。查明的主要事实如下：

（一）患者基本情况（略）

（二）入院就诊情况（略）

（三）具体问题的调查情况

1. ____________________

2. ____________________

3. ____________________

从调查核实的情况看，整个医疗过程符合诊疗护理规范常规，患者反映的问题基本不属实，主要是患者对有关问题不了解，医务人员与患者沟通不够所致。建议邀请患者来院向其进行充分解释，视其态度再作处理。

特此报告。

调查单位：××××

调查时间：××××年××月××日

【示例 10-02】

医疗投诉问题调查汇报文书示例

关于××××问题的汇报

××卫生健康局：

我院于××××年××月××日收悉贵局关于调查处理患者××问题并报告结果的函。院领导对此非常重视，××院长亲自组织召开会议，明确要求实事求是地查找问题，争取给患者一个满意的答复，并立即组织相关人员展开调查核实工作。现将调查情况及我们的处理意见报告如下。

（一）患者基本情况（略）

（二）患者出院后提出的问题（略）

（三）针对患者提出的问题，诊疗科室领导已多次向其作了耐心的解释，但该患者固执己见，不接受院方解释。××××年××月××日，医患双方共同委托××医学会进行医疗事故技术鉴定。鉴定结论为："……不构成医疗事故。"此后，患者多次要求医院给予巨额赔偿，没有事实根据和法律依据。

收到贵局的来函后，我院再次组织调查，认真查找问题并组织专家进行了分析论证，一致认为：医学会的鉴定结论是科学且公正的。

我院处理意见：通过诉讼途径解决此医疗纠纷。

特此报告。

××医院

××××年××月××日

【示例 10-03】

医疗不良事件调查报告示例

关于太平间错发尸体的调查报告

院领导：

2001 年 1 月 12 日，原急诊科患者王××（死亡）家属一行 5 人来院投诉称：其母的尸体没有了，医院的行为损害了死者及家属的名誉权及家属对死者的悼念权，并给死者家属造成巨大精神痛苦，要求公开赔礼道歉、赔偿精神损失30万元。对此，我科立即组织人员赶到太平间展开调查工作。问题已经查清，现将调查情况及处理意见报告如下。

2001年1月4日，心内科患者张×（女，78岁）因心肾功能衰竭死亡，尸体送往太平间，编号是8号。当日下午17:40急诊科接诊一名因交通事故撞伤头部的患者王××（女，76岁），由于伤势严重，抢救无效死亡，也被送往太平间，编号是9号。1月5日，张×家属到医院太平间将张×尸体运走火化，太平间工作人员错将9号王××的尸体发给张×家属，张×家属因过于悲痛，误将王××认作张×，举行遗体告别仪式后即将王××火化，火化后将骨灰带回河北老家安葬。王××家属来医院太平间领取尸体时发现王××尸体没有了。现张××已确认尚未火化的8号尸体是其母遗体，张××已将王××的骨灰交还王××家属。

调查认为，太平间工作人员责任心不强，造成错发尸体的恶劣后果，其行为侵害了死者家属对尸体的处分权，并给死者家属造成严重痛苦。同时，从法律上看，在尸体保管合同中，医院存在违约行为，应当承担违约责任。死者王××家属认为医院的行为侵害了死者及家属的名誉权是不对的，侵害了家属的悼念权于法无据，索赔30万元数额太高，不应妥协。

我们意见，尽量通过协商解决，赔偿王××的损失额度以不超过1万元为宜；张××在领取尸体过程中，也存在一定的过错，可适当予以经济补偿。太平间具体责任人要给予严厉批评，扣发当月奖金，承担部分赔偿费的经济责任。

妥否，请批示。

调查单位：×××

调查时间：××××年××月××日

【示例10-04】

医疗信访事件调查报告示例

关于××信访情况的调查报告

院领导：

××××年××月××日，我处收到一封来自××省××市患者家属的投诉信。来信反映，其妻在我院××科手术治疗后，在身体不断恢复好转的情况下，由于×××医师玩忽职守，违反上级医师医嘱，导致患者死亡。要求：(1) 追究该医师的刑事责任；(2) 医院承担20万元赔偿责任。对此，我们进行了调查核实，现将情况报告如下。

经查，投诉者系我院患者××之夫。患者××因患颅咽管瘤、高血糖病，于××××年××月××日入住我院××科，××××年××月××日行颅咽管瘤切除术，术后医嘱每天检查6次血糖，患者在术后二周内病情已基本稳定。××月××日，经治（进修）医师××将每天检查6次改为每天检查2次。××月××日患者出现不良反应，及时进行抢救。××月××日患者死亡，患者家属不同意尸检。死亡诊断为伪膜性肠炎、下呼吸道出血无法控制、呼吸循环衰竭。

根据调查核实情况，××月××日组织院内专家×××、×××、××进行了死亡病例讨论，分析意见如下。

1. 对患者疾病诊断是明确的，治疗是正确的，由于颅咽管瘤发生部位特殊，手术治疗难度大，死亡率高。术后出现血糖不稳等并发症是由疾病复杂性决定的，在临床上极难控制。根据病情调整监测血糖次数属于正常医疗行为，不属违规行为。

2. 患者最终死于伪膜性肠炎、消化道出血，这是由于患者病情严重所致，是疾病发展难以避免的自然转归。

3. ××经治医师对低血糖处理经验不足，处理欠及时，对脑组织损伤有一定影响，但与患者死亡没有直接因果关系。

调查认为，患者死亡与低血糖处理经验不足、处理欠及时并导致对脑组织一定程度损伤有关，建议适当给予经济赔偿，通过双方协商解决为好。

特此报告。

此致

调查单位：×××

调查时间：××××年××月××日

第十一章　医疗纠纷投诉处理档案归档管理

医疗纠纷投诉处理解决过程中形成的诸多反映医疗纠纷真实面貌的文字、声像、实物等不同形式的材料总和便是医疗纠纷投诉处理档案。管理好医疗纠纷投诉处理档案有利于医疗机构正确处理医疗纠纷、加强医疗管理，为医疗机构和患者提供有效服务。针对当前医疗纠纷层出不穷的情况，本章重点介绍医疗纠纷投诉处理档案的定义、特点、作用、归档管理的意义及存在的问题，医疗纠纷投诉处理档案归档管理的范围和内容、流程及重点，进而从根本上改进医疗纠纷投诉处理档案的归档管理工作。

第一节　医疗纠纷投诉处理档案及归档管理概述

一、医疗纠纷投诉处理档案的定义

近年来，医疗纠纷已成为公众关注的一大社会热点问题，医疗纠纷的处理也在很大程度决定着医患关系的和谐程度。医疗纠纷投诉处理档案作为这一环节中最基本、最直观的因素，迅速走入人们的视线。因此，医疗机构要想使医疗纠纷投诉处理档案管理跟上时代的步伐，就必须赋予其更加严格的定义，使其具备完善的功能以及一定的约束效力。

医疗纠纷投诉处理档案是指医疗机构在受理患方的医疗纠纷投诉，并对有争议的医疗纠纷事件进行调查和处理后，将投诉受理、调查、处理等过程中所产生的文字、声像、实物等多种形式的材料归纳整理并装订成册，制作成规范的档案。规范的医疗纠纷投诉处理档案，可以有效反映医疗纠纷事件的起因、事件性质、处理途径、受理部门、审理结论、处理方式、效果评价等，是对整个案件原始的、客观的记录。规范的医疗纠纷投诉处理档案，是医疗机构参加后续的医疗纠纷和解、调解、鉴定、应诉的资料，甚至可以成为后续医疗纠纷处理的关键证据；还是医疗机构开展医疗质量安全管理的有效证据，在医疗质量安全管理、决策中发挥应有的作用。

医疗机构投诉管理部门应当建立医疗纠纷投诉处理档案制度，制作医疗纠纷投诉处理档案，充分发挥其在医疗质量安全管理中的作用。《医疗机构投诉管理办法》第 37 条第 1 款规定，医疗机构应当建立健全投诉档案，立卷归档，留档备查。医疗纠纷投诉处理档案不是病历资料，但是属于医疗机构开展医疗活动过程中形成的业务档案，因而是医疗机构重要的档案文件。医疗纠纷投诉处理档案管理工作是一项严肃的、条理性很强的工作，建立完善的医疗纠纷投诉处理档案规章制度，可以减少医疗纠纷投诉处理档案管理的随意性，保证医疗纠纷投诉处理档案管理工作的健康、持续发展。目前，医疗机构要根据《中华人民共和国档案法》《医药卫生档案管理暂行办法》《卫生档案管理暂行规定》等有关法律法规，结合本单位档案工作实际，逐步完善医疗纠纷投诉处理档案管理的归档、保管、借阅、移交、保密、销毁及库房管理等各项规章制度，使医疗纠纷投诉处理档案工作的每个环节都有章可循，有明确的要求和制度的约束。同时，将其逐步统一纳入医疗机构的档案管理之中，使医疗纠纷投诉处理档案管理与医疗业务同步考核评价、同步发展。

目前可以据以规制医疗纠纷投诉处理档案管理的法律、法规比较少。从法律层面上来看，《中华人民共和国档案法》涉及宏观层面的档案管理制度，具体到医疗纠纷投诉处理档案的管理，应该参照卫生行政主管部门的规定。从部门规章上看，医疗机构档案管理最早的规范性文件是原卫生部于 1983 年 12 月 15 日颁布的《医学科学技术档案管理办法》，目前已失效。不过该办法第 11 条规定了医疗机构的医学科学技术档案的范畴，包含了医疗事故、技术事故的调查、分析、鉴定及处理意见。目前规范医疗档案管理的规范性文件，一是原卫生部 1991 年 3 月 9 日颁布的《医药卫生档案管理暂行办法》，该办法第 16 条规定了应当归档的文件材料的范围：医疗质量调查和监督检查中形成的文件；突发事件、传染病暴发流行抢救工作记事、照片、录像、总结等文件材料；医疗事故或医疗纠纷的来信来访调查分析，医疗事故鉴定书和处理意见等。二是原卫生部 2008 年 4 月 8 日颁发的《卫生档案管理暂行规定》，该规定第 2 条定义了卫生档案，是指各级卫生行政管理部门和各医疗、疾病预防控制、卫生监督、科研、血站、妇幼保健和社区卫生服务等机构，在工作中形成的，具有保存价值的各种形式和载体的文件材料。因此，医疗纠纷投诉处理档案应当属于卫生档案的范畴。

二、医疗纠纷投诉处理档案的特点

医疗纠纷投诉处理档案产生于特殊的群体和领域，所以有其自身的特点。

（一）专业性强

医疗纠纷投诉处理档案主要由医疗机构提供的材料、患者及其家属提供的材料、鉴定机构提供的材料、司法机关提供的文书等几部分内容组成。首先，医疗机构提交的住院病历、影像资料、检验报告等不仅是诉讼证据，更是原始的临床医学文献，包含着流行病学、诊断学、诊疗规范、效果追踪等大量的专业信息资料，是甄别医疗机构及医护人员依法执业与否的重要依据。其次，医学属于自然科学，其性质和特殊性决定了它逻辑严密、技术含量高、专业性强。最后，鉴定机构和司法机关制作的文件全面、准确地记载和保留了案件材料、证据和结论，其中蕴藏着深刻的法学理论和原理，是各级司法机关行使职权的重要文字凭证，是司法人员在审理案件中对案件事实、证据、程序和适用法律把握情况的客观记录，是办案质量的重要反映，属于专业性很强的文书档案。

（二）材料类别多

普通科技档案资料来源比较单一，一般仅限于其所属的科研课题、产品及设备，而医疗纠纷投诉处理档案的材料来源多、类别杂，这主要是因为处理医疗纠纷的途径有很多种。处理医疗纠纷的途径可以是医患双方、卫生行政部门、第三方调解机构、鉴定机构、人民法院、检察院，也可以是与案情相关的部门、单位和个人。材料内容涉及：证据类，如各种病历、记录、证明材料、医学影像资料、照片、电子视听资料；律师务实文书类，如各种申请书、起诉状、上诉状、答辩状、代理词、调查笔录；法院诉讼文书类，如判决、裁定、决定、通知等；检查文书、公证文书、理赔材料等其他类别。

（三）形成周期长

很多医疗纠纷因双方无法达成赔偿协议，最终选择通过司法程序解决问题，这就使纠纷进入一个较长的解决过程。即使是最简单的医患双方协商处理的案件，由于双方对赔偿数额分歧较大，也需反复多次协商，需要几个月甚至几年的时间才能了结。若进入诉讼程序则需更长时间。结案后，医疗机构还要根据行政法规的要求分析纠纷产生的原因，依据审判结论对责任部门、责任人进行绩效考评，形成处理意见……整个程序繁杂，周期漫长，其间各环节陆续产生的档案资料一直以“预立卷”状态存放在分管部门，难以装订归档，给档案归档、利用带来不便。

三、医疗纠纷投诉处理档案的作用

医疗纠纷案件频发，反映了患者及其家属维护自身权益意识的增强，也从客观上促进了医护人员以人为本、尊重生命的医德医风的提高。医疗纠纷投诉处理档案记录了医疗纠纷产生的原因、过程和最终结论，因此，建立医疗纠纷投诉处理档案归档管理机制，有助于发挥其处理同类医疗纠纷案件中的借鉴作用，以史为鉴，查往知今，同时也可以起到防患于未然的警示作用。医疗纠纷投诉处理档案是医疗机构档案服务功能的一种体现，具体来说，它主要具有以下几个方面的作用。

（一）为管理者提供决策参考，促进医疗机构的规范化管理

医疗纠纷的发生几乎无可避免。虽然不同的医疗纠纷案件有各自的特殊性，不同时期的医疗纠纷也可能侧重点不同，但同一时期的医疗纠纷案件又有着一定的共性，医疗纠纷的发生、发展以及处理也有一定的规律性。针对当前医疗卫生行业中遇到的新形势、新问题，分析各个医疗纠纷的处理全过程，找出同一时期医疗纠纷的共性，可对今后的同类医疗纠纷的处理起到借鉴作用。同时，通过归纳、总结已经发生的医疗纠纷案例及相关医疗纠纷投诉处理档案，医疗机构管理人员可快速找出医疗机构内部业务建设和医疗管理中存在的缺陷并及时采取相应措施予以弥补，进一步完善医疗机构相关的规章制度，使医疗机构各项建设日趋完善，从而促进医疗机构整体管理水平的提高。

（二）为医护人员提供借鉴，促进医护人员素质的提高

俗话说：“前车之辙，后车之鉴。”在很多时候，可以通过学习别人成功或失

败的经验教训来提高自己的能力。通过查阅医疗纠纷投诉处理档案，医护人员可以了解医疗纠纷的主要起因、类型，相关法律法规，患者及家属的心态，了解医疗机构及医护人员自身存在的不足。在了解上述情况的前提下，医护人员在诊疗活动中注意规范操作，在医患沟通中注意患者及家属的心理变化，用通俗的语言耐心地与患者沟通，缩小医患双方心理距离，获得患者及家属的信任。医护人员可以此为鉴，时刻保持“如临深渊、如履薄冰”的心态，不断提高自身的技术水平和服务质量，增强责任意识，防微杜渐，避免同类事件或其他不良事件的发生，确保医疗安全及医疗活动的正常进行。

同时，医疗纠纷投诉处理档案是医疗纠纷处理部门工作人员学习的“教材”，对日后同类纠纷处理起到借鉴作用。医疗纠纷处理部门工作人员通过对医疗纠纷投诉处理档案进行分析、整理，找出医疗纠纷的起因、特点等，逐渐积累处理医疗纠纷的经验，为日后处理相似的纠纷打下基础。

（三）指导医护人员规范行医，促进医疗质量的提高

医疗纠纷的发生原因，无论是医疗事故、技术失误，还是医疗行为中的侵权，甚至是医患沟通不充分、患者单方面医学常识欠缺或者仅仅为患者及家属单方面不满意等等，其发生及处理过程都有着深刻的经验与教训，有的甚至是用“血”和“泪水”换来的。医疗纠纷投诉处理档案是整个医疗活动和纠纷处理过程中所有有价值的资料记录以及上述经验的总结，因而它是指导日后医疗工作的一种重要工具。后来者借此吸取前人的经验和教训，不仅可以提高技术水平、增强责任心及法律意识，纠正工作中的偏差，而且可以发现没有注意到的地方，避免再次犯下相同的错误和失误，从而更好地为患者服务，不断提高医疗机构的整体医疗质量。

（四）作为医疗纠纷的证据，有效处理医疗纠纷

虽然医疗纠纷投诉受理及处理的目的是将纠纷终结于诉讼之外，不让医疗纠纷升级为耗时费力的诉讼，但是有的医疗纠纷即使经过医疗机构的投诉管理部门的受理、调查和处理，患方也不愿意接受医方的处理方案，即使接受医方的处理方案有的在若干年后再次提出索赔投诉，甚至向法院提起诉讼，此即属于“老账新算”的纠纷。因此，有一些医疗纠纷始终不可避免地要进入诉讼环节。进入诉讼环节，法律规定和证据成为官司胜败的关键性因素，医疗机构在应诉后必须要

拿出自己的证据，而医疗机构在医疗纠纷投诉阶段收集的各种证明案件事实的材料即可以作为证据。如果医疗机构将医疗纠纷投诉处理档案规范、完整地保存下来，那么在纠纷进入诉讼之后便有了相应的证据。

【案例 11-01】

因缺乏医疗纠纷投诉处理档案，难以证明纠纷已经过诉讼时效案

某患者，男。1990 年 5 月 25 日因“急性化脓性阑尾炎伴穿孔”在北京市某区医院接受过手术治疗，术后恢复良好，于术后 7 天痊愈出院。然而，患者在 2008 年 7 月 26 日向所在地人民法院提起了民事起诉，以手术医院侵犯其合法权益为由，要求赔偿其紧急损失三十余万元。在诉讼过程中，医疗机构主张该案件已经过了诉讼时效，人民法院应当驳回其起诉。但是患者主张没有超过诉讼时效。患者诉称，其于 1990 年 6 月 2 日出院后不久，即感觉自己经常有腹痛、腹胀、大便不畅等症状，多次就医也没有查出是什么问题，2002 年还发生过肠梗阻，做了手术，但是手术医院也没有解释是什么原因。患者 2008 年 6 月 3 日到北京某知名三甲医院看专家门诊时，接诊专家解释说是 1990 年开腹手术的并发症，至此患者才知道这一切都是当年开腹手术引起的。患者主张，诉讼时效应当以当事人知道或者应当知道之日起计算 1 年，本案诉讼时效应当从 2008 年 6 月 3 日开始计算，没有过诉讼时效，并提供了该三甲医院专家门诊的就医资料。被告医院主张，该患者在 2002 年发生过肠梗阻并做了手术之后，即来医院投诉，在医院解释之后再也没有找医院，诉讼时效应当从 2002 年开始计算，但是患者否认该次投诉，医院也拿不出投诉证据。最终，该案件有关超过诉讼时效的主张没有得到法院的支持，进入了实体审理程序。

（五）其他作用

1. 可以为相关医学课题研究提供素材

目前医患关系已成为社会关注的焦点。为了更快、更有效地解决医疗纠纷，同时为了最大限度避免医疗纠纷的发生，越来越多的人开始从事医事法学和医患关系方面的研究。医疗纠纷投诉处理档案是最好的研究资料，完整而丰富的案例资源使医事法学和医患关系方面的研究结果更具科学性、现实性和可操作性。

2. 促进医学事业的进步

医疗纠纷早已成为社会关注的热点问题，越来越多的医疗政策制定者、医疗机构管理者以及法律工作者参与到医疗纠纷相关的研究当中。完整、翔实、生动的医疗纠纷投诉处理档案可以为他们的课题研究提供素材，从而促进医疗纠纷相关管理、立法等的发展，最终获益的仍然是医患双方。

3. 促进国际、国内交流

随着经济全球化和地区性、区域性组织的不断产生和发展，医疗机构要想在国际、国内竞争性医疗市场上有所作为，充分利用世界市场、国内统一市场以及区域性医疗市场，在各个层面有效配置医疗资源，就必须加强与这些组织的沟通交流，按通行的规则处理有关问题。医疗纠纷投诉处理档案管理也不例外，积极研究和借鉴其他国家和地区、同一地域医疗纠纷投诉处理档案管理的先进经验和模式，有利于更好地融入医疗市场，引进更多的先进医疗技术，更好地孕育和维护医疗机构的利益和荣誉，提高医疗机构医疗相关业务的竞争力。

【案例 11－02】

医院投诉档案成为行政投诉依据的案例①

患者2012年6月15日至2012年7月19日在某医大附三院产科住院诊疗。该院于2012年6月17日为患者进行阴道分娩过程中采取手取胎盘医疗措施。患者认为医院存在不当，遂与医院发生纠纷。因不满医院的处理，患者向某市卫健委投诉。对于患者的投诉，市卫健委高度重视，指示市卫监所进行调查处理。市卫监所调取了原告2017年8月23日投诉档案材料。2018年1月9日向某医大附三院发出协查函，要求提供原告的病历材料、就原告的投诉作出的书面说明及提供医师麦某的相关证书，并对医疗过程进行调查。2018年2月13日，某市卫健委作出《关于吴某某投诉事项答复函》："2012年6月15日，该院与您和您的家属签署《孕产妇及家属知情同意书》，院方已向您和您家属告知阴道分娩过程中可能因胎盘胎膜残留等并发症而需采取手取胎盘这一医疗措施并取得你们的同意，但未告知手取胎盘医疗措施的风险。某医大附三院未将手取胎盘医疗措施的风险向您和您的家属告知的

① 参见广州铁路运输法院（2018）粤7101行初5225号行政判决书。

行为，违反了《医疗事故处理条例》第十一条的规定。我委已责成该院整改，落实患者如实告知医疗风险义务。某医大附三院存在的上述问题不属于《广东省卫生厅关于医疗机构不良执业行为记分的试行管理办法》中需要进行不良执业行为记分的情形。”患者不服卫健委的答复，遂向人民法院提前行政诉讼。

法院审理认为，在原告分娩前，医生已告知阴道分娩可能出现的情况及处置措施，其中包括“胎盘胎膜残留、粘连、剥离不全、嵌顿、植入，必要时同意手取胎盘及清宫术”等内容，原告及其家属均已在知情同意书中签名确认。此后原告在分娩过程中胎盘胎膜无法娩出，并发生羊水栓塞、产后大出血、休克等严重危及生命的情形，某医大附三院在抢救过程中，实施了手取胎盘术，并未超出原告及其家属事先知情同意的范围。但医方未如实告知原告及其家属实施手取胎盘术的医疗风险等，违反上述规定，被告市卫健委经调查后认定医方存在未告知手取胎盘术的医疗风险的事实清楚、证据充分。根据《广东省卫生厅关于医疗机构不良执业行为记分的试行管理办法》第6条、第7条、第8条、第9条、第10条的规定，某医大附三院未向患者告知手术风险的行为并不属于应予扣分处理的不良执业行为。被告某市卫健委经过调查，对医方存在的问题发出《卫生监督意见书》责令其整改，并在法定期限内答复原告，处理程序合法，于法有据。原告请求撤销被告市卫健委的答复函，理据不足，本院不予支持。

四、医疗纠纷投诉处理档案归档的意义

无论是哪种原因产生的医疗纠纷，都可能给医疗机构带来多方面的负面影响：首先，会给医疗机构造成不良的社会影响，破坏医疗机构的社会形象，给医疗机构造成间接的经济损失；其次，使医护人员心理压力增加，工作效率、积极性和创造性降低；最后，可能导致医疗机构患者就诊率及住院患者数下降，给医疗机构造成直接的经济损失。

近几年，由于医疗纠纷而发生的冲击医疗机构、干扰医疗秩序的恶性事件频发。2018年1月9日，中国医师协会发布的《中国医师执业状况白皮书》显示，有38%的医师从未亲身经历过医疗纠纷，62%的医师发生过不同程度的医疗纠纷；在伤医问题上，34%的医师从未亲身经历过暴力伤医师事件，66%

的医师经历过不同程度的医患冲突，但绝大多数（51%）为偶尔的语言暴力。2010 年至 2014 年，全国法院共受理医疗损害责任纠纷一审案件 90189 件，审结 87205 件，年均增长 3.7%，平均每年受理 1.8 万件。相比之下，医疗纠纷调解委员会等人民调解组织受理的医疗纠纷数量更多，2014 年人民调解处理医疗损害纠纷 6.6 万起，占医疗损害责任纠纷总数的 57.4%，且调解成功率在 85%以上。[①]

由此看来，医疗纠纷对医疗机构的影响是深刻而严重的，对医疗纠纷的处理直接影响着医疗机构的发展，因而医疗机构必须重视医疗纠纷的防范与处理。虽然各级各类医疗机构已重视医疗纠纷的防范与处理，但是在防范、处理方面却缺乏相应的章法，甚至在医疗纠纷防范与处理策略上还找不到门路。其实，对已经发生的医疗纠纷案例资料进行归纳、整理，便可以分析出医疗纠纷产生的原因、发展趋势及变化情况。掌握医疗纠纷发生和处理的规律，对完善医疗服务质量管理，规范医生、护士从业行为，避免纠纷及维护医患双方的利益都具有十分重要的意义。

五、目前医疗投诉处理档案归档管理中存在的问题

近年来，医疗纠纷呈不断上升趋势，随之产生的医疗纠纷投诉处理档案也在不断增加。但是，医疗纠纷相关档案的归档管理工作是否到位，能否有效地为日后工作提供信息和依据，却存在若干问题。

（一）医疗机构对医疗纠纷投诉处理档案归档管理的重视度不够

目前许多医疗机构管理者十分重视医疗纠纷的处理，但对医疗纠纷投诉处理档案的整理重视不足，医疗机构从上到下仍存在重医疗、轻档案的思想，认为此举需要花费大量人力、物力，却没有直接的效益产出。医疗纠纷处理过程中要求各类资料齐备，但往往在纠纷处理完后，工作也就结束了。并且医疗纠纷投诉处理档案的收集和及时归档更是烦琐、费时、费力，存在较大难度，以至于相关文字性资料在归档时不能全面、及时、有效完成，无法达到为日后工作提供服务的目的。

① 彭小菲：《医疗纠纷调解增加人民调解渠道》，《北京青年报》2015 年 11 月 3 日。

（二）涉及医疗纠纷的相关部门对档案收集工作认识不足

每一起医疗纠纷从发生到最后结案，往往和临床科室、职能部门甚至后勤部门的工作息息相关，涉及人员比较多。而相关部门对医疗纠纷投诉处理档案的材料收集意识淡薄，造成医疗纠纷投诉处理档案收集和整理困难。有些工作人员档案法制观念淡薄，不及时将资料交由医疗纠纷处理部门归档，而是从自身利益出发，为方便己用能拖则拖，造成档案长期散落在个人手中，甚至造成资料的流失。

（三）收集整理档案的行为不规范，存在管理盲点

医疗机构档案管理人员由于对医疗纠纷投诉处理档案对医疗工作的辅助作用重视不够，加之有些医疗纠纷历时数年，经办部门对档案材料移交过程拖沓，形成医疗纠纷投诉处理档案收集也行、不收集也无人问津的局面。对档案人员来说，只有认识到本职工作的重要性，才能立足本职，积极做好工作；对领导和其他人员来说，只有认识到档案工作的重要性，才能支持和配合好档案人员开展工作。

（四）医疗纠纷投诉处理档案的范围、内容不规范

目前不少医疗机构在医疗纠纷投诉处理档案的归档整理中，把医疗纠纷投诉处理档案归档管理简单地看成是对各种病历材料的收集和保管，且只是一般意义上的排序、归类，缺少内在规律的挖掘性整理。因此，要想真正使医疗纠纷投诉处理档案发挥其积极作用，为医方所用，还需要档案管理者做有心人，做大量耐心细致的工作。

（五）档案管理队伍力量不足、人员不稳定

随着医疗机构业务量的增加，特别是那些三级甲等医疗机构就医人员的急剧增加，医疗机构的档案也逐渐呈现出数量多、涉及面广、载体形式多样的特点。而档案管理队伍不变，专职档案人员屈指可数，队伍整体力量不足，人员稳定性差，既影响档案工作效率，也挫伤档案人员的工作积极性。

（六）档案管理手段落后、利用效率低下

目前，不少医疗机构的医疗纠纷投诉处理档案归档管理还停留在手工管理层面上，档案信息存储量小，收集、整理、检索难，利用率低。尽管有的医疗机构也采用计算机辅助管理，但是由于没有实现网络化管理，档案信息资源难以做到共享，档案利用率相对较低。

第二节　建立医疗纠纷投诉处理档案归档管理制度

针对当前医疗卫生行业中遇到的新形势、新问题，通过对既往医疗纠纷的发生及其处理全过程进行归纳、总结，将医疗纠纷投诉处理档案由死档案变成活材料，发挥医疗纠纷投诉处理档案的借鉴功能，找出医疗机构内部业务建设和医疗管理中存在的缺陷并及时采取相应措施予以弥补，使医疗机构各项建设日趋完善，是建立医疗纠纷投诉处理档案归档管理机制的意义所在。

一、医疗纠纷投诉处理档案归档管理的范围和内容

医疗纠纷投诉处理档案并不是简单地等同于病历档案。病历档案是指患者住院期间，医护人员对患者整个病程以及诊疗过程的记录，患者出院后将其归档便成为病历档案。而医疗纠纷投诉处理档案是指医患双方在按照法律规定解决医疗纠纷过程中收集和形成的档案资料。它不仅包括发生医疗纠纷患者的病历档案，还包括门诊资料以及解决和处理医疗纠纷过程产生的一系列材料，包括文字、声像等多种载体形式的材料。《医疗机构投诉管理办法》第 37 条第 2 款规定，医疗纠纷投诉处理档案应当包括以下内容：（1）患者基本信息；（2）投诉事项及相关证明材料；（3）调查、处理及反馈情况；（4）其他与投诉事项有关的材料。这是规范文件的原则性规定，也是医疗投诉处理档案的基本内容。

根据医疗纠纷的产生、发展、解决的过程，医疗纠纷投诉处理档案应当包含以下 11 个方面的内容。

（1）医疗纠纷形成材料。主要包括：患者或患者家属的投诉书，投诉谈话记录、电话投诉笔录或上级主管部门及信访部门转交的投诉书等投诉材料，以及反

映医疗纠纷发生经过、处理要求等方面的原始材料。

(2) 医疗纠纷证据材料。主要包括：反映诊疗过程的病历档案，病历档案是医疗纠纷中判断是非的依据，是医疗纠纷投诉处理档案中最重要的组成部分；患者住院期间所作的各种检查、检验的记录以及诊断书，如X线、CT、核磁共振等检查的诊断书；各种与诊疗相关的物证，如病理标本、病人接触的实物等；门诊诊断和治疗记录等。

(3) 医疗纠纷调查材料。这是医疗机构及医疗机构上级主管部门对医疗纠纷调查过程中形成的文件材料，如相关医师情况、科室讨论意见、相关人员谈话记录、相关人员提供的证据证词等。

(4) 医疗纠纷鉴定材料。主要包括：各级医疗事故鉴定机构对医疗事故出具体的鉴定意见书等。

(5) 医疗纠纷处理材料。主要包括：医疗机构上级主管部门对医疗纠纷的调查结论、处理意见书，医疗机构对医疗纠纷的调查结论和对有关责任人的处理意见书等。

(6) 医疗纠纷调解材料。主要包括：医疗机构与患者或其家属协商解决医疗纠纷的谈话记录、达成的协议书及办理的公证书，医疗纠纷调解的原始记录等。

(7) 医疗纠纷诉讼材料。这是患者及其家属对院内调查处理结果不满意时，诉诸法律解决纠纷所形成的材料，主要包括：法院传票、患者或其家属的民事诉状、医疗机构委托律师的委托代理合同、答辩状、为法院提供的患者病情相关技术资料及相关人员的证人证词，患者整个治疗情况说明以及法院的调解、判决、执行文书等。患者及其家属或医疗机构对一审法院判决书不满提起上诉的，还包括民事上诉状及终审法院的判决书或裁定书。

(8) 医疗纠纷结案材料。主要包括：医患双方协议或法院判决结果及其执行情况。如医患双方协商解决医疗纠纷达成的协议书、公证书或由法院调解后双方自愿达成协议的协议书或裁决书及执行情况的书面材料。

(9) 解决医疗纠纷的依据。主要包括：解决纠纷过程中所依据的法律法规、规章制度等。包括医疗机构处理结果、医患双方自行调解以及诉讼解决纠纷过程中所依据的法律法规、规章制度等材料。

(10) 医疗纠纷总结材料。主要包括：医疗机构主管部门负责人对整个事件进行回顾性总结及向上级主管部门作的报告等。如经验教训的总结、相应的弥补措施、制定的新规章制度、对科室及个人的处罚、对全院工作人员的教育、针对事件中医疗机构存在的不足提出的改进意见。

（11）其他材料。医疗纠纷发生后，无论是事故、差错，还是技术原因造成的医疗纠纷案，都会围绕物证形成一系列应归档的文字材料，包括：（1）输液、输血、注射、药物等引起的不良后果时，应对现场实物进行封存，封存和启封时应有患者或家属在场并签字，封存的现场实物由具有检验资格的检验机构进行检验，实物检验结果作为调查证据归档；（2）对于药械产品、抢救设备，医疗机构必须符合国家卫健委及药监局管理规定，有产品来源、去向、使用登记，抢救设备的维护记录和使用情况记录等材料；（3）在医疗纠纷过程中还会形成一些特种载体档案，如患者病例的病前、病后，术前、术后医疗治疗过程，病案讨论过程，医疗机构与患者及其家属谈判的过程，对物证采样等形成的摄像、照片、录音资料等，这些都应归档。

二、医疗纠纷投诉处理档案归档管理的流程

建立完善的医疗纠纷投诉处理档案归档管理工作流程，是做好档案管理工作的前提。合理的医疗纠纷投诉处理档案归档管理工作流程，可以最快速地收集医疗纠纷投诉处理档案资料，科学地管理医疗纠纷信息，实现资源共享，为医疗机构的管理、医疗、科研、教学和社会各界服务。因此，医疗纠纷投诉处理档案归档管理工作流程中的各个环节，都应实施规范化的科学管理（见图 11－1—图 11－3）。

在医疗纠纷投诉处理档案归档管理工作流程（见表 11－1）中，重点在于医疗纠纷投诉处理档案资料的收集、整理和利用。

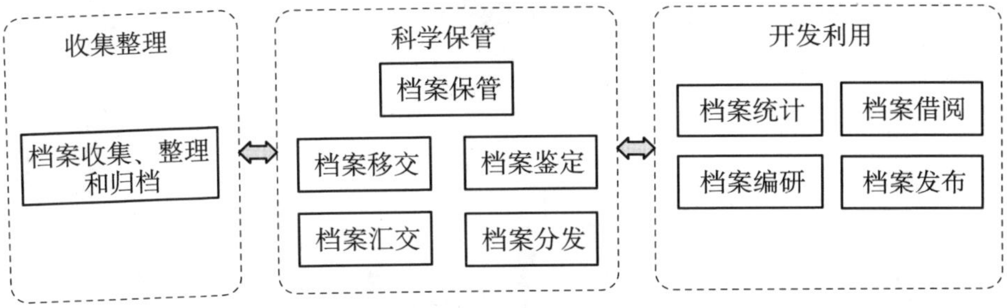

图 11－1　档案归档管理总体业务流程

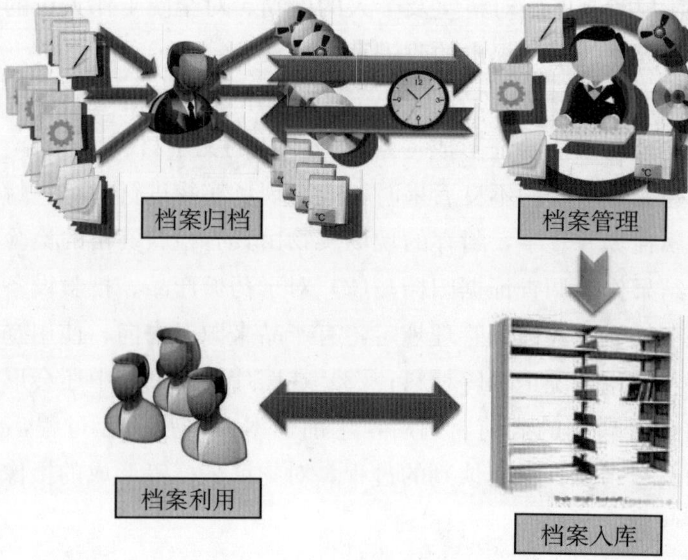

图 11－2　传统档案管理流程

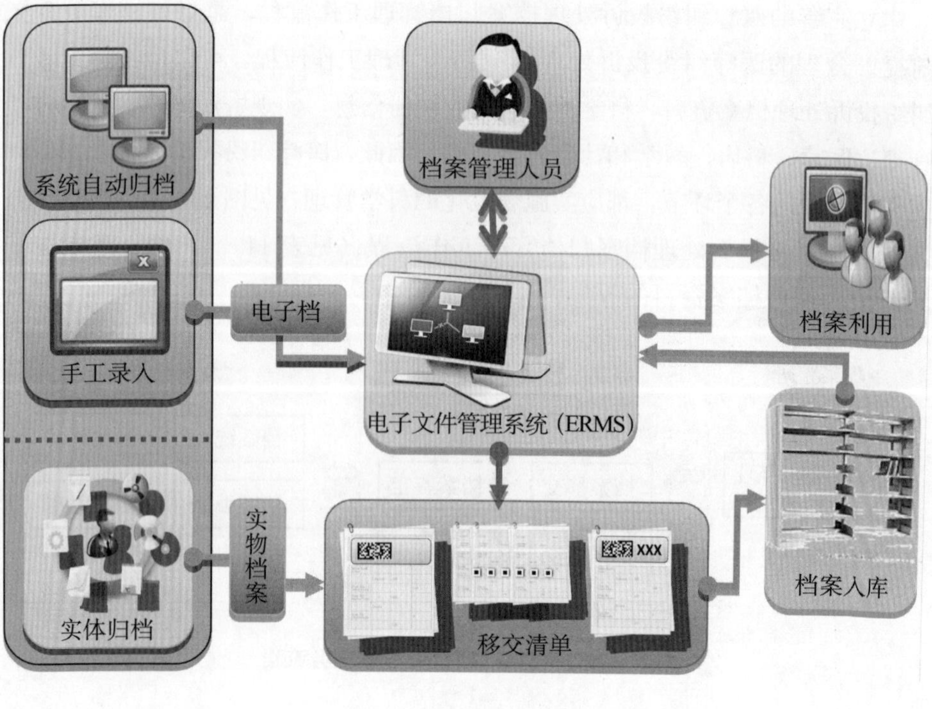

图 11－3　现代档案管理流程

表 11－1　医疗纠纷投诉处理档案归档管理工作流程一览表

<table>
<tr><td rowspan="2">收集</td><td rowspan="2">是否属于档案材料</td><td rowspan="2">判断能否归档</td><td rowspan="2">系列材料是否齐全完整</td><td rowspan="2">是否准确</td><td rowspan="2">手续是否完备</td><td rowspan="2">材料是否重复</td><td>归入档案</td><td rowspan="2">必须认真仔细，材料取舍合理、准确</td></tr>
<tr><td>不应归档材料转、退、销</td></tr>
<tr><td rowspan="3">整理</td><td>立卷归档</td><td rowspan="2">分类</td><td rowspan="2">排序</td><td rowspan="2">技术加工</td><td rowspan="2">登记目录</td><td>装订</td><td rowspan="2">复查审核</td><td rowspan="3">档案内容必须完整、真实、精练、实用</td></tr>
<tr><td>补充档案</td><td>拆卷装订</td></tr>
<tr><td>清理档案</td><td>拆卷</td><td>撤出需清理材料</td><td>在目录备注栏注明</td><td>订卷</td><td>填清理登记表</td><td>妥善处理清出材料</td></tr>
<tr><td>保管</td><td>编制检索工具</td><td>档案编号</td><td>档案索引</td><td>排列存放</td><td>经常检查保管情况</td><td colspan="2">半年核对一次档案顺序号</td><td>保证档案绝对安全、排列合理、便于查找</td></tr>
<tr><td rowspan="2">利用</td><td>查阅</td><td rowspan="2">审核阅档审批表</td><td>填写查档登记簿</td><td>档案交利用者查阅</td><td>核对摘录复制材料</td><td>盖专用章注明出处</td><td>收回档案清查入库</td><td rowspan="2">必须符合利用规定</td></tr>
<tr><td>借用</td><td>填写阅档登记簿</td><td>档案交借用者</td><td>按期收回借用档案</td><td>登记还档日期</td><td>逾期两周未还应催回</td></tr>
<tr><td rowspan="3">转递</td><td>转出</td><td>填写转递通知单</td><td>填写转档登记簿</td><td>严密包封</td><td>通过机要交通转递</td><td>检查收存回执</td><td>一月未退回执应催回</td><td rowspan="3">必须准确、及时、安全</td></tr>
<tr><td>转入</td><td>审核档案转递通知单</td><td>检查核对档案材料</td><td>在回执上签字盖章</td><td>填写收档登记簿</td><td colspan="2">回执寄回转出单位</td></tr>
<tr><td>移交</td><td>清点档案</td><td>编制移交清单（一式两份）</td><td>与移交单位清点</td><td>双方签字盖章</td><td colspan="2">交接双方各存一份</td></tr>
<tr><td>统计</td><td colspan="2">做好登记工作</td><td colspan="5">定期统计</td><td>准确</td></tr>
</table>

（一）收集

医疗纠纷投诉处理档案资料收集是医疗纠纷投诉处理档案归档管理工作的基础，是病案管理流程中重要的环节，凡是在治疗及纠纷解决的过程中形成的有保存价值的文件材料均应进行管理。医疗纠纷投诉处理档案的收集是确保医疗机构档案齐全完整的重要方面，然而在大多医疗机构普遍存在着重医疗、轻档案的现象，收集工作存在一定的难度，[①] 如不采取相应的措施及时收集整理，将会造成许多医疗纠纷投诉处理档案散失。

医疗纠纷投诉处理档案可以借鉴基建档案资料收集“三同步”的管理方法，坚持资料收集与纠纷处理同步的原则，对医疗纠纷投诉处理档案实行专人跟踪制度，随时收集每个环节产生的资料，确保档案资料的完整。

（1）住院治疗的相关材料。这也是医方用来证明没有过错和主张权利的证据，主要包括住院病历、医患双方签署的文件、各种检查结果、标本、残留药物、输血输液剩余液或包装袋等等。这个阶段，档案部门应和有关科室密切配合，同步做好收集工作，提交公、检、法、仲裁机构和其他机关的材料，应妥善保管副本或复印件；不能附卷归档的实物证据可以另行保管，但应将其照片等证明材料附在卷内，并将证物的名称、数量、质量、规格、特征、保管处所等逐一登记，以便掌握上述资料的具体内容及去向，待文件材料形成后，再按制度收集归档。

（2）如果医患双方协商不成，医患纠纷进入诉讼阶段，档案管理重点应转向各类鉴定和诉讼过程中形成的文件材料。其内容有：各类通知、诉状、答辩状、证据材料、鉴定书、判决书、裁定书等等。这个阶段档案人员要时刻根据司法程序的进度，检查与督促案件处理部门和相关人员同步做好文件材料的收集工作，并根据各阶段鉴定或审理的结果判断案情的发展趋势，为下阶段作准备。

（3）收集纠纷处理的总结材料。医疗机构内部对医疗纠纷案件发生、处理、分析、总结过程所产生的材料，是医疗纠纷投诉处理档案重要的内容之一。其内容包括：医疗纠纷产生经过的说明，医疗机构对案件处理方式向主管部门的请示及主管部门的批复，法院判决结果或医患双方协议的执行情况，医疗机构关于整个纠纷事件的讨论、总结，对责任部门、责任人绩效考评的情况，对案件处理结

---

① 袁湘芸、洪虹：《浅谈医疗纠纷投诉处理档案管理》，《现代医院》2005 年第 2 期。

果向主管部门的报告等等。管理人员在这一环节必须追踪、督促相关部门完成相关工作流程，收齐相关材料，保证有始有终，确保档案的系统性和完整性。

（二）整理

规范制作是案卷标准化的关键，医疗纠纷投诉处理档案材料收集后，应根据医疗纠纷投诉处理档案的基本特点，按照档案管理的基本原则规范整理、及时归档。医疗纠纷投诉处理档案的整理应遵循医疗纠纷投诉处理档案材料形成的过程和特点，以纠纷解决途径为主，区别案由，根据不同性质特征，按照形成的时间、顺序和规律系统整理；分类立卷，规范其制作原则，以保证它们之间的有机联系，形成独立完整的纠纷处理案卷，便于今后查找利用。

（1）医疗纠纷投诉处理档案应按处理途径的不同，分为医患双方协商类、医疗纠纷第三方调解类、人民法院诉讼类。

（2）医疗纠纷投诉处理档案的立卷实行一案一卷、一卷一号的原则。同一案件经过多级司法机关审理的，可以合并立卷，但同一案件以不同案由分别起诉的可以除外；归档纸质文件与归档电子文件编为一致的档号和著录信息，并做好数据备份。

（3）医疗纠纷投诉处理档案应长期保管，一般按年度立卷，跨年度的案卷应在办结年立卷。

（4）医疗纠纷投诉处理档案文书材料的排列顺序是：卷宗封面；卷内目录；判决书、调解书、裁定书、协议书；医疗纠纷经过的说明；主管部门对案件处理方式的批复及医疗机构的请示；医疗机构对整个纠纷事件的讨论、总结，对责任部门、责任人绩效考评的情况；对案件处理结果向主管部门的报告；司法文书材料；备考表；卷底。

（三）利用

档案利用是档案管理整个过程中的最终环节。利用才是管好医疗纠纷投诉处理档案的基本目的，因此在管好的基础上要用好医疗纠纷档案，为医疗机构的管理、医疗、科研、教学和社会各界服务。

医疗纠纷投诉处理档案是医疗机构医疗投诉管理部门在投诉接待、参加鉴定、调解、诉讼全流程的资料汇集，可以充分反映医疗机构发生医疗纠纷的过程、原因、处理情况以及经验教训，是医疗机构宝贵的管理资料，也是医疗机构发展过程的历史见证。医疗机构不仅要规范建立医疗纠纷投诉处理档案，更要充分利用医疗纠纷投诉处理档案。医疗纠纷档案的利用范围包括：(1) 梳理和总结一段时间内医疗投诉、医疗不良事件、医疗纠纷、医疗事故发生的情况，总结医疗质量安全事件发生规律；(2) 在循证管理、循证决策的大背景下，医疗纠纷投诉处理档案是最好的医疗质量安全管理决策的证据；(3) 为医疗纠纷后续处理程序提供必要的证据治疗，因为有的纠纷持续多年，有的纠纷有反复，即便结案，也可能后续再次发生诉讼，前期的投诉、处理资料都可以成为后来的诉讼证据；(4) 典型的医疗纠纷投诉处理档案可以成为很好的医疗质量安全教学、培训的资料，以生动、真实的案例为素材，对医务人员，尤其是年轻的医务人员展开教育，可以收到非常好的效果；(5) 促进本院的医疗投诉、医疗质量安全的科研，总结经验教训，培养医疗纠纷处理专家。

三、当前医疗纠纷投诉处理档案归档管理工作的重点

医疗纠纷产生于特殊的群体和领域，有其自身的特点，因此只有根据这些特点，抓住新形势下医疗纠纷投诉处理档案归档管理工作的重点，做好针对性的管理工作，才能做到管好、用好医疗纠纷投诉处理档案，为医疗机构及患者提供及时、有效的服务。《医疗机构投诉管理办法》将医疗纠纷投诉处理档案归档的重要性提升到医政管理层面。在新形势下医疗纠纷投诉处理档案归档管理工作的重点主要有以下五个方面。

(一) 提高医疗机构管理者及相关工作人员的档案职责意识

第一，医疗机构应当将医疗纠纷投诉处理档案管理纳入医疗机构档案管理工作之中。第二，要加大对医疗纠纷投诉处理档案管理的宣传力度，做到上至院领导、下至科主任及普通医护人员，都对档案工作有充分了解，提高医疗机构管理者及相关工作人员的档案职责意识，了解档案与其日常工作的密切关系，主动参与到档案管理工作中。第三，由于领导对医疗纠纷处理的重视程度往往超过对医疗纠纷投诉处理档案的保管，兼职档案员一般由本科室医护人员担任，往往一人身兼数职，加上没有经过系统的档案知识培训，相关人员的档案法制观念不强，很难做到积极主动移交归档，所以需要档案部门大力宣传《中华人民共和国档案法》，提倡将有关材料及时、完整归档与年终绩效考核相挂钩，把这项工作真正

落到实处。第四，医疗机构相关工作人员要树立依法治档观念，严格遵守各项法律法规，从依法治档的高度对待医疗纠纷投诉处理档案的归档管理问题。

由于特殊性，医疗纠纷投诉处理档案与其他档案有较大差异，如何发挥其作用，对档案管理者提出了较高的要求。因此，要切实把档案管理人员的培养纳入医疗机构人才培养计划，定期开展档案业务培训，丰富、更新相关工作人员的业务知识，增强业务技能。同时通过专业培训、继续教育等手段，提高从业人员法律及档案管理能力，不断提高他们的业务能力。

（二）培养专业化的医疗纠纷投诉处理档案管理人才

随着电子病历、办公自动化系统在医疗机构的推广和应用，档案工作信息化和网络化已经逐步从传统文献资料管理向数字化的信息资料管理转移。因此，现代医疗机构档案管理人员必须提高自己的业务素质和文化素质，精通档案专业的基础理论和技术，掌握现代计算机技术、缩微技术、复印技术、照相技术、视听设备和视听资料的使用及保护技术的操作方法。由于医疗纠纷投诉处理档案的特殊性和专业性，管理人员还需熟悉与医疗纠纷投诉处理档案密切相关的医学、法律、医疗纠纷处理程序等专业知识。因为档案是以内容形式特征为依据进行分类、整理的，所以管理人员还应具备相应的专业知识，判断、分析、识别、整序等信息处理能力，才能看懂档案的内容，准确地鉴定，将档案管理和信息化管理技术有效结合，为科研和社会服务。

（三）按规律做好医疗纠纷投诉处理档案的归档整理

医疗机构应编制一套契合本单位的档案收集整理方案和工作标准，积极主动地开展医疗纠纷投诉处理档案的收集工作，确保归档范围内的文件全部归档。由于医疗纠纷处理时间不一，从病历档案到最后的执行证据收集可能出现跨年度的现象，这时归案原则应以医疗纠纷处理终结为准，以年度终结将有关材料整理、移交档案室。因此，有关科室应按医疗纠纷结案年度进行分类、编号、归档。此外，还应完善档案保管、借阅制度，严格登记借阅手续，防止档案损坏和丢失。

（四）落实医疗纠纷投诉处理档案规范化管理工作

一是要安装医疗纠纷管理软件。这些软件设计科学、实用，并设置了多项管理功能，可以把各门类的业务档案数据及目录输入管理系统内，达到保管更安全、利用更方便的目的。二是在档案管理系统内，可以开放信息以实现网上资源共享。对于不宜公开或半公开的信息，可以在系统内关闭其开放功能。三是利用医疗纠纷投诉处理档案时，无须查找纸质病历，直接在计算机上便可查找到病人所有治疗情况，对纸质档案也可起到有效保护作用。四是通过档案管理系统实现可开放的档案资源的共享，管理人员、技术人员都能用最快的时间查阅，为医疗机构管理研究提供快捷便利的服务。

（五）完善医疗纠纷投诉处理档案归档管理制度

加强医疗纠纷投诉处理档案归档管理是一个系统的管理过程，医疗机构要依据《中华人民共和国档案法》《中华人民共和国档案法实施办法》《医疗机构投诉管理办法》《医疗纠纷预防和处理条例》以及其他相关规定、日常医疗工作中的实际情况，建立和完善包括立卷归档制度、档案保管制度、档案保密制度、档案利用制度以及档案人员岗位责任制等在内的严格的管理制度和服务程序，使医疗纠纷投诉处理档案归档管理做到有法可依、有章可循。同时提高档案人员的履职意识、制度意识、责任意识，坚持制度上墙、规范管理、照章办事。从技术与管理两方面提高档案质量，抓好档案的进、出、管、用等工作，确保档案实体与载体的安全、网络传输及档案数据的安全，从而推进医疗纠纷投诉处理档案归档管理工作科学规范地开展。

总之，完整而高质量的医疗纠纷投诉处理档案，可以作为临床、教学、科研的参考资料，对医患纠纷处理具有一定借鉴意义，对医疗机构的医疗安全起到警示作用，也是现实法制案例范本和教育素材，为医疗质量持续性改进提供重要的数据支持，其价值不亚于病历资料。同时，医疗纠纷投诉处理档案的借鉴意义是医疗机构依法建立医疗质量安全管理体系的案例依据。做好医疗纠纷投诉处理档案的归档管理工作是医疗机构管理工作的一项重要内容，也是一项复杂的系统工程。作为医疗机构历史的守护者，档案管理相关部门应立足现实，本着对医疗机构高度负责的精神，积极研究对策，完善管理设施，转变管理观念，耐心细致地做好医疗纠纷投诉处理档案的归档管理。

附录 1

医疗机构投诉管理办法

（2019 年 3 月 6 日国家卫生健康委员会令第 3 号公布　自 2019 年 4 月 10 日起施行）

第一章　总则

第一条　为加强医疗机构投诉管理，规范投诉处理程序，改善医疗服务，保障医疗安全和医患双方合法权益，维护正常医疗秩序，根据《医疗纠纷预防和处理条例》《医疗机构管理条例》等法律法规的规定，制定本办法。

第二条　本办法所称投诉管理，是指患者就医疗服务行为、医疗管理、医疗质量安全等方面存在的问题向医疗机构反映情况，提出意见、建议或者投诉请求，医疗机构进行调查、处理和结果反馈的活动。

第三条　本办法适用于各级各类医疗机构的投诉管理。

第四条　国家卫生健康委负责全国医疗机构投诉管理工作的监督指导。

县级以上地方卫生健康主管部门负责本行政区域内医疗机构投诉管理工作的监督指导。

第五条　医疗机构投诉的接待、处理工作应当贯彻“以患者为中心”的理念，遵循合法、公正、及时、便民的原则。

第六条　医疗机构应当按照规定做好信息公开工作，主动接受社会监督。

第七条　医疗机构应当提高管理水平，加强医疗风险管理，优化服务流程，改善就诊环境，提高医疗服务质量，防范安全隐患，减少医疗纠纷及投诉。

第八条　医疗机构应当制订重大医疗纠纷事件应急处置预案，组织开展相关的宣传、培训和演练，确保依法、及时、有效化解矛盾纠纷。

第九条 医疗机构应当将投诉管理纳入患者安全管理体系，定期汇总、分析投诉信息，梳理医疗管理、医疗质量安全的薄弱环节，落实整改措施，持续改进医疗质量安全。

第十条 医疗机构应当做好医疗机构投诉管理与医疗纠纷人民调解、行政调解、诉讼等的衔接。

第二章 组织和人员

第十一条 医疗机构主要负责人是医疗机构投诉管理的第一责任人。

二级以上医疗机构应当设置医患关系办公室或者指定部门（以下统称投诉管理部门）统一承担投诉管理工作。其他医疗机构应当配备专（兼）职人员，有条件的也可以设置投诉管理部门。

第十二条 二级以上医疗机构应当指定一名医疗机构负责人分管投诉工作，指导、管理医疗机构投诉管理部门的有关工作。

投诉管理部门履行以下职责：

（一）组织、协调、指导本医疗机构的投诉处理工作；

（二）统一受理投诉，调查、核实投诉事项，提出处理意见，及时答复患者；

（三）建立和完善投诉的接待和处置程序；

（四）参与医疗机构医疗质量安全管理；

（五）开展医患沟通及投诉处理培训，开展医疗风险防范教育；

（六）定期汇总、分析投诉信息，提出加强与改进工作的意见或者建议，并加强督促落实。

仅配备投诉专（兼）职人员的医疗机构，投诉专（兼）职人员应当至少承担前款第二项职责。

第十三条 医疗机构投诉管理人员应当具备以下条件：

（一）具备良好的职业道德和工作责任心；

（二）具备一定的医学、管理学、法学、心理学、伦理学、社会工作等学科知识，熟悉医疗和投诉管理相关法律法规，以及医疗机构规章制度；

（三）社会适应能力较强，具有良好的社会人际交往能力，具备良好的沟通能力和应变能力。

第十四条 二级以上医疗机构应当建立医疗机构、投诉管理部门、科室三级投诉管理机制，医疗机构各部门、各科室应当指定至少 1 名负责人配合做好投诉管理工作。

医疗机构各部门、各科室应当定期对投诉涉及的风险进行评估，对投诉隐患进行摸排，对高发隐患提出针对性的防范措施，加强与患者沟通，及时做好矛盾纠纷排查化解工作。

医疗机构应当鼓励工作人员主动收集患者对医疗服务、医疗质量安全等方面的意见和建议，通过规定途径向投诉管理部门或者有关职能部门反映。

第十五条 二级以上医疗机构应当健全投诉管理部门与临床、护理、医技和后勤、保卫等部门的联动机制，提高医疗质量，保障医疗安全，维护正常医疗秩序。

第十六条 医疗机构应当逐步建立健全相关机制，鼓励和吸纳社会工作者、志愿者等熟悉医学、法律专业知识的人员或者第三方组织参与医疗机构投诉接待与处理工作。

第三章 医患沟通

第十七条 医疗机构应当提高医务人员职业道德水平，增强服务意识和法律意识，注重人文关怀，加强医患沟通，努力构建和谐医患关系。

第十八条 医务人员应当恪守职业道德，以患者为中心，热情、耐心、细致地做好本职工作，把对患者的尊重、理解和关怀体现在医疗服务全过程。

第十九条 医疗机构应当建立健全医患沟通机制，完善医患沟通内容，加强对医务人员医患沟通技巧的培训，提高医患沟通能力。

医务人员对患者在诊疗过程中提出的咨询、意见和建议，应当耐心解释、说明，并按照规定进行处理；对患者就诊疗行为提出的疑问，应当及时予以核实、自查，并与患者沟通，如实说明情况。

第二十条 医务人员应当尊重患者依法享有的隐私权、知情权、选择权等权利，根据患者病情、预后不同以及患者实际需求，突出重点，采取适当方式进行沟通。

医患沟通中有关诊疗情况的重要内容应当及时、完整、准确记入病历，并由患者签字确认。

第二十一条 医疗机构可以结合实际情况，制定医疗风险告知和术前谈话制度，规范具体流程，以患者易懂的方式和语言充分告知患者，并取得其书面同意。

第四章 投诉接待与处理

第二十二条 医疗机构应当建立畅通、便捷的投诉渠道，在医疗机构显著位置公布投诉处理程序、地点、接待时间和联系方式。

鼓励医疗机构加强舆情监测，及时掌握患者在其他渠道的诉求。

第二十三条 医疗机构应当设置专门的投诉接待场所，接待场所应当提供有关法律、法规、投诉程序等资料，便于患者查询。

医疗机构应当采取措施，保障投诉管理工作人员的合法权益与人身安全。

第二十四条 医疗机构投诉实行“首诉负责制”，患者向有关部门、科室投诉的，接待投诉的部门、科室工作人员应当热情接待，对于能够当场协调处理的，应当尽量当场协调解决；对于无法当场协调处理的，接待的部门或者科室应当主动将患者引导到投诉管理部门［含投诉管理专（兼）职人员，下同］，不得推诿、搪塞。

第二十五条 投诉接待人员应当认真听取患者意见，耐心细致地做好解释工作，避免矛盾激化；应当核实相关信息，如实记录患者反映的情况，及时留存书面投诉材料。

第二十六条 患者应当依法文明表达意见和要求，向医疗机构投诉管理部门提供真实、准确的投诉相关资料，配合医疗机构投诉管理部门的调查和询问，不得扰乱正常医疗秩序，不得有违法犯罪行为。

单次投诉人员数量原则上不超过 5 人。超过 5 人的，应当推选代表集中反映诉求。

第二十七条 投诉接待人员在接待场所发现患者有自杀、自残和其他过激行为，或者侮辱、殴打、威胁投诉接待人员的行为，应当及时采取控制和防范措施，同时向公安机关报警，并向当地卫生健康主管部门报告；对接待过程中发现的可能激化矛盾，引起治安案件、刑事案件的投诉，应当及时向当地公安机关报告，依法处理。

第二十八条 医疗机构投诉管理部门接到投诉或者卫生健康主管部门交办的投诉后，应当及时向当事部门、科室和相关人员了解、核实情况，在查清事实、分清责任的基础上提出处理意见，并反馈患者。

投诉涉及的部门、科室和相关人员应当积极配合投诉管理部门开展投诉事项调查、核实、处理工作。

第二十九条 对反复接到相同或者相似问题的投诉，医疗机构投诉管理部门应当汇总并报告医疗机构负责人，医疗机构对有关投诉可视情况予以合并调查，对发现的引发投诉的环节或者多次引发投诉的医务人员应当根据调查结果，及时予以相应处理。

第三十条 医疗机构投诉管理部门应当及时处理投诉，能够当场核查处理的，应当及时查明情况；确有差错的，立即纠正，并当场向患者告知处理意见。

涉及医疗质量安全、可能危及患者健康的，应当立即采取积极措施，避免或者减轻对患者身体健康的损害，防止损害扩大。

情况较复杂，需调查、核实的，一般应当于接到投诉之日起5个工作日内向患者反馈相关处理情况或者处理意见。

涉及多个科室，需组织、协调相关部门共同研究的，应当于接到投诉之日起10个工作日内向患者反馈处理情况或者处理意见。

第三十一条 对投诉已经处理完毕，患者对医疗机构的处理意见有争议并能够提供新情况和证据材料的，按照投诉流程重新予以处理。

第三十二条 投诉内容涉及医疗纠纷的，医疗机构应当告知患者按照医疗纠纷处理的相关法律法规的规定，积极协商；不能协商解决的，引导患者通过调解、诉讼等途径解决，并做好解释疏导工作。

第三十三条 投诉涉及医疗机构工作人员违法违纪问题的，投诉管理部门应当及时移交相关职能部门依法依规处理。

第三十四条 属于下列情形之一的投诉，投诉管理部门不予处理，但应当向患者说明情况，告知相关处理规定：

（一）患者已就投诉事项向人民法院起诉的或者向第三方申请调解的；

（二）患者已就投诉事项向卫生健康主管部门或者信访部门反映并作出处理的；

（三）没有明确的投诉对象和具体事实的；

（四）投诉内容已经涉及治安案件、刑事案件的；

（五）其他不属于投诉管理部门职权范围的投诉。

第三十五条 发生重大医疗纠纷的，医疗机构应当按照规定向所在地县级以上地方卫生健康主管部门报告。卫生健康主管部门接到报告后，应当及时了解掌握情况，引导医患双方通过合法途径解决纠纷。

第三十六条 医疗机构应当保护与投诉相关的患者和医务人员隐私，妥善应对舆情，严禁发布违背或者夸大事实、渲染投诉处理过程的信息。

第三十七条 医疗机构应当建立健全投诉档案，立卷归档，留档备查。

医疗机构投诉档案应当包括以下内容：

（一）患者基本信息；

（二）投诉事项及相关证明材料；

（三）调查、处理及反馈情况；

（四）其他与投诉事项有关的材料。

第三十八条 医疗机构工作人员有权对医疗机构管理、服务等各项工作提出意见、建议，医疗机构及投诉管理等有关部门应当予以重视，并及时处理、反馈。

临床一线工作人员，对于发现的药品、医疗器械、水、电、气等医疗质量安全保障方面的问题，应当向投诉管理部门或者有关职能部门反映，投诉管理等有关部门应当及时处理、反馈。

第五章 监督管理

第三十九条 县级以上地方卫生健康主管部门应当加强对本行政区域内医疗机构投诉管理工作的监督检查，加强日常管理和考评。

第四十条 县级以上地方卫生健康主管部门应当收集、分析并反馈本行政区域医疗机构投诉及医疗纠纷相关信息，指导医疗机构改进工作，提高医疗服务质量。

第四十一条 对在医疗机构投诉管理中表现优秀、有效预防重大群体性事件或者其他严重后果发生的医疗机构及有关人员，卫生健康主管部门应当予以表扬。

对行政区域内未按照规定开展投诉管理工作的医疗机构，卫生健康主管部门应当通报批评，并对医疗机构主要负责人进行约谈。

第四十二条 医疗机构应当规范投诉管理工作，定期统计投诉情况，统计结果应当与年终考核、医师定期考核、医德考评、评优评先等相结合。

第六章 法律责任

第四十三条 医疗机构未建立投诉接待制度、未设置统一投诉管理部门或者配备专（兼）职人员，或者未按规定向卫生健康主管部门报告重大医疗纠纷的，由县级以上地方卫生健康主管部门按照《医疗纠纷预防和处理条例》第四十七条的规定进行处理。

第四十四条 医疗机构违反本办法规定，有下列情形之一的，由县级以上地方卫生健康主管部门责令限期整改；逾期不改的，给予警告，并处以一万元以下罚款；造成严重后果的，处以一万元以上三万元以下罚款，并对医疗机构主要负责人、直接负责的主管人员和其他直接责任人员依法给予处分：

（一）未制订重大医疗纠纷事件应急处置预案的；

（二）投诉管理混乱的；

（三）未按规定建立健全医患沟通机制的；

（四）未按规定及时处理投诉并反馈患者的；

（五）对接待过程中发现的可能激化矛盾，引起治安案件、刑事案件的投诉，未及时向当地公安机关报告的；

（六）发布违背或者夸大事实、渲染事件处理过程的信息的。

第四十五条　医务人员泄露投诉相关患者隐私，造成严重后果的，由县级以上地方卫生健康主管部门按照《执业医师法》《护士条例》等法律法规的有关规定处理。

第四十六条　县级以上地方卫生健康主管部门在医疗机构投诉管理工作中，未按规定履行职责，造成严重后果的，依法对直接负责的主管人员和其他直接责任人员给予处分；构成犯罪的，依法追究刑事责任。

第七章　附则

第四十七条　本办法所称患者，包括患者及其近亲属、委托代理人、法定代理人、陪同患者就医人员等有关人员。

第四十八条　省级卫生健康主管部门可以根据本办法，结合本地具体情况制定实施细则。

第四十九条　中医医疗机构的投诉管理工作由中医药主管部门负责。

第五十条　本办法自 2019 年 4 月 10 日起施行。

附录 2

医疗机构投诉接待处理“十应当”

一、应当建立“一站式”投诉解决模式

医疗机构应当建立以病人为中心的投诉接待处理模式，实现门诊、病房等投诉解决“一站式”服务，按照《医疗机构投诉管理办法》要求，由医疗机构投诉管理部门（或投诉管理专（兼）职人员）专门负责，达到统一受理、统一调查、统一协调、统一办理、统一反馈要求。

二、应当建立畅通、便捷的投诉渠道

医疗机构应当设置专门的投诉接待场所，在显著位置公示投诉接待时间、地点、联系方式和投诉处理程序，接受走访、信函、电话、电子邮件投诉等多种投诉方式，建立畅通、便捷、高效的投诉渠道。

三、应当落实首诉负责制

医疗机构应当严格落实首诉负责制，各科室、部门和医务人员接到患者投诉时，应当对患者进行情绪安抚，沟通了解患者相关诉求，属于职责范围内的事项尽快予以解决，超出职责范围的事项引导患者到投诉管理部门处理。

四、应当及时避免或者减轻损害

对涉及医疗质量安全、可能危及患者健康的，医疗机构应当立即采取积极措施，避免或者减轻对患者身体健康的损害，防止损害扩大，并妥善安抚患者情绪。

五、应当及时核查处理投诉

涉及医务人员服务态度、收费等问题；就医过程中存在不满，提出退号、退药、退费等要求；对医疗机构医疗服务内容、流程、场所环境设施等不满，要求核查处理并改进的问题等情形，能当场核查处理的，投诉管理部门应当及时查明情况，当场核查解决，向患者反馈处理意见。

六、应当按时反馈处理意见

对无法当场核查处理的，投诉管理部门应当将情况反馈至被投诉科室，被投诉科室调查核实后将书面处理情况或处理意见反馈至投诉管理部门。涉及多个科室的，投诉管理部门应当组织、协调相关部门共同研究，形成统一的处理意见，必要时组织相关科室负责人共同接待。投诉管理部门应当按照《医疗机构投诉管理办法》要求，在规定时限内将处理情况或处理意见反馈患者。

七、应当引导依法处理

对处理不满意、协商不能达成一致的，投诉管理部门应当向患者告知医疗纠纷处理的相关法律法规的规定、处理途径和处理流程，解决诉求所需的主要证据及获得方式，引导患者通过调解、诉讼等途径解决，并做好解释疏导工作。

八、应当积极防范高风险案例

医患矛盾激烈、已经或可能发生暴力事件的案例，医疗损害后果严重的案例，已经或可能引发重大舆情的案例等，医疗机构应当立即采取相应风险防范和矛盾化解措施。投诉处理过程中发生或可能引发危害患者和医务人员人身安全、扰乱医疗秩序等治安案件、刑事案件的，医疗机构应当立即向所在地公安机关报警或报告，同时向所在地县级卫生健康行政部门及相关主管部门报告。

九、应当建立重点投诉处理回访机制

医疗机构应当建立重点投诉处理回访机制。根据投诉问题及办理结果等因素，对重点投诉适时采取电话或调查问卷等形式进行回访，对处理过程和处理结果进行追踪。通过患者回访，对接待和处理中存在的问题进行总结分析，逐步提高医疗机构投诉管理水平。

十、应当加强投诉闭环管理

医疗机构应当结合工作实际制定投诉分类标准，从投诉内容、科室部门、时间、人群等不同维度进行定期汇总、分析投诉信息，梳理普遍性、焦点性问题，发现医疗服务管理漏洞，并重点进行原因分析，提出改进措施，坚持持续改进，形成“投诉—分析—整改—避免发生”的闭环管理模式。同时，医疗机构应当根据投诉情况，及时梳理和掌握投诉多发科室、环节和人员，加强对重点科室和重点人员的管理和指导。

附录3 医疗机构投诉管理规章制度荟萃[①]

医疗纠纷预防和处理办法

第一章 总则

第一条 为了预防和妥善处理医疗纠纷，保护医患双方的合法权益，维护医疗秩序，保障患者安全，根据《中华人民共和国民法典》《中华人民共和国基本医疗卫生与健康促进法》《中华人民共和国医师法》《医疗纠纷预防和处理条例》《医疗事故处理条例》《××市医院安全秩序管理规定》《事业单位人事管理条例》《事业单位工作人员处分暂行规定》等相关法律法规，结合本院实际情况，制定本办法。

第二条 本办法所称医疗纠纷，是指医患双方因诊疗活动引发的争议，患方要求医院承担违约责任或侵权责任的情形。

第三条 医院建立医疗质量安全管理体系，加强质量控制和考核，规范诊疗活动，改善医疗服务，提高医疗质量，预防、减少医疗纠纷。

第四条 处理医疗纠纷，应当遵循公平、公正、及时的原则，实事求是，依法处理。

第五条 医患关系协调办公室（以下简称医患办）负责医疗纠纷的接待和处理。保卫处负责维护医院医疗秩序，防范涉医违法犯罪行为发生。科室和个人应积极参与纠纷的沟通解释和处理，不得推诿。其他职能部门和科室做好医疗纠纷预防，并全力支持和配合医疗纠纷的处理工作。

---

① 本附录中相关文件均为作者们在北京积水潭医院等医院工作时的相关经验总结所得。

第六条　医院建立完善医疗风险分担机制，切实发挥保险机制在分担医院和医务人员医疗风险中的作用，参加医疗责任保险，鼓励患方参加手术意外保险等。

第二章　医疗纠纷预防

第七条　医务人员在诊疗活动中，应该贯彻以人民为中心的理念，加强人文关怀，严格遵守医疗卫生法律、法规、规章和诊疗相关规范、常规，恪守职业道德。

第八条　医院及科室要定期对医务人员进行医疗纠纷防范、医患沟通技巧及相关法律法规知识的培训，使员工能增强医疗纠纷防范意识，妥善应对医疗纠纷。

第九条　医务人员要积极主动报告患者安全不良事件和患者安全隐患，及时整改或者提出有针对性的整改意见，避免同类情况再次发生。医务处、门诊部、护理部等主管部门要不断对患者安全不良事件进行分析总结，提出整改方案并督促落实。医务处收到报告后，要及时介入，化解医疗纠纷苗头。

第十条　医院重视医疗缺陷问题整改，形成闭环管理，促进医疗质量持续改进。科室应及时纠正，加强培训与学习，认真落实十八项核心医疗制度，避免问题再次发生；相关职能处室应认真分析、通报学习、优化流程、修订制度等，并加强考核、落实，评价改进效果。

第十一条　为加强医患沟通和风险告知，充分履行告知义务，降低患方不合理预期，鼓励科室开展重大手术术前律师见证工作。

第十二条　各科室要严格按照国务院卫生主管部门制定的医疗技术临床应用管理规定，开展与其技术能力相适应的医疗技术服务，保障患者安全，降低医疗风险。开展新技术必须向医务处提出申请，依法依规开展技术评估和伦理审查，确保安全有效、符合伦理。

第十三条　药学部、资产管理处、输血科等要严格执行药品、医疗器械、消毒药剂、血液等进货查验、保管等制度。禁止使用无合格证明文件、过期等不合格的药品、医疗器械、消毒药剂、血液等。

第十四条　发生可能造成患者损害的安全事件，医务人员应该立即采取有效措施，避免或减轻给患者造成损害，防止损害扩大，并尽快向科室负责人报告。当事科室应当向患方做好解释和沟通，并及时向医院相关职能部门报告。

第十五条 为加强医疗纠纷的防范，根据医疗纠纷的相关诱因和成因，医务人员应在以下风险点中加强注意：

1. 知情告知

医务人员在诊疗活动中应当向患者说明病情、医疗措施/诊疗方案、医疗风险、医疗费用等事项。需要实施手术，或者开展临床试验等存在一定危险性、可能产生不良后果的特殊检查、特殊治疗的，医务人员应当及时向患者具体说明医疗风险、替代医疗方案等情况，并取得其明确同意；在患者处于昏迷等无法自主作出决定的状态或者病情不宜向患者说明等情形下．应当向患者的近亲属说明，并取得其明确同意。

紧急情况下不能取得患者或者其近亲属意见的，经医院负责人或者授权的负责人批准，可以立即实施相应的医疗措施。

2. 病历书写与保管

医院及医务人员应当按照国务院卫生主管部门的规定填写并妥善保管病历资料。因紧急抢救未能及时填写病历的，医务人员应当在抢救结束后 6 小时内据实补记，并加以注明。不得篡改、伪造、隐匿、毁灭或者抢夺病历资料。

患者有权查阅、复制其门诊病历、住院志、体温单、医嘱单、化验单（检验报告)、医学影像检查资料、特殊检查同意书、手术同意书、手术及麻醉记录、病理资料、护理记录以及国务院卫生主管部门规定的其他属于病历的全部资料。

患者死亡的，其近亲属可以按照规定查阅、复制病历资料。

3. 手术及围手术期风险

医务人员应严格执行《手术分级管理制度》，手术前应完善相关检查，认真评估手术、麻醉风险，必要时请专科会诊，充分做好术前讨论，提前准备应对方案；并向患者说明医疗风险、替代医疗方案等情况，并取得其书面同意。

术中应严格执行《手术安全核查制度》，对于术中出现的意外情况或术中临时决定改变术式，要及时告知患者家属并签署知情同意书。手术中仔细解剖，认真操作，避免损伤周围脏器及大血管等，尽到谨慎注意义务，切实防范并发症及其他医疗意外的发生。

三、四级手术及其他高风险手术术后当天，术者应主动巡视病人，密切观察病情，与患者家属做好沟通，并与值班医师做好交接班。值班医护人员要重视术后患者的主诉，及时查看病人，准确判断患者病情并及时处置，病情危急时要及时报告上级医师、术者、科室负责人，必要时及时请专科会诊，做好危急重症患者的救治，并及时书写会诊记录、抢救记录等病历。

4. 危急重症患者救治

危急重症病人的相关救治，医务人员应及时明确诊断，及时处置，严密观察病情变化，及时告知患者家属病情，必要时报告医务处，组织相关科室急会诊，积极救治。避免发生漏诊、误诊或者延误诊治情况。

5. 用药风险

医生要仔细询问患者药物过敏史，严格掌握药物的适应证、禁忌证及不良反应、过敏反应等情况，充分评估用药风险，加强医患沟通，并按照药品说明书的要求使用药物。严禁超剂量或改变用药途径等违规使用药物。超说明书用药应严格按照医院相关规定执行。

使用双抗（抗凝、抗血小板）、化疗药品等高风险的特殊药品应充分告知用药风险并签署知情同意书，自费药物应按疗程签署知情同意书。

6. 植入性医疗器械及耗材风险

医务人员要严格规范使用按医院正规途径购买的医疗器械及耗材。临时紧急使用的器械及耗材，应急报主管部门审核及备案。医务人员不得私自购买医疗器械及耗材。

在使用植入性医疗器械前，要核对有关信息，严格按照相关诊疗规范使用，并向患者或其家属履行告知义务，签署知情同意书。使用大型医疗器械以及植入和介入类医疗器械的，应当将医疗器械的名称、关键性技术参数等信息以及与使用质量安全密切相关的必要信息记载到病历等相关记录中。

第三章　医疗纠纷处理

第十六条　发生医疗纠纷，医患双方可以通过下列途径解决：

（1）双方自愿协商；

（2）申请人民调解；

（3）申请行政调解；

（4）向人民法院提起诉讼；

（5）法律、法规规定的其他途径。

第十七条　发生医疗纠纷，医患办应当告知患者或者其近亲属下列事项：

（1）解决医疗纠纷的合法途径；

（2）有关病历资料、现场实物封有和启封的规定；

（3）有关病历资料查阅、复制的规定。

患者死亡的，还应当告知其近亲属有关尸检的规定。

第十八条 发生医疗纠纷需要封存、启封病历资料的，应当在医患双方在场的情况下进行。封存的病历资料可以是原件，也可以是复制件，由医患办保管。病历尚未完成需要封存的，对已完成病历先行封存；病历按照规定完成后，再对后续完成部分进行封存。医患办应当对封存的病历开列封存清单，由医患双方签字或者盖章，各执一份。

病历资料封存后医疗纠纷已经解决，或者患者在病历资料封存满 3 年未再提出解决医疗纠纷要求的，医院可以自行启封。

第十九条 疑似输液、输血、注射、用药等引起不良后果的，医患双方应当共同对现场实物进行封存、启封，封存的现场实物由医疗机构保管。需要检验的，应当由双方共同委托依法具有检验资格的检验机构进行检验；双方无法共同委托的，由属地卫生主管部门指定。

疑似输血引起不良后果，需要对血液进行封存保留的，医患办、输血科到场进行封存，输血科应当通知提供该血液的血站派员到场。

现场实物封存后医疗纠纷已经解决，或者患者在现场实物封存满 3 年未再提出解决医疗纠纷要求的，医院可以自行启封。

第二十条 患者死亡，医患双方对死因有异议的，应当在患者死亡后 48 小时内进行尸检；具备尸体冻存条件的，可以延长至 7 日。尸检应当经死者近亲属同意并签字，拒绝签字的，视为死者近亲属不同意进行尸检。不同意或者拖延尸检，超过规定时间，影响对死因判定的，由不同意或者拖延的一方承担责任。

尸检应当由按照国家有关规定取得相应资格的机构和专业技术人员进行。

医患双方可以委派代表观察尸检过程。

第二十一条 患者在医院内死亡的，尸体应当立即移放太平间或者指定的场所，死者尸体存放时间一般不得超过 14 日。逾期不处理的尸体. 由医院在向属地卫生健康主管部门和公安机关报告后，按照规定处理。

第二十二条 医疗纠纷发生后，科室负责人应高度重视，及时向医患办等主管职能部门报告，并尽快与患者沟通，积极配合纠纷处理。

第二十三条 针对患方意见，科室需尽快对纠纷进行调查核实并讨论，明确诊治过程中是否存在医疗过错。科室应当在 3 个工作日内将书面诊治经过、科室答复处理意见等提交医患办。

第二十四条 医患办可根据纠纷具体情况，组织院内医疗损害责任鉴定专家委员会进行院内讨论或鉴定，必要时联系院外专家进行讨论或鉴定，以明确相关争议事实及分清责任，指导医疗纠纷的下一步处理。医患办根据纠纷的实际情况，将引导患方通过院内协商、人民调解、行政调解或者法院诉讼等方式解决。

第二十五条　协商解决医疗纠纷的，应当在专门场所协商，不得影响正常医疗秩序。医患双方人数较多的，应当推举代表进行协商，每方代表人数不超过5人。

协商解决医疗纠纷应当坚持自愿、合法、平等的原则，尊重当事人的权利，尊重客观事实。医患双方应当文明、理性表达意见和要求，不得有违法行为。

协商确定赔付金额应当以事实为依据，防止畸高或者畸低。对分歧较大或者索赔数额较高的医疗纠纷，鼓励医患双方通过人民调解的途径解决。

医患双方经协商达成一致的，应当签署书面和解协议书。

第二十六条　医务人员人身安全受到暴力威胁时，可以采取避险、防卫等保护措施，暂停诊疗；医院相关职能部门应当立即启动应急处置预案，报告公安机关，保护医务人员和就诊人员安全。

威胁人身安全的情形消失后，医院应当及时安排医务人员恢复诊疗。

第二十七条　在医疗纠纷处理过程中，患方采取以下违法情形的，医院可以立即停止协商，并及时向公安部门报告：

（1）侮辱、恐吓、威胁、谩骂、推搡和恶意尾随医务人员；

（2）殴打、伤害医务人员；

（3）非法限制医务人员人身自由；

（4）非法携带枪支、弹药，匕首等管制器具，爆炸性、毒害性、放射性、腐蚀性物质，以及菜刀、斧头、棍棒等禁限物品进入医院；

（5）非法占用、故意损毁医院财物。

第二十八条　医疗纠纷进入第三方调解程序、鉴定程序或者诉讼程序时，当时科室应及时提交病历摘要、科室陈述意见等相关资料。医患办负责与人民调解委员会、鉴定机构、法院等相关部门联系，共同配合完成纠纷处理。

第二十九条　科室应当从医疗纠纷中吸取经验教训，制定整改措施，并将医疗纠纷的整改反馈书提交医患办。医务处、门诊部、护理部等相关职能部门也应认真分析医疗纠纷中发现的问题，属于本职能部门整改范围的，应该提出整改方案并加强落实。重大医疗纠纷应向院办公会汇报整改情况。

第四章 医疗纠纷处罚及医疗风险分担

第三十条 一般医疗纠纷妥善处理终结后，各医院可根据实际情况制定科室/个人承担金额。

在具体处理过程中如遇到重大疑难复杂的特殊案例，经医院医疗损害责任鉴定专家委员会认定并报请办公会通过后，可根据风险系数，适当调整科室承担赔偿金额。

第三十一条 医疗纠纷因以下情形发生赔偿的，由责任科室和/或责任人全部承担；另外，院内按照《医院转诊管理规定》《医院医德考评实施办法》等相关规定另行处罚。

（1）非法执业；

（2）违规转诊；

（3）违规使用药品、医疗器械、辅料等用品；

（4）严重不负责任导致低级医疗错误；

（5）因篡改、伪造、丢失病历等，致病历不能作为证据使用；

（6）因医疗过错，给医院声誉造成严重不良影响；

（7）其他情况。

第三十二条 医患办根据《医院医疗损害责任鉴定制度》组织召开责任认定会，并将责任认定会专家合议结果上报院长办公会通过。通过结果作为医患办计算各临床科室医疗纠纷承担额的依据。

第三十三条 处罚决定上报办公会通过后将处罚结果转交绩效办公室，绩效办公室按照办公会意见将科室应承担的赔偿款从科室奖金中直接扣罚。

第三十四条 鼓励科室和医务人员通过手术意外险预防和化解医疗纠纷。对于积极开展手术意外险的科室和个人，患者购买手术意外险后又出现医疗纠纷赔偿的案件，可减免20%的责任科室承担金额。

第三十五条 鼓励科室主动上报不良事件，如按照《医疗安全（不良）事件报告制度及流程》主动报告不良事件的医疗纠纷赔偿案件，可减免20%的责任科室承担金额。

第三十六条 鼓励科室主动识别高风险病患并采取必要的风险防范措施，必要时进行术前律师见证。科室采取必要的防范风险措施，如进行术前律师见证的医疗纠纷，可减免科室20%的责任科室承担金额。

第三十七条 重大医疗纠纷除科室/个人按比例承担赔偿款之外，由医院医疗损害责任鉴定专家委员会讨论后对科室及责任人给予院内行政处理。行政处理的种类包括：警告、暂停相关诊疗护理行为、降级使用、转岗、撤职、开除等。

第三十八条　医院医疗损害责任鉴定专家委员会是医院医疗纠纷责任追究及处罚的决定机关，负责认定医疗纠纷中责任人、责任程度及处罚措施。

第三十九条　科室应高度重视医疗纠纷第三方调解工作，优先选择调解作为医疗纠纷的解决途径。医调委出具调解意见后，科室应认真分析，理性研判。因科室不同意医调委调解意见，改为诉讼后增加的赔偿金额，由责任科室全部承担。

第五章　附则

第四十条　本办法所称的医疗事故或者责任程度是指下列情形：

（1）经医学会、司法鉴定中心等鉴定机构鉴定认定的；

（2）经医院医疗损害责任鉴定专家委员会讨论认定的；

（3）医疗纠纷人民调解委员会等第三方调解机构认定的；

（4）卫生健康主管部门组织专家组或调查组讨论或鉴定认定的。

第四十一条　本办法自××××年××月××日起施行。适用于××××年××月××日后新发生的医疗投诉及医疗纠纷的处理。

第四十二条　本办法由医患办负责解释。

信访管理办法

第一章　总则

第一条　为加强医院信访管理，规范信访投诉处置，提高信访工作效率，保障医疗安全，维护医患双方的合法权益，维持正常医疗秩序，不断提升医疗服务质量，现依据《信访条例》《医疗纠纷预防和处理条例》《医疗机构投诉管理办法》等相关法律法规，结合本院实际情况，制定本办法。

第二条　本办法所称信访是指患者或家属等相关人员（以下简称信访人）就医院医疗服务行为、医疗管理、医疗质量安全等方面存在的问题通过书信、电子邮件、传真、电话、走访等形式，向医院反映情况，提出意见、建议或者投诉请求，由医院相关部门进行处理的活动。

第三条　医院信访管理工作贯彻以患者为中心的理念，坚持合法、公正、及时、便民的原则，采用“谁主管，谁负责”与疏导教育相结合的方式对信访事项进行处理。

第二章　信访组织构架

第四条　医院信访工作接受属地卫生主管部门领导，医院院长办公室（以下简称院办）统一管理。

第五条　医院主要负责人是本院信访工作的第一责任人。医院成立信访工作领导小组，由院长、书记任组长，领导班子成员为组员。重大信访问题通过定期或随时召开领导小组会议，及时通报情况，研究措施，协调处理。

第六条　院办及医患关系协调办公室（以下简称医患办）为本院信访主要工作机构，负责信访日常工作。各职能科室在职责范围内对涉及本科室的信访进行处理，对于不属于信访工作范畴的特殊事项、特殊人员的特殊问题，按照各自职能分工，由各自分管领导进行包案办理，必要时应由信访工作领导小组组长亲自统筹处理。

第三章　信访工作职责

第七条　院长办公室信访工作职责：

（1）根据上级单位政策要求及医院实际情况制定和修订信访管理制度；

（2）负责上级机关交办的信访任务的登记、处理、协调、督办与反馈；

（3）汇总全院各接访职能部门信访事项。

第八条　医患关系协调办公室工作职责：

（1）负责接待和受理来访群众的意见及建议，并妥善处理；

（2）负责负面舆情事件的调查、处理与回复；

（3）负责接诉即办工作；

（4）负责所有与医患关系有关的信访投诉档案管理及反馈整改工作。

第九条　各部门均应做好来访投诉的接待工作，并根据信访诉求进行调查处理，必要时转相关部门、或多部门协同办理。对其他职能部门交付到本部门的信访工作应积极、妥善处理，不得推诿、敷衍、拖延，并在规定时间内将办理结果反馈至院办、医患办和有关职能部门。

第四章　信访工作处理流程

第十条　对于上级转办的信访件，院办应及时接收并报送信访主管院领导审批，再由相关主管领导或主管部门进行办理。

第十一条　院办应督促各职能部门在规定期限内及时对信访件进行调查处

理，及时了解信访件的办理进程和情况，对处理有困难的给予协调。

第十二条　各职能部门接到院办交付的信访件后，应做好登记记录，并针对信访诉求及时进行调查处理，整理处理结果，形成书面答复意见。在规定时间内答复信访人的同时，将书面答复意见反馈至院办。

第十三条　院办应将职能部门反馈的信访件进行检查、整理，由主管院领导审批后将信访件办理结果上报至上级转办部门。

第十四条　对于重大信访案件，应按照《医院重大医疗信访案件联动机制》的规定流程进行妥善处理。

第十五条　信访事项处理完毕后，院办或医患办应做好信访档案的归档整理工作，及时收集、筛选信访中反映的重要情况和问题，对重大问题或带有苗头性、倾向性的问题及时向信访工作领导小组汇报，并以专题报告形式上报反映。

第十六条　医患办加强对群众来信来访情况的综合分析，对本院信访情况进行定期统计，年终对信访工作进行总结。

第五章　信访工作人员守则

第十七条　办理信访工作应实事求是、坚持原则、合理合法、秉公办事，熟悉掌握国家法律法规，不得不负责任地随意答复，不得推诿、敷衍、拖延。

第十八条　接待信访人员应做到文明礼貌、耐心热情、认真听记、适当处理。

第十九条　对于信访工作中反映的问题，要切实做好调查研究，不可偏听偏信，对于持有不正确意见和过高要求的人员，要敢于或善于做好教育和疏导工作。

第二十条　对于信访相关材料、记录、文件等，要整理归档，并建立健全保密制度。

第二十一条　办理信访工作应注重时效性，对于所有信访事项应在规定时限内办理完成。

第二十二条　各部门接待群众个人或集体来访反映问题，均应文明礼貌接待，耐心听取反映情况，认真做好记录。接访时，应依据相关政策、法规给予认真解答，不允诺，不信口开河，对情绪激动的来访者，要耐心细致做好疏导工作，避免激化矛盾。

第二十三条　各部门接到信访来电均应认真接听，做好记录，经整理后及时报送相关部门进行办理。

第二十四条 信访主管领导亲自阅批信访件，对信访案件中所反映出的问题及时向相关职能部门传达，并落实具体责任，做到桩桩有着落，件件有回音，对信访工作中反映的突出问题，及时进行督办和落实。

医院接诉即办工作管理规定

第一章 总则

第一条 为落实“以患者为中心”的服务理念，及时响应患者诉求，解决患者问题及需求，提高患者满意度，不断提升医疗服务质量，根据《××市卫生健康委关于优化提升市民服务热线反映问题“接诉即办”工作的实施方案的通知》《××市医院管理中心关于印发“接诉即办”工作管理办法（试行）的通知》《××××年××市卫生健康委接诉即办工作要点》《××市卫生计生热线（12320）服务中心关于调整诉求办理时限的通知》，结合医院当前医疗工作特点，特制定《医院接诉即办工作管理规定》。

第二条 《医院接诉即办工作管理规定》适用范围如下：

（1）相关网络平台涉及本院的群众诉求，包括12345政务微博、12345政务头条号、网络诉求舆情、地区政务App、人民网地方领导留言板、市政府门户网站互动交流平台、国务院小程序、国家政务服务投诉与建议、国办电子政务；

（2）12345市民服务热线中涉及本院的群众诉求。

第三条 医院接诉即办贯彻以患者为中心的理念，坚持合法、公正、及时、便民的原则，采用“谁主管，谁负责”与疏导教育相结合的方式对群众诉求进行处理。

第二章 组织机构和责任分工

第四条 医院成立“接诉即办”工作领导小组，由党委书记和执行院长担任组长，其他相关院领导担任副组长，各职能部门主要领导担任成员，统筹协调群众诉求办理工作。

工作领导小组组成如下：

组长：×××

常务副组长：×××

副组长：×××

组员：×××

第五条　领导小组下设办公室，办公室设在医患关系协调办公室（以下简称医患办），负责具体工作的组织、协调和处理，保障各项工作有序落实。

第六条　医患办要加强“接诉即办”工作的日常管理，不断提升复杂疑难问题的研判和解决能力，落实“接诉即办”工作要求，做到事事有回音、件件有落实。

第七条　各职能科室接诉即办工作职责：

医患办：负责12345热线诉求接单、转办、催办、回复以及信息汇总、分析、报送工作和与上级部门的沟通协调工作。负责组织“接诉即办”专项工作例会，定期反馈工作情况，提出整改建议。

绩效办：负责院内12345热线诉求办理工作的考核，把各科室12345热线诉求的办理情况纳入当月绩效考核。

纪检监察办公室：负责12345热线诉求办理的督办问责，对办理不及时、质量不高的科室及人员进行问责。

院办：布置节假日期间总值班人员承办接诉即办工作等。

第八条　各科室应对群众诉求办理工作高度重视，全力配合完成群众诉求的调查核实、处理反馈及材料报送工作，不断提升医疗及管理服务水平，提高患者满意度。

第三章　接诉即办工作的接收处理及时限要求

第九条　医患办应每日查收一次××市卫生计生热线（12320）服务中心办公自动化系统，除不属于本院处理范围内的派单外，应当日立即接收新转办诉求派单，并及时进行处理。

国家法定节假日期间，应由医院行政总值班接案并及时处理。

第十条　经办人接收派单案件后，应及时处理。为避免办理逾期，各单位应及时签收12320转办的诉求派单。签收后，根据工单类别的时限要求，按时完成全部办理工作，并将办理结果通过办理系统反馈至12320。

第十一条　为按时完成处理工作，医院办理诉求相关期限要求如下：

（1）相关网络平台的群众诉求，承办部门应于2日内完成调查核实工作并将调查情况反馈医患办，医患办应自收到承办部门反馈后的2日内处理完成；

（2）12345市民服务热线及××市政风行风热线的群众诉求，承办部门应于2日内完成调查核实工作并将调查情况反馈医患办，医患办应自收到承办部门反馈后2日处理完成；

（3）如遇突发事故、不稳定因素以及可能造成患者生命财产损失的诉求，承办部门与医患办应立即进行查核处理，并在 2 小时内处理完成。

第十二条 群众诉求办理原则上均应在规定时限内办结，对于依据法律法规不能在上述办理期限内解决的合理诉求，承办科室与医患办经初步调查处理，应当将未在时限内办结原因、阶段性办理情况（含反馈反映人情况）及下一步工作方案签呈提报，待接诉即办领导小组签准后反馈至××市卫生计生热线（12320）服务中心。

第十三条 办理网络平台的群众诉求，医患办在处理时应实行“双反馈”：（1）将办理情况反馈给网民［如需通过电话反馈的，由医患办直接反馈；如需通过书面反馈的，医患办应将书面反馈内容提报至总执行长签准后反馈××市医院管理中心办公室（以下简称“中心办公室”），由中心办公室反馈］；（2）将办理情况及公开答复口径经部门主管或总执行长审核后反馈给中心办公室，由中心办公室反馈。

第十四条 以上所有时限均以相关平台及热线受理群众反映之日起算。

第四章 接诉即办工作的反馈处理及回复

第十五条 办理 12345 市民服务热线的群众诉求，由医患办根据诉求传递单反馈至被投诉科室，被投诉科室调查后，与医患办共同电话回复市民，由医患办填写系统中的处理结果。

第十六条 办理××市政风行风热线的群众诉求，由医患办根据诉求传递单反馈至纪检监察办公室进行办理，由纪检监察办公室回复市民，并将结果反馈至医务部行风办，由医务部行风办填写系统中的处理结果。

第十七条 医患办与各科室应秉承实事求是、应回尽回的原则，对群众合理诉求给予正面回应，回复反映人的内容应事实清楚、叙事完整、条理清晰、符合逻辑。

第五章 接诉即办工作的整改反馈

第十八条 相关部门主管对于群众诉求之负向反映，应引起重视，及时检讨发生原因，落实整改措施并追踪改善成效。

第十九条 医患办应每月对群众诉求进行汇总分析，督促相关部门落实改善。

第二十条 对于一周内反复发生三次以上的同类投诉，医患办应及时会同相关部门查找原因，向责任科室递送《接诉即办整改建议书》，要求责任科室查找原因，并反馈，务求彻底改善。

第六章　档案管理

第二十一条　群众诉求处理过程中形成的材料，纸质版应当及时整理归档，以备上级机关检查。

第二十二条　群众诉求热线内容、处理过程及处理结果应录入医院“投诉管理系统”，形成电子版档案，便于后期数据的整理、统计与分析。

第二十三条　档案材料包括但不限于：

（1）转办诉求派单；

（2）诉求调查资料；

（3）承办部门反馈资料；

（4）诉求办理反馈资料。

第七章　接诉即办工作考核及数据剔除

第二十四条　相关部门对群众诉求“接诉即办”工作从投诉总量、按期办结率、反馈率、解决率、满意度、契合度等方面进行考核打分。诉求承办部门及医患办应以此为导向，强化诉求处理全流程管理，调动医疗服务各环节的积极性，做好沟通解释，促进问题解决，提高医疗服务整体水平，提高群众满意度和获得感。

第二十五条　医患办应于每月×日前将上一月份群众诉求办理情况通报相关部门，督促部门针对群众诉求积极管理，主动改善服务，不断减少投诉的发生。

第二十六条　群众诉求经查确属医院工作疏失的，纳入《医院医疗纠纷责任认定及处置管理办法》，对相关部门及人员进行考核。

第二十七条　考虑群众诉求的多样性及合理性，上级卫生健康主管部门在考核群众诉求“接诉即办”工作时，对于部分情况只考核响应率或不纳入考核。因此，对以下几种情况，医患办应在规定时限内及时申请对相关诉求只考核响应率或不纳入考核，填写并报送相关表格及佐证材料（纸质版、电子版，加盖公章）。

（1）在一个考核周期内（上月21日至本月20日）同一人反映同一问题的重复诉求，填写提报《一人多次案件申报表》；

（2）对于已经通过诉讼、行政复议、仲裁、纪检监察、信息公开、信访等法定途径解决，有关部门已经出具办理意见或处理结果的诉求，填写提报（已经通过法定途径解决的案件申请表）及相关佐证材料。原则上，佐证材料需包括以下内容：诉讼案件需提供案件号和法院判决书复印件；行政复议需提交行政复议决定书复印件；仲裁需提供仲裁意见复印件；纪检监察需提供纪检监察部门印发的红头文件复印件；信息公开需提供信息公开答复书复印件；信访需提供××市人民政府信访复核意见书复印件；

(3) 对于确因市级或国家级政策法规、市级或国家级城市规划、国家重点项目、国家级重大活动、市级或国家级重点工作、涉及央企和军产等因素造成的，难以解决的诉求，填写提报（因政策法规、重点工作等原因难以解决的案件申报表）及相关佐证材料（涉及的政策文件、难以解决的原因说明等）；

(4) 对于不符合有关法律法规、政策、社会公序良俗的诉求，以及情况不属实、恶意举报等不合理诉求，承办部门与医患办应有针对性地做好疏导应对工作，并填写提报（不合理诉求案件申报表）及相关佐证材料（相关法律法规规定、具体情况说明等）。其中不符合公序良俗是指有违公共秩序、社会公德、商业道德和社会良好风尚的行为，公序良俗包括政治国家公序、市民社会善良风俗习惯、他人人格尊严、家庭道德关系准则等。情况不属实指不符合实际情况。恶意投诉举报是指投诉举报人为达到其不可告人的目的，不惜颠倒是非，捏造事实，向有关部门反映不实的内容或不存在的问题。

第二十八条 承办部门与医患办应于每月×日前将相关数据剔除申报表报至市 12320 服务中心。

第二十九条 以下三种情况，按照××市相关部门规定，可申请加分奖励，承办部门及医患办遇此类情况应引起高度重视，积极妥善处理，争取加分：

(1) 当月解决在 24 小时内集中反映的，反映人在 10 人以上的群体性诉求；

(2) 解决历史遗留问题；

(3) 解决媒体反映的问题。

遇上述三种情况时，承办部门与医患办应于每月×日前将加分奖励申报表报至市 12320 服务中心。

第八章　附则

本规定自颁布之日起实施，修订时亦同。

重大医疗纠纷应急处置预案

第一条 为妥善处理医疗纠纷、维护医患双方的合法权益、保障医患双方的人身安全，针对医疗纠纷等矛盾激化事件，加强紧急预防和应对措施，制定本办法。

第二条　本预案所称重大医疗纠纷是指患方出现打骂医务人员，言语、动作暴力冲击医院和医务人员，强占医院办公设施等严重妨碍医院医疗秩序的行为的纠纷事件。

第三条　医患办应加强与保卫处、医院警务室、驻地派出所等部门保持信息预警和共享，对于每个阶段内可能出现矛盾激化性冲突事件的医疗纠纷应及时向上述部门通报，及时做好各项准备预防措施。

第四条　医患办及时将发生的医疗纠纷情况向主管院领导汇报，对于重点的医疗纠纷，要制定化解预案、重点处理，避免矛盾进一步升级。

第五条　对于出现矛盾激化苗头的医疗纠纷，医患办、保卫处、警务工作站等相关部门应及时介入，避免事态进一步扩大，保护医务人员的人身安全不受侵害，并对对方的行为进行警告及做好沟通工作，缓解医患矛盾。

第六条　对于患方出现打砸行为、停尸、聚众闹事、威胁医务人员人身安全的激化性冲突事件，涉及追究刑事责任或者属于治安案件的，应及时向公安机关报案，依法处理。

患者满意度管理工作制度

第一章　总则

第一条　为不断提高医疗服务质量，认真听取患者对医院诊疗服务过程的满意程度及意见建议，强化科室的服务意识和质量意识，提高管理部门的责任意识，从而改进医院的各项服务工作，不断优化服务流程，贴近患者的需求，全面提升患者满意度，依据满意度管理相关规定，制定本工作制度。

第二条　患者满意度是指，患者由于健康、疾病、生命质量等诸多方面的要求面对医疗保健服务产生的某种期望，基于这种期望，对所经历的医疗保健服务情况进行的主观评价。

第三条　患者满意度调查适用国家卫生健康委满意度调查平台、市医院管理中心患者满意度综合管理平台和医院自查等三个层面，调查门急诊和住院患者在就诊期间对医疗服务的实际感受和评价。

第四条 患者满意度闭环管理：为加强患者满意度调查在医院管理和评价工作中的应用，形成“满意度调查—结果分析—问题反馈—服务整改—评估验收”闭环管理模式，促进医疗服务水平的持续改进和提升。

第五条 成立院内患者满意度闭环管理领导小组，由医患关系协调办公室负责牵头患者满意度闭环管理各项工作，各部门综合协调做好此项工作。

领导小组成员如下：

组长：医疗主管副院长

组员：相关职能处室的中层干部

领导小组负责患者满意度监督管理，审定年度工作目标，定期督查满意度完成情况，必要时进行全院性统筹协调工作。

组员负责积极配合医患办针对患者不满意情况，结合实际情况进行相应的改善，不断优化服务细节和流程，提高患者满意度。

医患办作为牵头部门负责制定修订满意度调查工作制度，设计和改进满意度调查问卷，发放并开展患者满意度调查，汇总各项患者满意度调查结果，收集患者意见和建议，发放整改通知单并评估整改效果等闭环管理工作。

第二章 满意度调查

第六条 医院积极开展各种形式的满意度调查，调查形式包括：

（1）国家卫生健康委满意度调查平台：主要负责患者满意和员工满意度调查。每年收集门诊和住院患者规定数量的电子调查问卷；

（2）市医院管理中心患者满意度综合管理平台：定期发布市属医院月度、季度、年度《患者满意度调查评价报告》；

（3）医院内部患者满意调查：院内开展患者满意度自查，医患办负责具体纸质及电子问卷调查的闭环式管理；

（4）科室专项满意度调查：部分科室因工作需要，开展针对性患者满意度调查。

第七条 调查内容包括：

（1）国家卫生健康委满意度调查平台：主要调查医患关系、信息提供、服务流程、硬件环境和总体满意度等；

（2）市医院管理中心患者满意度综合管理平台：重点调查患者对医院环境、服务流程、诊疗质量、医患沟通、护理服务、后勤保障、医德医风等方面的评价及意见内容；

（3）医院调查：调查患者对医院服务全流程、全方位满意度评价。根据上级文件及医院发展需要，不定期对《院内患者满意度调查问卷》重点内容进行修订。

第八条 调查方式包括：

（1）国家卫生健康委满意度调查平台：医院下载专属二维码，门诊、住院患者微信扫描“患者满意度调查二维码”在线填写满意度调查问卷。每年按照文件要求时间段，由医患办负责完成调查问卷收集。

（2）市医院管理中心满意度调查：委托第三方评价机构采用现场与电话随访相结合的方式开展患者满意度调查。

A. 现场调查：门诊患者由第三方采用现场纸质问卷调查，医患办负责协助和监督工作。

B. 电话调查：住院患者由第三方采取电话问卷调查。

（3）医院调查：采用电子问卷与纸质问卷相结合的方式进行。

A. 电子问卷：医院各门诊区、各住院病区张贴满意度调查问卷二维码，患者手机微信扫码后作答，完成调查问卷。

B. 纸质问卷：

a. 门诊问卷：制定《门诊患者满意度调查问卷》，按照上月门诊总量的1‰拟定当月问卷量。

b. 住院问卷：制定《住院患者满意度调查问卷》，按照上月出入院总量的2%拟定当月问卷量。

第九条 医患办负责汇总、统计、分析院内患者满意度调查问卷情况，同时收集国家卫生健康委满意度调查平台及市医院管理中心患者满意度综合管理平台患者满意度调查反馈情况，并进行统计汇总。

第三章 闭环管理

第十条 医患办结合市医院管理中心患者满意度综合管理平台发布的《患者满意度调查评价报告》和院内《患者满意度调查情况汇报》中不满意项目进行统计、汇总，登记《不满意项目台账》。

第十一条 医患办每月向各科室反馈不满意条目及台账，督促主责科室落实整改。

第四章 档案管理

第十二条 满意度档案包括：

（1）医院患者满意度调查相关材料，应及时整理归档，以备上级机构检查。

（2）归档材料包括但不限于以下：

A. 院内《患者满意度调查情况汇报》；

B. 院内调查问卷：包含纸质问卷、电子问卷等；

C. 患者不满意台账、整改通知单等；

D. 院内会议中涉及患者满意度相关工作的会议纪要；

E. 上级机关召开患者满意度相关会议通知和文件；

F. 市医院管理中心患者满意度综合管理平台定期公布的季度、半年及年度《患者满意度调查评价报告》。

医疗投诉及医疗纠纷责任认定及处置管理办法

第一条 为增强医院医务人员依法执业意识，保障医疗安全，有效防范医疗纠纷，加强医院医疗风险合理化管理，特制定本管理规定。

第二条 本规定适用于医院全体工作人员。

第三条 医院全体医务人员必须遵守国家法律、法规、部门规章、诊疗常规及院内相关规定，诊疗过程中认真负责，减少和避免医疗投诉及医疗纠纷的发生。

第四条 本规定对违反法律法规、部门规章、诊疗常规及医院各项规章制度，遭患者投诉，经调查属实的相关人员给予相应处罚。

第五条 本规定对发生的医疗争议中存在医疗缺陷的科室及个人，依据“××医院医疗损害责任专家委员会”专家鉴定意见、××市医疗纠纷人民调解委员会专家组鉴定意见、各级医学会鉴定意见、司法鉴定、法院判决认为医疗行为确实存在责任的，按照责任认定结果进行处罚。

第六条 因服务态度问题遭患者投诉的，投诉1次给予责任人批评警告；投诉累计2次及以上的，从第二例投诉开始每例扣罚责任人奖金500元，同时取消当年评优资格。

第七条 因患者对治疗效果不满意引发的医疗纠纷，医患办按照法定程序进行处理。目前医院医疗纠纷解决的法定程序有以下几种：（1）医患双方本着自愿、合法、公正的原则，在市医疗纠纷人民调解委员的主持下进行调解；（2）医患双方共同委托市医疗事故技术鉴定委员会进行医疗事故技术鉴定或者医疗损害鉴定；（3）患方可向人民法院提出诉讼申请，由法院委托司法鉴定并依据鉴定结论，依法作出民事判决。医患关系协调办公室会根据市医疗纠纷人民调解委员会的调解建议书、人民法院判决作为合法依据解决医疗纠纷。

第八条　一般医疗纠纷妥善处理终结后，责任科室及责任人根据以下比例承担赔偿款：

赔付金额	科室/个人承担比例	
≤1万元部分	50%	注：科室/个人承担额为3段金额累加
1万—21万元部分	20%	
>21万元部分	10%	

科室/个人承担金额为3段科室/个人承担金额的累加。如一例纠纷赔偿总额为30万元，科室/个人承担部分为：10000×50%+200000×20%+90000×10%=54000（元）。

在具体处理过程中如遇到重大疑难复杂的特殊案例，经医院医疗损害责任鉴定专家委员会认定并报请办公会通过后，可根据风险程度，适当调整科室承担赔偿金额。

第九条　医疗纠纷因以下情形发生赔偿的，由责任科室和/或责任人全部承担；另外，院内按照《医院转诊管理规定》《医院医德考评实施办法》等相关规定另行处罚。

（1）非法执业；

（2）违规转诊；

（3）违规使用药品、医疗器械、辅料等用品；

（4）严重不负责任导致低级医疗错误；

（5）因篡改、伪造、丢失病历等，致病历不能作为证据使用；

（6）因医疗过错，给医院声誉造成严重不良影响；

（7）其他情况。

第十条　医患办根据《医院医疗损害责任鉴定制度》组织召开责任认定会，并将责任认定会专家合议结果上报院长办公会通过。通过结果作为医患办计算各临床科室医疗纠纷承担额的依据。

第十一条　处罚决定上报办公会通过后将处罚结果转交绩效办公室，绩效办公室按照办公会意见将科室应承担的赔偿款从科室奖金中直接扣罚。

第十二条 鼓励科室和医务人员通过手术意外险预防和化解医疗纠纷。对于积极开展手术意外险的科室和个人，患者购买手术意外险后又出现医疗纠纷赔偿的案件，可减免20%的责任科室承担金额。

第十三条 鼓励科室主动上报不良事件，如按照《医疗安全（不良）事件报告制度及流程》主动报告不良事件的医疗纠纷赔偿案件，可减免20%的责任科室承担金额。

第十四条 鼓励科室主动识别高风险病患并采取必要的风险防范措施，必要时进行术前律师见证。科室采取必要的防范风险措施，如进行术前律师见证的医疗纠纷，可减免科室20%的责任科室承担金额。

第十五条 医患关系协调办公室对临床科室和个人实行医疗纠纷计分管理。发生医疗投诉及医疗纠纷后，医患办按照投诉和纠纷情况，进行扣分管理，1年度内，积分超过100分者，职称晋升推迟1年，医患办报办公会后会签人事处。1年度内积分超过50分，年终考核不能评定优秀。具体扣分项目如下：

扣分项目	所扣分数	评定规则
重大医疗纠纷完全责任	100分	医务人员玩忽职守，或者技术操作存在严重过失，造成患者死亡或残疾等严重损害后果，且损害后果完全由医疗过失行为造成
重大医疗纠纷主要责任	60—80分	医务人员责任心不强，违反诊疗常规，或者技术操作存在缺陷，造成患者死亡或残疾等严重损害后果且损害后果主要由医疗过失行为造成
重大医疗纠纷次要责任	20—40分	医务人员未尽到谨慎注意义务，未遵守诊疗常规或未尽到告知义务，患者出现死亡或残疾等严重损害后果且损害后果与医疗过失行为存在一定关系
重大医疗纠纷轻微责任	10—20分	医务人员未尽到告知义务，或存在其他瑕疵，患者出现死亡或残疾等严重损害后果，医疗行为存在轻微的过错与不足
一般医疗纠纷完全责任	50分	医务人员在诊疗过程中严重违反诊疗常规，造成患者一般损害后果且损害后果完全由医疗过失行为造成
一般医疗纠纷主要责任	30—40分	医务人员责任心不强，违反诊疗常规，或者技术操作存在缺陷，造成患者一般损害后果且损害后果主要由医疗过失行为造成

续表

扣分项目	所扣分数	评定规则
一般医疗纠纷次要责任	10—20分	医务人员未尽到谨慎注意义务，未遵守诊疗常规或未尽到告知义务，患者出现一般损害后果且损害后果与医疗过失行为存在一定关系
一般医疗纠纷轻微责任	5—10分	医务人员未尽到告知义务，或存在其他瑕疵，患者出现一般损害后果，医疗行为存在轻微过错与不足
服务态度投诉	5分	医务人员服务态度欠佳，引发患者不满，患者到医患办投诉的每例扣5分

第十六条 重大医疗纠纷除科室/个人按比例承担赔偿款之外，由××医院医疗损害责任鉴定专家委员会讨论后对科室及责任人给予院内行政处理。行政处理的种类包括：警告、暂停相关诊疗护理行为、降级使用、转岗、撤职、开除等。

第十七条 ××医院医疗损害责任鉴定专家委员会是医院医疗纠纷责任追究及处罚的决定机关，负责认定医疗纠纷中责任人、责任程度及处罚措施。

第十八条 高度重视医疗纠纷第三方调解工作，优先选择调解作为医疗纠纷的解决途径。医调委出具调解意见后，科室应认真分析，理性研判。因科室不同意医调委调解意见，改为诉讼后增加的赔偿金额，由责任科室全部承担。

第十九条 本办法自××××年××月××日起施行，适用于××××年××月××日后新发生的医疗投诉与纠纷的处理。

病历、实物、血液制品、药品封存管理规定

第一条 为了合法处理医疗纠纷，有效保存证据，根据《医疗事故处理条例》《医疗机构病案管理规定》，特制定本管理规定。

第二条 凡发生医疗争议、器材产品质量争议、疑似输血产生的不良后果、疑似输液反应产生的不良后果、药品质量争议，根据本管理规定，患方可以要求进行病历、实物、血液制品、药品封存，医方应该积极配合。必要时医方可以向患方建议封存。

第三条 进行封存时，当事科室应及时通知医患关系协调办公室，夜间或节假日应及时通知总值班。医患关系协调办公室或总值班在接到通知后，立即到场，协助患方和当事科室进行封存。

第四条 进行病历封存具体程序如下：

（1）病案封存件为复印件。

（2）医患双方均在场情况下，复印所有病历。医患双方共同清点复印病历页数，放至封存档案袋内并封口，再用薄纸条将档案袋上所有缝隙封好。

（3）患方在所有贴封条处骑缝签字，医方在患者签字处加盖封存病历章（封存病历章保存在总值班办公桌内）。

（4）医方在封存档案袋的正面记录患者的姓名、年龄、住院号、科室、封存的页数等相关信息，请患方确认，并由医患双方封存人签字并填写日期加盖封存病历章。

（5）复印病历可请病案室配合完成。收费按照国家统一标准，由提出封存一方先行垫付。病案室出具国家正式发票。

（6）病历封存件保存在医患关系协调办公室，夜间或节假日暂时保存在总值班，工作日再交至医患关系协调办公室。

第五条 进行实物封存具体程序如下：

（1）凡患者对内固定物质量、器械质量存在异议，均可要求进行实物封存。

（2）医患双方均在场情况下，将从患者体内取出的内固定物、争议器械放入封存档案袋内，并封口，再用薄纸条将信封上所有缝隙封好。

（3）医患双方在所有贴封条处骑缝签字，医方在签字处加盖封存病历章（封存病历章保存在总值班办公桌内）。

（4）医患双方在场，由医方在封存档案袋的正面记录患者的姓名、年龄、住院号、科室、封存物名称。

（5）封存件保存在医患关系协调办公室，夜间或节假日暂时保存在总值班，工作日再交至医患关系协调办公室。

（6）若患者对治疗器械质量存在异议，还需要封存同批次未启封的器械。

第六条 患者在输血（全血、血浆）过程中发生疑似输血产生的不良后果，应在医患双方在场情况下立即进行血液封存。

（1）当事科室除通知医患办或总值班外，还应及时将有关情况告知检验科主任，请其作进一步指导。

（2）检验科主任根据情况，必要时需要通知提供该血液的采血机构相关人员到场。

（3）进行血液制品封存的同时还需要对进行输血过程中使用的输液器、输液贴等相关器具封存。

（4）必要时需要对医院未使用的同批次血液制品进行统一封存。

（5）封存的具体过程同病历封存和实物封存。封存档案袋上标注患者姓名、年龄、封存内容、封存日期，医患双方骑缝双签字，加盖病历封存章。

（6）封存件按血液制品保存要求冷藏保存。

第七条　患者在输液过程中，发生疑似输液不良反映，应在医患双方在场情况下进行静脉输液药品封存。

（1）当事科室除通知医患办或总值班外，还应及时通知药剂科主任到场。

（2）进行静脉输液封存的同时还需要对进行输液过程中使用的输液器、输液贴等相关器具封存。

（3）必要时需要对医院未使用的同批次输液制品进行统一封存。

（4）封存的具体过程同病历封存和实物封存。封存档案袋上标注患者姓名、年龄、封存内容、封存日期，医患双方骑缝双签字，加盖病历封存章。

（5）封存件按要求冷藏保存。

第八条　进行诉讼程序或鉴定程序后，由医患关系协调办公室向司法机关、各级鉴定机构提供封存件进行鉴定。

医疗纠纷风险评估制度

为了进一步做好医疗纠纷的接待和处理工作，从源头上预防和避免医疗投诉及纠纷的发生，及时化解医疗风险、排查不稳定因素，切实维护医患双方的合法权益，现就涉及重大决策、高风险的纠纷事件建立风险评估制度，具体内容如下。

一、工作原则

医疗纠纷风险评估工作应坚持科学决策、以人为本、“谁决策、谁评估、谁负责”的原则，时刻以患者为中心、维护医患双方的合法权益为目的。

二、实施医疗纠纷风险评估制度的范围和内容

（1）患者死亡、可能引起重大医疗纠纷的。

（2）事件疑难复杂、涉及多个责任科室的医疗纠纷。

（3）投诉人对同一事项反复信访、多次投诉，其反映的问题仍不能解决或仍不能使其满意的医疗纠纷。

（4）其他疑难复杂、需要共同决策的信访事件。

三、医疗纠纷风险评估工作要求

1. 确定评估对象

对拟定的每个重大决策事项，都要通过深入细致的调查研究，了解掌握所评估的对象，确定是否有医疗投诉和纠纷的风险。

2. 明确决策评估部门

医疗纠纷风险评估由纠纷主管院领导牵头负责，由医患关系协调办公室负责组织、协调、处理信访风险决策评估工作。根据重大决策事项的内容，明确决策评估部门，成立决策评估工作小组，确定工作小组的组长、副组长及成员。

3. 明确部门职责，准确评估风险

医疗纠纷风险评估小组组成后，小组成员需明确各自的职责，加强协作，互相配合，对可能出现的不稳定因素进行逐项分析预测，科学、客观地作出评估。

4. 制定风险预案，落实风险防范措施

针对风险预测评估结果中的涉稳较大医疗纠纷隐患，工作小组应研究制定预防和处置工作预案，预案应充分体现周密、具体、清晰、可行的原则。主要内容：（1）组织领导、职责分工及其联络方式；（2）预防和处置工作的具体措施。

5. 不断跟进完善决策，严格落实责任

在对重大决策事项进行医疗纠纷风险评估过程中，工作小组应主动化解预先评估出的涉稳隐患，还要对决策或实施过程中出现的新情况、新问题及时进行评估，及时修订和完善稳控措施。对于未能按照信访风险评估结果进行执行的重大决策，需由工作小组提出切实可行的改进工作建议或责任追究建议。

医院纠纷排查工作方案

第一条 为保护医疗机构及医务人员和患者的合法权益，维护医疗机构正常工作秩序，构建和谐医患关系，根据《中华人民共和国民法典》《中华人民共和国治安管理处罚法》《医疗事故处理条例》《最高人民法院关于审理人身损害赔偿案件适用法律若干问题的解释》《医疗纠纷预防和处理条例》《医疗机构投诉管理办法》等法律法规，结合医院工作实际，制定本工作方案。本方案适用于医院的矛盾纠纷排查工作。

第二条　矛盾纠纷风险分为三级。

一级风险：已发生缠访闹访、侮辱、威胁、尾随等危及医务人员人身安全的事故；已发生滞留占床、寻衅滋事等扰乱正常医疗秩序的事故。

二级风险：经医患办自查、科室上报、舆情监测等认为有可能发生危及医务人员安全或影响医疗秩序的危险源。

三级风险：对治疗不满意，与医院有医疗纠纷的人员，但尚未发生可能危及医务人员及医院安全行为的危险源。

第三条　矛盾纠纷排查防控措施根据矛盾纠纷风险分别处置。

一级风险的对应防控措施为：上报市重点矛盾纠纷排查人员台账，保卫处及公安部门对高风险人员随时监控；加强对高风险人员对应的重点科室及重点医务人员的保卫力量。

二级风险的对应防控措施为：报备保卫处及公安部门，对重点人员进行院内监控。

三级风险的对应防控措施为：医患办积极妥善处理，如有高风险隐患及其他特殊事项及时报备保卫处及公安部门。

第四条　对于排查出的纠纷，医患关系协调办公室的工作职责：

（1）要及时组织相关临床科室和人员展开调查，了解纠纷的原因、性质、责任，协助患者封存有关病历、资料及相关实物。医患关系协调办公室应耐心向患方解释、沟通，争取患方理解，并引导患方通过合法途径解决医疗纠纷。

（2）对于一时难以控制局面的医疗信访案件，医患关系协调办公室应及时通知保卫处和警务工作站，保卫处和警务工作站应协助医患关系协调办公室开展医疗纠纷协调和说服工作。

（3）对可能导致矛盾激化的纠纷案件，医患关系协调办公室应及时向主管领导汇报，必要时将以电话或书面形式向区卫健委汇报。

（4）当患方出现打砸行为、停尸、聚众闹事、威胁医务人员人身安全事件时，医患关系协调办公室向保卫处、警务工作站汇报后立即报警，派出所立即出警配合医院处理治安事件。

医务人员安全防范制度

医院坚持“预防为主”的原则，切实采取有效措施防止医疗事故的发生，以事前防范为主，做到防患于未然。

一、加强医务人员的职业道德教育

（1）医务人员的职业道德即医德，是医务人员应具有的思想品质。高尚的职业道德，是防范医疗纠纷的基础。在全院医务人员中树立“救死扶伤、忠于职守、爱岗敬业、满腔热忱、开拓进取、精益求精、乐于奉献、文明行医”的职业风尚，使医务人员做到恪守医疗服务职业道德是最基本的要求。坚决制止红包等不正之风的出现，严肃纪律，以法治医。

（2）把医德教育和医德医风建设作为目标管理的重要内容，认真贯彻《医务人员医德规范及实施办法》，建立医德考核与评价制度，切实加强医务人员职业道德教育，树立忠于职守，尽职尽责，全心全意为人民服务的敬业精神。

（3）切实改善医务人员的服务态度，在言语、行为和举止上，讲究文明礼貌，对待患者一视同仁，树立“患者至上，廉洁行医”的观念。

二、加强法治教育，增强法律意识

（1）医务人员要做到守法，必须先做到学法和知法。定期举办医务人员的法制教育和培训，坚持法制宣传教育和岗位实际工作相结合的原则，提高医务人员的法律意识，使其能够做到严格依法执业，认真贯彻执行有关法律、法规和部门规章，保证各项规章制度落到实处。

（2）认真执行并加强三级核对工作制度，避免医疗过失行为的发生。如有效避免给患者用错药物、错治患者、错误输血等。知法能够使医疗机构及其医务人员在保护患者合法权益的同时，也依法保护自身的合法权益。

（3）加强对医务人员医患沟通及其相关法律法规的培训。使医护人员知道自己依法应有的权利和义务，是保护权益、履行义务的前提。

（4）采取合理方法对患者开展法制教育，提倡就医道德，医疗单位是公共场所，有其正常的医疗秩序，是不容任意破坏的，从而保护医务人员的合法权益和医院正常的医疗秩序。

三、建立完善的岗前培训和继续医学教育制度

医院对新分配到岗的医务人员实行岗前培训，对在岗医务人员进行继续医学教育。通过不断学习，转变观念，提高认识。教育的主要内容包括：（1）政治思想教育；（2）医疗卫生事业的方针政策教育；（3）医德规范教育；（4）医院工作制度、操作常规、医疗安全措施及各类人员岗位职责；（5）当地医疗卫生工作概况及所在医院情况；（6）现代医院管理和发展的有关内容；（7）最新医学知识，前沿医疗技术等。

岗前培训人员要由院方考核，合格后方可上岗。岗前教育集中培训应与试用期教育结合起来，并在转正前作出评价。

在岗继续医学教育实行学分制，要求在岗医务人员在一定时期（一般以一个聘任期为单位）内必须积满一定继续教育学分。

四、提高医务人员的整体业务素质

（1）加强本院医务人员的业务学习，提高业务素质和服务质量，从而减少医疗过失，防范医疗纠纷。

（2）医院定期对各级各类人员进行业务培训，建立和完善继续医学教育制度，严格考核，开展科研，进行学术交流，团结协作，使医疗水平不断提高，更好地为患者服务。

五、医院设置医患关系协调办公室，加强服务质量监控

（1）医患关系协调办公室负责监督全院的医务人员的医疗服务工作，检查医务人员执业情况，接受患者对医疗服务的投诉，向其提供咨询服务。

（2）医患关系协调办公室接受主管医疗的院长助理领导，负责监督医务人员认真履行工作职责，严格遵守法律、法规和各项规章制度，恪守职业道德。在监督过程中如果发现医务人员的违纪违章行为应当及时纠正和处理。

（3）医患关系协调办公室接受患者对医疗服务的投诉并及时受理投诉。对于患者投诉的问题，要做必要的核实，对于问题重大，矛盾突出的，还要做好调查工作。如果确实是由于医务人员的原因引起患者投诉的，医患关系协调办公室人员要立即采取措施告知临床和相关部门及有关工作人员，妥善处理，消除医疗纠纷隐患和减轻损害后果。

患者知情同意告知规范

第一条 患者在医院就诊、检查、治疗，享有知情同意权，医务人员应尊重患者的合法权益，执行本制度。

第二条 履行知情同意签字手续的应为具有医院执业资格的医务人员。患者在门诊、住院期间，接受手术、有创检查（血管造影、取材活检、骨髓穿刺、血管穿刺、支气管镜检、胃肠内窥镜检查等）、特殊治疗（药物化疗、放射治疗等）等之前，经治医师必须向患者本人或直系家属充分解释说明各种处理的必要性、可能后果以及可能需要患者在住院期间配合完成教学任务等情况，征得患者或家属签字同意后方可进行。住院患者应在病程录中作相应记录。

第三条 知情同意书应由病人本人签字，本人不能签字时，应由其委托的直系亲属和按相关法律程序规定的相关人员签字方能生效。患者委托代理人时，应由患者本人和被委托代理人共同签署《授权委托书》，被委托人应向医师出示个人身份证等证明资料。如遇紧急手术或抢救前无法征得患者或亲属签名同意治疗、手术时（如病人神志不清时），必须在病案中写明治疗、手术的必要性，由本院的两位医师签名，并报请医务处备案。

第四条 各种专项诊疗知情同意书由医务处统一制定格式，专业科室决定其内容，报医务处备案。

第五条 所有死亡患者（尤其对死因有异议的）均应由医务人员向患者履行尸检知情同意手续，患方拒绝尸检时需在尸检意见书上签字，拒绝尸检又不愿意签字的，经办医师应将谈话内容、时间、地点及参加人员如实记录在病历中，并上报医务处或总值班（因司法工作需要进行尸检的除外）。

第六条 如患者拒绝接受医嘱或处理（包括要求提早出院等），经治医师应在病程录中作详细记录，内容应包括经治医师的处理意见，不接受处理可能会产生的后果，将上述情况向患者充分说明后患者仍拒绝接受处理等情况，请患者签名。如患者拒绝签名，也应在病程录中记明。

第七条 因各种原因需拍摄患者的照片时，均需事先征得患者的签名同意。

第八条 新闻媒体部门需了解患者情况时，经治医生或护士须通知宣教中心，并征得患者或亲属同意后予以安排。任何人不得擅自将患者的情况通报给新闻部门。

第九条 使用血液及血液制品前，经治医师必须对患者及其家属详细交代使用血液及血液制品可能发生血源传播性疾病、输血反应等情况，经医患双方知情同意后并履行签字手续后方可使用血液及血液制品。

第十条 在开展临床试验性治疗及新技术时，治疗及新技术负责人需如实向患者或亲属告知可进行的治疗属于临床试验性治疗及医院新技术开展的情况，在患者及家属完成知情的情况下，履行双方知情同意签字手续后方可实施。

第十一条 患者对自己的病情享有知情权和隐私权。

患者隐私保护制度

为保护患者在医院就医期间隐私权、民族习惯及宗教信仰不受侵犯，制定此制度。

一、患者私人资料必须保密，任何人不得因私获取、利用患者各类信息资料。

二、患者的隐私在诊疗过程中仅向医护人员公开，医护人员有义务为其保守秘密，未经本人同意，不得以任何方式向他人泄露患者隐私和秘密。

三、患者的尊严、文化、宗教背景应受到尊重，具体包括：

(1) 不在公众场合或向无关人员谈论患者的病情；

(2) 不在公众场合或向无关人员谈论患者的生理缺陷；

(3) 不在公众场合或向无关人员谈论患者的身世；

(4) 不在公众场合或向无关人员谈论患者的生活；

(5) 不在公众场合或向无关人员谈论患者的与本次疾病有关的特殊生活经历。

四、进行医疗、护理检查时，若需暴露患者身体部位，应及时做好遮挡，并事先征得患者或监护人的同意。

五、男医生在为女患者作体检时，应有第三者在场（其他工作人员或病人家属）。

六、涉及患者隐私的疾病报告应由患者本人或其授权委托人领取。

以上制定保护患者隐私权工作制度，望全院职工遵守执行，在执行中将持续完善。

医疗损害鉴定委员会工作制度及职责

根据《中华人民共和国民法典》、国令第701号《医疗纠纷预防和处理条例》、中华人民共和国国家卫生健康委员会令第3号《医疗机构投诉管理办法》等相关法律法规，设立医疗损害鉴定委员会，负责对全院医疗损害责任纠纷进行科学的分析、鉴定，为医院最终妥善地处理医疗纠纷提供主要的决策依据，为医院提供可操作的解决方法。本委员会旨在完善医疗纠纷处理流程及PDCA整改反馈机制，减少医疗差错，提高全院医疗技术水平，为患者提供更有效、更安全的医疗服务。

一、工作制度

(1) 本委员会由主任委员、副主任委员、秘书长、委员及秘书组成。

主任委员：×××

副主任委员：×××

秘书长：×××

委员：×××

秘书：×××

(2) 本委员会执行《医院投诉管理办法》《医院医疗纠纷处理流程》《医院医疗事故争议防范处理预案》《医院医疗投诉与医疗纠纷奖惩管理规定》《医院医疗投诉及纠纷管理考核指标》等。

(3) 医患关系办公室为院医疗损害鉴定委员会的常设机构，负责委员会日常工作。设置1—2名秘书负责起草文件、召集会议、形成会议记录等。

(4) 本委员会的任务在于对医院的医疗纠纷进行讨论、鉴定，提出答复意见、解决方法，以及对当事人的处理意见；总结医疗纠纷案件的经验、教训，提出预防医疗纠纷发生的措施方法。

(5) 鉴定会召开时间由秘书安排，并报秘书长。如无特殊情况，应在准备好相关材料后，2周内完成鉴定工作。

(6) 鉴定会由秘书长主持，由秘书记录。

(7) 当事人应在鉴定会上作相关陈述，并回答有关提问。

鉴定会进行讨论时，应采取当事人回避原则。在进行鉴定讨论时，应以事实为根据，认真、谨慎地确定医疗纠纷的诊疗护理过程中医务人员有无过失、过错、不足、责任比例及处理意见。

(8) 鉴定结论必须经鉴定委员会2/3以上成员通过。

鉴定会结论由医院医疗损害鉴定委员会报请院办公会通过。鉴定结果报备医务处、医患办、绩效办落实医院奖惩管理规定。

二、工作职责

医疗损害鉴定委员会对医疗纠纷进行讨论、鉴定。根据国家有关部门、医院有关规定以及专业标准、规范和常规，确定医疗纠纷的性质。

(1) 主任委员职责：负责医疗损害鉴定工作的统筹规划，指导医疗损害鉴定工作。

(2) 副主任委员职责：负责医疗损害鉴定工作的具体落实和监督。

(3) 秘书长职责：确定鉴定会召开时间，确定鉴定会组成专家，对鉴定会进行主持。

(4) 委员职责：对医疗纠纷进行分析、讨论，根据国家的法律、法规及医院的有关规定，提出医疗过错、确定对医疗纠纷的解决意见及对当事人及所在科室的处理意见。

(5) 秘书职责：鉴定前准备好需通过医疗损害鉴定委员会解决的医疗纠纷的相关材料（包括投诉方的书面意见、要求，患者就诊的病历原件及复印件、检查资料，当事人的诊治经过，科室讨论意见、医调委调解意见等）；做好鉴定会会议和最终意见及鉴定结论记录。

互联网医疗投诉管理制度

第一条 为加强互联网医疗投诉管理，规范投诉处理程序，维护正常医疗秩序，保障医患双方合法权益，根据《医疗纠纷预防和处理条例》《医疗机构管理条例》《信访工作条例》《医疗机构投诉管理办法》等法规、规章，制定本投诉管理制度。

第二条 因互联网医疗引发的投诉和纠纷应按照《医院医疗投诉和纠纷处理流程》《医院医疗纠纷预防与处理预案》《医院信访管理办法》等相关规定积极处理、妥善解决。

第三条 关于互联网医疗投诉的接待、处理工作，应当贯彻“以病人为中心”的理念，遵循合法、公正、及时、便民的原则。

第四条 加强互联网医疗在线医师的医患沟通，提高互联网在线的执业医师及相关职能科室工作人员的职业道德水平，增强服务意识和法律意识，提高医疗质量，注重人文关怀，优化服务流程，努力构建和谐医患关系。

第五条 医院医患关系协调办公室为接待互联网医疗中投诉和纠纷的专门管理部门，统一承担医院投诉管理工作。医患关系协调办公室设立专人负责积极妥善处理和反馈互联网医疗投诉和纠纷。

第六条 健全投诉管理部门工作人员与网上就诊患者的沟通制度，完善沟通内容，加强对相关工作人员沟通技巧的培训，提高沟通能力。

第七条 医患关系协调办公室接待人员应学习并掌握关于互联网医疗的管理制度及法律法规。

第八条 医院畅通投诉渠道，实行网站在线投诉接待和现场来访投诉双线管理，将院内投诉电话和相关监管部门的监管电话在院内网站首页及网站相关网页进行公开并设置投诉管理模块。开通投诉热线、院长信箱、医患办投诉邮箱、在线诊疗应用软件投诉、网页投诉等多种投诉方式，方便患者快捷表达意见和建议。

第九条 发生互联网医疗投诉和纠纷后，医患关系协调办公室应向患者详细交代纠纷处理流程，告知医疗纠纷处理途径。

第十条 医患关系协调办公室受理医疗纠纷后，及时将投诉材料转交相关科室医疗纠纷协调处负责人，由其督促本科室负责人员提交事件经过、病历摘要等书面材料，并签署书面科室意见。如果涉及多个科室，应当由各科室分别提交书面材料。书面材料应针对患方意见及要求，针对诊疗过程中存在的问题认真归纳总结，科室意见应针对诊疗过程是否存在过错和不足以及责任程度进行认真分析。

第十一条 科室调查工作原则上应在5个工作日内完成，并协同医患关系协调办公室共同接待患方，针对院内调查处理意见答复患者。遇特殊情况不能按时完成的，科室应提前向医患关系协调办公室告知并说明原因。

第十二条 患方对医疗机构的答复不满且要求赔偿的，医患关系协调办公室应积极配合患方申请医调委或法院的维权途径。

第十三条 经市医疗纠纷人民调解委员会调解成功的，结束处理程序。经市医疗纠纷人民调解委员会处理后患者仍不满意的，医患双方可共同委托医学会进行医疗损害责任鉴定委或单方向人民法院提起诉讼。

第十四条　对于处理终结且发生赔偿的医疗纠纷，根据《医院医疗纠纷奖惩管理规定》对当事科室及当事人进行处罚。

第十五条　医疗纠纷终结后，由医患关系协调办公室针对纠纷发生原因、存在过错等方面向科室进行反馈，科室应认真分析讨论，并形成整改反馈书，提交医患办，避免此类情况再次发生。

案例（示例）索引

后　记

投诉最早受到面向顾客服务的企业的关注，自医疗领域提出服务概念后，关于医疗方面的“不满意”“抱怨”“投诉”的概念也就应运而生了。当然，投诉在医疗机构真正受到重视，与医疗纠纷的产生乃至恶化密切相关。在《医疗事故处理条例》颁布之初，便有医疗机构设立医患关系协调办公室，医疗机构称之为客服部或其他名称。无论称作什么，其主要职能就是负责处理患者对医疗服务过程不满意而提出的投诉。本书作者从事这项工作最长的已经有二十余年，短的也有五六年了。尽管当初选择这一职业的原因五花八门，但是工作几年后，我们发现处理投诉是医疗服务活动的重要环节，医疗投诉管理部门是医疗机构开展医疗质量管理的重要组成部分，在医院管理中占据重要地位。为此，我们将接待患者投诉的经验加以总结，编写成书，以便研究。

医疗投诉是患者在医疗机构就医过程中，对医疗机构提供的服务不满意而寻求权利救济的一种方式，是给医疗机构认识缺点和错误并加以改正的机会，是患者送给医疗机构的一份“礼物”。医疗机构管理者、从事医疗服务的医护人员以及专门负责医疗投诉管理的人员，应当认真研究投诉、正确认识投诉、妥善处理投诉、充分利用投诉。在注重医疗质量管理的今天，医疗机构应当弘扬符合医疗机构特色的投诉文化。在医疗纠纷日益复杂的今天，如果大家能够从书中掌握到一些医患关系处理方法，那就是本书的最大价值和给作者的最大慰藉。

最后，我们感谢提供支持和帮助的所有领导、同事、朋友，尤其感谢北京积水潭医院、中国政法大学的领导。中国工程院院士、北京积水潭医院院长、我国知名骨科专家田伟教授在百忙之中给本书作序，在此表示衷心感谢。同时，还要感谢投诉的患者们，他们真心希望医疗机构能够做得更好，希望医疗行业能够发展得更好。

作者

2022 年春节